《世界各国刑事诉讼法》分解资料丛书

刑事起诉制度

外国刑事诉讼法有关规定

孙 谦/主编

中国检察出版社

《世界各国刑事诉讼法》分解资料丛书

主　　编　孙　谦　卞建林　陈卫东

执行编委　（按姓氏笔画为序）

　　　　　王贞会　朱建华　刘计划　安　斌

　　　　　侯宇翔　常　艳　程　雷　潘　灯

出版说明

　　为进一步推进我国法治建设，助力司法体制改革，促进学术研究，中国检察出版社与中国刑事诉讼法学研究会联合组织编译了《世界各国刑事诉讼法》，并由中国检察出版社于 2016 年 8 月出版。《世界各国刑事诉讼法》收录了世界五大洲 61 个国家的现行刑事诉讼法文本，全书按照地域分为五卷，分别为亚洲卷、欧洲卷、非洲卷、美洲卷、大洋洲卷。出版一年来，受到法学界、法律实务界的欢迎。由于《世界各国刑事诉讼法》长达一千余万字，卷帙浩繁，给研究和阅读带来不便。为此，编者对《世界各国刑事诉讼法》收录的外国刑事诉讼法所规定的刑事诉讼原则、刑事证据制度、刑事强制措施、刑事辩护与代理制度、刑事立案与侦查、刑事起诉制度、刑事审判制度、刑事执行程序、未成年人刑事司法程序、涉外程序和刑事司法协助等十个方面的内容进行分类梳理、编辑，出版这套《世界各国刑事诉讼法》分解资料丛书，以方便读者研读和查阅。本套丛书分别由孙谦教授、卞建林教授、陈卫东教授主持编写，丛书编委会审定。

　　受时间和能力所限，本丛书编辑的过程中可能存在不够妥当或错漏之处，敬请读者批评指正。

编　者

2017 年 8 月

目　录

非　洲

美　洲

大 洋 洲

亚 洲

朝 鲜

朝鲜民主主义人民共和国刑事诉讼法[*]

第五章 起 诉

第 260 条 （起诉的任务）

起诉的任务是全面审查预审终结的案件笔录，认为预审查明的嫌疑人实施犯罪事实清楚、证据确实充分时，应当将案件移交给审判庭。

第 261 条 （起诉的期间）

检察官应当自接收预审院移送的案件笔录之日起 10 日内作出审查处理。但是对于特别复杂或重大的案件可以延长 5 日。

对于可能判处劳动教养刑罚犯罪的案件笔录，检察官应当自接收之日起 5 日内作出审查处理。

第 262 条 （因为起诉而进行的拘禁期间）

为起诉拘禁嫌疑人的期间为 10 日，但是对于特别复杂或重大的案件可以延长 5 日。

对可能判处劳动教养刑罚的嫌疑人，拘禁期间不得超过 5 日。

第 263 条 （犯罪的案件笔录审查内容）

审查刑事案件笔录应当注意以下问题：

1. 与犯罪有关的事实是否完整、准确，以及是否有证明相应犯罪事实的证据；

2. 是否按照法定程序进行侦查和预审；

3. 是否准确适用刑法条款。

---

[*] 本法于 1992 年 1 月 15 日由朝鲜最高人民会议批准并实施。先后于 1995 年、1996 年、1997 年、1999 年、2004 年、2011 年、2012 年颁布了 7 个修正案。本译本根据朝鲜最高人民会议官网提供的朝鲜语文本翻译。

第 264 条 （起诉嫌疑人）

对于完整、准确进行了预审的案件，检察官应当向审判庭起诉犯罪案件。检察官应当将起诉书、案件笔录及证据一并移交审判庭。

第 265 条 （制作起诉书）

检察官向审判庭起诉嫌疑人时，应当制作起诉书。

起诉书应当载明制作日期、制作机关、制作人职位及姓名、嫌疑人姓名、身份关系、预审调查确认的事实及证据、对确认嫌疑人的刑事责任及量刑有意义的事实、与犯罪行为有关的刑法条款和刑事诉讼法条款、受理起诉的审判庭等。

第 266 条 （附在起诉书中的文书）

起诉书应当附加文书，载明参与裁判审理的嫌疑人、证人、鉴定人的姓名、住所，拘留（拘禁）嫌疑人的日期、地点，证据，损害赔偿请求，财产保全处分等事实。

第 267 条 （将案件返回预审的决定）

检察官对于预审不充分而不能起诉的案件，应当以书面形式载明事由，并退回预审院。

第 268 条 （禁止重复起诉）

对于因证据不足不能定罪而被第一审审判庭驳回的刑事案件，如果没有收集到新的相关证据，不得再次起诉。

第六章 第一审裁判

第四节 追加与变更起诉

第 331 条 （追加起诉事由）

发现被告人有已起诉罪名之外的新犯罪事实，致使需要适用其他刑法条文或加重刑罚时，检察官可以追加起诉。

第 332 条 （追加起诉时间）

检察官应当在准备一审审判期间追加起诉，在审判过程中也可以追加起诉。

第 333 条 （追加起诉程序）

对于新发现的犯罪事实，审判庭应当在退回案件裁定书中标明，并与案件笔录一同退回检察院，对于事实清楚、适用法律错误的案件，应当在听取检察官的意见并追加起诉后，继续审理。

第 334 条　（变更起诉事由）

发现新事实，可能减轻被告人刑罚，或者适用法律错误时，检察官应当变更起诉。

第 335 条　（变更起诉时间）

变更起诉应当在准备一审审判和审理阶段作出。在第二审审判阶段也可以申请变更起诉。

第 336 条　（起诉等的变更程序）

审判庭发现新事实可能减轻被告人刑罚，或者事实准确但应当减轻被告人刑罚时，应当听取检察官的意见，以裁定变更起诉书后继续审判。

对事实正确但应当加重刑罚时，应当听取检察官的意见。变更为裁定后，根据被告人和辩护人的意见，可以推迟审判，但推迟时间不得超过 10 日。

发现被起诉被告人的新的犯罪事实导致被告人可能被从重处罚的，应当裁定将案件退给检察院。

第 337 条　（对新罪犯的处理）

审判庭在审理中发现被告人以外的其他人实施犯罪事实或其他违法行为时，应当听取检察官的意见，裁定将案件退回检察院，或作出其他制裁的裁定，同时可以作出拘禁处分。

哈萨克斯坦

哈萨克斯坦共和国刑事诉讼法典*

（2014 年 7 月 4 日颁布）

（2015 年 11 月 24 日修订与补充文本）

（2016 年 1 月 1 日，2017 年 1 月 1 日生效文本）

总　　则

第一编　基本原则

第一章　哈萨克斯坦共和国的刑事诉讼立法

第 7 条　本法典对部分概念的释义

如果在法律中未做特别说明，本法典所包含的部分概念具有下述含义：

（2）控诉方——即指刑事追诉机关，以及刑事被害人（刑事自诉人）、刑事附带民事诉讼原告人与他们的法定代理人与代理人；

（22）刑事追诉（控诉）——即指控诉方为确定刑事法律禁止行为以及实施该行为的行为人、实施刑事违法行为后在结果中的过错，以及为保障对该行为人适用刑罚或者其他具有刑事法律效果的措施而采取的诉讼活动；

（23）刑事追诉机关（公职人员）——即指检察官（公诉人）、侦查官、调查机关、调查官；

（28）公诉——即指检察官在第一审审级与第一上诉审审级，以追究刑事违法行为实施者的刑事责任为目的而对控诉进行证明的诉讼活动；

＊ 本译本根据哈萨克斯坦共和国司法部官方网站提供的哈萨克斯坦语与俄语文本翻译。

第三章　刑事追诉

第 32 条　刑事自诉案件、可自诉可公诉案件，以及公诉案件的追诉与控诉

1. 鉴于刑事违法行为的性质与严重程度，对于相应案件的刑事追诉与起诉，法院依据刑事自诉程序、可自诉可公诉程序与公诉程序予以受理。

2. 与《哈萨克斯坦共和国刑事法典》第 108 条、第 109 条、第 110 条（第 1 款）、第 114 条（第 1 款与第 2 款）、第 123 条、第 130 条、第 131 条、第 147 条（第 1 款与第 2 款）、第 149 条（第 1 款）、第 150 条（第 1 款）、第 198 条（第 1 款）、第 199 条（第 1 款）、第 321 条（第 1 款）规定的刑事违法行为有关的案件，以及与《哈萨克斯坦共和国刑事法典》第 152 条规定的刑事违法行为有关的案件，除本条第 3 款规定的情况之外，应当认定为是刑事自诉案件。对于上述案件的诉讼程序，必须根据刑事自诉人的控诉进行，并应基于刑事自诉人与刑事被告人、刑事受审人达成和解的事宜而终止。

参见：哈萨克斯坦共和国最高法院 2015 年 11 月 27 日第 7 号规范法令《关于法院适用精神损害赔偿立法的命令》。

3. 与《哈萨克斯坦共和国刑事法典》第 115 条、第 120 条（第 1 款）、第 121 条（第 1 款）、第 126 条（第 1 款）、第 138 条、第 139 条、第 145 条、第 148 条（第 1 款）、第 153 条（第 1 款）、第 154 条、第 155 条（第 1 款）、第 157 条（第 1 款）、第 158 条（第 1 款）、第 159 条、第 187 条、第 189 条（第 1 款与第 2 款）、第 190 条（第 1 款）、第 195 条（第 1 款）、第 198 条（第 2 款）、第 199 条（第 2 款）、第 201 条（第 1 款）、第 202 条（第 1 款）、第 204 条、第 205 条（第 1 款）、第 206 条（第 1 款）、第 207 条（第 1 款）、第 208 条（第 1 款）、第 209 条（第 1 款）、第 211 条（第 1 款）、第 219 条（第 1 款）、第 223 条（第 1 款与第 2 款）、第 248 条（第 1 款）、第 250 条、第 251 条（第 1 款）、第 319 条（第 1 款与第 2 款）、第 321 条（第 2 款）、第 345 条（第 1 款）、第 389 条（第 1 款）规定的刑事违法行为有关的案件，以及与《哈萨克斯坦共和国刑事法典》第 152 条（第 1 款）规定的与刑事违法行为有关的案件，如果该行为与没有执行法院有关恢复工作权利的判决有关的，应当认定为是可自诉可公诉案件。上述案件的诉讼程序，应当根据刑事被害人的控诉实行，并且仅在《哈萨克斯坦共和国刑事法典》第 68 条规定的条件下，允许基于同犯罪嫌疑人、刑事被告人、刑事受审人达成和解的事宜而终止。

4. 刑事被害人没有提起控诉的，检察官亦或启动，亦或继续刑事自诉案件与可自诉可公诉案件的诉讼程序。如果该行为侵犯了下述人员的利益，处于无助状况或者依附状态亦或鉴于其他原因导致不能独立行使法律赋予的权利的，亦或可自诉可公诉案件侵犯了社会或者国家的利益。

参见：哈萨克斯坦共和国总检察长 2015 年 1 月 5 日第 1 号命令《有关组织对第一审审级、第一上诉审审级、第二上诉审审级与监督审审级法院在刑事案件审理时适用的司法法令是否具有合法性及对代表的国家利益进行检察监督的事项》。

5. 有关刑事违法行为的犯罪举报在《审前调查统一登记簿》中记录在案并进行紧急侦查行为之后，对于刑事自诉案件与可自诉可公诉案件的诉讼与调查，在缺少刑事被害人控诉的情况下，自其被记录在案之时起 3 日内依据本法典第 35 条第 1 款第 5 项的规定予以终止。

6. 有关刑事违法行为的案件，除本条第 2 款与第 3 款规定的情况之外，应当认定为公诉案件。对于这些案件的刑事追诉应当独立进行，不计刑事被害人是否提起控诉。

第 33 条　根据商业组织或者其他组织的申请追究刑事责任

1. 如果《哈萨克斯坦共和国刑事法典》第九章规定的行为，仅导致非国家企业形式的商业组织或者其他组织的利益受到侵害，未对其他组织、公民、社会或者国家利益造成侵害的，针对该行为进行的刑事责任追究，应当根据该组织或者授权机关的负责人、创立者（参与者）的申请或者经其同意进行。

2. 相应组织或者授权机关的负责人、创立者（参与者），在刑事诉讼程序的任何阶段都有权撤回有关追究行为人刑事责任的申请。申请撤回会导致刑事案件的诉讼程序依据本法典第 35 条第 1 款第 5 项规定的根据予以终止。

第 34 条　实施刑事追诉的一般条件

1. 为完成刑事诉讼程序的任务，刑事追诉机关应当在自己的管辖权内，在任何发现刑事违法行为特征的情况下，采取所有法律规定的措施，以确定刑事违法行为的事实真相、揭发在刑事违法行为实施过程中具有过错的行为人、应当对其裁定的刑罚，以及采取措施恢复无过错人的权利与荣誉。

2. 刑事追诉机关应当保障刑事被害人能够诉诸法律，并应当采取措施对刑事违法行为造成的侵害予以赔偿。

3. 刑事追诉机关在刑事诉讼程序中独立履行自己的职权，不受任何机关或者公职人员的支配，并应严格遵循本法典规定的要求。

4. 以阻碍对刑事案件进行客观调查为目的，对刑事追诉机关实施任何形式影响的，应当承担法律规定的责任。

5. 刑事追诉机关的要求，依据法律规定提出的，所有国家机关、组织、公职人员与公民必须执行，并应在不晚于 3 日的法定期限内执行。在必须对犯罪嫌疑人采取有关羁押、拘留的决定时，刑事追诉机关的要求应当在 24 小时内执行。没有任何正当理由不执行上述要求的，应当承担法律规定的责任。

第 35 条　排除实施刑事案件诉讼程序的情节

1. 在下述情况下，刑事案件的诉讼程序应予终止：

（1）不具有相应的刑事违法事实；

（2）行为中不具有刑事违法行为的构成；

（3）鉴于颁布了赦免法令，如果该法令取消对相应行为裁定刑罚的；

（4）追究刑事责任的时效期限届满；

（5）在刑事被害人未提出控诉的情况下——与本法典第 32 条第 2 款及第 3 款规定的刑事违法行为有关的案件。但是，本法典第 32 条第 4 款规定情形除外。以及在刑事自诉人拒绝提起控诉的情况下——与本法典第 32 条第 2 款规定的刑事违法行为有关的案件。但是，本法典第 32 条第 4 款规定情形除外。亦或商业组织或者其他组织，以及相应授权机关负责人拒绝提起有关追究行为人刑事责任的申请的；

（6）对于相应行为不再追究刑事责任的法律产生效力。亦或哈萨克斯坦共和国宪法委员会认定就该刑事案件应当适用的法律或其他规范性法令违反宪法，但依据上述法律或规范性法令，对相应行为会作为刑事违法行为予以认定的；

（7）如果是对以下行为人，就相应控诉对其具有产生法律效力的法院刑事案判决，亦或其他确定不能实施刑事追诉且未予撤销的法院裁决的；

（8）如果是对具有刑事追诉机关就相应涉嫌行为下达有关终止刑事追诉且未予撤销的裁决的行为人；

（9）如果是对在无刑事责任能力状态下实施刑事法律禁止行为的行为人。但是，下述情况除外，即在该案件的审理阶段必须对行为人适用强制性医疗措施的；

（10）鉴于授权机关或者公职人员拒绝同意对享有免予追究刑事责任特权或者豁免权的人员追究刑事责任的；

（11）对于已经死亡的人员。但是，以下情况除外，即刑事案件的诉讼程序旨在恢复死亡者的荣誉或者对其他人员的刑事案件进行侦查的，以及为确定用以保障对所致侵害予以赔偿而应收缴的、通过非法途径获取的财产、现金或者其他有价值的物品；

（12）对于根据《哈萨克斯坦共和国刑事法典》规定的原则应当免除刑事责任的人员。

2. 刑事案件的诉讼程序，根据本条第 1 款第 1 项与第 2 项规定的根据予以终止。无论是否能够证明具有或者不具有相应刑事违法行为的事实或者刑事违法行为的构成，如果为收集补充证据已经尝试过所有的可能性之后。

3. 刑事案件的诉讼程序，应当根据本条第 1 款第 2 项规定的根据予以终止。当犯罪嫌疑人、刑事被告人或者刑事受审人导致的相应侵害处于合法范围，亦或犯罪嫌疑人、刑事被告人或者刑事受审人实施的行为，依据《哈萨克斯坦共和国刑事法典》的规定，排除将其认定为是刑事违法行为或者应当追究刑事责任的。

4. 刑事案件应当依据本条第 1 款第 3 项、第 4 项与第 11 项规定的根据予以终止。但是，在下述情况下，刑事案件不得终止。即如果行为人被申请人直接控诉为实施刑事违法行为的行为人（享有辩护权的证人）、犯罪嫌疑人、刑事被告人，亦或刑事受审人或者其法定代理人对此提出异议的。这种情况下，刑事案件的诉讼程序应当继续进行并尽快结案，在具有理由下达免除行为人刑罚或者刑事责任的有罪刑事案判决时。

对于依据本条第 1 款第 3 项、第 4 项、第 9 项、第 10 项、第 11 项规定的根据作出有关终止刑事案件的判决时，不必获得刑事被害人或者其法定代理人的同意。

刑事案件终止同时也导致刑事追诉的终止。

（本条第 4 款规定依据哈萨克斯坦共和国 2014 年 11 月 7 日第 248 – V 号法令变更。）

5. 有关终止刑事案件的判决，对于下述行为人作出的，即在实施相应行为时年龄尚未达到按照法律规定可以追究刑事责任的年龄的，应当根据本条第 1 款第 2 项的规定下达。对于未成年行为人，在实施相应行为时虽然已经达到按照法律规定应当承当刑事责任的年龄，但因罹患非精神障碍性心理发育滞后而不能完全意识到自身行为（不作为）的实际性质与社会危害性，并支配实施相应行为的，对其可以依据同样根据下达有关终止刑事案件的判决。

6. 在发现具有排除刑事追诉的情节后，刑事追诉机关应当在审前诉讼程序的任何阶段作出有关终止刑事案件的裁决。

检察官同样有权在开始对案件实施法庭主体审理程序之前，依据本条规定根据从法院撤回案件并决定对其予以终止。检察官将案件从法院撤回并终止之后，不得对该案重新实施审前诉讼程序并再次将其递交法院。

7. 在法院审理阶段发现具有排除刑事追诉的情节之后，公诉人应当申请撤回起诉。如果刑事自诉人继续支持起诉的，公诉人有关撤回起诉的申请对于法庭继续审理该案没有任何阻碍。

8. 在发现具有排除实施刑事追诉的情节后，法院应当解决有关刑事案件终止的问题。

9. 刑事追诉机关与法院在刑事案件终止的情况下，在行为人行为中具有行政违法行为特征或者侵权（贪污腐败）违法行为特征时，应当在 10 日内向授权机关（公职人员）递交相应材料，以便处理有关追究行政责任或者侵权责任的问题。

第 36 条　不得实施刑事追诉的情节

1. 刑事追诉机关、法院在具有相应情节时，有权在自己管辖权限内终止刑事追诉并免除行为人的刑事责任，即在《哈萨克斯坦共和国刑事法典》第 65 条第 1 款、第 66 条、第 67 条、第 68 条第 2 款与第 3 款、第 83 条第 1 款与第 3 款，以及第 441 条、第 442 条、第 444 条至第 448 条规定及第 453 条注释规定。这种情况下，法院同样有权下达免除刑事责任的有罪刑事案判决。

（本条第 1 款规定依据哈萨克斯坦共和国 2014 年 11 月 7 日第 248 - V 号法令变更。）

2. 在法院审理阶段发现具有允许不实施刑事追诉的情节后，公诉人有权申请免予对刑事被告人实施刑事追诉。公诉人申请免予实施刑事追诉的，不阻碍刑事自诉人继续利用相应的刑事案件材料对刑事被告人提起刑事追诉。

3. 在刑事案件终止之前，应当对犯罪嫌疑人、刑事被告人说明终止案件的根据、法律后果以及对就依据该根据终止刑事案件的事项予以反驳的权利。

4. 有关终止刑事案件的事项，应当告知刑事被害人与（或者）其法定代理人，上述人员有权依据本法典规定程序向检察官或者法院提起申诉。

5. 可以依据本条第 1 款规定的根据终止刑事案件。但是，在犯罪嫌疑人、刑事被告人或者刑事被害人对此提出异议的情况下，刑事案件不得终止。在此情况下，刑事案件的诉讼应当遵循普通程序进行。

6. 在法院进入评议室之前，如果相应人员向法院缴纳了《哈萨克斯坦共和国刑事法典》第 69 条规定的保证金（物）的，法院有权在作出有罪刑事案判决的同时免除行为人的刑事责任并予以保释。

在法院对该案作出其他终审判决的情况下，缴纳的保证金（物）应当立即返还缴纳人。在返还缴纳的保证金（物）时，为保障保证金（物）的保管而花费的款额，不应向保证金（物）的缴纳人收取。保证金（物）的接收、保管、返还与计入国家收入的程序由哈萨克斯坦共和国政府予以确定。

如果刑事被告人或者刑事被害人不同意，不得对行为人免除刑事责任并裁定予以保释。

（本条第 6 款规定依据哈萨克斯坦共和国 2014 年 11 月 7 日第 248 - V 号法令增加。）

分　则

第六编　刑事案件的审前程序

第三十八章　制作起诉意见书与向检察官递交案件

第 298 条　起诉意见书的制作

1. 审前调查人员在刑事诉讼程序参与人对刑事案件材料进行阅卷并对他们的申请处理之后，应当制作起诉意见书。

2. 如果行为人涉嫌实施多起刑事违法行为，在对每起刑事违法行为进行叙述时，应当自最先实施的刑事违法行为开始之时起，按照年、月、日的先后顺序进行。

第 299 条　起诉意见书的内容

1. 起诉意见书由前言、叙事与说理以及结论三个部分组成。

2. 在前言部分应当指明下述事项：

（1）起诉意见书制作时间与地点；

（2）制作起诉意见书的人员，其职务、姓名与名字的首字母；

（3）犯罪嫌疑人的姓、名与父称（在有父称的情况下），以及出生的日期、月份、年份与出生地点。

3. 在叙事与说理部分应当对下述内容进行叙述：

（1）已实施的刑事违法行为事件、时间与地点，实施方法、动机、后果，对其作出的认定及其他情节；

（2）有关刑事被害人的信息及其所受损害的性质与数额；

（3）有关通过实施刑事违法行为获得的财物的信息；

（4）减轻与加重犯罪嫌疑人刑事责任的情节；

（5）有关犯罪嫌疑人的信息（国籍、婚姻状况、工作性质、教育程度、居住地点、犯罪记录），其他能够证明对其选择适用强制性处罚措施的资料；

（6）证明相应情节的证据清单，能够确定对行为人提起控诉的根据的；

（7）有关下述情节的信息，即构成对酒精瘾癖、麻醉剂瘾癖或者其他瘾癖依赖病症进行治疗的前提条件的。

4. 在起诉意见书的结论部分应当指明犯罪嫌疑人的姓、名、父称（在有父称的情况下），刑事法律规范的条文款项，对犯罪嫌疑人被控有罪的行为作出的法律认定，以及有关将刑事案件递交检察官以便对起诉意见书予以确定、向法院递送刑事案件以便就其实质进行审理等事项。

5. 起诉意见书应当由制作人签字确认。

6. 当控诉行为人实施刑事法律以数个条文款项予以规定的多起刑事违法行为时，在起诉意见书中应当指明，对每一起刑事违法行为独立作出的认定。

在控诉多名行为人实施同一起刑事违法行为的情况下，在起诉意见书中应当指明，对每名犯罪嫌疑人实施的刑事违法行为作出的单独认定。

7. 在起诉意见书中应当随附下述人员的名单，即应当接受传唤出席审判庭参与案件审理的。在名单中需要指明行为人的姓、名、父称（在有父称的情况下），诉讼地位，居住地点，并应引用收录其供述的刑事案件卷宗与页数编号。

名单应当由两部分组成：犯罪嫌疑人与辩护人指定的人员名单（辩护名单），以及审前调查人员制作的名单（起诉名单）。

名单应当放置于密封信袋并随附到刑事案件之中。

在起诉意见书中应当随附证明，其中应当指明下述事项：审前调查的期限，适用的强制性处罚措施，行为人的拘留期限，采集的实物证据与保存地点，为保障刑事附带民事诉讼请求与执行法院的刑事案判决而采取的措施，诉讼费用，以及应当对刑事被告人缴付的罚金数额，刑事诉讼程序参与人提出的诉讼请求。

第300条 向检察官递交起诉意见书与刑事案件

1. 起诉意见书制作之后，审前调查人员应当将其随附刑事案件递交检察官。

2. 在犯罪嫌疑人被拘留的情况下，刑事案件材料中还应当随附能够证明其身份的文件。在其他情况下，应当随附经审前调查人员核证的副本。

3. 身为外籍人员或者无国籍者的犯罪嫌疑人没有能够证明其身份的文件时，在特殊情况下可以在材料中随附其他文件。

注：下述文件应当认定为本条中能够证明身份的文件：

（1）哈萨克斯坦共和国公民护照；

（2）哈萨克斯坦共和国公民身份证明；

（3）哈萨克斯坦共和国对外籍人员发放的居留证；

（4）无国籍者证明；

（5）哈萨克斯坦共和国外交护照；

（6）哈萨克斯坦共和国公务护照；

（7）难民证；

（8）水手证；

（9）出国护照；

（10）驾驶证；

（11）遣返证；

（12）为未到法定年龄的人员获得身份证件而开具的出生证明；

（13）正式的出生记录；

（14）军人证。

第三十九章 检察官对随附起诉意见书递交的刑事案件作出判决

第301条 检察官对随附起诉意见书递交的刑事案件进行审查后应当处理的问题

检察官在对随附起诉意见书递交的刑事案件进行审查后，应当核证以下问题：

（1）是否具有相应行为，该行为中是否包含刑事违法行为的构成；

（2）案件中是否具有导致其终止的情节；

（3）对犯罪嫌疑人的行为是否定性准确；

（4）依据案件现有证据是否可以确认行为人的涉案行为；

（5）根据所有确定的、应受刑罚处罚的行为是否可以认定行为人为犯罪嫌疑人；

（6）是否采取措施以便追究所有行为人的刑事责任，根据现有证据是否能够证明这些人员实施刑事违法行为；

（7）是否正确选择了强制性处罚措施，案件中是否具有变更或者撤销强制性处罚措施的根据；

（8）是否采取措施保障刑事附带民事诉讼请求与可能没收的财产；

（9）是否在审前调查阶段实质违反了刑事诉讼法律；

（10）为确定诉讼费用的数额，以及其他用于保障法院收缴诉讼费用的数额，刑事追诉机关是否采取了一定的措施；

（11）是否具有签订诉讼协议的理由。

第302条 检察官对随附起诉意见书递交的刑事案件作出判决

1. 对刑事案件材料进行审核之后，根据审核结果，检察官应当采取下述行为之一：

（1）批准起诉意见书；

（2）制作新的起诉意见书；

（3）将刑事案件递交审前调查人员以便进行补充调查；

（4）依据本法典第 35 条与第 36 条规定的根据对全部刑事案件或者部分刑事案件予以终止；

（5）酌情决定或者根据辩护方申请决定有关签订诉讼协议的问题；

（6）增加或者减少应当传唤出庭的人员名单。但是，辩护方的证人名单除外。

2. 本条第 1 款规定的行为，检察官应当在以下期限内履行：

（1）在 3 日内——针对采取快速审前调查程序结束的刑事案件；

（2）在 10 日内——针对依据普通程序进行调查的刑事案件。

第 303 条　检察官有关采取强制性处罚措施的判决

1. 在对本法典第 302 条第 1 款规定载列的文件进行处理时，检察官有权作出合理裁决撤销或者变更此前对犯罪嫌疑人适用的强制性处罚措施，亦或对其选择适用强制性处罚措施，前提是如果此前没有适用过该种措施的。

2. 如果检察官认为具有撤销、变更亦或选择拘留或者监视居住类别强制性处罚措施的必要，应当依据本法典第 146 条、第 147 条与第 153 条的规定进行。

第 304 条　起诉意见书的交付

1. 检察官应当保障向刑事被告人交付起诉意见书，有关收取起诉意见书的书面回执应当随附到案件卷宗之中。

2. 当刑事被告人处于哈萨克斯坦共和国境外并逃避检察机关的传唤时，检察官应当通过可以使用的通信工具向刑事被告人递交起诉意见书。

在必要的情况下，检察官可以组织发布消息，通过大众信息媒体，以及公共电信网络宣布有关将刑事案件递交法院的事宜。

3. 起诉意见书的副本应当交付刑事被告人、刑事被害人的辩护人与他们的法定代理人，亦或通过可以使用的通信工具递交给上述人员。

4. 如果刑事被告人亦或刑事被害人不知晓在审前调查阶段使用的刑事诉讼程序语言，起诉意见书应当以其知晓的语言文本递交。

第 305 条　将刑事被告人交付法院与向法院递交刑事案件

1. 在本法典第 304 条规定的行为实施完毕之后，检察官应当自行下达裁决，向负责案件管辖的法院移送刑事被告人并递交刑事案件。

2. 如果刑事被告人被拘留的，检察官应当向拘留地点的行政管理部门负责人告知已向法院递交刑事案件，以及刑事被告人尚未到庭。

3. 案件递交法院之后，刑事诉讼程序参与人递交的申请与上诉，应当直接递交到法院。

第七编 刑事案件的审判管辖权，第一审审级法院的诉讼程序

第四十七章 刑事自诉案件的诉讼程序特点

第 407 条 刑事自诉案件的诉讼程序规则

刑事自诉案件的诉讼程序，其中包括与本法典第 32 条第 2 款规定的刑事违法行为有关的，根据本法典的基本规则并结合本章规定的例外原则确定。

第 408 条 刑事自诉的提起

1. 刑事自诉是指相应人员遵守上诉的审判管辖权，通过向法院递交上诉的方式要求对行为人追究刑事责任。在向调查机关、侦查官或者检察官递交上诉时，该上诉应当同时递交给法院。

2. 上诉应当包括受理法院的名称，对刑事违法事件的描述，证明刑事违法行为实施地点与时间的证据，向法院请求受理案件的情节，应当对其追究刑事责任的人员信息，以及必须传唤到庭的证人名单。上诉，应当由递交者签字确认。匿名上诉的，不予受理。

3. 上诉同样可以包括有关要求对刑事附带民事诉讼请求进行审理的诉求，如果上诉中随附有刑事附带民事诉讼请求的申请，以及确证该请求的必要材料。

4. 依据刑事案件的地域审判管辖权递交法院进行上诉，附带对被提起刑事自诉案件的相应人员数量的副本。

5. 如果刑事自诉是由数名人员针对同一人员提起的，这些人员可以共同提起上诉，或者彼此单独提起上诉。

6. 自法院受理上诉之时起，递交上诉的人员应当认定为刑事自诉人与刑事被害人，应向其解释本法典第 72 条与第 410 条第 3 款、第 4 款规定的权利。有关此事宜，应当制作笔录并由法官与递交上诉的人员签字确认。

7. 对于同一起应受刑罚处罚的行为，如果有数名人员有权提起刑事自诉，且该行为根据其中任一人员的申请已经被提起，其余人员有权参与已经开始的诉讼程序。这种情况下，不要求其他人员逐一单独地提起诉讼。

8. 刑事被告人有权向控诉人提起反诉，如果反诉指向的客体与应受刑罚处罚的行为所指向的、据此提起诉讼程序的客体相关。控诉与反诉，应当同时审理。拒绝受理控诉不影响对相关反诉的审理。

9. 刑事自诉，如果此前曾经被驳回的，不得重新再次提起。

韩　国

韩国刑事诉讼法 *

第二章　第一审

第二节　公　诉

第 246 条　（国家追诉主义）

公诉，由检察官提起并实行。

第 247 条　（起诉便利主义）

检察官可以参酌《刑法》第 51 条规定事项，不提起公诉。

［专门修订 2007.6.1］［［实行日 2008.1.1］］

［本条条旨修订 2007.6.1］［［实行日 2008.1.1］］

第 248 条　（公诉效力的范围）

①公诉之效力不及于检察官确定的被告人之外的人。

②对于部分犯罪事实的公诉，其效力及于全部。

［专门修订 2007.6.1］［［实行日 2008.1.1］］

［本条条旨修订 2007.6.1］［［实行日 2008.1.1］］

第 249 条　（追诉时效的期间）

①追诉时效期间规定如下：［修订 73.1.25，2007.12.21］

1. 对应当判处死刑的犯罪为 25 年；

2. 对应当判处无期惩役或终身禁锢的犯罪为 15 年；

3. 对应当判处 10 年以上的惩役或禁锢的犯罪为 10 年；

4. 对应当判处 10 年以下的惩役或禁锢的犯罪为 7 年；

5. 对应当判处 5 年的惩役或禁锢、10 年以上停止资格或 1 万以上韩元罚

---

　* 本法于 1954 年 5 月 30 日由大韩民国国会批准，1954 年 9 月 23 日实施。最近一次修正时间是 2016 年 1 月 6 日。本译本根据大韩民国法制处官网提供的韩语文本翻译。

金的犯罪为 5 年；

6. 对应当判处 5 年以上的停止资格的犯罪为 3 年；

7. 对应当判处 5 年以下的停止资格、拘留、罚款或没收的犯罪为 1 年。

②提起公诉的犯罪，未经判决确定，从提起公诉之日起经过 25 年的，即视为完成追诉时效。［新设 61.9.1，2007.12.21］

第 250 条　（2 个以上的刑罚和时效期间）

对于并科 2 个以上的刑罚，或在 2 个以上的刑罚中科处其中一个刑罚的犯罪，应按照重的刑罚适用前条的规定。

第 251 条　（刑罚的加重、减轻和时效期间）

依照《刑法》加重或减轻刑罚时，应当按照没有加重或减轻的刑罚适用第 249 条的规定。

［修订 2007.6.1］［［实行日 2008.1.1］］

第 252 条　（追诉时效的起算点）

①时效从犯罪行为终了之时起计算。

②共同犯罪时应从最后的犯罪行为终了时起对全部共犯计算时效期间。

第 253 条　（时效的停止和效力）

①时效因公诉的提起而停止进行；从驳回公诉或在确定管辖错误的裁定作出之时起，时效继续进行。［修订 61.9.1］

②前款中对共犯之一的时效停止，效力及于其他共犯，从确定案件裁判时时效继续进行。［修订 61.9.1］

③犯人为了规避刑事处罚而在国外时，其在国外的期间不计算入追诉时效期间。［新设 95.12.29］

第 253 条之二　（排除公诉时效的适用）

对于适用死刑的杀人案件（从犯除外），不适用第 249 条到第 253 条规定的公诉时效。

［本条新设 2015.7.31.］

第 254 条　（公诉提起的方式和起诉状）

①提起公诉，应当向管辖法院提交起诉状。

②起诉状应当附加相应于被告人数的副本。

③起诉状应当记载下列事项：

1. 被告人的姓名等足以认定被告人的信息；

2. 罪名；

3. 公诉事实；

4. 适用的法律条文。

④记载公诉事实时，应当载明犯罪的时间、地点和方法，以明确犯罪事实。

⑤可以对多个诉因和适用的法律条文，预备性或择一性地记载。

第 255 条　（公诉的撤回）

①第一审判决宣告之前，可以撤回公诉。

②应书面记载撤回公诉的理由，但在公审庭上可以口头提出。

第 256 条　（移送其他检察官）

检察官发现案件不属于所属检察厅相对应的法院管辖时，应将案件与文书和证物一起，移送至管辖法院相对应的检察厅检察官。

第 256 条之二　（向军事检察官移送案件）

检察官发现案件属于军事法院管辖时，应将案件与文书和证物一起，移送至有管辖权的军事法院检察官。于此情形下，移送前进行的诉讼行为在移送后其效力不受影响。

［修订 87.11.28］［本条新设 73.1.25］

第 257 条　（接受告诉后对案件的处理）

检察官接受告诉或举报而侦查犯罪的，应当在受理告诉或举报之日起 3 个月内终结侦查，并决定是否提起公诉。

第 258 条　（对告诉人等的告知）

①检察官对于告诉或举报的案件，在作出提起或不提起公诉的处分、撤销公诉或进行第 256 条移送时，应当从实施处分行为之日起 7 日内，以书面方式通知告诉人或举报人。

②检察官作出不起诉决定或进行第 256 条的处分时，应当立即告知犯罪嫌疑人。

第 259 条　（对告诉人等告知不起诉理由）

检察官对于告诉或举报的案件，作出不起诉处分，且有告诉人或举报人请求时，应当在 7 日内向告诉人或举报人说明理由。

第 259 条之二　（对被害人等的通知）

被害人或其法定代理人（被害人死亡时包括其配偶、直系亲属、兄弟姐妹）提出请求时，检察官应迅速通知其案件提起公诉与否的处分，公审的时间、地点、裁判结果，犯罪嫌疑人、被告人的羁押、释放等事项。

［本条新设 2007.6.1］［［实行日 2008.1.1］］

第 260 条　（裁定申请）

①对于《刑法》第 123 条至第 126 条规定的犯罪，告诉或举报人在接到检察官不提起公诉的通知后，可以向与该检察官所属的地方检察厅对应的高等法院（以下简称管辖高等法院）提出裁定请求。但是对于《刑法》第 126 条

规定的犯罪，不得提出裁定请求。［修订 2011. 7. 18］［［实行日 2012. 1. 1］］

②提出第 1 款中的裁定请求，应当经过《检察官法》第 10 条的抗告程序。但是符合下列情形之一的可以不经过抗告程序：

1. 抗告后经过侦查，收到不提起公诉的通知；

2. 申请抗告后，检察官经过 3 个月没有对抗告处分的；

3. 追诉时效期届满前 30 日内检察官不提起公诉的。

③提出第 1 款裁定请求的人，在收到驳回抗告决定通知日起或发生第 2 款各项事由之日起 10 日内，向地方检察厅检察长或支厅长提出裁定申请。但是符合第 2 款第 3 项情形的，可以在追诉时效期届满前提出裁定请求书。

④裁定请求书应记载请求案件的犯罪事实和证据等请求理由。

［专门修订 2007. 6. 1］［［实行日 2008. 1. 1］］

［本条条旨修订 2007. 6. 1］［［实行日 2008. 1. 1］］

第 261 条　（地方检察厅检察长等的处理）

受理第 260 条第 3 款请求书的地方检察厅检察长或支厅长，应从接收之日起 7 日内将请求书、意见书、侦查相关文书和证物，通过高等检察厅移送至高等法院。但是如符合第 260 条第 2 款情形之一的进行如下处分：

1. 如认为请求的理由成立，应立即提起公诉，并将其要旨通知有管辖权的高等法院和申请人；

2. 如认为提出的请求理由不成立，应在 30 日内将案件移送至有管辖权的高等法院。

［专门修订 2007. 6. 1］［［实行日 2008. 1. 1］］

［本条条旨修订 2007. 6. 1］［［实行日 2008. 1. 1］］

第 262 条　（高等法院的审理和决定）

①受理裁定请求书的高等法院，应在 10 日内通知嫌疑人。

②法院应当准用抗告程序，在接受请求书之日起 3 个月内对下列情况作出决定，必要时可以调查证据：

1. 请求违反法律规定或没有理由时，应驳回申请；

2. 请求有理由时，应作出提起公诉的决定。

③如无特殊理由，裁定请求期间的审理不得公开。

④对于第 2 款的决定不得上诉，对经第 2 款第 1 项决定的案件，除了新发现其他重要证据的情况，不得再追诉。

⑤法院作出第 2 款的决定时，应当立即将其正文分本送达裁定请求人、犯罪嫌疑人和所辖地方检察厅检察长或者支厅长。在此情况下，作出第 2 款第 2 项的决定时，应当向地方检察厅检察长或支厅长一并移送案件卷宗。

⑥地方检察厅检察长或支厅长接受第 2 款第 2 项中的决定书后，应当立即确定检察官，被确定的检察官应当立即提起公诉。[专门修订 2007.6.1][[实行日 2008.1.1]]

[本条条旨修订 2007.6.1][[实行日 2008.1.1]]

第 262 条之二 （查阅、复制裁定申请案件的限制）

在裁定请求案件的审理中，请求人不得查阅、复制相关文书或证物。但是，法院可以允许其查阅、复制第 262 条第 2 款规定的在证据调查过程中制作相关文书或证物的全部或部分。

[本条新设 2007.6.1][[实行日 2008.1.1]]

第 262 条之三 （费用承担等）

①作出第 262 条第 2 款第 1 项的决定或有第 264 条第 2 款的撤回请求的情形时，法院应当决定令请求人负担因请求程序产生费用的全部或部分。

②法院可以依职权或依犯罪嫌疑人的申请，命令请求人负担犯罪嫌疑人在请求中已承担或将要承担的律师费等费用的全部或部分。

③对于前两款的决定可以提出即时抗告。

④对于前两款的费用负担范围及程序等由大法院规则加以规定。

[本条新设 2007.6.1][[实行日 2008.1.1]]

第 262 条之四 （公诉时效的停止等）

①依据第 260 条规定提出请求时，至作出第 262 条的裁定决定时为止，停止追诉时效的进行。[修订 2007.12.21][[实行日 2008.1.1]]

②依据第 262 条第 2 款第 2 项规定作出决定时，其作出决定之日，视为提起公诉。

[专门修订 2007.6.1][[实行日 2008.1.1]]

[本条条旨修订 2007.6.1][[实行日 2008.1.1]]

第 263 条

（删除）[2007.6.1][[实行日 2008.1.1]]

第 264 条 （代理人的申请和一人申请的效力和撤回）

①裁定请求可以由代理人提出，共同申请权人中一人的申请，效力及于全体。

②裁定请求，在作出第 262 条第 2 款的决定前可以撤回。撤回请求者不得再次提出请求。[修订 2007.6.1][[实行日 2008.1.1]]

③前款中的撤回请求效力不及于其他共同申请权人。

第 264 条之二 （撤回公诉的限制）

检察官依据第 262 条第 2 款第 2 项的决定提起公诉时，不得撤回公诉。

[本条新设 2007.6.1][[实行日 2008.1.1]]

马来西亚

马来西亚刑事诉讼法典[*]

第六编　公诉程序

第十五章　向法官提出起诉书

第 133 条　起诉书的审查

（1）根据起诉书法官享有案件的审判管辖权后——

（*a*）法官应当设定日期根据本条规定对起诉书进行审查；

（*b*）法官应当在审查起诉书 7 日前书面通知检察官，明确起诉书审查的日期和其收到的起诉书中关于第 128 条规定的详细情况；

（*c*）在法官根据第（b）项规定将通知送达检察官后，才可以进行起诉书的审查；

（*d*）法官应当通过告诉人的宣誓进行审查，对告诉人审查的主要内容应当制作笔录并且经由告诉人和法官签字；

（*e*）检察官可以出庭协助法官进行起诉书的审查。

（1A）虽然第 1 款有规定，但是检察官可以在审查阶段内指令警察侦查指控的犯罪并且报告给检察官。

（1B）如果检察官指令警察侦查被控的犯罪，法官将暂停对起诉书的审查。

（2）本条规定不适用于警察、公务员或者其他公务人员依职权申请传票的犯罪案件中的起诉书的审查。

第 134 条　审查程序的推迟

（1）如果法官有理由质疑其有管辖权的犯罪案件的起诉书内容的真实性，

---

*　本法典于 1935 年由马来西亚海峡殖民地立法议会批准并实施。最近一次修正时间是 1999 年 4 月 4 日。本译本根据马来西亚议会官网提供的英语文本翻译。

可以在起诉书审查阶段，记录质疑的原因并且推迟被指控人出庭的程序。为了确定起诉书内容的真实情况，法官或者可以亲自调查案件，或者可以指令警察进行侦查并且将侦查报告提交给法官和检察官。

（2）如果法官根据第 1 款规定亲自调查案件，其应当至少在调查前 7 日书面通知检察官，检察官可以参加调查并提供协助。

第 135 条　起诉书的撤销

（1）接受起诉书的法官在审查起诉书并且对审查进行记录后，并且在存在第 134 条规定的情况下进行调查后，认定没有足够的理由继续诉讼程序的，可以撤销起诉书。

（2）如果法官撤销起诉书，应当记录撤销的原因。

（3）虽然第 1 款、第 2 款有规定，如果检察官认为适当，通知法官没有必要对所指控的犯罪继续进行审判，法官应当撤销起诉书。

第十八章　指　　控

第 170 条　共同起诉

（1）当多人被指控实施了同一犯罪或者共同实施了多个犯罪，或者一人实施了某个犯罪，他人教唆其实施或者试图实施同一犯罪，那么可以对这些人一同起诉和审判，或者法院认为合适的情况下，分别起诉和审判。本章前述规定同样适用于本条的起诉。

举例

（a）A 和 B 被指控实施了同一谋杀罪。可以对 A 和 B 一同进行起诉和审判。

（b）A 和 B 被起诉实施了同一盗窃案，B 还被起诉实施了另外两起盗窃。可以对 A 和 B 实施的共同盗窃进行审判，并单独审判 B 的另外两起盗窃。

（c）A 和 B 分别是一起暴乱中的对立派系的成员，应当分别进行起诉和审判。

（d）A 和 B 被指控在同一诉讼程序中提供虚假证据，应当分别对其进行起诉和审判。

（2）被指控实施了盗窃、敲诈、违背信托、勒索或者侵吞财物的人，和被指控实施了接受或者保留，或者协助处置或者隐藏通过以上方式获取财物的人，或者教唆、试图实施以上行为的人，可以一并进行起诉和审判。

第 171 条　撤回起诉

（1）当针对同一人提出的多项指控中只有一项或者部分定罪，负责起诉的官员可以在得到法院的许可后，撤回余下的起诉，或者法院可以主动暂停对于余下指控的调查或者指控。

（2）撤回起诉或者暂停命令有指控无罪的效力，除非定罪被撤销，在这种情况下法院（要遵守受到撤销定罪法院命令）可以继续对余下的指控进行调查或者审判。

日　本

刑事诉讼法 *

（昭和 23 年 7 月 10 日法律 131 号）

第二编　第一审（第 189 条—第 350 条之 14）

第二章　公诉（第 247 条—第 270 条）

第 247 条　国家追诉主义

公诉，由检察官提起。

第 248 条　起诉便宜主义

根据犯人的性格、年龄及境遇、犯罪的轻重及情节和犯罪后的情况，没有必要追诉时，可以不提起公诉。

第 249 条　公诉效力所及于人的范围

公诉，对检察官指定的被告人以外的人，不发生效力。

第 250 条　公诉时效的期间

时效对于致人死亡的犯罪中相当于监禁以上刑罚（相当于死刑的除外）的犯罪，经过下列期间而完成：

一、相当于无期惩役或者无期监禁的犯罪，30 年；

二、相当于最高刑期为 20 年以上的惩役或者监禁的犯罪，20 年；

三、前两项所列犯罪以外的犯罪，10 年。

＊ 本法于 1948 年（昭和 23 年）7 月 10 日由日本国会批准，1949 年（昭和 24 年）1 月 1 日实施。最近一次修正时间是 2014 年（平成 26 年）6 月 25 日。本译本根据日本法务省官网（http：//www. moj. go. jp/）提供的日语文本翻译。

时效针对致人死亡的犯罪中相当于监禁以上刑罚以外的犯罪，经过下列期间而完成：

一、相当于死刑的犯罪，25 年；

二、相当于无期惩役或者无期监禁的犯罪，15 年；

三、相当于最高刑期为 15 年以上的惩役或者监禁的犯罪，10 年；

四、相当于最高刑期为未满 15 年的惩役或者监禁的犯罪，7 年；

五、相当于最高刑期为未满 10 年的惩役或者监禁的犯罪，5 年；

六、相当于最高刑期为未满 5 年的惩役或监禁或者相当于罚金的犯罪，3 年；

七、相当于拘留或者罚款的犯罪，1 年。

第 251 条　作为确定时效期间依据的刑罚

应当并科两个以上的主刑或者科处两个以上主刑中的一个时，依其中重的刑罚，适用前条的规定。

第 252 条　作为确定时效期间依据的刑罚

在依照刑法应当加重或者减轻刑罚的场合，应当按照没有加重或者减轻的刑罚，适用第 250 条的规定。

第 253 条　时效期间的起算

时效，自犯罪行为终了之时起开始进行。

在共同犯罪的场合，自最后的行为终了之时起，计算所有共犯的时效期间。

第 254 条　时效的停止

时效，因该案件提起公诉而停止进行，自管辖错误或者公诉不受理的裁判确定之时起开始进行。

由于对共犯中的一人提起公诉而时效停止进行时，对其他共犯也同样有效。在此场合，已经停止进行的时效，自该案件的裁判确定之时起开始进行。

第 255 条　时效的停止

由于犯人在国外或者逃匿而不能有效送达起诉书副本或告知简易命令时，在犯人在国外或者逃匿的期间，时效停止进行。

关于证明因犯人在国外或者逃匿而不能有效送达起诉书副本或告知简易命令的必要事项，由法院规则予以规定。

第 256 条　起诉书、诉因、罚条

提起公诉，应当提出起诉书。

起诉书，应当记载下列事项：

一、被告人的姓名或其他足以特定为被告人的事项；

二、公诉事实；

三、罪名。

公诉事实，应当明示诉因并予以记载。为明示诉因，应当尽可能地以时间、场所及方法，特别指明足以构成犯罪的事实。

罪名，应当示知应予适用的处罚条文并予以记载。但处罚条文记载错误，只要不存在对被告人的防御产生实质性不利的危险，就不影响提起公诉的效力。

数个诉因和处罚条文，可以预备地或者择一地予以记载。

起诉书，不得添附可能使法官对案件产生预断的文书及其他物品，或者引用该文书等内容。

第 257 条　撤回公诉

公诉，可以在作出第一审判决前撤回。

第 258 条　将案件移送其他检察厅的检察官

检察官认为案件不属于与其所属检察厅相对应的法院管辖时，应当将该案件连同文书及证物一并移送与管辖法院相对应的检察厅的检察官。

第 259 条　告知被疑人不起诉处分

检察官对案件作出不提起公诉的处分时，如果被疑人提出请求，应当迅速告知不起诉的意旨。

第 260 条　通知告诉人等案件的处理

检察官对经告诉、告发或者请求的案件，在作出提起公诉或者不提起公诉的处分时，应当迅速将其意旨通知告诉人、告发人或者请求人。在撤回公诉或者将案件移送其他检察厅的检察官时，亦同。

第 261 条　告知告诉人等不起诉的理由

检察官对经告诉、告发或者请求的案件，在作出不提起公诉的处分时，如果告诉人、告发人或者请求人提出请求，应当迅速告知告诉人、告发人或者请求人不提起公诉的理由。

第 262 条　准起诉程序和交付审判程序的请求

对刑法第 193 条至第 196 条或者破坏活动防止法（昭和 27 年法律第 240 号）第 45 条，或者关于实施无差别大量杀人行为团体规制的法律（平成 11 年法律第 147 号）第 42 条或第 43 条规定的犯罪提起告诉或者告发的人，不服检察官不提起公诉的处分时，可以请求该检察官所属检察厅所在地的管辖地方法院将该案件交付法院审判。

前款的请求，应当自收到第 260 条的通知之日起 7 日以内，向作出不提起公诉处分的检察官提出请求书。

第 263 条　撤回请求

前条第 1 款的请求，在作出第 266 条的裁定以前，可以撤回。

已经作出前款撤回的人，不得对该案件再次提出前条第 1 款的请求。

第 264 条　提起公诉的义务

检察官认为第 262 条第 1 款的请求有理由时，应当提起公诉。

第 265 条　准起诉程序的审判

对第 262 条第 1 款的请求的审理及裁判，应当由合议庭进行。

法院在必要时，可以使合议庭的组成人员调查事实，或者委托地方法院或简易法院的法官调查。在此场合，受命法官或受托法官有与法院或者审判长同等的权限。

第 266 条　对请求的裁定

法院收到第 262 条第 1 款的请求时，应当依照下列规定，分别作出裁定：

一、请求违反法令上的方式或是在请求权消灭后提出时，或者请求没有理由时，应当不受理；

二、请求有理由时，应当将案件交付管辖地方法院审判。

第 267 条　公诉提起的拟制

已经作出前条第 2 项的裁定时，该案件视为已经提起公诉。

第 267 条之 2　通知检察审查会或检察官

法院在已经作出第 266 条第 2 项的裁定的场合，对于同一案件，在有依照检察审查会法（昭和 23 年法律第 147 号）第 2 条第 1 款第 1 项规定实施审查的检察审查会，或者同法第 41 条之 6 第 1 款作出起诉决议的检察审查会（依照同法第 41 条之 9 第 1 款的规定指定相当于提起或维持公诉的检察官后，即该检察官）时，应当通知其该裁定的意旨。

第 268 条　维持公诉和指定律师

法院在依照第 266 条第 2 项的规定将案件交付该法院审判时，应当从律师中指定对该案件维持公诉的人。

受前款指定的律师，为了对案件维持公诉，应当执行检察官的职务，直到裁判确定。但关于指挥检察事务官及司法警察职员进行侦查，应当委托检察官进行。

依照前款的规定执行检察官职务的律师，应当视为依照法令从事公务的职员。

法院认为接受第 1 款指定的律师不适于执行该项职务或有其他特殊情形时，可以随时撤销该项指定。

对接受第 1 款指定的律师，应当支付政令所定数额的津贴。

第 269 条　命令请求人赔偿费用的裁定

法院在不受理第 262 条第 1 款的请求的场合，或者在该请求已经撤回的场合，可以裁定命令请求人赔偿因与其请求有关的程序所产生的费用的全部或者一部分。对该项裁定，可以提起即时抗告。

第 270 条　检察官阅览、抄录文书及证物

检察官在提起公诉后，可以阅览、抄录有关诉讼的文书及证物。

第 157 条之 4 第 3 款规定的记录媒体，不受前款规定的限制，不得抄录。

第三章　公审（第 271 条—第 350 条）

第一节　公审准备及公审程序（第 271 条—第 316 条）

第 312 条　起诉书的变更

法院在检察官提出请求时，以不妨碍公诉事实的同一性为限，应当准许追加、撤回或者变更记载于起诉书的诉因或者罚条。

法院鉴于审理的过程认为适当时，可以命令追加或者变更诉因或者罚条。

法院在已经追加、撤回或者变更诉因或者罚条时，应当迅速将追加、撤回或者变更的部分通知被告人。

法院认为由于追加或者变更诉因或者罚条可能对被告人的防御产生实质性的不利时，依据被告人或者辩护人的请求，应当裁定在被告人进行充分的防御准备所必要的期间内，停止公审程序。

第五节　公审的裁判（第 329 条—第 350 条）

第 340 条　撤回公诉后的再起诉

因撤回公诉而作出的公诉不受理的裁定已经确定时，以在撤回公诉后对犯罪事实重新发现重要证据时为限，可以就同一案件再提起公诉。

刑事诉讼规则[*]

（昭和 23 年 12 月 1 日最高法院规则第 32 号）

第二编　第一审
（第 139 条—第 222 条之 20）

第二章　公诉（第 164 条—第 175 条）

第 164 条　起诉书的记载要件·法第 256 条

除法第 256 条规定的事项以外，起诉书还应当记载下列事项：

一、被告人的年龄、职业、住居和籍贯。但被告人是法人时，则为事务所及代表人或者管理人的姓名及住居；

二、被告人被逮捕或者羁押时，其意旨。

在前款第 1 项规定的事项不明时，记载其意旨即可。

第 165 条　提交起诉书副本等·法第 271 条等

检察官在提起公诉的同时，应当根据被告人的人数向法院提交相应的起诉书副本。但有不得已的情形时，应当在提起公诉以后，迅速提交相应的起诉书副本。

检察官在提起公诉的同时，应当向法院提交由检察官或者司法警察员移交的辩护人选任书。在不能同时提交时，应当在起诉书中记载其意旨，并在提起公诉以后迅速提交。

法官在提起公诉前已经依照法律规定指定辩护人的，检察官在提起公诉的同时，应当将其意旨通知法院。

第 1 款的规定，在请求简易命令的场合不适用。

（昭和 28 年最高法院规则第 21 号·平成 18 年最高法院规则第 11 号·部分修正）

　＊ 本规则于 1948 年（昭和 23 年）12 月 1 日由日本最高法院公布，1949 年（昭和 24 年）1 月 1 日实施。最近一次修正时间是 2012 年（平成 24 年）2 月 20 日。本译本根据日本法院官网（http：//www.courts.go.jp/）提供的日语文本翻译。

第 166 条　提交证明材料·法第 255 条

关于提起公诉，在有必要证明因犯人在国外或者逃跑而不能有效地送达起诉书或简易命令的副本时，检察官应当在提起公诉以后，迅速向法院提交证明材料。但不得提交可能使法官对案件产生预断的文书或其他物品。

（昭和 28 年最高法院规则第 21 号·部分修正）

第 167 条　提交逮捕证、羁押证·法第 280 条

检察官对被逮捕或者被羁押的被告人提起公诉时，应当迅速向受理公诉的法院的法官提交逮捕证或者逮捕证及羁押证。对被逮捕或者被羁押其后又被释放的被告人提起公诉时，亦同。

法官，在依照第 187 条的规定应由其他法院的法官作出关于羁押的处分时，应当立即将前款的逮捕证及羁押证送交该法官。

法官，在第一次公审期日开始后，应当迅速将逮捕证、羁押证及关于羁押处分的文书送交法院。

（昭和 28 年最高法院规则第 21 号·部分修正）

第 168 条　撤回公诉的方式·法第 257 条

撤回公诉，应当以记载理由的书面提出。

第 169 条　交付审判请求书的记载要件·法第 262 条

法第 262 条规定的请求书，应当记载应交付法院审判的案件的犯罪事实及证据。

第 170 条　撤回请求的方式·法第 263 条

撤回法第 262 条的请求，应当书面提出。

第 171 条　送交文书等

检察官认为法第 262 条的请求没有理由时，应当自收到请求书之日起 7 日以内添附意见书，并将文书及证物一并送交该条规定的法院。意见书应当记载不提起公诉的理由。

第 172 条　请求等的通知

在已经作出前条的送交时，法院书记官应当迅速将已有法第 262 条的请求的意旨通知被疑人。

在已经撤回法第 262 条的请求时，法院书记官应当迅速将该请求已经撤回的意旨通知检察官和被疑人。

（昭和 24 年最高法院规则第 12 号·部分修正）

第 173 条　调查被疑人·法第 265 条

收到法第 262 条规定的请求的法院，在调查被疑人时，应当使法院书记官在场。

在前款的场合，应当制作笔录，并由法院书记官签名、盖章，审判长盖章确认。

关于前款的笔录，准用第 38 条第 2 款第 3 项前段、第 3 款、第 4 款及第 6 款的规定。

（昭和 24 年最高法院规则第 12 号·昭和 26 年最高法院规则第 15 号·部分修正）

第 174 条　交付审判的裁定·法第 266 条

法院作出法第 266 条第 2 项的裁定时，应当在裁判书上记载起诉书记载的事项。

前款裁定的副本，应当送达检察官和被疑人。

第 175 条　作出交付审判的裁定后的处分·法第 267 条

法院在作出法第 266 条第 2 项的裁定的场合，应当迅速实施下列处分：

一、在将案件交付该法院审判时，除裁判书以外，应将文书及证物送交维持案件的公诉的律师；

二、在将案件交付其他法院审判时，将裁判书送交审判的法院，将文书及证物送交维持案件的公诉的律师。

沙特阿拉伯

沙特阿拉伯刑事诉讼法 *

伊历 1435 年（公元 2013 年）

第二章　刑事诉讼

第一节　起　诉

第 15 条　侦查和公诉机关依法向有管辖权的法院提起刑事诉讼。

＊ 本法于 2013 年 11 月 12 日（伊历 1435 年 1 月 8 日）由沙特阿拉伯内阁批准，2013 年 11 月 26 日（伊历 1435 年 1 月 22 日）通过皇家法令颁布。本译本根据沙特阿拉伯内阁官网提供的阿拉伯语文本翻译。

第 **16** 条　被害人、被害人代理人、被害人遗产继承人均有权就所有刑事案件向有管辖权的法院提起诉讼，法院须告知原告出席。

第 **17** 条　对于仅涉及个人权利的罪行，只有在被害人、被害人代理人或被害人遗产继承人提出控告后，侦查和公诉机关方可进行侦查或提起刑事诉讼。如果侦查和公诉机关认为该罪行涉及公共利益，则可直接提起诉讼。

第 **18** 条　如果一审法院发现被害人或被害人遗产继承人的利益与被害人代理人的利益相冲突，将禁止被害人代理人继续申辩，下令委任他人作为被害人代理人。

第 **19** 条　如果一审法院在案件起诉过程中发现遗漏的犯罪嫌疑人或其他与控告案件有关的案件事实，应告知公诉人或原告，以完成本法规定的相关程序。

第 **20** 条　如果任何人的行为违反了法院的指令、触犯了法院的权威或对法院的任何组成成员、任一诉讼方、证人造成影响，法院有权对其提起诉讼，并依法审判。

第 **21** 条　侦查和公诉机关的成员在以下情况下不得审理任何案件、发布任何决议：

1. 被告人为本人、本人配偶或与本人有四代以内的血缘、姻亲关系；

2. 本人和某一诉讼当事人存在可能影响侦查的利害关系；

3. 本人为该案件的证人、专家、仲裁人或代理人。

第二节　刑事诉讼的终止

第 **22** 条　普通刑事诉讼在以下任一情况发生时终止：

1. 终审判决已发布；

2. 被告人获得特赦；

3. 公诉人或原告撤诉；

4. 被告人死亡。

普通刑事诉讼终止后，当事人可提起民事诉讼。

第 **23** 条　特殊刑事诉讼在以下任一情况发生时终止：

1. 终审判决已发布；

2. 被害人或被害人遗产继承人撤诉。

特殊刑事诉讼终止后，当事人可提起公诉。

泰　　国

泰国刑事诉讼法典[*]

第一编　通　　则

第一章　一般规定

第 2 条　本法典中下列用语的含义是：

（5）"检察官"是指负责在法院提起指控的官员，可以是检察院委派的官员或者其他经授权机关的代表；

（14）"控方"是指向法院提起刑事起诉的检察官或者被害人，二者同时起诉时为共同控方；

第三编　刑事案件的起诉、刑事
附带民事诉讼的立案

第一章　刑事案件的起诉

第 28 条　以下人员有权向法院提起刑事诉讼：

（1）检察官；

（2）被害人。

第 29 条　被害人在提起诉讼后死亡的，其父、母、子、女、夫、妻可以被害人的名义继续诉讼。

被害人为未成年人，心智不全或是无行为能力者，或在刑事诉讼立案后死亡的，其法定代理人、监护人或指定代表人可以以受害人的名义继续诉讼。

＊　本法典于 1934 年由泰国政府公布，先后经 22 次修正，最近一次修正案为 2008 年公布。本译本根据泰国最高法院官网提供的英语文本翻译。

第 30 条 检察官提起的刑事诉讼，被害人可以在一审法院宣告判决前的任何阶段申请作为控方。

第 31 条 由被害人提起的非自诉案件，在立案前任何阶段，检察官可以申请作为控方。

第 32 条 检察官和被害人作为共同控方的，如果检察官认为被害人在诉讼中的行为可能会影响诉讼程序的，检察官有权向法院申请，限制被害人的行为。

第 33 条 检察官和被害人共同向同一或不同的一审法院提起的刑事案件，任一法院可依职权或在判决前接受控方申请，决定合并审理。

前款成立前提是收到其他法院同意的决定。

第 34 条 不起诉决定不影响被害人诉讼权利。

第 35 条 一审法院判决宣告前，控方可以申请撤回起诉。法院会根据相关情况裁定是否同意撤诉。如果被告人已经提交了答辩书，法院应该询问被告人对此是否有异议，并将其陈述记录在案。如果被告人拒绝撤诉，法院应当拒绝撤诉申请。

非自诉案件在定案前，可以撤诉或达成和解。但如果被告人反对，法院应当拒绝撤诉申请。

第 36 条 已撤诉的案件，属于下列特定条件之一的，将不能再次起诉：

（1）检察官提起非自诉案件撤诉的，类似撤诉不影响被害人再次起诉；

（2）检察官在未取得被害人书面同意的情况下，撤回自诉案件诉讼，类似撤诉不影响被害人再次起诉；

（3）被害人提起刑事诉讼后撤诉的，类似撤诉不能阻止检察官再次起诉，除非是自诉案件诉讼。

第 37 条① 下列刑事案件可以和解：

（1）该案件只判处罚金的，罪犯可在审判前，自愿向有关人员支付该犯罪法定最高额罚金；

（2）轻罪，或刑罚轻于轻罪的，或法定罚金最高不超过 10000 泰铢的，或违反相关税法但最高罚金金额不超过 10000 泰铢的，犯罪嫌疑人可按侦查人员规定支付一定数额的罚金；

（3）轻罪或刑罚轻于过失罪的，或法定罚金最高不超过 10000 泰铢，且该犯罪行为发生在大城府和暖武里府，犯罪嫌疑人可以按巡官以上级别的警方，或被委托负责此类犯罪警方的规定，支付一定数额的罚金；

---

① 第 37 条由刑事诉讼法典修正案（第 16 号）（B. E. 2529）第 3 条修改。

（4）按其他法律处理的犯罪行为的，犯罪嫌疑人可按相关人员规定支付一定数额的罚金。

第 38 条　在第 37 条第（2）—（4）项所列的非自诉案件中，如果警方认为犯罪嫌疑人不应被监禁，警方有权按下列规定处理案件：

（1）该警方应当确定犯罪嫌疑人需支付的罚金。如果犯罪嫌疑人和被害人同意该决议，犯罪嫌疑人在相关人员规定时间的 15 日内支付该罚金，则该案结案。

如果犯罪嫌疑人不同意该决议，或在同意之后没有按上条所述规定支付罚金，该案件继续审理。

（2）有赔偿要求的案件，如果犯罪嫌疑人和被害人同意赔偿要求，相关人员应该确定合适的或征得双方同意的赔偿金额。

第 39 条　有下列情形之一的，终止诉讼：

（1）被告人或犯罪嫌疑人死亡；

（2）自诉案件，原告或控方撤诉或达成和解；

（3）按第 37 条规定和解的案件；

（4）诉讼立案后经终审判决；

（5）犯罪行为发生后，生效的法律取消该罪名；

（6）依照法律规定；

（7）经特赦。

第七编　一审程序

第一章　正式起诉和预审

第 157 条　刑事案件应当起诉至本法典或其他法律规定的有管辖权的法院。

第 158 条　起诉状应当是书面的，且包含如下内容：

（1）法院名称以及日期；

（2）案件控辩双方名称以及被指控的犯罪；

（3）检察官职务，或在自诉案件中控方的姓名、年龄、住址、国籍以及护照；

（4）被告人的姓名、住址、国籍以及护照；

（5）所有怀疑由被告人作出的犯罪行为，此行为相关时间地点的一切事实材料，以及能让被告人清晰理解起诉的合理充足的人证、物证；

起诉诽谤罪时，属于涉嫌诽谤的语言、文字、草图或其他材料应当在起诉状中充分陈述或附上；

（6）规定有关行为构成犯罪的法条参考；

（7）起诉状的控方、起草者、书写者或打印者署名。

第 159 条 若被告人曾因犯罪被定罪，控方想要基于累犯加重对被告人的刑罚，应当在起诉状中做出陈述。

若没有在一审判决前要求加重刑罚，控方将提起加重起诉的申请，若法院认为适宜则可准予。

第 160 条 不同犯罪可以合并审理，但不同犯罪应当在分离且连续的裁判中分别陈述。

每项指控也可区分于其他指控单独起诉。若法院认为适当，可以裁定将案件分开审理，法院可以在审判前或审判中作出该裁定。

第 161 条 若犯罪嫌疑人的行为并不违法，法院应当裁定控方修改起诉、撤销起诉或拒绝接受起诉。

控方有权对法院的该裁定提起上诉。

第 162 条 若起诉被认为符合法律规定，法院应当作出如下决定：

（1）自诉案件中，法院应当预审，但若同一案件检察官也提起了刑事诉讼，则应当适用第（2）项；

（2）公诉案件中，法院不需要预审，但其认为适当的情形除外。

若存在上述预审，被告人认罪，法院应当接受起诉。

第 163 条 有合理理由时，控方可以在初审法院判决前申请修改或补充起诉状。若法院认为适当，可以准予申请或命令先进行预审。准予申请后，修改或补充的起诉状副本应当送达被告人征求意见，法院可以指示分别审理补充起诉。

有合理理由时，被告人可以在法院判决前提起申请修改或补充其答辩。若法院认为合适并准予申请，上述副本应当送达控方。

第 164 条 修改或补充起诉的申请，若有损于被告人的抗辩，法院不应许可；但在一审法院审理的任何阶段，修正的起诉内容为细化犯罪指控或个人情况，或者增加犯罪指控的内容或者个人情况，这些修正不被允许，除非被告人确实因错误或遗漏而被忽略。

第 165 条① 检察官起诉的案件，被告人应当在确定的预审之日出庭或被带到法庭。法院应当将起诉状副本送达每一个被告人。法院确认被告人身份

---

① 第 165 条由刑事诉讼法典修正案（第 6 号）（B. E. 2499）第 9 条修正。

后，应当向其宣读起诉内容并解释，被告人应当被询问是否犯罪或是否愿意做任何抗辩陈述。被告人的陈述应当书面记录。若被告人拒绝作出任何陈述，应当记入记录，然后进行预审。

被告人没有权利在预审阶段举证，但不应当阻止其获得律师的帮助。

若在自诉案件中，法院有权在被告人缺席的情况下进行预审；法院应当将起诉状副本送达每一个被告人并通知其确切的预审日期。被告人可以带或不带律师参加预审以对控方的证人进行交叉询问。若被告人不参加，可以指定律师对控方证人进行交叉询问。被告人不一定被法院要求作出陈述，在法院接受起诉之前，被告人都不需要作出陈述。

土库曼斯坦

土库曼斯坦刑事诉讼法典[*]

总　　则

第一编　　基本原则

第一章　　土库曼斯坦的刑事诉讼立法

第 6 条　对本法典部分名称与概念的解释

本法典中适用的部分名称与概念具有以下含义：

（4）控诉人——即指为保障自己（或他人）现实的或者应有的权利，依据刑事诉讼程序规则诉诸于法院或者刑事追诉机关的人员；

（5）控诉方——即指国家公诉人、刑事被害人、刑事附带民事诉讼原告人以及他们的法定代理人与代理人；

（14）国家公诉人——即指以国家名义在法庭上支持诉讼或者拒绝支持诉讼的公职人员；

---

* 本法典于 2009 年 4 月 18 日由土库曼斯坦议会核准颁布，最近一次修正时间是 2014 年 5 月 3 日。本译本根据土库曼斯坦议会官方网站提供的土库曼斯坦语与俄语文本翻译。

分　　则

第六编　刑事案件的审前诉讼程序

第二十六章　被作为刑事被告人追究刑事责任

第247条　提起控诉

1. 自将行为人作为刑事被告人追究刑事责任的裁决下达之日起，应当在不晚于2日内随即提起控诉。在下述情况下，如果刑事被告人在下达传票予以传唤的情况下不出庭的，控诉应当在刑事被告人出庭之日或者向其拘传之日起提起。

2. 在刑事被告人躲避侦查的情况下，提起控诉的期限应予中止。其后的诉讼在刑事被告人被拘传到侦查机关之日起提起。

3. 调查官，在确定刑事被告人的身份以后，应当向该刑事被告人说明有关将其作为刑事被告人追究刑事责任的裁决，并对所提控诉的实质进行解释。有关此事项，应当在该裁决中予以注明。同时应当向刑事被告人解释其享有本法典第80条规定的权利与义务。有关此事项，应当制作相应的笔录。

4. 上述行为的执行，应当由刑事被告人、侦查官与律师（如果律师在提起控诉时参与刑事案件）在有关将行为人作为刑事被告人追究刑事责任的裁决中签名确认。该笔录同样应当指明控诉提起的日期与时间。

5. 在刑事被告人拒绝签名的情况下，侦查官与律师在上述裁决中确认，裁决的内容已经向刑事被告人说明，侦查官应当将此事项通知检察官。

第248条　对已提起的控诉进行变更与补充

1. 在预先侦查阶段，如果产生相应根据变更被提起的控诉，亦或产生有关预先侦查执行的根据时，侦查官应当遵守本法典第244条规定的要求作出新的裁决，将行为人作为刑事被告人追究刑事责任，并依据本法典第247条与第256条规定的程序向刑事被告人出示该判决，并就变更或者补充控诉的部分对刑事被告人进行讯问。

2. 在预先侦查阶段，如果部分控诉没有相应的证据予以证明，侦查官应当自行下达裁决终止对该部分控诉的刑事追诉，并向刑事被告人告知此事项。

第三十七章 制作起诉意见书及向法院递交刑事案件

第 322 条 起诉意见书

1. 刑事被告人与其律师，在对所有的刑事案件材料进行阅卷之后，侦查官应当就该案件制作起诉意见书。

2. 起诉意见书由前言①、叙事与说理以及结论②三个部分组成。

3. 在起诉意见书的前言部分，对于对其制作起诉意见书并作为 1 名刑事被告人（或者数名刑事被告人）追究刑事责任的行为人，侦查官应当指明该刑事被告人（或者数名刑事被告人）的姓、名、父称，以及对其行为作出认定的刑事法律规范（条、款、项）。

4. 在起诉意见书的叙事与说理部分，应当阐述以下事项：犯罪事件，犯罪事件如何通过预先侦查得以确定，每名刑事被告人实施犯罪的地点、时间、方式、动机、后果以及其他有关实行行为的情节，有关刑事被害人的身份信息，确定犯罪事件本身的各种证据，以及侦查官对每名刑事被告人过错作出认定的结论。在叙事与说理部分，还应当对以下事项进行阐述：每名刑事被告人就所受控诉作出的实质解释，在个人辩护中提出的理由，以及对这些理由予以支持的证据。

5. 当刑事案件中具有减轻或者加重刑事被告人责任的情节时，侦查官应当在起诉意见书中对此予以指明。

6. 在起诉意见书中如果援引了相关证据，则应当指明这些证据属于案件材料中的哪一卷与哪一页。

7. 在起诉意见书的结论部分，应当指出有关每名刑事被告人身份的信息：姓、名、父称，出生年份与地点，民族，国籍，教育程度，家庭状况，工作地点，从事职业与居住地点，前科，对所提控诉的叙述，并应指明刑事法律对该犯罪规定了刑事责任的条（多条）、款（多款）、项（多项）。

8. 起诉意见书的结尾部分应当指明该文书制作的时间与地点。

9. 起诉意见书由制作的侦查官签名确认，并指明其职务、专业与军衔。

第 323 条 起诉意见书的附件

在起诉意见书中，应当随附下述资料：

（1）有关人员的名单，根据侦查官的意见应当传唤出庭的，应当标注上

---

① 该文书的首部。——译者注

② 该文书的尾部。——译者注

述人员的地址以及记述他们供述或者意见的资料；

（2）有关对每名刑事被告人选择强制性处罚措施以及拘留时间与地点的证明文件；

（3）对物质证据、刑事附带民事诉讼请求、为保全刑事附带民事诉讼请求与可能被收缴的财产而采取的措施，以及对诉讼费用予以证明的文件，并应援引刑事案件卷宗的相应卷次与页码。

第 324 条　向检察官递交刑事案件

1. 起诉意见书制作之后，侦查官应当将刑事案件递交检察官。同时，会同刑事案件一起递交为每名刑事被告人准备的起诉意见书副本。

2. 在刑事案件中，应当随附对刑事被告人身份予以确定的证明文件。

第 325 条　检察官就随附起诉意见书递交的刑事案件应予处理的问题

在对刑事案件进行阅卷时，检察官应当对下述事项进行核查，在调查与预先侦查阶段是否遵守了本法典规定的所有要求，尤其是对下述事项应当特别关注：

（1）是否存在对刑事被告人提起控诉的行为，以及在该行为中是否具有犯罪构成；

（2）在刑事案件中是否具有导致刑事案件终止的情节；

（3）对刑事案件实施的调查与预先侦查是否全面、完整与客观；

（4）在刑事案件中使用的证据，对所提控诉的证明是否充分合理；

（5）对于能够证明控诉的证据，本法典所规定的证据收集程序是否得以遵守；

（6）对于刑事被告人的行为，是否正确地适用了刑事法律；

（7）对于刑事被告人的所有犯罪行为，通过调查与预先侦查程序确定的，是否都已提起控诉；

（8）对于所有已经查明犯罪事实的行为人，是否都已作为刑事被告人追究了刑事责任；

（9）起诉意见书中的证据是否同刑事案件所具有的证据相符合；

（10）选择适用的强制性处罚措施是否正确，以及在刑事案件中是否具有对强制性处罚措施予以变更或撤销的根据；

（11）对于刑事附带民事诉讼的请求或者可能予以没收的财产，是否采取了保全措施；

（12）对于促进犯罪实施的原因与条件是否已经查明，是否对这些原因与条件采取了相应措施予以消除；

（13）调查机关或者预先侦查机关是否遵守了本法典规定的所有要求。

第 326 条　检察官对随附起诉意见书递交的刑事案件作出判决

1. 对于调查官随附起诉意见书递交的刑事案件，检察官必须审查，并应在 5 日内就此采取以下任一行为：

（1）确认起诉意见书并将刑事被告人的刑事案件递交法院；

（2）将刑事案件退回调查机关或者侦查机关，附带自己的书面指令，命令进行补充侦查；

（3）如果具有足够根据终止刑事案件的诉讼程序，应当就此作出理由充分的裁决。

2. 检察官有权变更起诉意见书中应当传唤出庭的人员名单，以及撤销或者变更此前选择的强制性处罚措施，如果此前未曾选择强制性处罚措施的，亦或选择适用强制性处罚措施。在撤销、变更或者选择拘留类别的强制性处罚措施时，检察官负责依据本法典第 154 条第 5 款规定的原则予以处理。

3. 在起诉意见书不符合本法典第 322 条规定的要求时，检察官有权退回刑事案件并向调查机关或者侦查官下达书面指令，命令重新制作起诉意见书。

4. 对起诉意见书进行核准的权利，由依据土库曼斯坦立法指派担任检察官职务的人员履行。在产生阻碍检察官履行该职责的情况时，起诉意见书仅可以由上一级检察官核准。

第 327 条　检察官在审核起诉意见书时变更起诉

1. 检察官有权自行下达理由充分的裁决，对起诉意见书中的部分控诉予以撤销，亦或适用对较轻犯罪规定的法律。这种情况下，必须制作新的起诉意见书。

2. 如果要求变更为更加严重的控诉，亦或同此前在事实情节上具有实质差别的控诉时，检察官应将刑事案件退回调查机关或者侦查官以便提起新的控诉。

第 328 条　检察官制作新的起诉意见书

检察官，有权不将刑事案件发回进行补充侦查，可以自行制作新的起诉意见书，如果这样不会导致变更为更加严重的控诉。这种情况下，此前制作的起诉意见书应当从刑事案件中撤销。

第 329 条　检察官将刑事案件递交法院

1. 检察官负责确认或者制作新的起诉意见书。对于检察官交付的起诉意见书副本，刑事被告人应当签名接收。如果刑事被告人被监禁的，应当向其监禁地的行政管理部门移交起诉意见书副本以便交给该刑事被告人签名接收，并应根据司法审判的管辖权向法院移送刑事案件。

2. 检察官，向法院递交刑事案件之后，有权在法院受理该案之前将其撤回。

3. 检察官，应向刑事被告人、律师、刑事被害人及其代理人、刑事附带民事诉讼原告人、刑事附带民事诉讼被告人与他们的代理人告知有关刑事案件递交的事宜，递交的日期以及具体递交的法院。

4. 在刑事案件递交法院之后，对该案提出的申请与上诉直接递交受理案件的法院。

新 加 坡

刑事诉讼法典[*]

第七章　指　　控

第 123 条　指控的形式

（1）依据本法进行的每项指控必须陈述所指控的犯罪。

（2）法律以特定名称规定该犯罪的，对该犯罪的指控仅可适用该名称。

（3）规定该犯罪的法律没有规定特定名称的，对该犯罪的定义必须足以使被指控人了解指控事由。

（4）指控必须提及规定被认为已经实施的犯罪的法律条文。

（5）作出指控意味着声明该案件满足法律要求的构成被指控犯罪的各个法律要件。

（6）被指控人曾经被定罪，且为证明该定罪会对当前法院有权判处的刑罚产生影响的，应当在指控中述明先前定罪的事实、日期和地点；指控遗漏该陈述的，法院可以在判决前的任何时间予以添加。

示例

（a）A 被指控谋杀 B。该指控等同于陈述 A 的行为符合《刑法典》（第二百二十四章）第 300 条中谋杀的定义，但不属于该法第四章中的一般例外情

＊　本法典于 2010 年 5 月 19 日由新加坡国会批准，2011 年 1 月 2 日实施。最近一次修正时间是 2015 年 4 月 1 日。本译本根据新加坡法规在线网提供的英语文本翻译。

形和第300条的任何例外，或者，在它确实属于第一种例外时适用该例外的3个但书条款中的任何一个。

（b）依据《刑法典》第326条的规定，A被指控使用枪支故意造成B的严重伤害。该指控等同于陈述A的行为不适用《刑法典》第335条，且不属于该法第四章中的一般例外。

（c）A被指控谋杀、欺诈、盗窃、敲诈勒索、刑事恐吓或使用虚假的财产标记。该指控在提及《刑法典》中相关定义的情况下，可以表明A实施了谋杀、欺诈、盗窃、敲诈勒索、刑事恐吓或使用虚假的财产标识，但该指控必须载明惩罚每项犯罪所依据的法律条文。

（d）依据《刑法典》第184条的规定，A被指控故意妨碍合法当局的公务人员出售用于变卖的财产。有关这项犯罪的指控应当以上述表述进行说明。

（6A）被指控人正在接受依据《监狱法》（第二百四十七章）作出的减刑命令的，为证明该减刑命令会对法院有权判处的刑罚产生影响，这项指控必须载明——

（a）减刑命令所涉事实；和

（b）被指控的犯罪实施当日，该减刑命令的剩余刑期，

指控遗漏该陈述的，法院可以在判决前的任何时间予以添加。

［2014年第1号法律（自2014年7月1日生效）］

（7）由高等法庭审判的针对任何人的指控应当——

（a）按照规定的格式；

（b）以检察官的名义提起；并且

（c）由检察官或被他授权的人签名；由后者签名的，签名前应冠以“依据检察官授权”。

第124条　有关时间、地点和人物或事物的细节

（1）指控必须载明被控犯罪的时间和地点细节，以及犯罪所针对的人或涉案物品的细节（如果有的话），以便向被指控人充分合理地告知他被指控的犯罪。

（2）某人被指控实施背信犯罪或不诚实地挪用金钱或其他动产的，如果指控未载明特定物品或准确日期时，但载有下列事项的，应当足以视为针对某项犯罪的指控——

（a）与被控犯罪有关的总额；以及

（b）被控犯罪发生的大致时间范围，该范围不应超过12个月。

第125条　必须说明犯罪方法的情形

第123条和第124条所涉详情不足以充分告知某人其被指控的犯罪的，该

指控必须提供被控犯罪的实施细节，以达到充分告知的目的。

示例

（a）A 被指控在特定时间和地点盗窃特定物品。该指控无须陈述盗窃的危害后果。

（b）A 被指控在特定时间和地点欺诈 B。该指控必须陈述 A 如何欺诈 B。

（c）A 被指控在特定时间和地点作伪证。该指控必须载明 A 提供证据中的被认为是伪证的部分。

（d）A 被指控在特定时间和地点妨碍公务人员 B 履行公务。该指控必须陈述 A 如何阻碍 B 履行公务。

（e）A 被指控在特定时间和地点谋杀 B。该指控无须陈述 A 如何谋杀了 B。

（f）A 被指控为使 B 免遭刑罚而不服从法律指示。该指控必须载明不服从的行为和被违反的法律。

第 126 条　在指控中用来描述犯罪的词语的含义

在每项指控中，用于描述一项犯罪的词语应当与规定该犯罪可罚的法律所表达的含义相一致。

第 127 条　错误的影响

指控中对犯罪或指控必须陈述的细节存在的任何错误，以及对上述事项的任何遗漏，在案件的任何阶段都不得被认为是实质错误或遗漏，但被告人实际上被该错误或遗漏误导的除外。

示例

（a）依据《刑法典》（第二百二十四章）规定，A 被指控"占有一个伪造的硬币，且当他占有该硬币时已知它是伪造的"，但该指控遗漏了"欺诈地"这个词。只有当 A 事实上因此被误导时，该错误才可以被认为是实质性错误。

（b）A 被指控欺诈 B。指控中未载明 A 如何欺诈 B，或存在陈述错误。此后 A 进行辩护，传唤证人，并提供他自己的交易账户。基于 A 的行为，法院可以从中推断，指控中有关 B 如何被欺诈的遗漏或错误并非实质性错误。

（c）A 被指控欺诈 B。指控中为载明 A 如何欺诈 B。A 和 B 之间存在多项交易，A 无法确知被指控的交易并且未能进行辩护。基于此，法院可以推断，指控中有关 B 如何被欺诈的遗漏属于实质性错误。

（d）A 被指控在 1996 年 6 月 5 日谋杀了 Tan Ah Teck，并且在 1996 年 6 月 6 日谋杀了试图逮捕他的 Tan Ah Tuck。当 A 被指控谋杀 Tan Ah Teck 的同时，A 也因谋杀 Tan Ah Tuck 而被审判。在后者的审判中，A 方出庭证人是在 Tan Ah Teck 案中的证人。基于此，法院可以推断，A 被误导了并且该错误是实质性错误。

第 128 条　法院可以变更指控或作出新指控

（1）法院在作出裁判前的任何时间，可以为补充或替代当前指控，变更指控或作出新指控。

（2）必须向被指控人宣读和解释新指控或变更后的指控。

第 129 条　变更指控或作出新指控后的审判

（1）法院依据第 128 条规定变更指控或作出新指控的，必须立即要求被指控人进行答辩，并要求他陈述是否准备就变更后的指控或新指控接受审判。

（2）被告人宣称他尚未准备好的，法院必须尽职考虑他给出的任何理由。

（3）法院认为立即进行审判将不会损害被指控人的抗辩或检察官的控诉的，可以继续进行审判。

（4）法院认为情形与第 3 款相反的，可以决定启动新的审判，或在必要的时间内休庭。

第 130 条　变更指控或新指控需要征得检察官同意时的程序暂停

（1）变更后的指控或新指控针对的是依据第 10 条第 1 款规定需要征得检察官同意的犯罪的，法院在获得同意前不得继续审判，但变更后的起诉或新起诉与原起诉的事实基础相同，且后者已经取得同意的除外。

（2）法院获得或已经获得起诉同意的，先前审判中认可的所有证据，在变更指控或新指控的审判中，应当被视为已经被认可的证据。

第 131 条　变更指控或新指控的审判中对证人的召回

法院在审判开始后变更指控或作出新指控的，依控辩任何一方的申请，该法院必须允许其召回或再次传讯任何已经被询问过的并且与变更指控或新指控有关的证人，但该法院认为申请毫无意义或无理取闹，或有意拖延诉讼或阻碍司法的除外。

第 132 条　不同犯罪分别指控

（1）某人被指控实施的每项不同的犯罪，必须单独构成一项指控，并且除第 2 款规定外，每项指控必须被单独审判。

（2）第 1 款不适用于——

（a）第 133 条至第 136 条、第 138 条、第 143 条、第 144 条和第 145 条涉及的案件；

（b）被告人认罪的指控；或

（c）被告人和检察官依据第 148 条规定同意一并考量的指控。

示例

A 被指控单独实施一次盗窃和单独一次致人重伤。就该盗窃和致人重伤的行为，A 必须被分别指控和分别审判。但是，如果他对两项指控认罪，或对一项指控认罪，并同意依据第 148 条一并考量另一项指控，则无须对 A 分别审判。

第 133 条　类似犯罪的合并

某人被指控实施两项或多项犯罪的，如果这些犯罪构成具有相同或相似特征的系列犯罪，或属于其中一部分，针对以上犯罪的全部或部分指控可以在同一审判中被合并审判。

第 147 条　多项指控中一项指控成立时，其余指控的撤回

（1）某人被提起两项或多项指控，并且因其中的一项或多项指控被定罪的，检察官可以在征得法院的同意后，撤回剩余指控的全部或部分。

（2）以上撤回对于剩余指控或被撤回指控具有无罪开释的效力，但该定罪被驳回的除外。

（3）一项定罪依据第 2 款规定被驳回的，法院依据驳回该定罪的任何命令，可以继续审理先前被撤回的指控。

第八章　启动刑事诉讼程序并向治安法官提出控诉

第 150 条　刑事诉讼程序的启动

根据案件具体情况，可以依据逮捕、传票、逮捕令、出庭通知，或依据本法或其他成文法规定的强制某人出庭的形式启动针对某人的刑事诉讼程序。

第 151 条　对控诉的审查

（1）任何人可以向治安法官提起控诉。

（2）治安法官收到的控诉并非由警察、执法机构官员或依公共团体权限行事的人作出的，该治安法官——

（a）必须立即在该控诉人宣誓后进行询问，并书面记录询问内容，该书面记录应由控诉人和治安法官签名；以及

（b）可以在询问控诉人后，——

（i）基于调查案件的目的，签发传票传唤可能协助其决定是否有充分理由继续处理该控诉的人；

（ii）为确认控诉真假指令警察进行侦查并向其报告侦查结果；

（iii）依据《社区调解中心法》（第四十九章之一）第 15 条处理；或

（iv）为使控诉人和被控诉人尽量友善地解决控诉事项，推迟处理该控诉。

第 152 条　驳回控诉

（1）治安法官依据第 151 条第 2 款第（a）项规定询问控诉人，并依据第

151 条第 2 款第（b）项第（i）目规定进行调查或第 151 条第 2 款第（b）项第（ii）目考虑调查结果的，如果认为没有充足理由继续进行诉讼，可以驳回控诉。

（2）治安法官或警官已经将与控诉有关的案件依据《社区调解中心法》（第四十九章之一）第 15 条或第 16 条第 1 款第（c）项规定提交调解，而该控诉人未参加或拒绝参加调解会议的，如果其不能提供未能参加或拒绝参加的合理理由，治安法官可以驳回控诉。

（3）治安法官应记录驳回控诉的理由。

第 153 条　签发传票或令状

（1）在下列情形中，治安法官必须签发传票要求被指控人出庭——

（a）控诉非由警察、执法机构的官员或依公共团体权限行事的人作出的，该治安法官认为有充分理由继续处理该控诉；

（b）控诉由警察、执法机构的官员或依公共团体权限行事的人作出的，该治安法官认为有充分理由继续处理该控诉并且该控诉由控诉人书写和签名；

（c）该治安法官知道或怀疑一项犯罪已经被实施；或

（d）被指控人未经处理而被带至该法院羁押，并且他被指控实施了该法院有权询问或审理的犯罪，

并且，显示该案件属于治安法官应当依据附录一第 4 列首先签发传票的案件。

（2）治安法官在决定是否有充足理由依据第 1 款第（a）项规定继续处理时，应当考虑其依据《社区调解中心法》（第四十九章之一）第 15 条安排调解时，或警官依据第 16 条第 1 款第（c）项规定将案件提交一名调解人调解时，该被指控人是否未能或拒绝参加任何调解会议，以及该被指控人是否对未能或拒绝参加提供任何合理理由。

（3）该案件显示属于治安法官应当依据附录一第 4 列首先签发令状的案件的，该治安法官可以签发令状，或如果他认为合适的话，签发传票使该被指控人在特定时间被带至或出现在一所治安法院。

（4）被指控人未能或拒绝参加任何调解会议，并且没有提供合理理由的，该治安法官在签发其认为合适的任何进一步命令或指令时，或在对该被指控人量刑时，可以将此行为考虑在内。

（5）本条不得影响第 120 条的规定。

第 154 条　被告人亲自出庭的免除

（1）签发传票的治安法官可以免除被指控人的亲自出庭，并允许他由一名辩护律师代表其出庭。

（2）被指控人涉嫌可能单处罚金或 12 个月以下监禁刑或并处以上两项刑罚的犯罪，并且治安法官已经签发传票的，如果该被指控人希望作认罪答辩并且同意在他缺席的情况下被定罪和判刑，则可以——

（a）由辩护律师代表其出庭；或

（b）以书信的形式，认罪并同意缴纳因为该犯罪可能被判处的罚金。

（3）被指控人以书信形式认罪的，法院可以记录认罪答辩，依法宣判有罪，并判处他缴纳罚金，并可以自由决定是否附加不履行罚金时的监禁刑。

（4）被指控人以书信形式认罪的，他必须在书信中载明通信地址。

（5）无论第 3 条如何规定，法院必须依据第 4 款规定的详细情况，以挂号信的形式告知被指控人所判处的刑罚。

（6）被指控人必须在法院的信被邮寄或递送之日起的 7 日内缴纳罚金。

（7）调查或审判该案件的法院可以在诉讼的任何阶段，指令被指控人亲自出庭，并且可以在必要时以第 153 条列明的方式强制他到庭。

（8）法院要判处不得以罚金替代的监禁刑的，必须要求被指控人亲自出庭。

（9）被指控人希望撤回认罪答辩，并且依据第 8 款规定要求出席审判的，无论法院在他缺席时作出的任何定罪命令，必须允许撤回，审理该案件，并依法定罪量刑。

（10）本条的内容不得影响第 156 条授予法院的权力。

第 155 条　控诉程序中控诉人的缺席

依据第 151 条规定针对第 241 条中可和解的犯罪提起自诉的，如果控诉人缺席，法院可以在要求被指控人开始辩护前的任何时间将其释放。

第 156 条　被指控人缺席

如果——

（a）被指控人没有在传票或出庭通知中规定的时间或地点出庭，并且法院依宣誓推定传票或通知已经在它指定的出庭时间前的一个合理时间被适当送达；而且

（b）没有充足理由进行休庭，

该法院或者针对该控诉进行缺席审判，或者延期审理。

印　度

1973 年刑事诉讼法典[*]

第一章　前言/总则

第 2 条　定义

在本法典中，除文意另有所指外，采取以下定义：

（b）"指控"包括指控罪行超过一个时对任一罪行的指控；

（d）"控诉"是指以口头或书面形式向法官主张已知或者未知的某个人的犯罪行为，以期法官根据本法采取行动，但控诉不包括警方报告；①

（u）"公诉人"是指根据本法典第 24 条聘用的人，包括公诉人指导下行使职责的其他人；

第十四章　启动程序的必要条件

第 190 条　治安法官对犯罪的管辖权

（1）根据本章规定，任何第一等级治安法官和根据第 2 款规定被特别授权的第二等级治安法官，可以管辖下列犯罪：

（a）收到犯罪事实的控告；

（b）收到犯罪事实的警察报告；

（c）收到除警察外其他任何人的信息或根据他收到的信息，犯罪已经发生。

---

* 本法典于 1973 年由印度国会批准，1974 年 4 月 1 日实施。该法典先后经过多次修订，最后一次修正为 2010 年《刑事程序法（修正）案》。本译本根据印度议会官网提供的英语文本翻译。

① 警察在侦查之后作出的披露"不可直接认定的犯罪"的警方报告可视为控诉，作出警方报告的警察可视为原告。

（2）首席治安法官可以授权任何次级的治安法官管辖犯罪，只要这个犯罪在他指责范围内。

第 191 条　根据被控告人申请移交

当治安法官根据第 190 条第 1 款第（c）项的规定管辖案件，被控告人应当在收集证据前被告知其有权要求该案件由其他治安法官侦查和审判该案件；如果被控告人或者有多个被控告人时的部分被控告人，反对管辖的治安法官开展后续程序，该案件应当移交给其他治安法官，其他治安法官可以由首席审判治安法官确定。

第 192 条　向治安法官移交案件

（1）任何首席审判治安法官可以在管辖案件后，将案件的侦查和审判移交给下级有权力的治安法官。

（2）任何被首席治安法官授权的第一等级治安法官可以在管辖案件后，根据首席治安法官的一般命令或特别命令，将案件的侦查和审判移交给其他有权力的治安法官，接受移交的治安法官可以负责案件的侦查和审判。

第 193 条　庭区法院管辖案件

除非本法典或其他当时生效的法律有相反规定，庭区法院不应当管辖其他有管辖权的法院管辖的案件，本法典规定的治安法官犯罪的除外。

第 194 条　补充庭区法官和庭区法官助理审判移交的案件

补充庭区法官和庭区法官助理应当审判分区治安法官通过一般命令或特别命令移交审判的案件或者最高法院通过特别命令指示其审判的案件。

第 195 条　蔑视国家工作人员犯罪、危害国家司法犯罪和与证据文件有关的犯罪的起诉

（1）法院不得管辖：

（a）（i）《印度刑法典》（1860 年第 45 号法案）第 172 条至第 188 条规定的应受刑罚处罚的犯罪；或

（ii）任何教唆、预备实施上述犯罪的；或

（iii）任何上述犯罪的共同犯罪，

除非该犯罪是由有关的国家工作人员书面控告或者是由相关国家工作人员的下级国家工作人员书面控告的；

（b）（i）《印度刑法典》（1860 年第 45 号法案）第 193 条至第 196 条、第 199 条、第 200 条、第 205 条至第 211 条、第 228 条规定的发生在法院程序中或者与法院程序相关的犯罪；或

（ii）上述法典第 463 条规定的或者根据第 471 条、第 475 条、第 476 条应受刑罚处罚的以及和法庭程序中制作的文件或者提交的证据有关的犯罪；或

（iii）上述第（i）项和第（ii）项规定的预备犯罪、共同犯罪、教唆犯罪；

除非该控告是由任一法院书面提出的或者是由该法院的下级法院书面提出的。

（2）根据上述（a）（i）规定由国家工作人员提起的控告，该国家工作人员的上级可以暂停该控告并将该控告的副本递交给法院；在法院接收后，该控告的后续程序应当停止。在这种情况下法院不得作出暂停控告的结论。

（3）在第1款（b）项中，"法院"是指民事、税收、刑事法院，包括根据中央、省级、邦法案的规定在该区域行使法院职能的法院。

（4）为实现第1款（b）项的目的，下级法院应当指作出上诉判决的法院的下级法院；在不能提起上诉的民事法院中，下级法院是指最初在其管辖权范围内管辖民事案件的民事法院：

（a）上诉可以向多个法院提起的，所有的上诉法院的下级法院均视为下级法院；

（b）如果民事法院同时是税收法院，该法院应当根据其管辖案件的性质和与犯罪相关的情况被认为是民事或者税收法院的下级法院。

第 196 条　国事罪及其共同犯罪的起诉

（1）法院不管辖：

（a）根据《印度刑法典》（1860 年第 45 号法案）第六章或第 153 条之一、第 295 条之一、第 505 条第 1 款①的规定应受刑罚处罚的犯罪；或

（b）上述犯罪的共同犯罪；或

（c）《印度刑法典》（1860 年第 45 号法案）第 108 条之一规定的犯罪的教唆犯罪，

除非中央政府或者邦政府作出上述批准。

（1A）法院不管辖：

（a）根据《印度刑法典》（1860 年第 45 号法案）第 153 条之二、第 505 条第 2 款或第 3 款的规定应受刑罚处罚的犯罪；或

（b）上述犯罪的共同犯罪，除非中央政府或者邦政府或者地区治安法院作出上述批准。②

（2）法院不管辖根据《印度刑法典》（1860 年第 45 号法案）第 120 条之

---

① "第 295 条之一、第 505 条第 1 款"由 1980 年第 63 号法案第 3 条修改（1980 年 9 月 23 日生效）。

② 第（1A）款由 1980 年第 63 号法案第 3 条修改（1980 年 9 月 23 日生效）。

二应受刑罚处罚的犯罪，应被判处死刑、无期徒刑或者两年以上有期徒刑的共同犯罪①除外，除非邦政府或者地区治安法院书面同意开始程序。如果刑事共谋符合第 195 条的规定，无须上述同意。

（3）中央政府或者邦政府可以在第 1 款、第 1 款之一项下的批准之前，地区治安法院可以在第 1 款之一项下的批准之前，或者地区治安法院可以在根据第 2 款的规定同意之前，命令登记职位不低于侦查员的警察开展初步侦查，在这种情况下警察应当享有第 155 条第 3 款规定的权力。

第 197 条　法官和国家工作人员的起诉

（1）当任何或者曾经的法官、治安法官或者国家工作人员在其办公室外并根据政府的同意被起诉犯有执行其公务外的犯罪的，在下列情况下，法院除有事前同意外不得管辖该犯罪：

（a）被中央政府任命，或者根据案件情况在被起诉的案件发生时得到中央政府任命的人，与联邦事务相关的案件；

（b）被邦政府任命，或者根据案件情况在被起诉的案件发生时属于被邦政府任命的人，与邦事务相关的案件。

如果被起诉的犯罪是由（a）、（b）项的规定人员在邦《宪法》第 365 条第 1 款实施期间实施的，（a）、（b）项中"邦政府"、"中央政府"的含义与宪法的规定相同。

（2）法院不得管辖起诉联邦军队的成员执行或意图执行其公务的犯罪，除非取得中央政府的事前同意。

（3）邦政府可以通过公告的方式，指令第 2 款的规定适用于因维护公共秩序的行为被指控的特定等级或种类的军队成员，这种情况下适用第 2 款规定的，"邦政府"的表述应当取代"中央政府"。

（3A）不论本条第 3 款的规定，任何法院不得受理军队成员被指控的在《宪法》第 356 条第 1 款规定的公告期间因执行公务而维护公共秩序的行为，除非取得中央政府的事前同意。

（3B）不论本法典或其他法律是否有相反的规定，任何邦政府或者法院受理的发生在 1991 年 8 月 20 日至 1991 年《印度刑事诉讼法典修正案》实施之日期间的制裁，其行为属于《宪法》第 356 条第 1 款规定的公告期间因执行公务而维护公共秩序的，制裁无效；该行为应当由中央政府和有权受理的法院管辖。

（4）中央政府或者邦政府（根据案件情况而定）可以决定对法官、治安

---

① 由 1978 年第 45 号法案第 45 条修改（1978 年 12 月 18 日生效）。

法官、国家工作人员的起诉由谁提起、提起的方式、公诉的罪行以及由哪个法院管辖。

第 198 条　危害婚姻犯罪的起诉

（1）除受害人提起控告外，任何法院不得受理《印度刑法典》（1860 年第 45 号法案）第二十章规定的犯罪：

（a）受害人不满 18 周岁、有智力缺陷或精神疾病、有严重疾病无法自行提起控告的，或者根据当地的传统或习俗，妇女不得出现在公共场合的，经法院许可可以由其他人以他或她的名义提起控告；

（b）受害人为丈夫且属于联邦军队成员，因指挥官不允许其离开军队而无法自行到法院提起控告的，该受害人可以根据第 4 款的规定授权他人代为提起控告；

（c）遭受《印度刑法典》（1860 年第 45 号法案）第 494 条[①]和第 495 条规定的犯罪侵害的受害人为妻子的，可以由她的父母、兄弟、姐妹、子女或者父母的兄弟、姐妹（或者经法院许可与她有血缘、婚姻或收养关系的其他人[②]）代为提起控告。

（2）为实现第 1 款的目的，除妇女的丈夫外的其他任何人不得被视为遭受了该法典第 497 条或第 498 条规定的犯罪的侵害。

在丈夫外出期间，其他人代替丈夫照料其妻子的，在此期间发生的犯罪，经法院许可可以由其代替丈夫提起控告。

（3）本条第 1 款（a）项的情形，代替未满 18 周岁、有精神疾病的人提起控告的人不是有权限的机构任命或宣布的监护人，且法院认为该受害人有经任命或宣布的监护人的，在法院许可前，应当向监护人发出通知并给予其听审的机会。

（4）本条第 1 款（b）项的"授权"应当以书面形式进行，并由丈夫签字或采取其他证明方式，授权应当包括声明其对将要提起的控告的效果有清楚的认识，该授权书还应当由其指挥官联署，并附由长官签署的不得在该期间离开军队亲自到法院提起控告的证明。

（5）任何授权文件和第 4 款规定的附属文件，以及其他任何规定的文件，除有相反的证据证明外，应当被认定为真实的，并作为证据接收。

（6）《印度刑法典》第 376 条规定的男性与自己未满 15 周岁的妻子性交的犯罪，该犯罪自发生起超过一年的，任何法院不予受理。

---

① 由 1978 年第 45 号法案增加"第 494 条"（1978 年 12 月 18 日生效）。

② 由 1978 年第 45 号法案修改（1978 年 12 月 18 日生效）。

（7）本条规定适用于犯罪的教唆、预备行为和其他为实施该犯罪的先行犯罪。

第198条之一①　《印度刑法典》第498条之一规定的犯罪的起诉

除警察报告表明构成犯罪或者被害人的父母、兄弟、姐妹、父母的兄弟、姐妹或者经法院许可的有血缘、婚姻或收养关系的其他人代为提起控告外，任何法院不受理《印度刑法典》第498条之一规定的犯罪。

第199条　诽谤罪的起诉

（1）任何法院不受理《印度刑法典》（1860年第45号法案）第二十一章规定的犯罪，除非受害人提起控告。

受害人不满18周岁、有智力缺陷或精神疾病、有严重疾病无法自行提起控告的，或者根据当地的传统或习俗，妇女不得出现在公共场合的，经法院许可可以由其他人以他或她的名义提起控告。

（2）不论本法典如何规定，当《印度刑法典》（1860年第45号法案）第二十一章规定的犯罪是针对犯罪发生时在任的印度总统、副总统、邦政府首脑、联邦行政长官、联邦或邦部长或其他被聘任执行联邦或邦事务的公务员执行公务的行为的，庭区法院可以根据检察官提起（并非受害人）的控告受理案件。

（3）任何根据第2款的规定提起的控告应当详尽地阐明构成犯罪的事实、犯罪的性质和其他足以证明被告人实施了被控告的犯罪的详细情况。

（4）除取得以下人员事前许可外，由检察官提起的第2款规定的控告不被受理：

（a）针对现任或往任邦政府首脑或政府部长的，由邦政府许可；

（b）针对其他被任命的执行邦事务的公务员的，由邦政府许可；

（c）其他情形，由中央政府许可。

（5）庭区法院不得受理第2款规定的犯罪，除非在被宣称的犯罪实施之日起6个月内提起控诉。

（6）本条的任何规定不影响被宣称的犯罪的受害人向由管辖权的治安法官提起控告的权利，也不影响该等治安法官受理此类控告的权力。

第十五章　向治安法官控告

第200条　控告的审查

对控告的案件行使管辖权的治安法官应当通过宣誓审查控告人和出席的证

---

① 由1983年第46号法案第5条增加。

人（如有），审查的内容应当以书面形式写就，并由控告人、出席人和治安法官签字。

如果以书面形式提起控告的，在下列情况下治安法官需要审查控告人和出席人：

（a）如果国家工作人员行使或声称行使其公共职责或者法官已经提起了控告的；

（b）如果治安法官根据第 192 条的规定将讯问或者审判移交给另一名治安法官的。

另外，如果治安法官在审查完控告人和证人后根据第 192 条的规定将案件移交给另一名治安法官的，另一名治安法官应当重新审查。

第 201 条　无案件管辖权的治安法官的程序

如果向无案件管辖权的治安法官提起控告的，他应当：

（a）如果是书面控告，通过背书的方式将控告退回，以向有管辖权的法院重新提起控告；

（b）如果不是书面控告，只向有管辖权的法院提起控告。

第 202 条　程序的延期

（1）任何治安法官收到其有管辖权的案件的控告或者根据第 192 条的规定受移交的案件的控告的，如果他认为适当，可以延迟被控告人的程序，并且可以自行讯问或者可以指示其他警察或者其认为合适的人开展侦查，已决定是否有足够的开展程序的理由。以下情况不得指示开展侦查：

（a）治安法官认为控告的案件只能由庭区法院审判的；

（b）法院未受理控告的，根据第 200 条的规定审查了控告人和出席证人（如有）的除外。

（2）根据第 1 款的规定进行讯问，治安法官可以在其认为合适的情况下采纳宣誓证人的证据。如果治安法官认为控告的案件只能由庭区法院审判的，他应当要求控告人提供全部证人并审查宣誓证人。

（3）如果由非警察的其他人员根据第 1 款的规定进行侦查，他应当在侦查中行使本法典规定的所有警署负责人的权力，无逮捕令执行逮捕的权力除外。

第 203 条　控告的撤销

如果根据第 202 条的规定考虑控告人和证人宣誓后的陈述（如有）及讯问和侦查的结果（如有）后，治安法官认为无足够的理由开始程序，他应当撤销控告，并简要说明理由。

第十七章　指　　控

第一节　指控的格式

第 211 条　指控的内容

（1）依照该法典的规定每个指控应说明被指控的犯罪。

（2）如果法律设立了犯罪并且为该犯罪设定了特定的名称，那么在指控中犯罪只能用该名称描述。

（3）如果法律设立了犯罪但没有为该犯罪设定特定的名称，那么在指控中必须大致说明犯罪的定义，以告知被控诉人的指控。

（4）实施的犯罪所触犯的法律和法律条款应在指控中提及。

（5）在特殊案件中，进行指控要满足法律要求的每一个法律情形才能构成被指控的犯罪。

（6）指控应以书面形式并使用法院所在地的语言。

（7）如果被告先前因任何犯罪被定罪，因为先前的判决，针对在此之后的犯罪，应提高刑罚，或者执行不同类型的刑罚。意图证明之前的判决，是为了影响法院在这之后的犯罪的刑罚判定。先前判决中的犯罪事实、日期和地点应在指控中说明；如果遗漏了这项陈述，法院应在宣判前任何时间补充。

【例证】

（a）A 因谋杀 B 而被指控。这句话与以下陈述是相同的：A 的行为在《印度刑法典》（1860 年第 45 号法案）的第 299 条和第 300 条谋杀罪的定义范围中且它不在上述法典的一般例外和第 300 条的 5 个例外中；如果它确实属于第 300 条的第一个例外的，应当适用 3 个例外条款的其中一个条款。

（b）A 依照《印度刑法典》（1860 年第 45 号法案）第 326 条被指控故意用一种射击器具对 B 造成严重伤害。这种情形没有规定在上述法典中的第 335 条，不能适用普遍例外。

（c）A 因谋杀、欺诈、盗窃、勒索、通奸或刑事胁迫，或使用伪造的产权印号被指控。指控应说明 A 实施了谋杀、欺诈、盗窃、勒索、通奸或刑事胁迫，或使用伪造的产权印号，不考虑包含在《印度刑法典》（1860 年第 45 号法案）中的那些犯罪的定义；但是在指控中必须要提到在每一种情况下，依照法条的规定，这些犯罪是应受处罚的。

（d）A 依照《印度刑法典》（1860 年第 45 号法案）第 184 条被指控故意妨碍执法机构的国家工作人员销售财物的，指控应当如此记述。

第 212 条　时间、地点和人物的详情

（1）指控应包含关于被控犯罪的详细时间、地点、其他人物（如果有的话）、物品（如果有的话），从而合理充分地告知被告其所被指控的事项。

（2）被告人被指控违反信托约定或者不诚信地挪用金钱或其他动产的，应充分明确说明总数，视情况而定，描述已经实施的犯罪中的动产和时间。根据第 219 条的意思，不明确说明特殊事项或确切时间，如此诬陷的控诉应被视为犯罪。

控诉中说明的从第一次实施犯罪到最后一次实施犯罪之间的时间不得超过 1 年。

第 213 条　当必须说明犯罪的方式

当案件的性质是依照第 211 条和第 212 条提及的事项，不能充分告知被告其所被指控的事项，指控应包含犯罪方式的详情以达到充分说明的目的。

【例证】

（a）A 被指控在某一时间某一地点盗窃某一物品。指控不需要陈述实施盗窃的方式。

（b）A 被指控在确定的时间和地点欺诈 B。指控必须陈述 A 欺诈 B 的方式。

（c）A 被指控在确定的时间和地点提供虚假证据。指控必须陈述 A 提供的证据部分来证实是否虚假。

（d）A 被指控在确定的时间和地点妨碍身为公务人员的 B 执行公务。指控必须陈述 A 妨碍 B 执行公务的方式。

（e）A 被指控在确定的时间和地点谋杀 B。指控不需要陈述 A 谋杀 B 的方式。

（f）A 被指控故意违抗法律命令使 B 免受刑罚。指控必须陈述被指控的违抗行为和违反的法律。

第 214 条　指控文字应符合规定该犯罪应受刑罚的法律规定

每项指控中用于描述犯罪的文字应当使用规定该犯罪应受刑罚的法律中的语言。

第 215 条　错误的后果

说明犯罪或者其他指控中被要求陈述的特殊情况不应存在错误，案件任何阶段发生的任何说明犯罪或者特殊情况中的遗漏均不应当被视为是实质性的，除非被告人因该错误或遗漏发生误解且导致不公正的发生。

【例证】

（a）A 依照《印度刑法典》（1860 年第 45 号法案）第 242 条被指控，

"明知货币是伪造的，仍持有伪造货币"，指控遗漏了单词"欺诈性地"。除非A事实上由于这个遗漏而被误解，否则这个错误不应该被看作是重要的。

（b）A被指控欺诈了B，并且他欺诈B的方式没有在指控中陈述，或者陈述不准确。A为自己辩护，叫来证人并且给出关于交易的解释。法院可能由此推断出欺诈方式的遗漏陈述是不重要的。

（c）A被指控欺诈了B，并且他欺诈B的方式没有在指控中陈述。A和B之间有许多交易，并且A没有方法知道哪些是指控提及的，也没有辩护。法院可能由此推断出欺诈方式的遗漏陈述，在这个案件中，是重要的错误。

（d）A被指控在1882年1月21日谋杀Khoda Baksh。事实上，被谋杀的人的姓名是Haidar Baksh，并且谋杀案的时间是1882年1月20日。A只被指控过一次，并且在治安法官之前听取了调查，调查是关于Haidar Baksh的案件。法院可能由此推断出A没有被误解，并且这个错误在控诉书中是不重要的。

（e）A被指控在1882年1月20日谋杀Haidar Baksh，并且在1882年1月21日谋杀Khoda Baksh（试图逮捕A）。当被指控谋杀Haidar Baksh，A因Khoda Baksh谋杀案受审。在他的辩护中出席的证人是案件Haidar Baksh的证人。法院可能推断出A被误解，并且这个错误是重要的。

第216条　法院可以修改指控

（1）任何法院可以在宣判前的任何时间内修改或增加任何指控。

（2）每个修改或增加应让被告了解并向其解释。

（3）如果指控的修改或增加不能让审理立即进行，就法院的意见而言，有损被告辩护或检察官处理案件，法院可能依照其裁量权，在修改或增加后继续审理，似乎修改或增加的指控是最初的指控。

（4）如果指控的修改或增加让审理立即进行是可能的，就法院的意见而言，有损被告辩护或检察官如上述所提及的，法院可能指示新的审理，或如果有必要的话延期审理。

（5）如果在修改或增加的指控中陈述的犯罪是控方之前批准的其中之一有必要的，该案件不应继续进行，直到取得批准，除非控方的批准已经取得，事实上应确定修改或增加的指控。

第217条　指控修改时证人的召回

每当指控被法院修改或增加时，在审理开始后，控方和被告应遵从如下：

（a）召回或再次传唤已经询问过的证人，调查与修改或增加指控相关的情况，除非法院由于书面记载的原因，认为控方或者被告人（根据案件情况）意图找回或者再次传唤证人以达到扰乱、拖延或妨碍实现公正的目的；

（b）召见法院认为重要的任何证人。

第二节　合并指控

第 218 条　不同种类犯罪的分别指控

（1）被告人有不同种类犯罪的应分别指控，每个指控都应分别审理。但是，被告人经过书面申请，治安法官认为不会损害被告人利益的，治安法官可以合并审理。

（2）第 1 款不作用于第 219 条、第 220 条、第 221 条和第 223 条。

【例证】

A 被指控在某时盗窃，并在某时对人造成严重伤害。A 必须被分别指控并且分别审理盗窃和伤害案。

第 219 条　同一种类的 3 个犯罪在一年内可以合并指控

（1）当某人被指控同一种类的多项犯罪发生在 12 个月内（从第一项被指控的犯罪到最后一项被指控的犯罪不超过 12 个月），无论该多项犯罪是否针对同一个人，他将因此被指控并对所有犯罪（不超过 3 个）合并审理。

（2）犯罪是相同种类，受同样的刑罚，依照的是《印度刑法典》（1860年第 45 号法案）或地方法或特别法中相同的法条。但是，本条中，依照《印度刑法典》（1860 年第 45 号法案）第 379 条应受惩罚的犯罪应被视为与第 380条的犯罪是同一种类的，并且依照上述法典或地方法或特别法中的任何条文中的应受惩罚的犯罪应被视为试图实施这类犯罪的同一种类（如果这种犯罪意图是一种犯罪）。

第 224 条　指控的撤回

当一项针对数人（多于一人）的指控中存在对他人的诬陷，且他们中的一人或数人被定罪，控告人或检察官可以得到法院同意后撤回其他的指控，或者法院可以自行中止调查或审理。除判决被取消外，指控的撤回应当具有使该指控无效的效果，上述法院（根据法院的裁定取消判决）可以继续进行调查和审理。

欧　洲

奥 地 利

奥地利共和国刑事诉讼法典[*]

第一编　诉讼程序概述及基本原则

第二章　警察、检察机关、法院和维权代表

第二节　检察机关及其职责

概述

第 19 条　（1）下列检察机关可以在刑事诉讼中履行职责：

1. 地方法院所在地的检察机关；

2. 州高等法院所在地的州检察机关；

3. 追诉经济犯罪和腐败犯罪的中央检察机关（简称经济和反腐败检察机关）。

（2）检察机关中由检察官具体来履行司法机构的职责。

（3）除本法另有规定外，检察机关的组织和任务必须遵循《检察机关法》（《联邦法律公报》1986 年第 164 号）的相关规定。

检察机关

第 20 条　（1）检察机关主导刑事侦查；它有权独立地作出提起公诉的决定。检察机关有权决定是否对某人提起公诉，撤销起诉或者终止诉讼程序。

（2）依据《检察机关法》的有关规定，可以将地方法院所管辖的主审程序案件中的侦查、指令和诉讼程序中的其他事务，以及在地区法院代表地区检察官提起公诉的任务委托移交给地方检察官来完成，该地方检察官在地区检察

＊ 本法典于 1873 年 5 月 23 日由奥地利帝国议会批准，1873 年 11 月 23 日实施。最近一次修正时间是 2015 年 8 月 13 日。本译本根据奥地利联邦总理办公室官网提供的德语文本翻译。

官的监督和指导下工作。

（3）除非法律另行规定，检察机关还负责向国内和国外司法机关寻求司法协助。

第四章 被害人及其权利

第一节 概 述

定义

第 65 条 本法意义上的：

1. "被害人"指：

a. 可能因故意实施的犯罪行为遭受暴力、人身危险性的胁迫或性自主权可能受到侵犯之人；

b. 可能因犯罪行为致死者之配偶、登记伙伴、生活伴侣、直系亲属、兄弟或姐妹，或者作为犯罪行为证人的其他亲属；

c. 所有其他可能因犯罪行为遭受损害或其他受刑法保护法益遭到侵害者；

2. "私人参与人"指申明为使所遭受的损害或受到的侵犯得到补偿而参与诉讼者；

3. "自诉人"指针对非属依职权追诉的犯罪行为而向法院提起诉讼或者提起其他申请开启主审程序者（第 71 条）；

4. "辅助起诉人"指对检察机关撤销公诉的案件不服而坚持自行提起诉讼的私人参与人。

第三节 自诉人与辅助起诉人

自诉人

第 71 条 （1）法律有明确规定的，仅经被害人请求才予以追诉的刑事案件为自诉案件。在这类情形中，根据自诉人的申请或依据第 445 条的规定，自诉人提出要求法院作出财产法上命令的独立请求的，法院直接进入主审程序的审理，即自诉案件中不存在侦查程序。

（2）在《刑法典》第 117 条第 2 款和第 3 款规定的情形中，只有当被害人或其上级部门未就刑事追诉予以授权或已将授权收回（第 92 条）时，被害人才有权提起自诉。被害人放弃行使自诉权或已经宽恕应受刑罚处罚行为的，则不再享有自诉权。《刑法典》第 57 条和第 58 条的规定不因此受影响。

（3）自诉应当向具有管辖权的法院提出。自诉文书必须符合起诉书的要求（第211条），对其所享有的自诉权以及可能享有的私法请求权，自诉人应当提供相应依据，除非这些属于不言自明的事实。该规定同样适用于独立申请。

（4）法院应当将申请送交被告人以及责任分担人，并告知其可以在14日内对其予以答复。除第485条或第451条规定的情形之外，法院在送达之后应当指定主审的日期。

（5）自诉人原则上与检察机关享有相同权利。但只有在具有证据保全或财产法上的命令之必要性时，自诉人才能申请采取强制措施。自诉人既无权申请羁押犯罪嫌疑人，也无权申请判处或维持羁押待审。

（6）自诉人未出席主审或未提供必要申请的，应当认定其已经放弃追诉。在这类情形中，应当通过裁定终止诉讼。

辅助起诉人

第72条　（1）检察机关决定不起诉的，私人参与人有权作为辅助起诉人坚持起诉。私人参与人可以通过作出坚持起诉的表示取得辅助起诉人的身份；被害人还必须事先作出以私人参与人身份参加诉讼的表示。

（2）检察机关在主审中撤诉的，也应当按照第1款的规定作出表示。未按规定作出表示且私人参与人虽接到符合规定的传唤但却未参加主审或在主审中未提出坚持诉讼所需申请的，被告人应当被无罪释放（第259条第2项）。

（3）检察机关在主审之外撤诉的，法院应当告知私人参与人其可以在1个月内作出表示。上述规定同样适用于私人参与人在尚未放弃的情况下未收到出庭传唤或其传唤无法加以证明的情形。私人参与人未作出表示的，应视为他放弃继续追诉。在这种情形中，应当裁定终止诉讼。

（4）在主审中，辅助起诉人与自诉人享有相同的权利。但只有在私人参与人有权提起法律救济的情形中，辅助起诉人才有权针对判决提起法律救济。检察机关可以随时关注诉讼的进展并重新提起公诉。在这一情形中，辅助起诉人重新享有私人参与人的权利。

第四编　主审程序与法律救济程序

第十二章　起　　诉

第一节　概　　述

起诉

第210条　（1）如果基于充分查明的案件事实，明显将得出一项有罪判决，并且不存在附条件不起诉或者中止追诉的事由，那么检察机关便应当向具有管辖权的法院提出起诉；在地区法院作为大陪审法庭或小陪审法庭时，应当以起诉书的形式提出，在地区法院作为独任法官或在地方法院时，以处罚申请的形式提出。

（2）主审程序的启动以提出起诉为准并由法院负责主导。检察机关将成为诉讼的参与人。

（3）被告人的逮捕应当由法院依据检察官的申请予以决定，其他的在侦查程序中须检察官决定或许可的强制措施和取证，在提出起诉之后也应当由法院规定或许可。其执行继续由警察负责；警察报告和告知应当向法院作出。在提出起诉之后，不得再提出缓予起诉的申请（第108条），已提出的申请变得没有对象。

（4）在主审之外，地区法院作为小陪审法庭或大陪审法庭的管辖权依第32条第3款进行确定。

第二节　起诉书

起诉书的内容

第 211 条　（1）起诉书中应当列明：

1. 被告人的姓名以及个人情况；

2. 指控被告人之行为的实施时间、地点与详细情状以及由其所实现的可罚行为在法律上的界定；

3. 其他应当适用的刑法条款。

（2）检察机关应当在起诉书中就主审程序提出申请，并且也应当特别列明应当在主审程序中将提出的证据，必要时还应当论证向其提出起诉法院的管辖权。最后检察机关还应当依据侦查程序的结果进行总结并就案件事实进行评价。

对起诉书的异议

第 212 条　被告人可对起诉书提出异议，如果：

1. 所指控的行为并未受刑罚的威胁，或者存在一项其他的理由，而在法律上构成了排除判决被告人有罪的事由；

2. 尽管对案件事实得到了足够的查明，但犯罪嫌疑的急迫性和严重程度仍然不足以认为存在判决被告人有罪的可能性，而且也不能期待在后面的侦查程序中嫌疑能有所加重；

3. 案件事实并未得到足够的查明，不能够判决行为人有罪；

4. 起诉书存在其他形式上的严重缺陷（第 211 条）；

5. 起诉书向对所起诉的犯罪行为不具有事务管辖权的法院提出；

6. 起诉书向不具有地域管辖权的法院提出；

7. 起诉书缺乏法律规定的必要权利人的告诉。

第 213 条　（1）法院应当将起诉书送达被告人。

（2）被告人有权在 14 日之内对起诉书向法院提出异议。对此，法院也应当像涉及辩护条款时一样，对其进行告知。

（3）如果被告人在提起诉讼时处于羁押之中或者立即被羁押，则应当立即向其送交可能附具逮捕决定（第 171 条第 1 款与第 2 款）的起诉书并将之送达辩护人；在此情况下，提出异议的期限依最后的有效送达而定。

（4）如果被告人放弃提出异议或者未按照期限提出异议，则只要法院对其管辖权并无疑问，则应当以裁定确认起诉书有效，并及时地决定开始主审理。第 199 条的规定不受影响。

（5）一旦起诉书发生法律效力，便不得再主张进行主审的法院无地域管辖权。

（6）异议应当向州高等法院提出。如果法院对其管辖权存有疑问，则应当在说明理由的情况下告知州高等法院，即使在没有提出异议时也不例外。关于异议的条款应当类推适用于该项请求。

州高等法院的程序

第 214 条　（1）州高等法院应当给予高等检察机关就异议发表意见的机会；就此适用第 89 条第 5 款末句的规定。接着其应当在非公开的合议中对异议作出决定；对该项决定不存在法律救济途径。

（2）如果相同理由也涉及 1 名并未提出异议之人，那么州高等法院便应当如同存在该异议一样采取措施。

（3）如果一项异议由处于待审羁押中的被告人所提出，那么州高等法院应当依职权对该羁押作出决定。如果州高等法院决定继续羁押，那么第 174 条第 3 款第 1 项至第 5 项应依其意义予以适用。

第 215 条　（1）对于延期提出的异议以及由无权人所提出的异议，州高等法院应当视为无效而予以驳回。

（2）在第 212 条第 2 项与第 7 项的情形中，州高等法院应当同意异议并暂缓程序的进行。

（3）在第 212 条第 3 项与第 4 项的情形中，州高等法院应当驳回起诉书；主审程序由此而终结并且侦查程序重新开始。

（4）在第 212 条第 5 项与第 6 项的情形中，州高等法院应当将案件指派于有管辖权的法院。如果州高等法院认为可能应由某一位于另一州高等法院辖区内的法院管辖的，那么便应当将该异议呈递最高法院，最高法院在将案件转交于有管辖权的州高等法院对异议作出决定之前，应当先查明管辖问题。

（5）州高等法院也可就起诉争点部分以非同种方式予以处理。但不得在判决说理中变更主审法院对主要事实的认定。

（6）如果不存在第 2 款第 2 项至第 4 项的情形，则州高等法院应当驳回异议并确认起诉书的法律效力。

保加利亚

保加利亚刑事诉讼法典 [*]

2006 年 4 月 29 日生效

第一编　总　　则

第三章　刑事程序的提起、终止和中止

第 23 条　提起刑事诉讼的义务

（1）若出现本法典规定的情形，主管政府机构有义务提起刑事程序。

（2）在本法典规定的情形下，刑事诉讼在侦查开始的第一个行为即应被视为提起。

第 24 条　排除提起刑事程序的理由和导致刑事程序终止的理由

（1）在下列情形下，不能启动刑事诉讼或者刑事诉讼应当终止：

1.（2010 年第 32 号《国家公报》修正，2010 年 5 月 28 日生效）犯罪行为尚未发生或不构成刑事犯罪；

2. 罪犯因特赦而不应参与刑事程序；

3. 刑事责任因诉讼时效经过而消灭；

---

* 本法典于 2005 年 10 月 14 日由保加利亚议会批准，2005 年 10 月 28 日公布。本译本根据 2011 年 2 月 11 日第 13 号《国家公报》修正后的版本翻译，该文本语言为英语。

4. 罪犯死亡；

5. 实施犯罪后，罪犯陷入持续的精神混乱，神志不清；

6. 对于同一人存在未完成的刑事诉讼、生效裁决、终止案件的命令或生效的法庭决定；

7. 在刑法典特别规定部分规定的具有一般性质的案件中，被害人向检察官提出的控告缺失；

8. （2003 年第 50 号《国家公报》修正，2003 年 5 月 30 日起 3 日后生效）在刑法典特别规定部分规定的情形中，在法院程序开始前，被害人提出终止刑事程序的动议；

9. 罪犯通过教育措施的实施解除刑事责任；

10. 在刑法典特别规定部分规定的情形中，在法庭调查开始之前，被害人或受损的法人向一审法院提出终止刑事诉讼的动议；

11. 对于此人的刑事诉讼应转移到另一国家。

12. （2010 年第 32 号《国家公报》废除，2010 年 5 月 28 日生效）

（2）在第 1 款第 2、3、9 项规定的情形下，如果被告人提出了继续刑事诉讼的动议，刑事诉讼不能终止。如果被判刑人提出恢复刑事案件的动议或检察官提议给予赦免裁决，那么特赦和诉讼时效都不能成为恢复刑事案件的障碍。

（3）在具有一般性质的案件的诉讼程序中，如果法庭一致同意对该案作出决定，诉讼程序也应终止。

（4）除了第 1 款规定的情形外，在下列情形下，若没有建立在被害人控告基础上的起诉，不能对罪行提起刑事诉讼，已经提起的刑事诉讼也应当终止：

1. 没有控告；

2. 控告不符合第 57 条的要求；

3. 被害人和罪犯达成和解，除非罪犯无正当理由无法实现和解的条款和条件；

4. 自诉人撤回他的或她的控告；

5. 无法在他或她说明的地址找到自诉人或者自诉人无正当理由不出席法庭；对于自诉人，如果他的或她的代理人出席法庭，则该规定不适用。

第 25 条　刑事诉讼的中止

刑事诉讼应中止：

1. 如果在实施犯罪行为后，被告人陷入短暂的精神障碍，神志不清或者他或她遭受阻碍实施诉讼程序的其他严重疾病；

2. 如果在被告人不在场的情况下审理会阻碍对客观真实的查明；

3. 罪犯享有豁免权。

第 26 条　共同犯罪刑事诉讼的中止

在共同犯罪的情况下，如果不存在分离的要求，如果不会阻碍对客观真实的查明，刑事诉讼可因一个或多个被告人而中止。

第五章　检　察　官

第 46 条　刑事程序中检察官的职能

（1）检察官应提起并维持对一般性质的犯罪的指控。

（2）在执行第 1 款规定的任务时，检察官应：

1. 指挥侦查并作为一名监督检察官对侦查的合法和适当的执行进行持久的监督；

2. 可以执行侦查或单独的侦查行为以及其他程序性行为；

3. 作为国家公诉人参与法院程序；

4. 根据本法典确定的规则，采取措施消除被确认的对法律的违反行为，并对强制措施执行的合法性进行监督。

（3）具有较高职位的检察官和来自于更高级别的检察机关的检察官可以书面撤销或修改其直接下级检察官的命令。他的或她的书面指示对他们具有强制性。在这些情况下他或她可以亲自执行必要的侦查行为或其他程序性行为。

（4）保加利亚共和国首席检察官应对所有检察官的活动的合法性和条理性进行监督。

第 49 条　检察官依据被害人的控告提起公诉，启动刑事诉讼

（1）（2010 年第 32 号《国家公报》修正，2010 年 5 月 28 日生效）在特殊情况下，如果依据被害人控告提起诉讼的犯罪的被害人因为无助的状态或对实施犯罪的罪犯的依赖无法保护他的或她的权利和合法利益，如果第 81 条第 3 款规定的期间没有经过，第 24 条第 1 款第 1—8 项和第 10 项设想的提起刑事诉讼的障碍没有出现。

（2）已经提起的刑事诉讼在一般的次序中具有优先性，可以不因第 24 条第 4 款规定的原因而终止。

（3）被害人可以以私人检察官或民事原告的身份参与刑事诉讼。

（4）如果检察官退出诉讼，被害人可以以私人检察官身份继续维持指控。

第 50 条　依附于依据被害人控告提起的犯罪的诉讼的延续

如果在审前程序中发现犯罪应依附于被害人的控告，如果检察官发现第 49 条的理由出现，则刑事诉讼不应终止。

第八章 被害人

第二节 私人检察官

第 76 条 可以作为私人检察官参与诉讼的人

因应按一般规则起诉的犯罪而遭受财产或人身损害的被害人应有权作为私人检察官参与刑事诉讼。此人死亡后此权利应转移给他的或她的继承人。

第 77 条 作为私人检察官参与诉讼的申请

（1）作为私人检察官参与法院程序的申请可以用口头或书面方式提交。

（2）申请应包含提交人的资料和申请所依据的情况。

（3）申请最晚应在一审法院法庭调查开始前提出。

第 78 条 私人检察官的职能

（1）私人检察官应同检察官一起维持起诉。

（2）私人检察官在检察官宣称他或她不维持起诉时也可以维持起诉。

第 79 条 私人检察官的权利

私人检察官应享有下列权利：了解案件并进行必要的摘录；提交证据；参与法院程序；提出请求、说明和异议，以及在他的或她的权利和合法利益受到侵害时就决议向法院提起上诉。

第三节 自诉人

第 80 条 可以作为自诉人参与诉讼的人

应依据被害人的控告起诉的犯罪行为的被害人可以以自诉人的身份向法院提起和维持诉讼。该人死亡后此权利应传递给他的或她的继承人。

第 81 条 控告书

（1）控告书应用书面形式并应包含控告人的资料、控告的对象和犯罪的情况。

（2）控告书应由控告人签名。

（3）控告书应自被害人得知犯罪实施之日起的 6 个月的期限内提交，或者自被害人接到审前程序由于犯罪应依据被害人的控告提起因而终结的消息之日起 6 个月的期限内提交。

第 82 条 自诉人的权利

（1）自诉人应享有下列权利：了解案件并进行必要的摘录；提交证据；

参与法院程序；提出请求、说明和异议，以及在他的或她的权利和合法利益受到侵害时就决议向法院提起上诉、撤回他的或她的控告。

（2）在案件中，自诉人可以在法院程序中使自己成为民事原告并遵循本法典规定的规则。

第83条　与内政部的机构的合作

被害人和被告人应有权请求内政部机构帮助收集他们自己无法收集的资料。

第三编　审前程序

第十八章　检察官在侦查终结后的行为

第242条　检察官的权力

（1）检察官收到案件之后，他或她应当终止、中止刑事诉讼程序，将免除刑事责任的提议或就案件结果签订协议的提议交付审议，或若出现起诉理由，应通过公诉书提出指控。

（2）在提交侦查结论时，侦查主体采用了重大程序性违法行为的，检察官应命令排除违法行为或直接排除违法行为。

（3）检察官应在最短的期间内行使第1款和第2款规定的权力，但不迟于收到案件后1个月。

第243条　检察官终止刑事诉讼程序

（1）检察官应终止刑事诉讼程序：

1. 存在第24条第1款规定的情形；

2.（2010年第32号《国家公报》修正，2010年5月28日生效）如果他或她发现指控并未被证明。

（2）在获得命令后，检察官应裁决真实性已获证明的问题，若存在撤销理由，应撤销施加于被告人的程序性强制措施和民事请求的保全措施。

（3）终止或中止刑事诉讼程序的命令的复制件应送达给被告人、被害人或他的或她的继承人，或受损害的法人，上述人员有权在收到复制件后7日内就命令内容向相应的一审法院提起上诉。

（4）法院应在收到案件后7日内由一人法庭对案件进行审理，并应对终止刑事诉讼程序命令的合理性和合法性作出裁决。

（5）作出决定的同时，法庭可以：

1. 维持命令；

2. 修改命令中与终止刑事诉讼程序的理由和对证据的处理有关的内容；

3. 撤销命令并将案件连同于法律适用有关的强制性指示一并发回检察官。

（6）第 5 款规定的决定公布后 7 日内，向各自上诉法院，检察官可以提出抗诉，被告人、他的或她的辩护人、被害人或他的或她的继承人，或受损害的法人可以提出上诉。

（7）上诉法院应由 3 名法官不公开开庭审理并以决定形式作出判决，该决定终局。

（8）对于同一人同一行为的第二次案件，不应作出部分终止刑事诉讼程序的命令。

（9）第 1 款规定的理由不存在的，且被告人、被害人或他的或她的继承人，或受损害的法人没有对终止刑事诉讼程序的命令提起上诉，上级检察官可以依职权撤销终止刑事诉讼程序的命令。

（10）（2008 年第 109 号《国家公报》新增）一旦撤销终止刑事诉讼的命令，第 234 条规定的新的侦查实施期间即开始计算。

第 244 条　检察官中止刑事诉讼程序

（1）检察官应中止刑事诉讼程序：

1. 第 25 条和第 26 条规定的案件；

2. 尚未发现犯罪行为人的；

3.（2010 年第 32 号《国家公报》修正，2010 年 5 月 28 日生效）如不能询问惟一的目击证人，包括通过派遣、电视或电话会议的方式。

（2）若第 1 款第 2 项规定的案件中已涉及被告人的，则与他或她有关的刑事诉讼程序应中止。

（3）中止刑事诉讼程序后，检察官应向被告人和被害人及他或她的继承人送达中止令复制件。

（4）（2010 年第 32 号《国家公报》废止，2010 年 5 月 28 日生效）

（5）被告人、被害人或他的或她的继承人在收到第 1 款规定的命令的复制件后 7 日内可以在相应的第一审法院提起上诉。法院应在收到案件后 7 日内宣布由一名法官不公开开庭审理作出决定，该决定终局。

（6）（2008 年第 109 号《国家公报》废止）

（7）（2008 年第 109 号《国家公报》新增）一旦撤销第 5 款规定的中止刑事程序命令，第 234 条规定的新的侦查实施期间即开始计算。

（8）（先前文本第 7 款 2008 年第 109 号《国家公报》）在第 1 款第 3 项规定的案件中，刑事诉讼程序中止的期间不应超过 1 年。

第 245 条　中止程序期间的行为

（1）（2008 年第 109 号《国家公报》修正）检察官因未发现犯罪行为人

而中止刑事诉讼程序的，检察官应将案件发往内政部或"国家安全"局的相应机构以继续追踪犯罪。这些机构应将追踪结果告知检察官，并提供收集到的信息。

（2）检察官发现中止的理由消失或有采取额外侦查行为的必要时，应恢复已中止的刑事程序。

（3）一旦重启已中止的诉讼程序，应在第234条规定的期间内实施侦查。侦查的期间不包括刑事诉讼程序中止的期间。

第246条　起诉书

（1）当检察官确信有必要查明客观真实并向法院提出起诉书，且不存在终止或中止刑事诉讼程序的理由以及应当排除的重大违反程序性规则的行为的，他或她应起草起诉书。

（2）起诉书的案情部分应包含：被告人所犯罪行；犯罪的时间、地点和手段；被害人和损失数额；被告人人格的完整信息；是否存在适用刑法典第53条的条件和情形；加重或减轻被告人责任的情节；导致犯罪实施的原因和条件；证明所述案情的证据性材料。

（3）（2010年第32号《国家公报》修正，2010年5月28日生效）起诉书的结论部分应包含：被告人身份有关的信息；法定资格；应适用的刑法；是否存在适用刑法典第53条的理由；是否存在刑事诉讼程序转移的理由；起草起诉书的日期和地点，以及起草者的姓名和职位。

（4）起诉书应附上：法庭审理应传唤的人员名单；采取约束性措施的信息，若为羁押措施则应陈述被告人被羁押的日期；文件和确凿的材料信息；支出费用的信息；采取保全措施的信息；以及安顿第63条第8款案件的儿童的信息。

比 利 时

重罪审理法典[*]

第二卷 法　　院

第二编　重罪法庭

第三章　起　诉

第 217 条　驻上诉法院的检察长应当自收到根据第 133 条或第 135 条的规定向其转交的材料后，尽快将案件备妥，并向重罪起诉法庭依法请求开始处理程序。

第 218 条　（废除）

第 219 条　如果重罪起诉法庭将案件提请合议后宣告裁定，应当确定宣告日期。

第 220 条　如果案件性质应当由最高司法法院管辖，检察官应当请求中止程序并移送，重罪起诉法庭应当作出裁定。

第 221 条　除了前条规定的情况，法官审查是否存在证据或线索证明被控告人实施了重罪法庭管辖的事实，以及这些证据或线索是否足够严重以提出起诉。

第 222 条　（废除）

第 223 条　被控告人、民事当事人及其顾问进行陈述。

为此目的，卷宗应当至少在出庭前 15 日内交给书记室。上述人员可以获取副本。

---

* 本法典的序编于 1878 年 4 月 25 日公布，同年 5 月 5 日生效。1808 年 11 月至 12 月先后公布第一卷至第二卷，并相继生效。至今为止多次修改。本译本根据比利时司法信息网站 2014 年 5 月 14 日提供的法语文本翻译。

证人不出庭。

民事当事人及被控告人可以根据评议室出庭规则由他人代理。

第 224 条 检察长将签字的书面公诉意见书提交办公室后退席，书记官亦同。

第 225 条 法官进行评议时不得间断，也不得与他人联系。

第 226 条 重罪起诉法庭通过同一判决对同时向其呈交材料的互有关联的犯罪作出裁判。

第 227 条 以下犯罪为互有关联的犯罪：

（1）犯罪是由多人纠合同时施行的；

（2）犯罪是由不同的人事先经过商议，在不同时间、不同地点实施的，或者实行犯罪是为了获得实行其他犯罪的手段，方便实施其他犯罪，使他罪既遂或者为了保护自己免受追究；

（3）两罪或数罪之间存在联系，本着正确司法及保障辩护权之目的，需要由同一刑事法院同时对犯罪作出判决。

第 228 条 重罪起诉法庭认为有必要时，可以在最短的期限内命令：

（1）获得新的信息；

（2）提取存放在初审法院书记室的证物。

第 229 条 如果重罪起诉法庭认为对被告人的指控不充分，则宣告不起诉。

第 230 条 如果重罪起诉法庭认为应当将被控告人移送违警罪法院或轻罪法庭，则宣告移送并指明应受理的法院。

第 231 条 如果案件事实属于重罪法庭的职权范围，重罪起诉法庭认为起诉理由充分，应当将被告人提请重罪法庭审理，1867 年 10 月 4 日《关于可减轻罪行的情节的法律》第 2 条规定的情况除外。

如果在人身逮捕令状中对重罪未作正确定性，重罪起诉法庭应当撤销该令状并签发新的令状。

第 232 条 如果当事人没有住所或住宅，应当最迟于重罪起诉法庭向重罪法庭移送案件时选定在比利时的住所。选定住所决定了重罪法庭的程序以及其后对判决的执行与对判决提起上诉。如果当事人未选定住所，则其不得对未收到法律要求应当送达的文书提出异议。如果当事人未通过带有回执的挂号信向检察长提交变更通知，任何送达均应当送至其选定的住所。

第 233 条 评议室或重罪起诉法庭根据 1990 年 7 月 20 日《关于审前羁押的法律》第 26 条 § 5 签发的人身逮捕令状应当附于起诉决定中。

该决定包括在被告人被移送至重罪法庭看守所执行决定时的顺序。

第 234 条 作出决定的每位法官应当签字，应当注明每位法官的姓名，否则以无效论。

第 235 条 在所有案件中，如果重罪起诉法庭尚未决定是否有必要向重罪法庭提出起诉，无论是否经过首批法官预审，均可以依职权命令追诉，令人提供材料，进行调查或令人调查，并随后作出裁定。

第 235（2）条 §1 在程序进行中，重罪起诉法庭根据检察院的公诉意见书或当事人的申请，监督程序的合法性，也可以依职权进行监督。

§2 重罪起诉法庭在受理案件的其他情况下亦依此办理。

§3 重罪起诉法庭依职权监督程序合法性时如果发现存在无效事由、不应受理或公诉消灭的理由，裁定重开辩论。

§4 重罪起诉法庭决定或依当事人之一的申请公开庭审，听取检察长、民事当事人及被控告人的陈述，根据检察院的公诉意见书或当事人的申请监督程序作出处理。

§5 第 131 条 §1 规定的或者与移送裁定相关的不符合规定的行为、疏失或无效事由，已被重罪起诉法庭审查的，不再提交给作出实体判决的法官，但不影响涉及证据评价的方式。发现不应受理或公诉消灭的理由亦依此办理，在重罪起诉法庭辩论后才获悉这些理由的除外。本段的规定不适用于仅在移送审判法院后在诉讼中被传唤的当事人，除非根据第 131 条 §2 或本条 §6 规定的情况从案卷中撤出材料。

§6 如果重罪起诉法庭发现第 131 条 §1 规定的不符合规定的行为、疏失或无效事由，或者不应受理或公诉消灭的理由，在必要时宣告文书及后续的全部或部分程序无效。在撤销之诉期限届满后，撤销的材料从卷宗中撤出并存放于初审法院书记室。重罪起诉法庭以尊重其他当事人的权利为基础，确定在何种程度上放置在书记室的材料在刑事诉讼中可以被查询，以及被一方当事人使用。重罪起诉法庭在其决定中指出材料应当交还给谁或被废除。

第 235（3）条 §1 重罪起诉法庭负责监督监视、卧底特别调查手段的实施。

在对这些措施的调查结束时，在检察院未作出直接传讯之前，重罪起诉法庭根据检察院的公诉意见书审查监视、卧底特别调查手段的合法性。

预审法官根据第 127 条 §1 第 1 款将卷宗转交国王检察官之时起，重罪起诉法庭根据检察院的公诉意见书，审查预审或之前的调查活动中采取的监视、卧底特别调查手段的合法性。

§2 重罪起诉法庭在收到检察院的公诉意见书后 30 日内作出决定。如果被控告人之一处于审前羁押状态，则期限为 8 日。

重罪起诉法庭在当事人不在场的情况下，单独听取检察长的意见。

书记官通过传真或挂号信的方式，最迟于开庭前48小时发出传唤通知，重罪起诉法庭在检察长在场的情况下，分别听取民事当事人及被控告人的陈述。书记官在传唤书中还应当告知可供查阅的刑事卷宗存放于书记室，该阶段可以查询原件或副本。

对于监视、卧底特别调查手段，重罪起诉法庭在当事人不在场情况下分别听取预审法官及第47（6）条§3（6）、第47（8）条§3（6）规定的司法警察警官的陈述。

重罪起诉法庭可以要求预审法官听取负责采取监视、卧底措施的警察官员及第47（8）条§1第2款规定的公民的陈述，执行第86（2）条及第86（3）条的规定。重罪起诉法庭可以决定出席预审法官举行的听证或委托其成员之一参加。

§3 检察院向重罪起诉法庭庭长提交第47（7）条§1第2款或第47（9）条§1第2款涉及的与§1中规定的预审或调查相关的保密卷宗。只有重罪起诉法庭的司法官有权查阅保密卷宗。

重罪起诉法庭庭长采取必要措施保护保密卷宗。在了解情况后应当立即将卷宗归还检察院。

§4 重罪起诉法庭的裁定不得提及保密卷宗的内容，也不得提及有可能危及技术手段及警察调查手段的内容，或者可能危害匿名线人、负责采取监视或卧底的警察官员及第47（8）条§1第2款规定的公民安全的内容。

§5 根据第235（2）条§5、§6的规定进行程序。

§6 撤销之诉应当在15日内通过向重罪起诉法庭书记室提交的声明提出。此期限自裁定宣告之日起计算。但是，如果被控告人之一被剥夺自由，检察院及当事人应当在自裁定宣告起24小时内提出撤销之诉。

第235（4）条 §1不影响第235（3）条规定的监督，重罪起诉法庭依职权，根据预审法官的要求或检察院的公诉意见，可以在预审期间先予审查预审或之前的调查活动中采取的监视、卧底特别调查手段的合法性。

为了使重罪起诉法庭能够依职权实施监督，其辖区内的国王检察官应当立即将检察院或预审法官决定采取监视及卧底的案卷告知重罪起诉法庭庭长。

§2重罪起诉法庭在当事人不在场的情况下，单独听取检察长的意见。

对于监视、卧底特别调查手段，重罪起诉法庭在当事人不在场情况下分别听取预审法官及第47（6）条§3（6）、第47（8）条§3（6）规定的司法警察警官的陈述。

§3检察院向重罪起诉法庭庭长提交第47（7）条§1第2款或第47（9）

条§1第2款涉及的与§1中规定的预审或调查相关的保密卷宗。只有重罪起诉法庭的司法官有权查阅保密卷宗。

重罪起诉法庭庭长采取必要措施保护保密卷宗。在了解情况后应当立即将卷宗归还检察院。

§4重罪起诉法庭的裁定不得提及保密卷宗的内容，也不得提及有可能会危及技术手段及警察调查手段的内容，或者可能危害匿名线人、负责采取监视或卧底的警察官员及第47（8）条§1第2款规定的公民安全的内容。

第236条 在第235条规定的情况下，重罪起诉法庭指定一名司法官作为顾问预审官。可以指定其一名成员。

第237条 法官听取证人的陈述，或者委托证人居住辖区内的初审法院的一名法官听取证言，讯问被告人，令人以书面方式确认所有收集到的证据或线索，并根据情况签发传票、押票或逮捕证。

第238条 （废除）

第239条 （废除）

第240条 应当遵守本法典中与第二编条文不相对立的其他规定。

第241条 移送后，被告人有权自由地与其律师联系。

第242条 被告人及民事当事人有权查阅存放于书记室的卷宗。提出申请后，被告人及民事当事人可以免费获得卷宗副本。

第243条 （废除）

第244条 （废除）

第245条 检察长告知重罪法庭其作出的移送裁定，如果已知被告人，则告知被告人住所所在地及犯罪发生地的市长。

第246条 如果重罪起诉法庭决定无须将被告人移送上述法庭之一，则不得再因同一事由移送被告人，除非出现新的证据。

第247条 之前未经重罪起诉法庭审查的证人的声明、材料及笔录，足以补强法庭原本认为很薄弱的证据时，或者能够为查明事实真相带来新进展时，视为新的证据。

第248条 在这种情况下，司法警察警官或预审法官毫不延迟地向驻上诉法院的检察长提交材料及证据的副本，重罪起诉法庭庭长根据检察长的意见，指定法官根据检察官的追诉按照规定进行新的预审。

根据新的证据，在向检察长移送前，预审法官还可以对根据1990年7月20日《关于审前羁押的法律》第26条§1的规定已经被释放的被告人签发逮捕证。

第249条 国王检察官每8日向检察长寄送一份所有可能突然发生的重

罪、轻罪或违警罪案件的报告。

第 250 条　在轻罪或违警罪案件报告中，如果检察长认为案件性质更为严重，可以要求在收到报告 15 日内提交材料，随后在收到材料起的 15 日内提出其认为适当的意见，法庭在 3 日内决定案件管辖归属。

丹　麦

丹麦司法行政法[*]

（2005 年 9 月 27 日第 910 号令，2005 年 9 月 21 日
第 1398 号和第 1399 号法案修改）（节选）

第四卷　刑事诉讼法

第二部分　起诉前准备

第六十七章　侦查的基本规则

第 749 条　（1）如果发现未达到启动侦查的标准，警察应当撤销已制作的犯罪报告。

（2）在作出指控之前，如果没有合理依据继续进行已经开始的侦查，警察可决定终止侦查。在作出指控之后，适用第 721 条和第 722 条之规定。

（3）如果犯罪报告被撤销，或者侦查被终止，应当通知本案的利害关系人。对于该决定的上诉，可根据第十章之规定向地区检察官提出。

第七十二章　对人身采取的措施

第 792 条 f　（1）对于未被起诉的个人、被宣判无罪的个人以及被撤销

＊ 本法于 1916 年通过，1919 年生效。本译本根据 2006 年 1 月 1 日 DJOF Publishing 出版社 Malene Frese Jensen、Vagn Greve、Gitte Hoyer & Martin Spencer 编的《The Principal Danish Criminal Acts》一书翻译。该书语言为英语。

起诉的个人，警方不得为了将来辨认的需要而保留其照片。

（2）对于未被指控的个人，警察不得保存通过侵犯其人身的方式所获得的其他材料和信息。

（3）根据第792条c第3款第2句或者根据第746条第1款之规定，对于未经过法庭准许的措施所获得的信息和材料，应当立即销毁。

第九十三章之三　对警务人员的刑事指控

第1020条　对于警务人员在执行职务期间的犯罪的报告要由相关的地区检察官作出。

第1020条a　（1）当有合理怀疑认为警务人员在执行职务期间犯有需要受到追诉的罪行时，地区检察官可根据报告展开调查。

（2）由于警务人员的干涉而导致相关人员死亡或者重伤，或受到羁押，地区检察官可展开进一步的调查。对此第1019条j的规定也同样适用。

第1020条b　（1）对于第1020条和第1020条a提及的情况的调查，地区检察官可以行使警察的相关权力。

（2）国家警察委员会委员可根据地区检察官的请求协助其进行质询。

（3）警察可以结合个人优势，进行紧急的侦查措施。警察应当尽早通知相关的地区检察官，至迟不得超过侦查行为开始之时。

第1020条c　（1）对第1020条和第1020条a涉及案件的公诉要由地区检察官承担，根据本法或根据本法发布的相关规则要求检察长或司法部长承担的公诉除外。撤销公诉的权力属于公诉机关。

（2）地区检察官参与第1020条和第1020条a涉及的案件在下级法庭、海事法庭、商事法庭以及高级法庭的诉讼程序。

第1020条d　在特定条件下，或根据第六十六章的规定，法庭可以指定辩护律师。

第1020条e　（1）在条件允许的情况下或根据第六十六章之一的规定，法庭可根据指控人的请求，为其指定律师。

（2）如果指控人死亡，在条件允许的情况下，法庭可以为其近亲属指定律师。

（3）不管案件的起诉书是否已被呈交，指控人或其近亲属的指定律师有权获得与第741条c第2款第2项的相关材料。

（4）第六十六章的规定也同样适用其他方面。

第1020条f　若其中一项罪名或者一位被指控人需要交由地区检察官办

理，检察长可根据本章规定，决定将一个涉及多个罪名或多个被指控人的案件整体交由地区检察官办理。

第 1020 条 g 本法关于刑事案件诉讼程序的规定也同样适用其他方面。

第 1020 条 h 司法部长可以发布关于第 1020 条和第 1020 条 a 涉及的刑事案件程序的进一步规定。

第 1020 条 i 司法部长可以决定如果考虑到国家安全或与之相关国家的需求，根据本章的规定不进行案件的处理。

德　　国

德国刑事诉讼法 *

第二编　第一审程序

第一章　公　　诉

第 151 条　[公诉原则]

法院的调查启动，以起诉为前提。

第 152 条　[公诉机关；法定起诉原则]

1. 提起公诉权，由检察院行使。

2. 除法律另有规定外，如存在足够的事实依据，检察院负有对所有的可追诉的犯罪行为予以追究的义务。

第 152a 条　[对议员进行刑事追究]

州法律中的有关对立法机构成员启动或者继续进行刑事追诉的前提条件的规定，对德意志联邦德国的其他州和联邦均有效力。

第 153 条　[轻微案件不予追诉]

1. 如果诉讼程序审理的对象为轻罪，如果行为人罪责轻微，且不存在公

---

　* 本法于 1877 年 2 月 1 日由德意志帝国皇帝（威廉二世）批准，1879 年 10 月 1 日实施，2015 年 12 月 10 日最新修正。本译本根据 1987 年 4 月 7 日公布的版本（联邦法律公报Ⅰ，第 1074～1319 页）翻译，该法语言为德语。

共利益的，经负责启动审判程序的法院同意，检察院可以不予追诉。对于尚未受到最低刑罚威胁，且行为所造成后果轻微的，无需法院同意。

2. 已经提起公诉的，如果满足第 1 款的前提条件，经检察院和被诉人同意，法院可以在程序的任何一个阶段停止程序。由于存在第 205 条规定的原因而不能进行法庭审理，或者第 231 条第 2 款、第 232 条和第 233 条规定的被诉人缺席审理情形的，程序的停止无须被诉人同意。程序停止的决定以裁定的方式作出。就该裁定不得提起异议。

第 153a 条　[履行负担、指示时停止程序]

1. 经负责启动审判程序的法院和犯罪嫌疑人的同意，检察院可以对轻罪暂时不予提起公诉，同时对犯罪嫌疑人施以负担和指示，如果该负担和指示适宜消除所涉及的公共利益且此惩戒程度与罪责程度不相悖。下列的负担和指示尤其可予以考虑适用：

（1）做出一定的给付，修复行为造成的损害，

（2）向某公益设施或者国库交付一笔款项，

（3）做出其他公益给付，

（4）承担一定数额的赡养义务，

（5）真诚努力地达成与被害人的和解（犯罪人—被害人和解），全部或者大部分地修复其行为，或者为此而积极努力，

（6）参加社会培训课程，或者

（7）参加《道路交通法》第 2b 条第 2 款第 2 句或者第 4 条第 8 款第 4 句规定的培训研讨班。

就负担和指示的履行，检察院对犯罪嫌疑人规定期限，在第 2 句第 1—3 项、第 5 项、第 7 项情形下期限至多为期 6 个月，在第 2 句第 4 项和第 6 项情形下至多为期 1 年。对负担和指示检察院可以后续撤销或对期限延长一次，延长期为 3 个月；经犯罪嫌疑人同意，检察院也可以后续科处、变更负担和指示。犯罪嫌疑人已履行负担和指示的，对行为不能再作为轻罪予以追究。犯罪人不履行负担和指示的，其为履行已做出的给付不予偿还。第 2 句第 1—6 项情形下，第 153 条第 1 款第 2 句的规定相应地予以适用。第 246a 条第 2 款的规定相应地予以适用。

2. 业已起诉的，经检察院和被诉人同意，法院可以在最后一次对事实认定作审查的审判终结之前，暂时停止程序，同时向被诉人科处第 1 款第 1 句的负担和指示。第 1 款第 3—6 句以及第 8 句的规定相应地予以适用。第 1 句的裁决以裁定的形式作出。就该裁定不得提起异议。依据第 1 句科处的负担、指示业已履行的确认，亦适用第 4 句的规定。

3. 为履行负担和指示而设定的期间，时效停止不计。

4. 第 1 款第 2 句第 6 项，及该项结合第 2 款的情形下，第 155b 条的规定相应地予以适用并附如下限制，即刑事程序中获取的不涉及犯罪嫌疑人的个人信息，须征得该个人同意才得以传达给实施社会培训课程的机构。如果根据其他刑事法的规定，被指示参加社会培训课程的，则第 1 句的规定相应地予以适用。

第 153b 条　　［不予起诉；停止程序］

1. 法院得以免于刑罚的前提条件成立的，经本应负责庭审的法院同意，检察院可以不予提起公诉。

2. 业已起诉的，经检察院和被诉人同意，法院可以在法庭审理开始前停止程序。

第 153c 条　　［国外犯罪行为的不予追诉］

1. 下述犯罪行为，检察院可以不予追诉：

（1）在本法空间效力范围外实施的犯罪行为，或者在本法空间效力范围外实施的行为存在共犯的情形，该共犯人参与实施的部分在本法空间效力范围内的行为；

（2）在国内由外国人在外国船舶、飞行器上实施的行为；

（3）《刑法典》第 129 条和第 129a 条或者其中任一条结合第 129b 条第 1 款规定的情形下，该犯罪组织不在国内或主要不在国内，且在国内所为的集团犯罪行为处于次要地位或者仅限于成员资格。

依据《国际刑法典》可予刑事处罚的行为，适用第 153f 条的规定。

2. 鉴于犯罪行为，犯罪嫌疑人已经在国外予以处罚，且折抵国外的已处刑罚后国内预期判处的刑罚可以忽略不计的，或者犯罪嫌疑人在国外就其犯罪行为依法判处无罪的，就此行为检察院可以不予追诉。

3. 凭借本法空间效力范围外从事的活动在本法空间效力范围内实施的行为，如果诉讼程序的进行将会给联邦德国造成严重不利的危险或者有其他更为重大的公共利益与此相抵触时，就此行为检察院也可以不予追诉。

4. 业已起诉的，如果诉讼程序的进行将会给联邦德国造成严重不利的危险或者有其他更为重大公共利益与此相抵触的，在第 1 款第 1 项和第 2 项以及第 3 款情形下，检察院可以在程序的任意阶段撤回起诉并停止程序。

5. 诉讼程序的案由系《法院组织法》第 74a 条第 1 款第 2—6 项和第 120 条第 1 款第 2—7 项规定类型的犯罪行为的，上述职权由联邦总检察长行使。

第 153d 条　　［政治犯罪行为的不予追诉］

1. 如果诉讼程序的进行将会给联邦德国造成严重不利的危险或者有其他更为重大的公共利益与此相抵触的，联邦总检察长可以对《法院组织法》第

74a 条第 1 款第 2—6 项和第 120 条第 1 款第 2—7 项规定的类型的犯罪行为不予追诉。

2. 业已起诉的，检察院可以在第 1 款所述条件下，在程序的任意阶段撤回起诉并停止程序。

第 153e 条　　[积极悔悟时的不予追诉]

1. 诉讼程序的案由系《法院组织法》第 74a 条第 1 款第 2—4 项、第 120 条第 1 款第 2—7 项规定的犯罪行为类型的，如果在行为之后至其得知行为被发觉之前，行为人就联邦德国的存在或者安全或者宪法秩序的危险的避免有所贡献的，经《法院组织法》第 120 条规定的有管辖权的州高等法院的同意，联邦总检察长可以对此行为不予追诉。如果行为人在行为后作出如下的贡献，即向有关部门告发了其所了解的，有关内乱、危害民主法治、叛国或者危害外部安全的企图的，同样适用此规定。

2. 业已起诉的，经联邦总检察长同意，依照《法院组织法》第 120 条规定有管辖权的州高等法院可以在第 1 款所述前提条件下停止程序。

第 153f 条　　[《反国际法罪法典》规定的犯罪行为的不予追诉]

1. 第 153c 条第 1 款第 1 项和第 2 项规定的情形下，如果犯罪嫌疑人不在本国居住且不可期待其在本国居住的，则检察院可以对《国际刑法典》第 6—14 条规定的可罚行为不予追诉。如果第 153c 条第 1 款第 1 项情形下，犯罪嫌疑人系德国公民的，则仅在其行为被国际法庭追诉或者被行为发生地或者被害人所属国家追诉时，才适用前句规定。

2. 第 153c 条第 1 款第 1 项和第 2 项规定的情形下，检察院可以在下列情形就《国际刑法典》第 6—14 条规定的可罚行为，尤其不予追诉：

（1）不存在对德国公民的犯罪行为嫌疑；

（2）行为不针对德国公民实施；

（3）犯罪嫌疑人不于本国居住，其不可预期其于本国居住；且

（4）行为被国际法庭追诉或者被行为发生地国家、犯罪嫌疑人所属国、被害人所属国家追诉。

如果在外国实施的行为其犯罪嫌疑人居住于本国，但符合第 1 句第 2 项和第 4 项规定的前提条件，且准许被意图向国际法庭或者追诉国移送的，本规定同样适用。

3. 第 1 款和第 2 款情形下已提起公诉的，则检察院可以在程序的任何阶段撤回起诉并停止程序。

第 154 条　　[不重要的次犯罪行为]

1. 对符合下述情形之一的行为，检察院可以不予追诉：

（1）就其他犯罪行为已经对犯罪嫌疑人处以生效的刑罚或者矫正及保安处分或者预期判处刑罚或者矫正及保安处分，再追诉可能导致刑罚或者矫正及保安处分的行为并非十分重要；

（2）除此之外，如果在适当的期间内不可能对该行为作出判决，以及如果对犯罪嫌疑人已经发生法律效力的判处的或者因为其他犯罪行为预期判处的刑罚、矫正及保安处分足以对行为人产生影响，且足以维护法律秩序。

2. 业已提起公诉的，依检察院申请法院可以在任何一个阶段暂予停止程序。

3. 鉴于其他犯罪行为已经对犯罪嫌疑人处以生效的刑罚或者矫正及保安处分而暂予中止本程序的，如果该生效的刑罚或者矫正及保安处分被嗣后撤销的，如尚未逾诉讼时效的，可以再行启动本程序。

4. 鉴于其他犯罪行为预期对犯罪嫌疑人处以刑罚或者矫正及保安处分而暂予停止本程序的，如尚未逾诉讼时效的，则可以在就其他犯罪行为生效判决后的 3 个月内再行启动本程序。

5. 法院已暂予停止程序的，程序的再行启动需有法院的裁定。

第 154a 条　[限制刑事追究]

1. 行为可以分割的个别部分，或者以同一行为导致的数个违法情形中的部分，

（1）对于预期的刑罚或矫正及保安处分，或者

（2）因其他行为对犯罪嫌疑人已生效的判处或者预期被判处的刑罚或矫正及保安处分之外，

并非十分重要的，则对追诉可以局限于行为的其余部分或者其余的违法情形。第 154 条第 1 款第 2 项的规定相应地予以适用。限制追诉的情形应当载入案卷。

2. 收到公诉书后，经检察院同意法院可以在程序的任何阶段对追诉范围加以限制。

3. 法院可以在程序的任何阶段将已经排除的部分行为或者违法情形重新纳入程序。对检察院提请重新纳入的申请应当予以批准。将已经排除的犯罪行为重新纳入程序的，第 265 条第 4 款的规定相应地予以适用。

第 154b 条　[引渡；驱除出境]

1. 犯罪嫌疑人就该行为受外国政府引渡的，可以不予提起公诉。

2. 犯罪嫌疑人就其他行为受外国政府引渡或者移交国际刑事法院的，且在国外已生效的判处或者预期判处的刑罚或矫正及保安处分外，在国内追诉时可能导致的刑罚或矫正及保安处分不为重要的，同样适用前款规定。

3. 犯罪嫌疑人被驱除出本联邦法规效力范围之外的，也可以不予提起公诉。

4. 在第1—3款情形下，如果已经提起公诉的，依检察院申请法院应暂予停止程序。第154条第3—5款的规定相应地予以适用并附如下限制，即第4款规定的期限为1年。

第154c条　[胁迫或勒索罪的被害人]

1. 以揭发犯罪行为相威胁而实施了胁迫或者勒索行为（《刑法典》第240条、第253条）时，被以揭发相威胁的行为如果是并不严重、不必须抵偿的，检察院可以对该行为不予追诉。

2. 被害人告发（第158条）胁迫或者勒索行为（《刑法典》第240条、第253条），且因此知悉被害人实施的轻罪的，如果该轻罪是并不严重、不必须抵偿的，检察院可以对该行为不予追诉。

第154d条　[民法或行政法上的先行问题的裁决]

轻罪是否提起公诉取决于依据民法或者行政法进行裁决的某一问题时，检察院可以规定民事纠纷程序或行政纠纷程序解决该问题的期限。对此应当通知告发人。期限届满仍无结果的，检察院可以停止该程序。

第154e条　[鉴于诬告或侮辱的刑事或者惩戒程序]

1. 告发的或者所主张的行为尚处于未决的刑事或惩戒程序的，不应当就诬告、侮辱（《刑法典》第164条、第185—188条）提起公诉。

2. 已经提起公诉或自诉的，法院应当停止程序，直至告发的或者所主张的行为的刑事或惩戒程序结束。

3. 告发的或者主张的行为的刑事或惩戒程序结束前，诬告、侮辱罪的追诉时效停止不计。

第154f条　[程序的暂予停止]

如果犯罪嫌疑人缺席或者因他个人方面的其他障碍，导致较长时间无法启动或者进行审判程序，且尚未提起公诉的，则检察院可以在尽可能地查清案情及所需范围内保全证据后，暂予停止程序。

第155条　[调查范围]

1. 法院的调查与裁决，只能延伸到起诉书中载明的行为及被起诉的犯罪嫌疑人。

2. 在此界限范围内，法院有权利和义务自主审判；尤其是在刑法的适用上，法院不受提起的告诉的约束。

第155a条　[犯罪嫌疑人与被害人的和解]

检察院和法院应当在程序的每一阶段审查犯罪嫌疑人与被害人达成和解的

可能性。适宜情形下，其应当促成和解。违反被害人明确意愿的和解不得被认为适宜和解。

第155b条　［执行和解］

1. 检察院和法院可以依职权或者依申请向被委托执行犯罪行为人与被害人和解或者损害修复的机构提供为此目的所需的个人资料信息。如果个人信息资料的提供将产生不合比例的耗费的，则可以向被委托执行和解或补偿的机构寄送案卷用于查阅。应当向非公共机构指明，向其提供的信息只能用于执行和解或损害修复，不得另作他用。

2. 根据第1款获得的信息，被委托的机构只能在执行犯罪行为人与被害人和解或损害修复所需的范围内处理或使用，且不得违背所涉及人员值得保护的利益。其只能在所涉及人员同意且在执行和解或损害修复所需的范围内，收集个人资料信息且处理和使用所收集的信息。在必要范围内，被委托的机构在上述行为结束后向检察院或者法院进行汇报。

3. 如被委托的机构为非公共机构的，当信息资料不存入数据库或者从数据库中导出的，《联邦数据保护法》第三章的规定也予以适用。

4. 载有第2款第1句和第2句所述的个人信息资料的文件，须在刑事程序结束1年后，由被委托的机构销毁。检察院或者法院依职权毫不迟延地通知被委托的机构诉讼程序结束的时间。

第156条　［不得撤回公诉］

审判程序启动后，不得撤回公诉。

第157条　［"被诉人"和"被告人"的定义］

本法所称的"被诉人"，是指已经被提起公诉的犯罪嫌疑人，"被告人"，是指决定对其启动审判程序的犯罪嫌疑人或者被诉人。

第五编　被害人参加程序

第一章　自　诉

第374条　［准许性；自诉权人］

1. 对下列犯罪行为，被害人可以通过自诉途径予以追究，无需事先诉诸检察院：

（1）非法侵入住宅（《刑法典》第123条）；

（2）侮辱（《刑法典》第185—189条），《刑法典》第194条第4款规定的针对政治团体的侮辱除外；

（2a）通过摄影的方式侵犯私人生活领域（《刑法典》第 201a 条第 1 款和第 2 款）；

（3）侵犯书信秘密（《刑法典》第 202 条）；

（4）伤害（《刑法典》第 223 条和第 229 条）；

（5）跟踪（《刑法典》第 238 条第 1 款）或者胁迫（《刑法典》第 241 条）；

（5a）商业受贿或行贿（《刑法典》第 299 条）；

（6）损坏财产（《刑法典》第 303 条）；

（6a）《刑法典》第 323a 条规定的在醉酒状态下实施的前述第 1—6 项轻罪行为；

（7）《反不正当竞争法》第 16—19 条规定的犯罪行为；

（8）《专利法》第 142 条第 1 款，《实用新型专利法》第 25 条第 1 款，《集成电路布图设计保护法》第 10 条第 1 款，《植物种类保护法》第 39 条第 1 款，《商标法》第 143 条第 1 款、第 143a 条第 1 款、第 144 条第 1 款和第 2 款，《外观设计法》第 51 条第 1 款和第 65 条第 1 款，《著作权法》第 106—108 条以及第 108b 条第 1 款和第 2 款，《造型艺术及摄影作品著作权法》第 33 条的犯罪行为。

2. 凡有权和被害人一并提起或者代替被害人提起告诉的人员，也可以提起自诉。《刑法典》第 77 条第 2 款中规定的人员，在顺序先于他们的有权人提起告诉后，也可以提起自诉。

3. 被害人有法定代理人的，由法定代理人行使提起自诉权，在民事法律纠纷中可以作为团体、公司或协会起诉的组织是被害人的，由它们在民事法律纠纷中的代理人行使自诉权。

第 375 条　[数位自诉权人]

1. 就同一犯罪行为数位人员有权提起自诉的，各位人员可以相互独立地行使自诉权。

2. 权利人中的一位业以提起自诉的，其余的权利人只能参加已经启动的程序，加入提出参加声明时程序所处于的阶段。

3. 对案件作出的任何一项有利于犯罪嫌疑人的裁决，其效力均及于其余未提起自诉的权利人。

第 376 条　[提起公诉]

只有涉及公共利益时，检察院才对第 374 条中规定的犯罪行为提起公诉。

第 377 条　[检察院参与；接管]

1. 检察官不负有参与自诉程序的义务。法院认为应当由检察官接管追诉的，则向检察官移送案卷。

2. 检察院也可以在判决生效前的任何程序阶段，明确声明接管追诉。提起法律救济程序的，即包括接管追诉。

第 378 条　　[起诉人的辅佐人、代理人]

自诉人可以由律师辅佐或者由持有书面全权委托的律师代理出席自诉程序。在后者情形下，对起诉人的送达可以具有法律效力地向律师送达。

第 379 条　　[担保；诉讼费用救济]

1. 在民事法律纠纷中依民事被告人要求民事原告人应当对诉讼费用提供担保的，同样前提条件下，自诉人应当对预计将给犯罪嫌疑人带来的诉讼费用提供担保。

2. 提供担保时，应当提存现金或者有价证券。依据《法院及司法机关支付法》而有不同规定的，该规定不受影响。

3. 提供担保的数额、期限以及诉讼费用救济，适用民事法律纠纷中的相关规定。

第 379a 条　　[费用预交]

1. 对自诉人未提供诉讼费用救济或者予以免交诉讼费的，法院要确定期限，要求自诉人依照《法院费用法》第 16 条第 1 款预交费用；同时要告知第 3 款规定的后果。

2. 预交费用前，不进行法院行为；能确信拖延会对起诉人带来不可弥补或者难以弥补的不利后果的除外。

3. 第 1 款规定的期限届满，仍未有结果的，自诉将被驳回。对驳回自诉的裁定不服的，可以提起立即（程序问题的）上诉。证实在规定期限内预交了费用的，由作出裁定的法院依职权撤销裁定。

第 380 条　　[试行调解]

1. 只有在州司法行政机关所指定的调解机构调解无果后，才准许对非法侵入住宅、侮辱、侵犯书信秘密、伤害、威胁和损坏财产的行为起诉。《刑法典》第 323a 条规定的在醉酒状态下实施的第 1 句所述的轻罪行为，同样适用第 1 句的规定。起诉时，起诉人应当出示调解证明书。

2. 州司法行政机关可以规定，允许调解机构调解行为的进行以预交适当的费用为前提条件。

3. 职务上级人员依据《刑法典》第 194 条第 3 款或者第 230 条第 2 款的规定有权提起告诉的，则第 1 款和第 2 款的规定不予适用。

4. 当事人不居住在同一地区的，可以依据州司法行政机关的细则规定，不实行调解。

第 381 条　[起诉]

以向法院书记员办公室作笔录的形式，或者起诉书的形式提起自诉。起诉必须符合第 200 条第 1 款的要求。以起诉书形式提起的，应当同时提交两份起诉书副本。

第 382 条　[通知起诉]

依法提起自诉的，法院就此通知犯罪嫌疑人并确定答辩期限。

第 383 条　[启动审判程序的裁定；驳回；停止程序]

1. 收到犯罪嫌疑人的答辩或者规定期限届满之后，适用检察院直接起诉时所适用的规定，法院裁决是否启动审判程序或者驳回起诉。裁定予以启动审判程序的，法院依照第 200 条第 1 款第 1 句的规定在裁定书中写明被告人和行为。

2. 行为人罪责轻微的，法院可以停止程序。在法庭审理过程中，也准许停止程序。就停止程序的裁定可以提起立即（程序问题的）上诉。

第 384 条　[其他程序]

1. 其他程序，适用公诉程序的规定。但是不允许命令矫正及保安处分。

2. 第 243 条规定应当予以适用并附如下的限制，即由审判长宣读启动审判程序的裁定。

3. 在不影响第 244 条第 2 款的前提下，法院决定证据调查范围。

4. 第 265 条第 3 款有关中止法庭审理的规定，不予适用。

5. 陪审法庭不能对自诉案件与未决的公诉案件一并审理。

第 385 条　[自诉人的地位；传唤；查阅案卷]

1. 凡是在公诉程序中应当由检察院参与并听取其意见的，在自诉程序中也应当由自诉人参与并听取自诉人的意见。在公诉程序中应当通知检察院的所有裁决，在自诉程序中也应当通知自诉人。

2. 对自诉人送达参加法庭审理传票的日期与开庭审理的日期，至少须有 1 周的间隔。

3. 查阅案卷的权利，自诉人只能通过律师行使。第 147 条第 4 款和第 7 款以及第 477 条第 5 款的规定相应地予以适用。

4. 第 154a 条、第 430 条规定的情形下，这两条第 3 款第 2 句的规定不予适用。

5. （法律审）上诉程序中，自诉人无须依据第 349 条第 2 款的规定提起申请。第 349 条第 3 款的规定不予适用。

第 386 条　[传唤证人和鉴定人]

1. 应当传唤何人作为证人、鉴定人参加法庭审理，由审判长决定。

2. 自诉人如同被告人，享有直接传唤的权利。

第 387 条　　[法庭审理时代理]

1. 被告人也可以在律师的辅佐下参加法庭审理或者让持有全权委托书的律师代理出席。

2. 第 139 条的规定适用于自诉人的律师和被告人的律师。

3. 法院有权命令自诉人、被告人亲自到庭，也有权拘传被告人到庭。

第 388 条　　[反诉]

1. 被害人提起自诉的，如果犯罪嫌疑人同样受到了由该被害人实施的、可以通过自诉途径追诉的、与构成自诉事项的犯罪行为有关联的犯罪行为伤害的，可以在第一审中在作最后陈述（第 258 条第 2 款后半句）前提起反诉，申请处罚自诉人。

2. 自诉人不是被害人（第 372 条第 2 款）的，犯罪嫌疑人可以对被害人提起反诉。在此情形下，向被害人送达反诉，传唤被害人参加法庭审理，法庭审理时被害人在场的除外。

3. 对自诉和反诉，应当同时予以裁决。

4. 撤回起诉不影响反诉程序。

第 389 条　　[停止程序的判决]

1. 经过案件审理，法院发现本章所规定的程序对已经查明的事实所构成的犯罪行为不适用的，应当以判决宣告停止程序，并在判决中强调此事实。

2. 在此情形下，应当将审理情况通知检察院。

第 390 条　　[自诉人的法律救济]

1. 自诉人享有公诉程序中检察院享有的提起法律救济程序的权利。此规定同样适用于在第 362 条情形下，提起再审程序的申请。第 301 条的规定适用于自诉人的法律救济程序。

2. 起诉人提出（法律审）上诉申请和再审申请的，只能以经律师签名的书状的形式提起。

3. 第 320 条、第 321 条和第 347 条所规定的案卷的提交和移送一如公诉程序，并经由检察院进行。对（普通）上诉和（法律审）上诉人对方当事人的送达，由法院书记员办公室负责安排执行。

4. 第 379a 条关于预交费用和不及时交费的后果的规定相应地予以适用。

5. 第 383 条第 2 款第 1 句和第 2 句的因责任轻微而停止程序的规定，也在（普通）上诉程序中适用。就该裁定不得提起异议。

第 391 条　　[撤回起诉；恢复原状]

1. 在程序的任何阶段都可以撤回自诉。第一审法庭审理中已开始对被告人就案件予以讯问的，撤回自诉时需经被告人同意。

2. 第一审程序以及由被告人提起（普通）上诉的第二审程序中，如果自诉人缺席法庭审理，也未由律师代理，或者尽管法院已经命令自诉人亲自出席但其仍然缺席法庭审理或者其他审理活动，或者自诉人未遵守已向其言明未遵守将停止程序的期限的，视为撤回自诉。

3. 如果自诉人提起了（普通）上诉，存在上述瑕疵情形的应当立即驳回该上诉，第 301 条的规定不受影响。

4. 出现上述瑕疵情形，自诉人可以在 1 周内，申请在第 44 条、第 45 条的前提条件下恢复原状。

第 392 条　　[撤诉的效力]

撤回自诉的，不得再重新提起。

第 393 条　　[自诉人死亡]

1. 自诉人死亡的，程序予以停止。

2. 但自诉人死亡后，第 374 条第 2 款规定的享有提起自诉的权利人可以继续进行自诉程序。

3. 权利人应当在自诉人死亡起 2 个月内，向法院作继续进行自诉程序的声明，否则丧失该权利。

第 394 条　　[通知犯罪嫌疑人]

撤回自诉、自诉人死亡以及继续进行自诉程序的，应当通知犯罪嫌疑人。

第二章　附　　诉

第 395 条　　[辅助起诉人的附带起诉权]

1. 已经提起的公诉程序或者申请保安处分程序中，可将下列违法行为的被害人纳入附诉：

（1）《刑法典》第 174—182 条；

（2）《刑法典》第 211 条和第 212 条规定的未遂行为；

（3）《刑法典》第 221 条、第 223—226a 条和第 340 条；

（4）《刑法典》第 232—238 条、第 239 条第 3 款、第 239a 条、第 239b 条和第 240 条第 4 款；

（5）《暴力防治法》第 4 条；

（6）《专利法》第 142 条、《实用新型专利法》第 25 条、《集成电路布图设计保护法》第 10 条、《植物种类保护法》第 39 款、《商标法》第 143—144 条、《外观设计法》第 51 条和第 65 条、《著作权法》第 106—108b 条、《造型艺术及摄影作品著作权法》第 33 条、《反不正当竞争法》第 16—19 条。

2. 下述人员，享有同样的权利：

（1）违法行为被害死亡人的子女、父母、兄弟姐妹、配偶或者生活伴侣；或者

（2）通过申请法院裁决从而引发公诉（第 172 条）的人员。

3. 其他违法行为的被害人，特别是《刑法典》第 185—189 条、第 229 条、第 244 条第 1 款第 3 项、第 249—255 条以及第 316a 条规定的行为的被害人，鉴于特殊原因，特别是鉴于行为的严重后果使得维护其利益有必要的，可以作为辅助起诉人参与已经提起的公诉程序。

4. 准许在程序的任何阶段纳入附诉。也可以在作出判决后为提起法律救济程序纳入附诉。

5. 如果追诉受第 154a 条的限制，不影响在公诉程序中纳入附诉的权利。如果辅助起诉人被允许参加程序，凡涉及附诉的，不受第 154a 条第 1 款或者第 2 款规定的限制。

第 396 条　　［参加声明］

1. 参加公诉的声明，应当以书面形式向法院递交。在提起公诉之前向检察院、法院递交的参加声明，随着公诉的提起产生效力。处罚令程序中，如果确定法庭审理日期（第 408 条第 3 款第 2 句、第 411 条第 1 款）或者处罚令申请被拒绝的，参加声明生效。

2. 法院作出是否准许作为辅助起诉人参加公诉的裁决前，要听取检察院的意见。第 395 条第 3 款规定的情形下，法院作裁决前也应当听取被诉人就所述理由是否有必要纳入附诉的意见；就该裁决不得提起异议。

3. 法院考虑依照第 153 条第 2 款、第 153a 条第 2 款、第 153b 条第 2 款或者第 154 条第 2 款的规定停止程序的，必须首先就附诉的资格作出裁决。

第 397 条　　［辅助起诉人的权利］

1. 辅助起诉人有权出席法庭审理，即便其作为证人接受询问亦有权出席法庭审理。应当传唤辅助起诉人出席法庭审理；第 145a 条第 2 款第 1 句和第 217 条第 1 款和第 3 款的规定相应地予以适用。辅助起诉人也享有申请法官回避（第 24 条、第 31 条）或者申请鉴定人回避的权利（第 74 条），发问权（第 240 条第 2 款）、对审判长命令的异议权（第 238 条第 2 款）、对发问的异议权（第 242 条）、申请查证权（第 244 条第 3—6 款）以及陈述权（第 257 条、第 258 条）。其参与的范围如同检察院，并同样被听取意见，法律另有规定的除外。应当告知检察院的裁决，也应当告知辅助起诉人；第 145a 条第 1 款和第 3 款的规定相应地予以适用。

2. 辅助起诉人由律师进行辅佐或者代理。律师有权出席法庭审理。律师的选任已通知法院的或者其被委派为辅佐人的，应当通知其法庭审理的时间。

第 397a 条　　[法律辅佐]

1. 符合下列情形之一的，经辅助起诉人的申请，向其指定一名律师作为辅佐人：

（1）被《刑法典》第 176a 条、第 177 条、第 179 条、第 232 条和第 233 条规定的重罪所侵犯的；

（2）被《刑法典》第 211 条和第 212 条规定的未遂违法行为侵犯的，或者其系第 395 条第 2 款第 1 项意义下的被违法行为致死的亲属；

（3）被《刑法典》第 226 条、第 226a 条、第 234—235 条、第 238—239b 条、第 249 条、第 250 条、第 252 条、第 255 条和第 316a 条规定的重罪所侵犯，且导致或者可预见将导致其严重的身体或者精神伤害；

（4）被《刑法典》第 174—182 条和第 225 条规定的违法行为侵犯，且其在行为时尚未满 18 周岁或者其本人无足够的能力维护自身利益；或者

（5）被《刑法典》第 221 条、第 226 条、第 232—235 条、第 237 条、第 238 条第 2 款和第 3 款、第 239a 条、第 239b 条、第 240 条第 4 款、第 249 条、第 250 条、第 252 条、第 255 条和第 316a 条规定的行为所侵犯，且其提出申请时尚未满 18 周岁或者其本人无足够的能力维护自身利益。

2. 不符合第 1 款规定的指定辅佐人的前提条件的，被害人本人亦无足够的能力维护自身利益或者不能期望他有此能力的，应当依照民事法律纠纷中的相关规定，依申请给予辅助起诉人诉讼费用救济，用以聘请律师。《民事诉讼法》第 114 条第 1 款第 1 句后半句以及第 121 条第 1—3 款的规定不予适用。

3. 可以在声明参加公诉前就提起第 1 款和第 2 款规定的申请。是否指定律师、是否批准诉讼费用救济，由受理案件的法庭的审判长裁决，就指定律师而言，第 142 条第 1 款的规定相应地予以适用。

第 398 条　　[程序]

1. 诉讼程序的进程不因附诉参与人参加程序而暂停。

2. 鉴于时间短暂，来不及传唤、通知辅助起诉人的，已经确定日期的法庭审理以及其他审理活动亦如期进行。

第 399 条　　[告知以前的裁决]

1. 于辅助起诉人参加诉讼之前已经作出并且告知检察院的裁决，法院无须告知辅助起诉人，第 401 条第 1 款第 2 句规定的情形除外。

2. 如果检察院对此裁决提出异议的期限已经届满，辅助起诉人也无权对此类裁决提起异议。

第 400 条　　［辅助起诉人的法律救济权］

1. 辅助起诉人对判决提起异议的，不得旨在行为获得其他法律结果，亦不能旨在被告人违反此等法律而被判刑，即该违反的法律不能支持附诉。

2. 对于拒绝启动法庭审理的裁定，或者依据第 206a 条、第 206b 条而停止程序裁定，辅助起诉人有权对涉及准许参加公诉的行为的那部分提起立即（程序问题的）上诉。除此之外，辅助起诉人无权对停止程序的裁定声明不服。

第 401 条　　［辅助起诉人的法律救济程序］

1. 辅助起诉人可以独立于检察院提起法律救济程序。辅助起诉人在判决作出之后为提起法律救济程序而参加公诉的，对其要立即送达原判决。辅助起诉人说明提起法律救济程序理由的期限，从检察院提起法律救济程序的期限届满起开始计算，如果尚未对辅助起诉人送达判决的，则从送达时开始计算，即使此时尚未对是否准许参加公诉作出裁决的亦同。

2. 辅助起诉人曾出席法庭审理或者由律师代理出席的，即使在宣告判决时他没有出席或者未代理出席，其提起法律救济程序的期限也仍然从宣告判决时开始计算；耽误期限的，辅助起诉人不能因为没有对他告知提起法律救济程序的权利而要求恢复原状。辅助起诉人如果在法庭审理时根本没有出席或者让人代理出席的，期限从对他送达判决主文开始计算。

3. 仅辅助起诉人一人提起（普通）上诉，如果在法庭审理开始时该辅助起诉人既未出席也未由律师代理出席的，应当对（普通）上诉立即驳回，对第 301 条的适用不由此受到影响。符合第 44 条、第 45 条规定的前提条件的，辅助起诉人可以在耽误期限后的 1 周内申请恢复原状。

4. 仅由辅助起诉人提起的法律救济程序导致撤销原裁决的，对案件的诉讼仍由检察院负责。

第 402 条　　［撤回；辅助起诉人死亡］

附诉原告人死亡或者撤回参加公诉的声明的，参加公诉的声明失去效力。

俄 罗 斯

俄罗斯联邦刑事诉讼法典[*]

（2015 年 6 月 8 日第 181 次修订）

（2015 年 9 月 15 日生效文本）

第一卷　总　　则

（第 1 条至第 139 条）

第一编　基本原则

（第 1 条至第 28 - 1 条）

第一章　刑事诉讼程序的立法

（第 1 条至第 5 条）

第 5 条　本法典适用的基本概念

如果事先未作其他说明，则本法典适用的基本概念具有下述含义：

（6）公诉人——即指在法院的刑事案件审理阶段以国家名义支持起诉的检察机关公职人员；

（注：本项规定依据俄罗斯联邦联邦法 2002 年 5 月 29 日第 58 号联邦法令颁布适用；依据俄罗斯联邦联邦法 2007 年 6 月 5 日第 87 号联邦法令于 2007 年 9 月 7 日修订适用。）

（22）起诉——即指依据本法典规定程序，针对已确定的行为人提出有关该人实施了刑事法律禁止行为的一种主张；

---

[*] 本法典于 2001 年 11 月 22 日由俄罗斯联邦国家杜马议会审议通过，2001 年 12 月 5 日俄罗斯联邦联邦委员会审议核准并颁布。截至 2015 年 6 月 8 日，其已历经 181 次修订，修订内容详见正文。本译本根据俄罗斯联邦联邦委员会颁布实行的有效文本翻译，文本语言为俄罗斯官方语言——俄语。

（45）控辩双方——即指在辩论制基础上履行起诉职能（刑事追诉）或者辩护职能的刑事诉讼程序参与人；

（47）控诉方——即指检察官以及侦查官、侦查机关负责人、调查官、刑事自诉人、刑事被害人、其法定代理人与代理人、刑事附带民事诉讼请求原告人及其代理人；

（注：本项规定依据俄罗斯联邦联邦法 2002 年 5 月 29 日第 58 号联邦法令补充适用；依据俄罗斯联邦联邦法 2007 年 6 月 5 日第 87 号联邦法令于 2007 年 9 月 7 日颁布适用。）

（55）刑事追诉——即指控诉方为揭露犯罪嫌疑人、刑事被告人实施的犯罪而采取的诉讼活动；

（59）刑事自诉人——即刑事自诉案件中的刑事被害人或者其法定代理人与代理人；

第三章　刑事追诉

（第 20 条至第 23 条）

第 20 条　刑事追诉的类别

1. 鉴于所施犯罪的行为性质与轻重程度，诉诸法院的刑事追诉包括公诉程序、可自诉可公诉程序与自诉程序等类别。

2. 与《俄罗斯联邦刑事法典》第 115 条第 1 款、第 116 条第 1 款、第 128 - 1 条第 1 款规定犯罪有关的刑事案件，应当认定为是刑事自诉案件。除本条第 4 款规定的情节外，该类刑事案只能因刑事被害人及其法定代理人的告诉而提起，并可因刑事被害人与刑事被告人的和解而终止。在法庭进入评议室作出刑事案判决之前，刑事和解可以随时进行。

（注：本款规定依据俄罗斯联邦联邦法 2002 年 5 月 29 日第 58 号联邦法令颁布适用；依据俄罗斯联邦联邦法 2007 年 4 月 12 日第 47 号联邦法令于 2007 年 4 月 28 日补充适用；依据俄罗斯联邦联邦法 2011 年 12 月 7 日第 420 号联邦法令于 2011 年 12 月 8 日颁布适用；依据俄罗斯联邦联邦法 2012 年 7 月 28 日第 141 号联邦法令于 2012 年 8 月 10 日颁布适用。）

3. 可自诉可公诉类别的刑事案件，只能根据刑事被害人或者其法定代理人的告诉而提起，除本法典第 25 条规定的情节外，不得因刑事被害人同刑事被告人的和解而终止。有关下述犯罪的刑事诉讼属于可自诉可公诉的刑事案件，即《俄罗斯联邦刑事法典》第 131 条第 1 款、第 132 条第 1 款、第 137 条第 1 款、第 138 条第 1 款、第 139 条第 1 款、第 145 条、第 146 条第 1 款与第

147 条第 1 款规定犯罪，以及与《俄罗斯联邦刑事法典》第 159 条至第 159 – 6 条、第 160 条、第 165 条规定犯罪有关的刑事案件。如果这些犯罪是个体企业家为从事其自身的企业经营活动及（或者）管理本企业用于从事企业经营活动的资产而实施的。抑或这些犯罪为商业组织管理机构成员因行使组织管理职权而实施，再或者商业组织因企业经营或者其他经济活动而实施的，除相应犯罪导致注册资本（共同基金）中包含有国家或者市政机构参与的国家或者市政企业、国有企业、国有公司、商业组织的利益遭受损害，抑或犯罪客体为国家或者市政财产的，应当属于可自诉可公诉类别刑事案件。

（注：本款规定依据俄罗斯联邦联邦法 2011 年 11 月 29 日第 207 号联邦法令于 2012 年 12 月 10 日颁布适用；依据俄罗斯联邦联邦法 2013 年 11 月 2 日第 302 号联邦法令于 2013 年 11 月 14 日颁布适用。）

4. 侦查机关负责人、侦查官，以及获得检察长准予的调查官，可以提起所有与本条文第 2 款与第 3 款规定犯罪有关的刑事案件以及下述刑事案件，即在刑事被害人或者其法定代理人未予告诉的情况下，如果该犯罪是对因依附关系或者无助状况，抑或因其他缘由不能保护自身权利与法定利益的人员实施的。行为人在实施犯罪时不清楚具体状况的情形亦属于其他缘由。

（注：本款规定依据俄罗斯联邦联邦法 2007 年 4 月 12 日第 47 号联邦法令于 2007 年 4 月 28 日颁布适用；依据俄罗斯联邦联邦法 2007 年 6 月 5 日第 87 号联邦法令于 2007 年 9 月 7 日颁布适用；依据俄罗斯联邦联邦法 2008 年 12 月 2 日第 226 号联邦法令于 2008 年 12 月 16 日颁布适用。）

5. 本条第 2 款及第 3 款规定之外的刑事案件，应当认为是公诉案件。

第 21 条　刑事追诉的实行责任

1. 在公诉以及可自诉可公诉的刑事案件中，刑事追诉由检察官、侦查官与调查官以国家的名义进行。

2. 检察官、侦查官、调查机关与调查官，在每一个发现犯罪特征的情况下，都应当采取本法典规定措施，查明犯罪事件，揭露犯罪行为人或者在犯罪实施中具有过错的人员。

3. 侦查机关负责人，侦查官以及获得检察长准予的调查官，在本法典第 20 条第 4 款规定的情况下，有权不考虑刑事被害人的意愿对相关的刑事案件进行刑事追诉。

（注：本款规定依据俄罗斯联邦联邦法 2007 年 4 月 12 日第 47 号联邦法令于 2007 年 4 月 28 日颁布适用；依据俄罗斯联邦联邦法 2007 年 6 月 5 日第 87 号联邦法令于 2007 年 9 月 7 日颁布适用；依据俄罗斯联邦联邦法 2008 年 12 月 2 日第 226 号联邦法令于 2008 年 12 月 16 日颁布适用。）

4. 对于检察官、侦查机关负责人，侦查官、调查机关与调查官在本法典赋予的职权范围内所作的要求、授权与咨询，所有机关、企业、组织团体、公职人员与公民都有义务必须执行。

（注：本款规定依据俄罗斯联邦联邦法 2008 年 12 月 2 日第 226 号联邦法令于 2008 年 12 月 16 日补充适用。）

5. 刑事案件提起之后，检察官有权同犯罪嫌疑人或者刑事被告人签订审前合作协议。

（注：本款规定依据俄罗斯联邦联邦法 2009 年 6 月 29 日第 141 号联邦法令于 2009 年 7 月 14 日增补适用。）

第 22 条　刑事被害人参与刑事追诉的权利

刑事被害人、其法定代理人或者代理人，有权参与对刑事被告人进行的刑事追诉活动。而在刑事自诉案件中，则应当依据本法典规定程序提起与支持起诉。

第 23 条　根据商业组织或者其他组织的申请进行刑事追诉

如果《俄罗斯联邦刑事法典》第二十三章规定的行为，仅对非国有或者地方市政企业的商业组织或者其他组织利益造成侵害的，抑或对下述组织的利益造成侵害的，即在其注册资本（共同基金）中包含有国家或者市政机构参与的组织，且未对其他组织的利益以及公民、社会或者国家的利益造成侵害的，则相应刑事案件依据该组织负责人递交的或者经其同意递交的申请提起。致使注册资本（共同基金）中包含有国家或者市政机构参与的组织遭受利益侵害的，视为同时对国家利益或者市政机构利益造成损害。

（注：本条规定依据俄罗斯联邦联邦法 2013 年 11 月 2 日第 302 号联邦法令于 2013 年 11 月 14 日颁布适用。）

第四章　刑事案件不予提起、刑事案件 与刑事追诉应予终止的根据

（第 24 条至第 28－1 条）

第 24 条　刑事案件不予提起或者应予终止的根据

1. 遵循下述根据，刑事案件不予提起、提起的刑事案件应当终止：

（1）不存在犯罪事件；

（2）行为中不存在犯罪构成；

（3）刑事追诉的时效期限届满；

（4）犯罪嫌疑人或者刑事被告人死亡。但是，为死者恢复荣誉而必须进

行刑事诉讼的情况除外；

[说明：本条第 1 款第 4 项与本法典第 254 条第 1 项相关原则，作为鉴于犯罪嫌疑人（刑事被告人）死亡而终止刑事案件的确定性原则，除为恢复死亡者权利而必须启动刑事诉讼程序的情况外，应当认定与《俄罗斯联邦宪法》第 21 条（第 1 款）、第 23 条（第 1 款）、第 46 条（第 1 款与第 2 款）与第 49 条规定相抵触。因为在某种程度上，现行法律调整体系内的上述原则，允许在犯罪嫌疑人（刑事被告人）死亡的情况下，不需获得犯罪嫌疑人（刑事被告人）近亲属许可而终止刑事案件诉讼。——俄罗斯联邦宪法法院 2011 年 7 月 14 日第 16 号决议。]

（5）如果刑事案件应当根据刑事被害人的告诉而提起，但刑事被害人未予告诉的。但是，本法典第 20 条第 4 款规定的情形除外；

（6）对于本法典第 448 条第 1 款第 2 项与第 2 - 1 项规定中的任何人员，在法院没有对其行为是否具有犯罪特征的问题作出结论的情况下，抑或对于本法典第 448 条第 1 款第 1 项、第 3 项至第 5 项规定中的任何人员，在联邦委员会、国家杜马议会、俄罗斯联邦宪法法院、法官资格认定委员会没有就是否应当对提起刑事案件或者作为刑事被告人追诉的问题提出意见的情况下。

（注：本项规定依据俄罗斯联邦联邦法 2002 年 5 月 29 日第 58 号联邦法令颁布适用；依据俄罗斯联邦联邦法 2009 年 7 月 18 日第 176 号联邦法令于 2009 年 8 月 2 日颁布适用。）

2. 在刑事案判决产生效力之前，如果对该行为的成罪性与应受刑罚性的规定被新颁布的刑事法律所修正，则该刑事案件依据本条第 1 款第 2 项规定应予终止。

[说明：《俄罗斯联邦刑事法典》第 10 条第 1 款与本条第 2 款、《俄罗斯联邦刑事诉讼法典》第 27 条第 2 款、第 133 条第 4 款、第 212 条关联原则与《俄罗斯联邦宪法》第 19 条（第 1 款）、第 46 条（第 1 款与第 2 款）、第 55 条（第 3 款）原则相抵触。某种程度上，上述原则剥夺了相关人员，即在刑事诉讼程序的审前阶段，鉴于新刑事法律的颁布而使其被指控行为排除了成罪性与应受刑罚性，进而终止对其进行刑事追诉的，通过司法程序对调查机关与预先侦查机关在刑事追诉实行阶段针对该行为人下达的法令是否具有合法性与合理性进行申诉的可能性，其中包括对其受指控行为中的嫌疑与指控，在刑事案件办理阶段适用强制性诉讼措施的，而在确定具有非法性与不合理性的情况下，上述原则剥夺了承认其权利应予恢复的可能性。——俄罗斯联邦宪法法院 2013 年 11 月 19 日第 24 号决议。]

3. 刑事案件终止的同时，刑事追诉也相应终止。

4. 在终止对所有犯罪嫌疑人或者刑事被告人进行刑事追诉的情况下，相应的刑事案件也应当终止。但是，本法典第 27 条第 1 款第 1 项规定的情形除外。

（注：本款规定依据俄罗斯联邦联邦法 2003 年 7 月 4 日第 92 号联邦法令于 2003 年 7 月 11 日增补适用。）

第 25 条　鉴于双方和解而终止刑事案件

法院，以及获得侦查机关负责人准予的侦查官或者获得检察官准予的调查官，在《俄罗斯联邦刑事法典》第 76 条规定情况下，有权依据刑事被害人或者其法定代理人的申请，对实施轻度犯罪或者中度犯罪的犯罪嫌疑人或者刑事被告人终止刑事诉讼，如果该行为人已与刑事被害人和解并对其所造成的侵害予以赔偿。

（注：本条规定依据俄罗斯联邦联邦法 2007 年 6 月 5 日第 87 号联邦法令于 2007 年 9 月 7 日颁布适用。）

第 26 条　鉴于情势变更而终止刑事诉讼

本条规定于 2003 年 12 月 11 日丧失效力——俄罗斯联邦联邦法 2003 年 12 月 8 日第 161 号联邦法令。

第 27 条　刑事追诉终止的根据

1. 在具有下述情形之一时，应当对犯罪嫌疑人或者刑事被告人终止刑事追诉：

（1）犯罪嫌疑人或者刑事被告人未参与实施犯罪的；

（2）根据本法典第 24 条第 1 款第 1 项至第 6 项规定根据终止刑事诉讼的；

（3）鉴于大赦令颁布；

（4）具有法院或者法官针对同一指控下达的有关刑事案件终止的裁定或者裁决，该指控为针对犯罪嫌疑人或者刑事被告人已经产生法律效力的刑事案判决提起的；

（5）具有由调查机关、侦查官或者检察官对犯罪嫌疑人或者刑事被告人就同一指控下达的、未予撤销的刑事案件终止裁决，抑或拒绝提起刑事案件的裁决；

（6）本项规定依据俄罗斯联邦联邦法 2002 年 7 月 24 日第 98 号联邦法令于 2002 年 7 月 27 日丧失效力；

（7）本项规定依据俄罗斯联邦联邦法 2002 年 5 月 29 日第 58 号联邦法令丧失效力；

（注：原文本第 7 项规定自 2002 年 7 月 27 日起相应提至为本文本第 6 项规定——俄罗斯联邦联邦法 2002 年 7 月 24 日第 98 号联邦法令。）

（8）对于已经卸任的俄罗斯联邦总统，俄罗斯联邦联邦会议国家杜马议会拒绝同意剥夺其人身不受侵犯的权利，以及（或者）联邦委员会拒绝同意剥夺其人身不受侵犯的权利的。

2. 如果犯罪嫌疑人或者刑事被告人存有异议，则不得依据本法典第 24 条第 1 款第 3 项与第 6 项、第 25 条、第 28 条与第 28－1 条，以及本条文第 1 款第 3 项与第 6 项规定的原则终止刑事追诉。这种情况下，刑事案件的诉讼程序应当遵循普通程序继续进行。

（注：本款规定依据俄罗斯联邦联邦法 2002 年 5 月 29 日第 58 号联邦法令颁布适用；依据 2002 年 7 月 24 日第 98 号联邦法令于 2002 年 7 月 27 日颁布适用；依据 2003 年 12 月 8 日第 161 号联邦法令于 2003 年 12 月 11 日颁布适用，依据 2011 年 12 月 7 日第 420 号联邦法令于 2011 年 12 月 8 日颁布适用。）

［说明：《俄罗斯联邦刑事法典》第 10 条第 1 款与本条第 2 款、《俄罗斯联邦刑事诉讼法典》第 27 条第 2 款、第 133 条第 4 款、第 212 条关联原则与《俄罗斯联邦宪法》第 19 条（第 1 款）、第 46 条（第 1 款与第 2 款）、第 55 条（第 3 款）原则相抵触。某种程度上，上述原则剥夺了相关人员，在刑事诉讼程序的审前阶段，鉴于新刑事法律的颁布而使其被指控的行为排除了成罪性与应受刑罚性，进而终止对其进行刑事追诉的人员，通过司法程序对调查机关与预先侦查机关在刑事追诉实行阶段针对该行为人下达的法令是否具有合法性与合理性进行申诉的可能性，其中包括对其受指控行为中的嫌疑与指控，在刑事案件办理阶段适用强制性诉讼措施的情形，而在确定具有非法性与不合理性的情况下，上述原则剥夺了承认其权利应予恢复的可能性。——俄罗斯联邦宪法法院 2013 年 11 月 19 日第 24 号决议。］

3. 实施犯罪时未达到刑事法律规定的刑事责任年龄的人员，对其进行的刑事追诉应当依据本法典第 24 条第 1 款第 2 项规定的根据予以终止。对于虽已达到刑事责任年龄，但因罹患非精神障碍心理发育滞后而不能完全意识到自身行为（不作为）所具有的实际性质与社会危害性并实施相应行为的未成年人，在刑事法律对此予以规制的情况下，应当适用相同的根据终止刑事追诉。

4. 在本条规定的情况下，允许对犯罪嫌疑人、刑事被告人在刑事诉讼程序未完结的情况下终止刑事追诉。

第 28 条　鉴于积极悔过而终止刑事追诉

1. 法院、取得侦查机关负责人准予的侦查官或者取得检察官准予的调查官，在《俄罗斯联邦刑事法典》第 75 条第 1 款作出规定的情况下，有权对实施轻度犯罪或者中度犯罪的犯罪嫌疑人或者刑事被告人终止刑事追诉。

（注：本款规定依据俄罗斯联邦联邦法 2007 年 6 月 5 日第 87 号联邦法令于 2007 年 9 月 7 日颁布适用。）

2. 在《俄罗斯联邦刑事法典》分则相关条文专门作出规定的情况下，法院以及取得侦查机关负责人准予的侦查官与取得检察官准予的调查官，对于实施其他类别犯罪的行为人，可以在其积极悔过的情况下终止对其进行刑事追诉。

（注：本款规定依据俄罗斯联邦联邦法 2007 年 6 月 5 日第 87 号联邦法令于 2007 年 9 月 7 日颁布适用。）

3. 在刑事追诉终止之前，应当向行为人说明，依据本条第 1 款与第 2 款规定终止对其进行刑事追诉的理由，以及行为人反对终止刑事追诉的权利。

4. 如果对其进行刑事追诉的行为人反对终止刑事追诉的，则不得依据本条第 1 款规定理由终止刑事追诉。这种情况下，刑事案件的诉讼程序依据普通程序继续进行。

第 28 - 1 条　终止经济活动领域内犯罪案件的刑事追诉

1. 法院以及取得侦查机关负责人准予的侦查官，对实施《俄罗斯联邦刑事法典》第 198 条至第 199 - 1 条规定犯罪的犯罪嫌疑人或者刑事被告人，在具有本法典第 24 条与第 27 条或者《俄罗斯联邦刑事法典》第 76 - 1 条第 1 款规定理由的情况下，如果在审判庭对因其犯罪行为导致俄罗斯联邦财政体系遭受损害的问题进行裁定以前全额赔偿的，应当终止对其进行刑事追诉。

（注：本款规定依据俄罗斯联邦联邦法 2014 年 10 月 22 日第 308 号联邦法令颁布适用。）

2. 本条所指的对俄罗斯联邦预算体制所受损害予以赔偿，应当理解为依据俄罗斯联邦税收立法确定的幅度，全额支付由税务机关通过核算得出的欠款、罚款、滞纳金数额。

（注：本款规定依据俄罗斯联邦联邦法 2014 年 10 月 22 日第 308 号联邦法令颁布适用。）

3. 法院，以及取得侦查机关负责人准予的侦查官或者取得检察官准予的调查官，在具有本法典第 24 条与第 27 条规定根据，以及《俄罗斯联邦刑事法典》第 76 - 1 条第 2 款规定情节的情况下，对实施《俄罗斯联邦刑事法典》第 171 条第 1 款、第 171 - 1 条第 1 款、第 172 条第 1 款、第 176 条第 2 款、第 177 条、第 180 条第 1 款与第 2 款、第 184 条第 3 款与第 4 款、第 185 条第 1 款、第 185 - 1 条、第 185 - 2 条第 1 款、第 185 - 3 条、第 185 - 4 条第 1 款、第 193 条、第 194 条第 1 款、第 195 条至第 197 条以及第 199 - 2 条犯罪的犯罪嫌疑人与刑事被告人终止刑事追诉。

3 - 1. 法院，以及取得侦查机关负责人准予的侦查官，在具有《俄罗斯联邦刑事法典》第 76 - 1 条第 3 款规定理由的情况下，终止对实施《俄罗斯联邦刑事法典》第 193 条、第 194 条第 1 款与第 2 款、第 198 条至第 199 - 2 条犯罪的犯罪嫌疑人与刑事被告人进行刑事追诉。

（注：本款规定依据俄罗斯联邦联邦法 2015 年 6 月 8 日第 140 号联邦法令增补适用。）

3 - 2. 在侦查机关负责人不同意依据本条第 3 - 1 款规定终止刑事追诉的情况下，应当下达有关拒绝终止刑事追诉并通过判决的裁决，该裁决应附带说明理由并立即通知对其提起刑事案件的行为人。俄罗斯联邦总检察长与俄罗斯联邦总统全权代表应当保障企业经营者的辩护权。

（注：本款规定依据俄罗斯联邦联邦法 2015 年 6 月 8 日第 140 号联邦法令增补适用。）

4. 终止刑事追诉之前，应当向行为人说明依据本条第 2 款、第 3 款与第 3 - 1 款规定对其终止刑事追诉的理由，以及行为人反对终止刑事追诉的权利。

（注：本款规定依据俄罗斯联邦联邦法 2015 年 6 月 8 日第 140 号联邦法令增补适用。）

5. 如果行为人反对终止对其进行的刑事追诉，则不得根据本条第 2 款、第 3 款与第 3 - 1 款规定终止刑事追诉。这种情况下，刑事诉讼程序遵循一般程序继续进行。

（注：本款规定依据俄罗斯联邦联邦法 2015 年 6 月 8 日第 140 号联邦法令增补适用。）

（注：本条规定依据俄罗斯联邦联邦法 2009 年 12 月 29 日第 383 号联邦法令于 2010 年 1 月 1 日增补适用；依据俄罗斯联邦联邦法 2011 年 12 月 7 日第 420 号联邦法令于 2011 年 12 月 8 日颁布适用。）

第二编　刑事诉讼程序参与人

（第 29 条至第 72 条）

第六章　刑事诉讼程序的控方参与人

（第 37 条至第 45 条）

第 43 条　刑事自诉人

1. 刑事自诉人，是指依据本法典第 318 条规定的程序，就刑事案件向法院提起刑事自诉申请并在法庭上支持指控的人。

2. 刑事自诉人，享有本法典第 246 条第 4 款、第 5 款与第 6 款规定的权利。

第二卷　审前诉讼程序

（第 140 条至第 226 - 9 条）

第七编　刑事案件的提起

（第 140 条至第 149 条）

第二十章　刑事案件提起的程序

（第 146 条至第 149 条）

第 146 条　公诉刑事案件的提起

1. 在具有本法典第 140 条规定事由与根据的情况下，调查机关、调查官、侦查机关负责人或者侦查官，在本法典规定权限内提起刑事案件。有关此事项，应当下达相应决定。

（注：本款规定依据俄罗斯联邦联邦法 2003 年 7 月 4 日第 92 号联邦法令于 2003 年 7 月 11 日补充适用；依据俄罗斯联邦联邦法 2007 年 6 月 5 日第 87 号联邦法令于 2007 年 9 月 7 日颁布适用；依据俄罗斯联邦联邦法 2008 年 12 月 2 日第 226 号联邦法令于 2008 年 12 月 16 日颁布适用。）

2. 在有关提起刑事案件的裁决中应当指明：

（1）裁决下达的日期、时间与地点；

（2）下达裁决的人员；

（3）提起刑事案件的事由与根据；

（4）依据《俄罗斯联邦刑事法典》规定的某条、某款、某项提起的刑事案件。

3. 如果为确定侦查管辖权限而将刑事案件递交检察官的，则应当在有关提起刑事案件的裁决中作出相应说明。

4. 由侦查机关负责人、侦查官、调查官下达的有关提起刑事案件的裁决副本，应当立即递交给检察官。由处于长途航行的海洋与内河船舶的船长、远离调查机关所在地的地质勘探队或者越冬地的负责人、俄罗斯南极考察站或者季节性野外基地的首长，俄罗斯联邦外交代表机构与领事机构的负责人提起刑事案件的，检察官应当立即通知上述人员有关启动调查的事宜。这种情况下，一旦产生现实的可能性，应当立即将有关提起刑事案件的裁决递交给检察官。此时，如果检察官认定有关提起刑事案件的裁决是非法或者无根据的，有权在作为刑事案件提起根据的材料递交之时起不晚于 24 小时内，作出有关撤销提起该刑事案件裁决的判决。有关此事项，应当下达合理裁决，该裁决的副本应当立即送达给提起刑事案件的公务人员。侦查机关负责人、侦查官、调查官应当立即通知申请人，以及对其提起刑事案件的人员有关采取相关决定的事宜。

（注：本款规定依据俄罗斯联邦联邦法 2008 年 12 月 2 日第 226 号联邦法令于 2008 年 12 月 16 日颁布适用；依据俄罗斯联邦联邦法 2012 年 6 月 5 日第 51 号联邦法令于 2012 年 6 月 7 日颁布适用。）

5. 涉及本法典第 447 条规定人员的刑事案件，应当依据本法典第 448 条规定程序提起。

（注：本款规定依据俄罗斯联邦联邦法 2013 年 4 月 5 日第 54 号联邦法令于 2013 年 4 月 19 日颁布适用。）

第 147 条　自诉刑事案件与可自诉可公诉刑事案件的提起

1. 涉及本法典第 20 条第 3 款规定犯罪的刑事案件，只能根据刑事被害人或者其法定代理人的举报而提起：

（1）对于具体的行为人——依据本法典第 318 条第 1 款与第 2 款规定的程序进行；

（2）对于本法典第 447 条规定的人员——依据本法典第 448 条规定的程序进行。

2. 在针对相应人员提起的申请中，该人的信息是刑事被害人不知悉的，调解法官应当拒绝受理该申请，并将上述申请递交侦查机关负责人或者调查机关首长，以便处理有关刑事案件的提起问题，有关此事项，应当通知申请人员。

（注：本款规定依据俄罗斯联邦联邦法 2007 年 6 月 5 日第 87 号联邦法令于 2007 年 9 月 7 日颁布适用。）

3. 与本法典第 20 条第 3 款规定犯罪有关的刑事案件，只能依据刑事被害人或者其代理人的申请而提起。对于该刑事案件的诉讼程序，应当遵循普通程序进行。

4. 在本法典第 20 条第 4 款规定的情况下，侦查机关负责人、侦查官，以及调查官经检察官准予，可以提起任何与本法典第 20 条第 2 款与第 3 款规定犯罪有关的刑事案件，以及刑事被害人或者其法定代理人没有提起告诉的案件。

（注：本款规定依据俄罗斯联邦联邦法 2007 年 6 月 5 日第 87 号联邦法令于 2007 年 9 月 7 日颁布适用；依据俄罗斯联邦联邦法 2008 年 12 月 2 日第 226 号联邦法令于 2008 年 12 月 16 日颁布适用。）

（注：本条规定依据俄罗斯联邦联邦法 2007 年 4 月 12 日第 47 号联邦法令

于 2007 年 4 月 28 日颁布适用。）

第 148 条　拒绝提起刑事案件

1. 在不具有刑事案件提起根据的前提下，侦查机关负责人、侦查官、调查机关或者调查官应当作出拒绝提起刑事案件的裁决。拒绝依据本法典第 24 条第 1 款第 2 项规定的理由提起刑事案件的情况，仅允许针对于具体的行为人。

（注：本款规定依据俄罗斯联邦联邦法 2003 年 7 月 4 日第 92 号联邦法令于 2003 年 7 月 11 日补充适用；依据俄罗斯联邦联邦法 2007 年 6 月 5 日第 87 号联邦法令于 2007 年 9 月 7 日颁布适用；依据俄罗斯联邦联邦法 2008 年 12 月 2 日第 226 号联邦法令于 2008 年 12 月 16 日颁布适用。）

1－1. 有关拒绝提起刑事案件的判决，以本法典第 37 条第 2 款第 2 项规定为基础，鉴于检察官有关将相应的刑事案件材料递交预先侦查机关以便根据检察官查明的刑事立法违反事实处理有关刑事追诉问题的合理裁决作出的，仅在侦查机关负责人准予的情况下可以通过。

（注：本款规定依据俄罗斯联邦联邦法 2010 年 12 月 28 日第 404 号联邦法令于 2011 年 1 月 15 日增补适用。）

2. 侦查机关负责人、侦查官、调查机关，在对有关一个或者多个具体行为人涉嫌实施犯罪的情节提起的犯罪举报进行审核后，根据审核结果作出有关拒绝提起刑事案件的裁决时，应当审理有关对进行虚假犯罪举报或者散布虚假犯罪举报的人员如何提起刑事案件的问题。

（注：本款规定依据俄罗斯联邦联邦法 2007 年 6 月 5 日第 87 号联邦法令于 2007 年 9 月 7 日颁布适用；依据俄罗斯联邦联邦法 2008 年 12 月 2 日第 226 号联邦法令于 2008 年 12 月 16 日补充适用。）

3. 对大众信息媒体报道的犯罪进行审查后，就其审查结果拒绝提起刑事案件的，该信息应当公布于众。

4. 有关拒绝提起刑事案件裁决的副本，应当自下达之时起 24 小时内递交申请人与检察官。同时应当向申请人说明有权对该决定提出申诉以及相应的申诉程序。

5. 对拒绝提起刑事案件的裁决，可以依据本法典第 124 条与第 125 条规定的程序向检察官、侦查机关负责人或者法院提起申诉。

（注：本款规定依据俄罗斯联邦联邦法 2007 年 6 月 5 日第 87 号联邦法令于 2007 年 9 月 7 日补充适用。）

6. 在认定调查机关、调查官有关拒绝提起刑事案件的裁决为非法或者无根据的情况下，检察官应予撤销，并向调查机关首长下达附带其指令的裁决，并应当明确该指令的执行期限。在认定侦查机关负责人、侦查官有关拒绝提起刑事案件的裁决为非法或者无根据的情况下，检察官在收到犯罪举报审核材料之时起 5 日内，撤销相关拒绝提起刑事案件的裁决，有关于此应当作出合理裁决，其中指明应当进行补充侦查的具体情节，连同上述材料立即递交侦查机关负责人。应当认定侦查机关负责人、侦查官拒绝提起刑事案件的裁决为非法或者无根据的判决时，相应侦查机关负责人或者撤销该裁决，或者提起刑事案件，或者附带相应指令递交材料以便核查，并应明确该指令的执行期限。

（注：本款规定依据俄罗斯联邦联邦法 2010 年 12 月 28 日第 404 号联邦法令于 2011 年 1 月 15 日颁布适用。）

7. 在认定有关拒绝提起刑事案件的裁决为非法或者无根据的判决时，法官作出相应裁决，并将裁决送达侦查机关负责人或者调查机关首长以便付诸执行，有关此事项，应当通知相应的申请人。

（注：本款规定依据俄罗斯联邦联邦法 2007 年 6 月 5 日第 87 号联邦法令于 2007 年 9 月 7 日颁布适用。）

第 149 条　刑事案件的递交

依据本法典第 146 条规定程序作出有关提起刑事案件的裁决后：

（1）本项规定于 2007 年 9 月 7 日丧失效力——俄罗斯联邦联邦法 2007 年 6 月 5 日第 87 号联邦法令；

（2）侦查官着手进行预先侦查；

（3）调查机关负责实施紧急侦查行为并将刑事案件递交侦查机关负责人。对于本法典第 150 条第 3 款规定的刑事案件，负责进行调查。

（注：本项规定依据俄罗斯联邦联邦法 2007 年 6 月 5 日第 87 号联邦法令于 2007 年 9 月 7 日颁布适用。）

第八编　预先审查

（第 150 条至第 226 – 9 条）

第二十九章　刑事案件的终止

（第 212 条至第 214 条）

第 212 条　刑事案件与刑事追诉终止的根据

1. 在具有本法典第 24 条至第 28 – 1 条规定的根据时，刑事案件与刑事追诉应予终止。

（注：本款规定依据俄罗斯联邦联邦法 2009 年 12 月 29 日第 383 号联邦法

令于 2010 年 1 月 1 日颁布适用。)

2. 在依据本法典第 24 条第 1 款第 1 项与第 2 项以及第 27 条第 1 款第 1 项的规定终止刑事案件时,侦查官或者检察官应当采取本法典第十八章规定的措施为当事人恢复荣誉。

(注:本款规定依据俄罗斯联邦联邦法 2002 年 5 月 29 日第 58 号联邦法令颁布适用。)

[说明:《俄罗斯联邦刑事法典》第 10 条第 1 款与《俄罗斯联邦刑事诉讼法典》第 24 条第 2 款、第 27 条第 2 款、第 133 条第 4 款以及第本条规定中相互关联的原则,应当认定与《俄罗斯联邦宪法》第 19 条(第 1 款)、第 46 条(第 1 款与第 2 款)、第 55 条(第 3 款)规定原则相抵触。某种程度上,上述原则剥夺了相关人员,即在刑事诉讼程序的审前阶段,鉴于新刑事法律的颁布而使其被指控的行为排除了成罪性与应受刑罚性,进而终止对其进行刑事追诉的人员,通过司法程序对调查机关与预先侦查机关在刑事追诉实行阶段针对该行为人下达的法令是否具有合法性与合理性进行申诉的可能性,其中包括对其受指控行为中的嫌疑与指控,在刑事案件办理阶段适用强制性诉讼措施的情形,而在确定具有非法性与不合理性的情况下,上述原则剥夺了承认其权利应予恢复的可能性,——俄罗斯联邦宪法法院 2013 年 11 月 19 日第 24 号决议。]

第 213 条 刑事案件与刑事追诉终止的裁决

1. 刑事案件根据侦查官的裁决予以终止,相关的裁决副本应当递交检察官。

2. 在刑事案件终止裁决中应当指明:

(1)下达裁决的日期与地点;

(2)下达裁决者的职务、姓名缩写的首字母;

(3)作为刑事案件提起理由与根据的情节;

(4)《俄罗斯联邦刑事法典》中规定的犯罪,据其特征提起刑事案件的相应条、款、项;

(5)预先侦查的结果,附带指明有关对其进行刑事追诉的行为人信息;

(6)曾经适用的强制性处罚措施;

(7)本法典据以终止刑事案件与(或者)刑事追诉所依据的条、款、项;

(8)关于撤销强制性处罚措施以及扣押财产、邮政信函、暂停职务、谈话监听与录音等事项的判决;

(9)有关物证的判决;

(10)对该裁决进行申诉的程序。

3. 当依据本法典规定只有经刑事被告人或者刑事被害人本人许可才允许

终止刑事案件时，应当在裁决中对具有相应许可的事实予以反映。

4. 侦查官应当将相应刑事案件终止裁决的副本递交或者递送给被终止刑事追诉的行为人、刑事被害人、刑事附带民事诉讼请求原告人与刑事附带民事诉讼请求被告人。这种情况下，如果刑事案件依据本法典第 24 条第 1 款第 2 项至第 6 项、第 25 条、第 27 条第 1 款第 2 项至第 6 项与第 28 条终止的，则应当向刑事被害人、刑事附带民事诉讼请求原告人说明他们有权依据刑事附带民事诉讼请求程序提起刑事附带民事诉讼请求。

（注：本款规定依据俄罗斯联邦联邦法 2002 年 5 月 29 日第 58 号联邦法令颁布适用；依据俄罗斯联邦联邦法 2002 年 7 月 24 日第 98 号联邦法令于 2002 年 7 月 27 日颁布适用；依据俄罗斯联邦联邦法 2003 年 12 月 8 日第 161 号联邦法令于 2003 年 12 月 11 日颁布适用。）

涉及《俄罗斯联邦刑事法典》第 198 条至第 199 - 1 条规定犯罪的刑事案件，侦查官应当向税务机关递交有关刑事案件终止裁决的副本，移送有关依据《俄罗斯联邦税务法典》第 32 条第 3 项规定提起刑事案件决定的材料。

（注：本段规定依据俄罗斯联邦联邦法 2009 年 12 月 29 日第 383 号联邦法令于 2010 年 1 月 1 日增补适用。）

5. 如果终止刑事追诉的根据并不涉及该案所有犯罪嫌疑人或者刑事被告人，则侦查官应当依据本法典第 27 条规定下达有关对具体人员终止刑事追诉的裁决。这种情况下，刑事案件的诉讼应继续进行。

第 214 条　有关刑事案件或者刑事追诉终止裁决的撤销

1. 检察官认定侦查机关负责人或者侦查官有关刑事案件或者刑事追诉终止裁决（不包括刑事自诉案件）为非法或者无根据的判决时，应当在收取相应刑事案件材料之时起不晚于 14 日内撤销该裁决并恢复刑事案件。并应就此下达说理充分的裁决，附带指明应当进行补充侦查的具体情节，随附刑事案件材料立即递交侦查机关负责人。有关终止刑事自诉案件的裁决，检察官仅在利害关系人提出请求的情况下予以撤销。认定调查官有关刑事案件或者刑事追诉终止裁决为非法或者无根据的判决时，检察官应当将其撤销并恢复刑事案件的诉讼程序。认定侦查官有关刑事案件或者刑事追诉终止裁决为非法或者无根据的判决时，侦查机关负责人应当将其撤销并恢复刑事案件诉讼的程序。

（注：本款规定依据俄罗斯联邦联邦法 2010 年 12 月 28 日第 404 号联邦法令于 2011 年 1 月 15 日颁布适用。）

2. 如果法院认定侦查机关负责人、侦查官有关刑事案件或者刑事追诉终止裁决为非法或者无根据的判决，则应当依据本法典第 125 条与第 125 - 1 条规定程序下达判决，并将其递交侦查机关负责人以便执行。如果法院认定检察官、调查官有关刑事案件或者刑事追诉终止裁决为非法或者无根据的判决，则应当依据本法典第 125 条与第 125－1 条的规定下达相应判决，并将其递交检察官以便执行。

（注：本款规定依据俄罗斯联邦联邦法 2015 年 3 月 8 日第 36 号联邦法令于 2015 年 3 月 20 日颁布适用。）

3. 如果对该行为人进行刑事责任追究的时效期限尚未届满，依据本法典第 413 条与第 414 条规定恢复此前终止的刑事案件诉讼程序。

（注：本款规定依据俄罗斯联邦联邦法 2003 年 7 月 4 日第 92 号联邦法令于 2003 年 7 月 11 日颁布适用。）

4. 有关恢复刑事案件诉讼程序的决定，应当通知本法典第 211 条第 3 款规定所列的人员。

第三十章　向检察官递交刑事案件
并附带起诉意见书

（第 215 条至第 220 条）

第 215 条　预先侦查完结后制作起诉意见书

1. 在确定刑事案件的所有侦查行为均已实施，且已收集到的证据足以制作起诉意见书的情况下，侦查官应当将此情况通知刑事被告人，并向其说明本法典第 217 条对其规定享有亲自或者通过辩护人、法定代理人帮助对刑事案件全部材料进行阅卷的权利，有关此事项，应当依据本法典第 166 条与第 167 条规定制作笔录。

2. 如果刑事被告人的辩护人、法定代理人参与刑事案件的诉讼程序，则侦查官应当将侦查行为已经完结的事宜通知上述人员，还应当通知刑事被害人、刑事附带民事诉讼请求原告人、刑事附带民事诉讼请求被告人及其代理人。

3. 如果刑事被告人的辩护人、法定代理人或者刑事被害人、刑事附带民事诉讼请求原告人、刑事附带民事诉讼请求被告人的代理人因正当原因不能在指定时间到案了解刑事案件材料的，则侦查官应当将刑事案件材料的阅卷时间推迟，推迟期限不得超过 5 日。

4. 如果刑事被告人选择的辩护人不能到案进行刑事案件材料阅卷的，侦查官有权在 5 日期限届满后建议刑事被告人另行选择辩护人，或者在刑事被告人提出申请时采取措施让其他辩护人到案阅卷。如果刑事被告人拒绝所指定的辩护人，则侦查官应当在辩护人参与的情况下将刑事案件材料递交刑事被告人阅卷。但是，依据本法典第 51 条规定，辩护人必须参与刑事案件的情形除外。

5. 未被拘留的刑事被告人，如果没有正当理由不到案对刑事案件材料进行阅卷的，则侦查官自宣布侦查行为完结之日起或者自本条第 2 款所列其他刑事诉讼参与人对刑事案件材料进行阅卷之日起满 5 日后，制作起诉意见书，并将刑事案件材料递交检察官。

（注：本款规定依据俄罗斯联邦联邦法 2009 年 4 月 28 日第 65 号联邦法令于 2009 年 5 月 16 日颁布适用。）

第 216 条　刑事被害人、刑事附带民事诉讼请求原告人、刑事附带民事诉讼请求被告人或者其代理人对刑事案件材料进行阅卷

1. 根据刑事被害人、刑事附带民事诉讼请求原告人、刑事附带民事诉讼请求被告人及其代理人的申请，侦查官应当让上述人员对刑事案件的全部或者部分材料进行阅卷。但是，本法典第 317-4 条第 2 款规定的文件除外。刑事附带民事诉讼请求原告人、刑事附带民事诉讼请求被告人或者其代理人可以对刑事案件中与附带民事诉讼请求有关的部分材料进行阅卷。

（注：本款规定依据俄罗斯联邦联邦法 2009 年 6 月 29 日第 141 号联邦法令于 2009 年 7 月 14 日补充适用。）

2. 应当依据本法典第 217 条与第 218 条规定程序对刑事案件材料进行阅卷。

第 217 条　刑事被告人及其辩护人对刑事案件材料进行阅卷

1. 在执行本法典第 216 条规定要求之后，侦查官应当向刑事被告人及其辩护人提供装订编号的刑事案件材料。但是，本法典第 166 条第 9 款规定的情形除外。为便于进行刑事案件阅卷，物证也应当提供，根据刑事被告人或者其辩护人请求，应当提供照片、录音或者录像资料、录影胶片以及其他侦查行为笔录的随附材料。在不能提交物证的情况下，侦查官应当对此下达有关裁决。根据刑事被告人及其辩护人的申请，侦查官应当分别向其提供对刑事案件材料进行阅卷的机会。如果在刑事案件诉讼阶段分别有数名刑事被告人参与，则对上述刑事被告人及其辩护人提供刑事案件材料阅卷的顺序由侦查官确定。

（注：本款规定依据俄罗斯联邦联邦法 2003 年 7 月 4 日第 92 号联邦法令于 2003 年 7 月 11 日补充适用。）

2. 在对多卷宗的刑事案件材料进行阅卷时，刑事被告人及其辩护人有权多次翻阅刑事案件卷宗中的任何卷宗，有权摘抄任何部分的任何信息，复制文件副本，其中包括借助技术手段进行复制。从刑事案件中复制的证件副本或者摘抄，包含有构成国家机密或者其他受联邦性法律保护的，应当将其保存在刑事案件卷宗内，在法庭审理阶段提供给刑事被告人及其辩护人。

3. 刑事被告人及其辩护人不得限制对刑事案件材料进行阅卷的必要时间。如果参与刑事案件材料阅卷的刑事被告人及其辩护人，故意拖延阅卷时间，则应当以本法典第 125 条规定程序下达的法院判决为基础，规定明确的刑事案件材料阅卷期限。如果刑事被告人及其辩护人没有正当理由，不在法院规定期限内对刑事案件材料进行阅卷的，侦查官有权下达有关结束该诉讼行为的决定，就此应当下达相应裁决，并在刑事被告人及其辩护人的刑事案件材料阅卷笔录中作相应记载。

（注：本款规定依据俄罗斯联邦联邦法 2003 年 7 月 4 日第 92 号联邦法令于 2003 年 7 月 11 日颁布适用；依据俄罗斯联邦联邦法 2009 年 4 月 28 日第 65 号联邦法令于 2009 年 5 月 16 日颁布适用。）

4. 刑事被告人及其辩护人在结束对刑事案件材料的阅卷时，侦查官应当查明，上述人员具有何种申请或者其他声明。这种情况下，应当向刑事被告人及其代理人申明，哪些证人、鉴定人、专家应当传唤到审判庭以便询问及确证辩护方的论点。

5. 侦查官应当向刑事被告人说明其有递交下述申请的权利：

（1）有关陪审团参与法庭刑事案件审理的申请——在本法典第 31 条第 3 款第 1 项规定情况下。这种情况下，侦查官应当说明由该法庭进行刑事案件审理的特点，法庭审理中刑事被告人所应享有的权利及对法院判决提起申诉的程序。如果一名或者数名刑事被告人拒绝由陪审团组成的法庭进行案件审理的，则侦查官应当处理对上述刑事被告人分别立案单独审理的问题。在不能分别立案单独审理的情况下，该刑事案件完全由陪审法庭审理。

（1-1）有关由 3 名联邦普通司法管辖权法院法官组成合议庭审理刑事案件的申请——在本法典第 30 条第 2 款第 3 项规定情况下。

（注：本项规定依据俄罗斯联邦联邦法 2003 年 7 月 4 日第 92 号联邦法令于 2003 年 7 月 11 日增补适用。）

（2）有关适用特别法庭审理程序的申请——在本法典第 314 条规定情况下。

（3）有关举行审前听证的申请——在本法典第 229 条规定情况下。

第 218 条　刑事案件阅卷笔录

1. 在刑事被告人及其辩护人结束对刑事案件材料的阅卷时，侦查官应当根据本法典第 166 条与第 167 条规定制作笔录。在笔录中应当指明刑事案件材料阅卷的开始时间以及阅卷结束时间，提出的申请以及其他声明。

2. 笔录中应当记载，已对刑事被告人说明其享有本法典第 217 条第 5 款规定的权利，并应反映刑事被告人对行使该权利或者放弃该权利的意愿。

第 219 条　对申请的处理

1. 在任何刑事案件诉讼程序参与人提起的申请被受理的情况下，侦查官应当补充刑事案件材料，此行为并不阻碍其他刑事案件参与人对刑事案件材料进行阅卷。

2. 在补充性侦查行为结束时，侦查官应当将相关情况通知本法典第 216 条第 1 款与第 217 条第 1 款指定人员，并向其提供对刑事案件补充材料进行阅卷的可能。

3. 提交的申请被完全驳回或者部分驳回不予受理的，侦查官应当就此下达裁决并将该裁决通知相应申请人。与此同时，应当对其讲明对该裁决进行申诉的程序。

4. 在本法典第 314 条规定情况下，如果刑事被告人递交有关申请适用法庭审理特别程序的，侦查官应当通知刑事被害人有关申请递交的事宜，并向其说明在刑事案件递交法庭之后享有向法院递交反对意见的权利。

（注：本款规定依据俄罗斯联邦联邦法 2013 年 12 月 28 日第 432 号联邦法令于 2014 年 1 月 10 日增补适用。）

第 220 条　起诉意见书

1. 在起诉意见书中，侦查官应当指明下述内容：

（1）一名刑事被告人或者多名刑事被告人的姓氏、名字与父称；

（2）有关每一刑事被告人人身特性的材料；

（3）指控的实质，犯罪的实施地点与时间，犯罪的实施方式、动机、目的、后果以及其他对该刑事案件具有意义的情节；

（4）对递交的指控所作的相应表述，附带指明《俄罗斯联邦刑事法典》对该种犯罪的刑事责任加以规定的条、款与项；

（5）支持指控的证据清单，以及对其内容的简短概述；

（注：本项规定依据俄罗斯联邦联邦法 2010 年 3 月 9 日第 19 号联邦法令于 2010 年 3 月 23 日颁布适用。）

（6）辩护方援引的证据清单，以及对其内容的简短概述；

（注：本项规定依据俄罗斯联邦联邦法 2010 年 3 月 9 日第 19 号联邦法令于 2010 年 3 月 23 日颁布适用。）

（7）减轻与加重刑罚的情节；

（8）有关刑事被害人的材料，以及与犯罪对其所致损害的性质与程度相关的材料；

（9）有关刑事附带民事诉讼请求原告人与刑事附带民事诉讼请求被告人的材料；

（注：本项规定依据俄罗斯联邦联邦法 2002 年 5 月 29 日第 58 号联邦法令增补适用。）

2. 起诉意见书应当包括对刑事案件某卷某页所作的援引。

3. 起诉意见书应当由侦查官签字确认，并应当说明其制作的地点与日期。

4. 起诉意见书中应当附有接受传唤出席审判庭的控辩双方人员名单，并应说明其住所地与所在地。

5. 起诉意见书中应当随附有关侦查期限、选择指明拘留与监视居住期限的强制性处罚措施、物证、刑事附带民事诉讼请求、为保障罚金类刑罚执行、保障刑事附带民事诉讼请求与可能收缴财产而采取的保全措施、诉讼费用等材料的证明，在刑事被告人、刑事被害人有被扶养者的情况下，应当随附为保障其权利而适用措施的证明。在证明中应当指明刑事案件的相应页码。

（注：本项规定依据俄罗斯联邦联邦法 2015 年 3 月 8 日第 40 号联邦法令于 2015 年 3 月 20 日颁布适用。）

6. 侦查官在起诉意见书上签字确认后，经侦查机关负责人准予，刑事案件应当立即递交检察官。在本法典第 18 条规定的情形下，侦查官应当保障对起诉意见书进行翻译。

（注：本款规定依据俄罗斯联邦联邦法 2008 年 12 月 2 日第 226 号联邦法令于 2008 年 12 月 16 日补充适用。）

第三十一章　检察官就附带起诉意见书送达的刑事案件所应采取的行动与判决

（第 221 条至第 222 条）

第 221 条　检察官就刑事案件下达的判决

1. 检察长对侦查官递交的附带起诉意见书的刑事案件进行审查，并在 10 日内对其作出下述判决之一：

（1）有关批准起诉意见书并将刑事案件移交法院的判决；

（2）有关将刑事案件退回侦查官进行补充侦查、变更起诉范围或者刑事被告人行为认定范围、抑或者重新制作起诉意见书，排除书面指令中问题的判决；

（3）有关将刑事案件递交上级检察官以便批准起诉意见书的判决，如果该案归属上级法院管辖。

1-1. 在刑事案件案情复杂或者工作繁重的情况下，针对本条第 1 款规定期限，检察官可递交合理的申请由上级检察官延长至 30 日。

（注：本款规定依据俄罗斯联邦联邦法 2010 年 12 月 28 日第 404 号联邦法令于 2011 年 1 月 15 日增补适用。）

2. 如果确定侦查官违反本法典第 109 条第 5 款的规定，刑事被告人被拘留的最高期限届满时，检察官应当撤销该强制性处罚措施。

2－1. 如果在将刑事案件递交法院时确定监视居住的期限或者拘留期限无法满足执行本法典第 227 条第 3 款规定要求，检察官可以在具有根据的情况下，向法院提起申请要求延长监视居住的期限或者拘留期限。

（注：本款规定依据俄罗斯联邦联邦法 2012 年 6 月 5 日第 53 号联邦法令于 2012 年 6 月 18 日增补适用。）

3. 在本条文第 1 款第 2 项与第 3 项规定的情况下，检察官应当下达说理充分的裁决。

4. 检察官下达的有关将刑事案件发回侦查官的裁决，在侦查机关负责人准予的情况下，可以在递交上级检察官之时起 72 小时内提起申诉。在未获得其同意的情况下，经俄罗斯联邦侦查委员会主席，抑或相应联邦权力执行机关侦查部门负责人（隶属于联邦权力执行机关的）的同意，递交俄罗斯联邦总检察长。上级检察官自相应材料送达之时起 10 日内下达下述裁决：

（注：本段规定依据俄罗斯联邦联邦法 2010 年 12 月 28 日第 404 号联邦法令于 2011 年 1 月 15 日颁布适用。）

（1）驳回侦查官申请不予受理；

（2）撤销下一级检察官裁决。这种情况下，上级检察官应当批准起诉意见书并将刑事案件移交法院。

5. 对本条第 1 款第 2 项规定的检察官判决提起申诉的，应当根据本条第 4 款规定程序进行，并应暂缓其执行。

（注：本条规定依据俄罗斯联邦联邦法 2007 年 6 月 5 日第 87 号联邦法令于 2007 年 9 月 7 日颁布适用。）

第 222 条　向法院递交刑事案件

1. 检察长批准起诉意见书之后，应当将刑事案件递交法院，并将有关事项通知刑事被告人、其辩护人、刑事被害人、刑事附带民事诉讼请求原告人、刑事附带民事诉讼请求被告人及（或者）其代理人，向被通知人说明享有根据本法典第十五章规定程序递交申请进行审前听证的权利。

2. 检察官应当将起诉意见书及其附件的副本交予刑事被告人。如果辩护人与刑事被害人就此提出申请的，则起诉意见书副本也应当交予辩护人与刑事被害人。

3. 如果刑事被告人被拘留，起诉意见书及其附件的副本根据检察官的委托由拘留地行政管理部门交予刑事被告人签收，签收凭据应当标明交予时间与日期并递交法院。

4. 如果刑事被告人拒绝收取起诉意见书副本，抑或者不接受传唤或者以其他方式逃避收取起诉意见书副本的，则检察官应当将刑事案件递交法院，并说明起诉意见书副本未能交予刑事被告人的原因。

（注：本条规定依据俄罗斯联邦联邦法 2003 年 7 月 4 日第 92 号联邦法令于 2003 年 7 月 11 日颁布适用。）

第三十二章 调 查
（第 223 条至第 226 条）

第 223 条 调查的程序与期限

1. 以调查形式进行的预先审查，应当根据本法典第二十一章、第二十二章与第二十四章至第二十九章规定的程序进行，除本章规定的特殊情况之外。

2. 调查针对于本法典第 150 条第 3 款规定的刑事案件。

（注：本款规定依据俄罗斯联邦联邦法 2007 年 6 月 6 日第 90 号联邦法令于 2007 年 6 月 9 日颁布适用。）

3. 调查自刑事案件提起之日起 30 日内进行。在必要的情况下，该期限可由检察官延长 30 日。

（注：本款规定依据俄罗斯联邦联邦法 2007 年 6 月 6 日第 90 号联邦法令于 2007 年 6 月 9 日颁布适用。）

3 – 1. 暂时中止的调查，可以在本法典第 211 条规定的情况下根据检察官或者调查机关首长的裁决恢复。

（注：本款规定依据俄罗斯联邦联邦法 2007 年 7 月 24 日第 214 号联邦法令于 2007 年 9 月 7 日增补适用。）

3 – 2. 在确定暂时中止刑事案件调查的裁决为非法或者无根据的判决时，检察官应当自收取刑事案件材料之时起 5 日内将其撤销，就此应当下达说理充分的裁决，附带指明应当查明的具体情节，随同刑事案件材料立即递交调查机关首长。与此同时，在调查期限届满的情况下，检察官确定补充调查的期限，该期限不超过 10 日。其后调查期限的延长依据本条第 3 款、第 4 款与第 5 款规定程序，遵循一般原则进行。

（注：本款规定依据俄罗斯联邦联邦法 2014 年 12 月 31 日第 520 号联邦法令于 2015 年 1 月 11 日增补适用。）

3 – 3. 在确定暂时中止刑事案件调查的裁决无根据时，调查机关首长应当下达说理充分的裁决将其撤销并恢复调查程序。在产生本法典第 211 条第 1 款第 1 项与第 2 项规定的根据时，下达恢复调查的裁决。在必要的情况下，补充调查的期限由检察官根据调查机关首长的申请确定，该期限不超过 10 日。其后调查期限的延长依据本条第 3 款、第 4 款与第 5 款的规定，遵循一般原则进行。

（注：本款规定依据俄罗斯联邦联邦法 2014 年 12 月 31 日第 520 号联邦法令于 2015 年 1 月 11 日增补适用。）

4. 在必要的情况下，包括涉及司法鉴定实施的情况时，本条第 3 款规定的调查期限可由区辖检察官、市辖检察官、同级别军事检察官及其副职延长至 6 个月。

（注：本款规定依据俄罗斯联邦联邦法 2007 年 6 月 6 日第 90 号联邦法令于 2007 年 6 月 9 日增补适用。）

5. 在例外情况下，涉及执行根据本法典第 453 条规定程序递交的司法协助请求时，调查期限可以由俄罗斯联邦各主体检察长及同级别军事检察长延长至 12 个月。

（注：本款规定依据俄罗斯联邦联邦法 2007 年 6 月 6 日第 90 号联邦法令于 2007 年 6 月 9 日增补适用。）

6. 对俄罗斯联邦侦查委员会经办的刑事案件，恢复该案中止的调查，抑或延长调查期限的事宜，由俄罗斯联邦侦查委员会侦查机关相应负责人依据本条第 3 – 5 条规定的程序进行。

（注：本款规定依据俄罗斯联邦联邦法 2010 年 12 月 28 日第 404 号联邦法令于 2011 年 1 月 15 日增补适用。）

（注：本条规定依据俄罗斯联邦联邦法 2002 年 5 月 29 日第 58 号联邦法令颁布适用。）

第 223 – 1 条　有关涉嫌实施犯罪的通知

1. 如果刑事案件根据犯罪实施的事实被提起，且在调查阶段取得足够的资料，据此有理由怀疑行为人实施犯罪的，调查官应当制作有关涉嫌实施犯罪的书面通知，其副本应当交付犯罪嫌疑人并向其申明本法典第 46 条规定的犯罪嫌疑人权利，就此应当制作有关记载通知副本交付的笔录。自涉嫌实施犯罪的通知交予犯罪嫌疑人之时起 3 日内，调查官应当对犯罪嫌疑人就涉嫌的实质进行讯问。

2. 在涉嫌实施犯罪的通知中应当指明下述内容：

（1）通知制作的时间与地点；

（2）制作者姓氏与名字的首个字母；

（3）犯罪嫌疑人的姓氏、名字与父称，其出生日期、月份、年份与出生地；

（4）对犯罪的记述，其中应当指明犯罪实施地点、时间以及其他根据本法典第 73 条第 1 款第 1 项至第 4 项规定应予以证明的情节；

（5）《俄罗斯联邦刑事法典》对该种犯罪规定有刑事责任的条、款、项。

3. 在具有相关资料的情况下，据此有理由怀疑行为人实施多个《俄罗斯联邦刑事法典》各条文、条款以及各项规定所确定的犯罪时，在涉嫌实施犯罪的通知中应当指明，该行为人实施了哪些行为根据这些刑事法律规范条文中的相关规定而涉嫌犯罪。

4. 在确定一起刑事案件具有数名犯罪嫌疑人的时候，关于涉嫌实施犯罪的通知应当交付给其中每一个人。

5. 有关行为人涉嫌实施犯罪的通知副本应当递交检察官。

（注：本条规定依据俄罗斯联邦联邦法 2007 年 6 月 6 日第 90 号联邦法令于 2007 年 6 月 9 日增补适用。）

第 223 - 2 条　调查官小组进行调查

1. 刑事案件的调查程序在案情复杂或者范围很大的情况下，可以委托调查官小组进行。有关此事项，应当下达单独的裁决或者在刑事案件提起裁决中指明。

2. 有关由调查官小组进行调查的决定，调查小组成员组成变更的决定由调查机关首长下达。在相应裁决中应当列明所有接受委托进行调查的调查官，其中包括指明哪位调查官被指派担任调查官小组负责人。侦缉活动机关的公职人员可以介入调查官小组的工作。调查官小组的成员组成情况应当向犯罪嫌疑人、刑事被告人说明。

3. 调查官小组的负责人受理刑事案件，组织调查官小组的工作，领导其他调查官的行动，制作起诉书。

4. 调查官小组负责人可以作出下述决定：

（1）依据本法典第 153 条至第 155 条的规定，拆分刑事案件另案处理；

（2）终止全部或者部分刑事案件；

（3）中止或者恢复刑事案件的诉讼程序；

（4）下达有关涉嫌实施犯罪的书面通知；

（5）将行为人作为刑事被告人追诉以及对其提起指控的范围；

（6）将刑事被告人送往提供住院条件的医疗救助机构或者精神障碍疾病医疗机构以便进行相应的司法医学鉴定或者精神障碍司法医学鉴定。但是，本法典第 29 条第 2 款第 3 项规定的情况除外；

（注：本项规定依据俄罗斯联邦联邦法 2013 年 11 月 25 日第 317 号联邦法令颁布适用。）

（7）向检察官递交延长调查期限的申请；

（8）经检察官准予向法院递交有关选择强制性处罚措施的申请，以及实施本法典第 29 条第 2 款规定的侦查行为或者其他诉讼行为的申请；

5. 调查官小组负责人与成员有权参与其他调查官实施的侦查行为，有权独自实施侦查行为，有权依据本法典规定程序对刑事案件下达判决。

（注：本条规定依据俄罗斯联邦联邦法 2010 年 7 月 23 日第 172 号联邦法令于 2010 年 7 月 27 日增补适用。）

第 224 条　选择监禁作为强制性处罚措施的特点

1. 对涉嫌实施犯罪的人员，经检察官准予，调查官有权向法院提起申请，要求根据本法典第 108 条规定程序选择监禁作为强制性处罚措施。

2. 如果对犯罪嫌疑人已经选择监禁类别的强制性处罚措施，则自犯罪嫌疑人被监禁之日起不晚于 10 日内应当制作起诉书。

3. 在本条第 2 款规定期限内不能制作起诉书时，应当根据本法典第二十三章规定程序对犯罪嫌疑人提出指控，之后依据本章规定程序继续进行侦查，抑或撤销该强制性处罚措施。

（注：本款规定依据俄罗斯联邦联邦法 2007 年 6 月 6 日第 90 号联邦法令于 2007 年 6 月 9 日补充适用。）

4. 在 30 日内不能结束调查且缺少理由变更或者撤销监禁类别的强制性处罚措施时，该期限可由区法院或者相同级别军事法院法官依据本法典第 108 条第 3 款规定的程序予以延长，依据调查官经区辖、市辖检察官或者相同级别军事检察官准予后递交的申请可以延长至 6 个月。

（注：本款规定依据俄罗斯联邦联邦法 2007 年 7 月 24 日第 214 号联邦法令于 2007 年 9 月 7 日增补适用。）

第 225 条　起诉书

1. 调查结束时，调查官应当制作起诉书，其中应当包括下述内容：

（1）起诉书制作的日期与地点；

（2）起诉书制作者的职务、姓氏与名字的首写字母；

（3）被追究刑事责任者的材料；

（4）犯罪实施的地点与时间，实施方式、动机、目的、后果以及其他对刑事案件具有意义的情节；

（5）对相应指控的记述，并应指明《俄罗斯联邦刑事法典》对此规定的条、款、项；

（6）证明指控的证据清单（列表）以及辩护方援引证据的清单（列表）；

（注：本项规定依据俄罗斯联邦联邦法 2010 年 3 月 9 日第 19 号联邦法令于 2010 年 3 月 23 日颁布适用。）

（7）减轻与加重刑罚的情节；

（8）有关刑事被害人的材料，以及与犯罪对其所致损害的性质与程度相关的材料；

（9）应当传唤出庭人员的名单。

2. 刑事被告人及其辩护人应当了解起诉书与刑事案件材料。有关此事项，应当在刑事案件材料阅卷笔录中予以记载。

（注：本款规定依据俄罗斯联邦联邦法 2002 年 5 月 29 日第 58 号联邦法令补充适用。）

3. 根据刑事被害人或者其代理人的申请，可以依据本条第 2 款规定程序，即对刑事被告人及其辩护人所规定的相同程序，向其提供起诉书与刑事案件材料以便进行阅卷。

（注：本款规定依据俄罗斯联邦联邦法 2002 年 5 月 29 日第 58 号联邦法令补充适用。）

3－1. 应当在起诉书中随附下述有关调查期限、选择指明拘留与监视居住期限的强制性处罚措施、物证、刑事附带民事诉讼请求、为保障罚金类刑罚执行、保障刑事附带民事诉讼请求与可能收缴财产而采取的保全措施、诉讼费用等材料的证明，在刑事被告人、刑事被害人有被扶养者的情况下，应当随附为保障其权利而采取一定措施的证明。在证明中应当指明刑事案件的相应页码。

（注：本款规定依据俄罗斯联邦联邦法 2011 年 11 月 6 日第 293 号联邦法令于 2011 年 11 月 20 日增补适用；依据俄罗斯联邦联邦法 2015 年 3 月 8 日第 40 号联邦法令于 2015 年 3 月 20 日颁布适用。）

4. 调查官制作的起诉书，应当由调查机关首长予以确认。刑事案件材料应当与起诉书一并递交检察官。

（注：本款规定依据俄罗斯联邦联邦法 2002 年 5 月 29 日第 58 号联邦法令颁布适用。）

第 226 条　检察官就随附起诉书送达的刑事案件下达判决

1. 检察长对附带起诉书送达的刑事案件进行审查，并在 2 日期限内对其下达下述判决之一：

（1）有关批准起诉书并将刑事案件移交法院的判决；

（2）在起诉书不符合本法典第 225 条规定要求的情况下，以书面指示的形式下达有关退回刑事案件进行补充调查或者重新制作起诉书的判决。这种情况下，检察官为进行补充调查可以确定该期限不得超过 10 日，而为重新制作起诉书，相应期限不得超过 3 日。调查期限的再次延长依据本法典第 223 条第 3 款至第 5 款规定程序，遵循一般规则进行；

（注：本项规定依据俄罗斯联邦联邦法 2003 年 7 月 4 日第 92 号联邦法令于 2003 年 7 月 11 日颁布适用；依据俄罗斯联邦联邦法 2007 年 6 月 6 日第 90 号联邦法令于 2007 年 6 月 9 日颁布适用。）

（3）有关根据本法典第 24 条至第 28 条规定根据终止刑事案件的判决；

（4）有关递交刑事案件进行预先侦查的判决。

2. 在批准起诉书时，检察官有权自行决定从中去掉部分指控款项，抑或将严重指控重新定性为较轻指控。

2 - 1. 在确定将刑事案件递交到法院时，监视居住的期限或者拘留期限对于执行本法典第 227 条第 3 款规定要求不够用的，检察官可以在具有根据的情况下，向法院提起申请要求延长监视居住的期限或者拘留期限。

（注：本款规定依据俄罗斯联邦联邦法 2012 年 6 月 5 日第 53 号联邦法令于 2012 年 6 月 18 日增补适用。）

3. 根据本法典第 222 条规定程序，带有附件的起诉书副本，应当交予刑事被告人、其辩护人与刑事被害人。

（注：本款规定依据俄罗斯联邦联邦法 2003 年 7 月 4 日第 92 号联邦法令于 2003 年 7 月 11 日颁布适用。）

第三十二章之一　简易调查程序
（第 226 - 1 条至第 226 - 9 条）

（注：本章规定依据俄罗斯联邦联邦法 2013 年 3 月 4 日
第 23 号联邦法令于 2013 年 3 月 15 日增补适用。）

第 226 - 1 条　简易调查程序的实施根据与程序

1. 简易调查程序，除本章规定的特殊情况之外，依据本法典第三十二章规定程序进行。

2. 简易调查程序的实行，以犯罪嫌疑人递交的有关对刑事案件进行简易调查程序的申请为根据，同时应当符合下述条件：

（1）以本法典第 150 条第 3 款第 1 项规定的一起或者几起犯罪为依据，对具体人员提起的刑事案件；

（2）犯罪嫌疑人承认自身过错及其犯罪行为所致损害的性质与程度，以及对在刑事案件提起裁决中指定的行为在法律评价上没有异议；

（3）不具备本法典第226-2条规定的排除适用简易调查程序的情节。

第226-2条 排除适用简易调查程序的情节

1. 在下述情况下，调查不得适用简易形式：

（1）犯罪嫌疑人是未成年人；

（2）具有依据本法典第五十一章规定程序适用强制性医疗措施的根据；

（3）犯罪嫌疑人属于依据本法典第五十二章规定对其适用刑事诉讼特别程序的人员类别；

（4）行为人涉嫌实施两起或者多起犯罪，其中一起不属于本法典第150条第3款第1项规定犯罪的；

（5）犯罪嫌疑人不通晓刑事诉讼程序适用的语言；

（6）刑事被害人反对适用简易调查程序。

2. 如果本条第1款规定的情节，为人所共知的，或者在采取适用简易调查程序决定之后产生的，在将刑事案件递交检察官以便通过起诉确定书之前，经办刑事案件的人员，可下达有关适用普通调查程序的裁决；如果本条第1款规定的情节，为人所共知的，或者在刑事案件递交检察官以便采取起诉确定书后产生的，在将刑事案件递交法院之前，检察官可以采取有关将刑事案件递交调查官以便进行普通程序调查；如果本条第1款规定的情节，为人所共知的，或者在法庭审理阶段产生的，在法庭进入评议室下达刑事案判决之前，法官可以将刑事案件退回检察官，依照诉讼管辖权移交并适用普通调查程序。

第226-3条 刑事案件诉讼程序参与人的权利与责任，对其适用的简易调查程序

1. 适用简易调查程序的刑事案件诉讼程序参与人，除本条规定的特殊情况之外，享有同等权利与责任，即适用普通调查程序的刑事案件诉讼程序参与人所享有的权利与责任。

2. 本款规定于2011年1月10日丧失效力——俄罗斯联邦联邦法2013年12月28日第432号联邦法令。

3. 犯罪嫌疑人、刑事被告人、刑事被害人或者其代理人，在法庭进入评议室下达刑事案判决之前的任何时间内，有权递交申请要求终止适用简易调查程序，以及延长适用普通调查程序。该申请应当由受理相应刑事案件的人员予以受理。

第226-4条 有关适用简易调查程序的申请

1. 在具有本章规定的条件下，为适用简易调查程序，在第一次讯问之前调查官应当向犯罪嫌疑人解释其享有申请适用简易调查程序的权利，以及简易调查程序适用的规则与法律后果。有关此事项，应当在犯罪嫌疑人讯问笔录中加以记载。

2. 犯罪嫌疑人有权提出申请，要求适用简易调查程序，自向其解释享有提出该项申请的权利之时起不晚于 2 日内。有关适用简易调查程序的申请应当以书面形式递交调查官，并应附有犯罪嫌疑人以及其辩护人的签名。

3. 犯罪嫌疑人递交的有关要求适用简易调查程序的申请，调查官应当自其递交后于 24 小时内审理。调查官应当就审理结果下达下述裁决之一：

（1）有关受理适用简易调查程序申请的裁决；

（2）在具有阻碍适用简易调查程序的情节时，有关驳回该申请的裁决；

4. 有关受理要求适用简易调查程序申请的裁决，或者驳回相应申请的裁决，可以依据本法典第十六章规定程序提出申诉。

5. 向犯罪嫌疑人通报有关申请通过，以及自相应裁决下达之时起 24 小时内适用简易调查程序的事宜，应当通知检察官及刑事被害人。在向刑事被害人的通知中，应当说明适用简易调查程序的程序与法律后果，以及反对适用简易调查程序的权利。

第 226 - 5 条　适用简易调查程序时证明的特点

1. 刑事案件的证据应当参考本条规定的范围收集，即足以确定犯罪事件、犯罪行为所致损害的性质与程度，以及行为人在犯罪实施中的过错。

2. 调查官有义务实施相应的侦查行为或者其他诉讼行为，即如果不采取这些侦查行为或者其他诉讼行为，有可能导致犯罪痕迹或者其他证据遭受不可挽回的损失的。

3. 参考刑事案件的具体情节，调查官有权：

（1）不进行证据核查，如果犯罪嫌疑人、其辩护人、刑事被害人或者其代理人对相应证据没有异议。

（2）如果在对犯罪举报进行核查的阶段该行为人作出解释，不对该行为人进行讯问。但是，在下述情况下除外，如果必须确定对于刑事案件审理具有意义的补充性事实情节，该情节的信息未包含在犯罪举报核查材料之中，抑或必须核查可信性在犯罪嫌疑人、其辩护人、刑事被害人或者其代理人间具有争议的相关证据是否可信时。

（3）如果在对犯罪举报进行核查阶段由专家就研究结果作出的结论中包含答案的，不就相应问题指定司法鉴定。但是，在下述情况下除外：

＜1＞必须确定对于刑事案件审理具有意义的补充性事实情节；

＜2＞必须核查专家结论，鉴于其可信度受到犯罪嫌疑人、其辩护人、刑事被害人或者其代理人怀疑的；

<3>具有本法典第 196 条对强制指派司法鉴定规定的相应根据的；

（4）如果相关信息符合本法典对证据规定的要求，为确定相应信息在犯罪举报核查材料中有所包含的事实情节的，不再实行其他侦查行为或者诉讼行为。

第 226 – 6 条　简易调查程序的期限

1. 简易调查程序，应当在有关适用简易调查程序的裁决下达之日起 15 日内结束。该期限包括自有关适用简易调查程序的裁决下达之时至附带起诉确定书的刑事案件移交到检察官处的时间。

2. 在本法典第 226 – 7 条第 9 款规定条件下，本条第 1 款确定的调查期限可以由检察官延长至 20 日。在本条第 1 款规定期限届满前 24 小时内，有关延长简易调查程序的裁决应当递交检察官。

3. 有关延长简易调查程序的期限，应当以书面形式通知犯罪嫌疑人、其辩护人、刑事被害人与其代理人。

4. 在中止简易调查程序并延长刑事案件普通程序的情况下，简易调查程序的时间应当计入预先审查的总期限。

第 226 – 7 条　简易调查程序的结束

1. 在确认必要的侦查行为已经实施，且收集证据的数量足以得出犯罪嫌疑人实施犯罪的合理结论时，侦查官应当制作起诉确认书。在起诉确认书中应当指明本法典第 225 条第 1 款第 1 项至第 8 项列举的情节，以及援引刑事案件的页码。

2. 起诉确定书应当由调查官签字确认并由调查机关首长核准。

3. 起诉确定书应当自适用简易调查程序的裁决下达之日起 10 日内制作。如果不能在该期限内制作起诉确定书，对于大范围的侦查行为或者其他诉讼行为，其实行程序应当参考本法典第 226 – 5 条规定的证明特点进行，相应调查在该期限届满时依据普通程序延长，调查官对此应当下达相应裁决。

4. 自起诉确认书制作之日起 3 日内，刑事被告人及其辩护人应当对刑事案件材料与起诉确认书进行阅卷，有关此事项，应当在刑事诉讼程序参与人进行刑事案件材料阅卷笔录中作相应记载。在刑事被害人与（或者）其代理人递交申请的情况下，上述人员在同样期限内对刑事案件材料与起诉确认书进行阅卷，有关此事项，应当在刑事诉讼程序参与人进行刑事案件阅卷笔录中作同样记载。

5. 刑事被告人、其辩护人、刑事被害人与（或者）其代理人不能在本条第 4 款规定期限内对刑事案件材料与起诉确认书进行阅卷的，调查应当在调查官裁决的基础上依据普通程序继续进行。

6. 刑事被告人、其辩护人、刑事被害人与（或者）其代理人在对刑事案件材料与起诉确认书进行阅卷之后，有权提出下述申请：

（1）有关认定起诉确认书中列明的证据，因违反法律允许获取该证据的规定而不应当采信的申请；

（2）有关为填补刑事案件的证据空白，收集用于足以确认有关犯罪事件、犯罪所致损害的性质与程度，以及刑事被告人在犯罪实施中具有过错的合理结论而进行补充侦查行为或者其他诉讼行为的申请；

（3）有关为核查其可信度受到怀疑，可能影响刑事案件最终判决合法性的证据而进行补充侦查行为或者其他诉讼行为的申请；

（4）有关在不符合本条第 1 款规定要求的情况下重新制作起诉确定书的申请；

7. 如果在对刑事案件材料与起诉确定书进行阅卷的期限结束之前，刑事被告人、其辩护人、刑事被害人与（或者）其代理人递交的本条第 6 款规定申请没有送达或者已经递交但被驳回的，附带起诉确定书的刑事案件应当立即递交检察官。

8. 在本条第 6 款第 4 项规定申请得以受理的情况下，调查官自刑事被告人、其辩护人、刑事被害人与（或者）其代理人对起诉确定书与刑事案件材料阅卷结束后 2 日内，重新制作起诉确定书，应当向上述人员提供对新制作的起诉确定书进行阅卷的可能，并将刑事案件附带由调查机关首长核准的该起诉确定书递交检察官。

9. 如果本条第 6 款第 1 项至第 3 项规定申请中任意一项申请得以受理，调查官自刑事被告人、其辩护人、刑事被害人与（或者）其代理人对起诉确定书与刑事案件材料阅卷结束后 2 日内，实施必要的侦查行为与其他诉讼行为，应当参考新的证据重新制作起诉确定书，向上述人员提供对新制作的起诉确定书与刑事案件补充材料进行阅卷的可能，并将刑事案件附带由调查机关首长核准的起诉确定书递交检察官。如果不能在该期限内重新制作起诉确定书并将刑事案件递交检察官的，对于大范围的侦查行为或者其他诉讼行为，调查期限可以依据本法典第 226-6 条第 2 款规定程序延长至 20 日。在简易调查程序不能结束的情况下，调查官应当在该期限内依据普通程序继续进行刑事诉讼，有关此事项，应当在相应裁决中予以记载。

10. 起诉确定书中应当随附相关证明，指明与应当接受传唤参与审判庭的人员其居住地或者所在地、选择强制性处罚措施、拘留或者监视居住时间等事宜有关的信息，如果曾针对刑事被告人选择其中某项强制性处罚措施的，则应当指明与物证、简易调查程序期限有关的信息。在刑事被告人、刑事被害人尚有需要扶养的人员时——有关为保障其权利而适用的措施。在证明中应当指明刑事案件的相应页码。

第 226 - 8 条 检察官就随附起诉确定书递交的刑事案件下达判决

1. 检察官审理随附起诉确定书递交的刑事案件，并在 3 日内就该案下达下述判决：

（1）有关核准起诉确定书并将刑事案件移交法院的判决；

（2）有关在不符合本法典第 226 - 7 条第 1 款规定要求的情况下，退回刑事案件在 2 日期限内重新制作起诉确定书的判决；

（3）有关在下述情况下将刑事案件退回调查官以便进行普通调查程序的判决：

＜1＞具有本法典第 226 - 2 条第 1 款规定的情节；

＜2＞如果在刑事案件办理阶段对本法典的要求进行了实质性违反，造成刑事诉讼程序参与人的权利与法律利益遭受损失的；

＜3＞如果收集的证据在总数上不足以对犯罪事件、其所致危害的性质与程度以及行为人在犯罪实施中的过错得到合理结论的；

＜4＞具有充足根据认定刑事被告人作假自供的；

（4）有关根据本法典第 24 条、第 25 条、第 27 条、第 28 条与第 28 - 1 条规定的根据终止调查官递交的刑事案件。

2. 在批准起诉书时，检察官有权自行决定从中去掉部分指控款项，抑或将严重指控重新定性为较轻指控。

3. 带有附件的起诉确定书副本，应当依据本法典第 222 条规定程序交付刑事被告人、其辩护人、刑事被害人与（或者）其代理人。交付起诉确定书副本之后，检察官将刑事案件移交法院。有关此事项，应当通知刑事被告人、其辩护人、刑事被害人与（或者）其代理人。

第 226 - 9 条 适用简易调查程序的刑事案件在法庭审理上的特点

1. 适用简易调查程序的刑事案件，除本条规定的特殊情况之外，其法庭审理依据本法典第 316 条与第 317 条规定程序实行。

2. 刑事案判决仅可以依据下述理由下达，即研究与评价起诉确定书所列明的证据，以及依据本条第 3 款规定程序递交的有关刑事受审人人身特性补充资料。

3. 在辩护方递交申请的情况下，法官有权将下述资料作为正式文件归入刑事案件，并在确定刑罚措施时予以裁量，即包含刑事受审人人身个性的补充资料，包括刑事受审人尚有扶养人的资料，以及其他可以作为刑罚减轻情节裁量的资料。

4. 在某方当事人提出异议反对继续审理刑事案件时，对于该案的调查适用简易程序的，采用特别法庭审理程序。确定具有相应情节阻碍下达合法、合理与公正的刑事案判决时，其中包括具有足够根据认定刑事受审人作假自供的，法官应当自动下达裁决将刑事案件退回检察官，以便根据侦查管辖权移交案件并按照普通程序进行调查。

5. 本法典第 316 条第 6 款规定的原则在审理适用简易调查程序的刑事案件时不予采用。

6. 对刑事案件下达有罪的刑事案判决时，对该案的调查适用简易程序的，对相应刑事受审人裁定的刑罚，不得超过对其所犯罪行规定的最严厉刑罚种类的最高期限或者数额的二分之一。

法　国

刑事诉讼法典 *

序　编　一般规定

第一副编　公诉与民事诉讼

（1957 年 12 月 31 日第 57 – 1426 号法律）

第 1 条　为适用刑罚之公诉，① 由司法官② 或法律授权公诉的官员发动与

---

*　本法典于 1957 年 12 月 31 日由法国国民议会颁布第一卷，1958 年 12 月 23 日对第一卷进行了修改，同时颁布了法典的第二至五卷，1959 年 3 月 2 日实施，后历经多次修改。法典包括立法与实施法令两部分。本译本仅翻译立法部分的条文。本译本根据法国法律公共服务网站 legifrance 2014 年 12 月 29 日提供的法语文本翻译。

①　检察院在法语中的正式名称为 "le ministère public"，字面意思是公诉部或者公众部，此外，检察院也称为 "parquet"，例如，上诉法院检察院就称为 "parquet général"。检察院是 "代表社会" 行使公诉权、"要求适用法律" 的机关（第 31 条）。本法典第 1 条及第 6 条均对公诉作了目的性限定，公诉也称为 "为适用刑罚之公诉"。——译者注

②　原文为 "magistrat"。检察院的检察官与法院的法官统称为司法官（magistrat），但法官（审判法官）又称 "juge" 或 "magistrat du siège"（assis）（坐席司法官），检察官则称为 "magistrat debout"（立席司法官）。这些术语在法典的原文中都有使用。——译者注

进行①。

公诉亦可由受到损害的当事人依本法典规定的条件发动之。

第2条 对重罪、轻罪或违警罪造成之损害请求赔偿的民事诉讼,② 属于所有的本人遭受犯罪直接造成之损害的人③。

舍弃民事诉讼（la renonciation à l'action civile）不得停止（arrêter），也不得中止（suspendre）公诉的进行，但本法典第6条第3款所指情形除外。

第2-1条 至所涉犯罪行为发生之日，符合规定公开宣告成立至少已有5年，以其章程自定为反对种族主义或者协助因出生原籍、人种、种族或宗教之原因受到歧视的被害人的任何协会,④ 对《刑法典》第225-2条与第432-7

---

① 此处原文使用的术语分别为"mise en mouvement"和"exercicée"。前者意为"启动"、"发动"，后者的意思是"施行"、"实施"。前者是指"发动"公诉、"启动"公诉权的行为，或者在"直接传讯"的案件中，是指由当事人提请法院受理案件、进行诉讼的第一步行动。检察机关与被害人均可以"启动"公诉权，从而"发动"公诉；被害人提出告诉并成为民事诉讼当事人也可以使公诉权得以"启动"，但如本条第2款表述，"进行"公诉的权利仅属于第1款所指的司法官以及"法律授权的特定官员"。——译者注

② 此处为"action civile"，其中"action"是一个多义词，既指"诉讼"，亦指"诉权"。因此，本条第1款的条文也可译为："对重罪、轻罪或者违警罪造成之损害请求赔偿的民事诉权，属于所有的本人遭受犯罪直接造成损害的人。"——译者注

③ 法国诉讼法理论认为，只有具有（诉讼）"资格"与"利益"的人才能享有诉权，即所谓"无利益者无诉权"。在刑事法院进行民事诉讼同样应当具有"诉讼利益"，此种利益是指提起民事诉讼的当事人实际受到犯罪行为对其造成的损害，且这种损害应当是"当前的、个人的、直接的"损害。本条规定强调"本人"受到的"直接损害"。——译者注

④ 第2-1条至第2-21条对于协会在刑事诉讼中提起民事诉讼规定的主要条件是：协会自身的法律资格，例如，宣告成立的年限、不能是秘密社团、有明确的社会公益活动宗旨，其中主要包括1901年有关社团的法律规定的条件；具备条件的社团也只能针对法律条文特别列举的特定犯罪，按照规定的方式行使民事当事人享有的权利。第2-1条至第2-21条的条文中关于民事诉讼主体的概念使用的原用语是"association"，有"协会"、"联合会"或者"结社"等意思，但译者认为，这里应当限制为"协会"，而不能泛指任何"社团"，尤其是在法国这样的西方国家，五花八门的社团太多，利弊共存。除《刑事诉讼法典》的这些规定之外，许多法典分别就相关领域的集体诉讼做了专门规定，例如，《消费法典》、《环境法典》等。这些集体诉讼通常包括"制止违法行为之集体诉讼"（L'action collective en cessation d'agissements illicites）、"共同代理诉讼"（L'action en représentation conjointe）。前者准许具备条件的消费者协会或环境保护协会向法院提起诉讼，以制止已经发生或正在发生的违法行为，请求赔偿损害集体利益的任何直接或间接损失；后者准许这些协会在获得受到同一原因造成之损害的多名当事人的委托，以被害人的名义提起诉讼。这些情况下，协会提起诉讼，不要求以存在犯罪行为为前提条件。——译者注

条规定惩处的歧视罪、（2004年3月9日第2004-204号法律第43条）第226-19条规定惩处的有关建立或保存信息登录档案材料之犯罪，以及基于某人的出生原籍、确实或猜想其属于或不属于某一人种、某一种族或某一特定宗教之原因，故意侵害其生命与身体，（2004年3月9日第2004-204号法律）对其进行威胁、实施盗窃、诈骗、破坏、毁坏及损坏财产之犯罪，得行使民事当事人享有的权利。

（2004年3月9日第2004-204号法律第42条）但是，当犯罪是针对某一单独的个人实施时，前款所指协会，只有证明其已得到有利益关系的人同意，或者如果有利益关系的人是未成年人，在有可能征得对其行使亲权的人或者法定代理人同意的情况下，只有证明已经征得该人同意时，提起诉讼才能得到受理。

第2-2条 （2004年1月2日第2004-1号法律第14条，2012年8月6日第2012-954号法律）至所涉犯罪行为发生之日，符合规定公开宣告成立至少已有5年，章程规定的宗旨包含反对性暴力、性骚扰或反对对家庭成员施行暴力行为的任何协会，对《刑法典》第221-1条至第221-4条、第222-1条至第222-18条、第222-23条至第222-33条、第224-1条至第224-5条、第226-4条以及第432-8条规定惩处的故意侵害人之生命与身体罪、性侵犯及其他性侵害罪、绑架及非法拘禁罪、侵犯住所罪，在犯罪行为发生之日被害人已经成年时，得行使民事当事人享有的权利；但是，这些协会只有证明其已经得到被害人同意时，或者如果被害人是受监护的成年人，只有证明其已经得到该人的法定代理人的同意时，提起的诉讼始能得到受理。

第2-3条 （2004年1月2日第2004-1号法律第15条，2013年8月5日第2013-711号法律）至所涉犯罪行为发生之日，符合规定公开宣告成立至少已有5年，章程规定的宗旨包含捍卫或协助处于危险境地的儿童以及受到任何形式之虐待的被害人的任何协会，对《刑法典》第221-1条至第221-5条、第222-1条至第222-18-1条、第222-23条至第222-33-1条、第223-1条至第223-10条、第223-13条、第224-1条至第224-5条、第225-7条至第225-9条、第225-12-1条至第225-12-4条、第227-1条、第227-2条、第227-15条至第227-27-1条规定惩处的故意伤害未成年人生命与身体罪、性侵犯或其他性侵害罪以及置未成年人于危险境地罪，在检察机关或者受到损害的人已经发动公诉时，得行使民事当事人享有的权利。

按照最高行政法院提出资政意见后颁布的法令①确定的条件在司法部进行了登记的任何协会，即使检察机关或受害当事人对《刑法典》第 227 - 23 条所指的犯罪尚未发动公诉，其提起诉讼亦得予受理；适用《刑法典》第 222 - 22 条第 2 款与第 227 - 27 - 1 条之规定的情况，亦同。

第 2 - 4 条　（1983 年 6 月 10 日第 83 - 466 号法律）符合规定公开宣告成立至少已有 5 年，其章程自定为反对反人类罪或战争罪，或者捍卫抵抗运动或被流放者之精神道德利益和荣誉的任何协会，在涉及战争罪和反人类罪时，得行使民事当事人享有的权利。

第 2 - 5 条　（1983 年 6 月 10 日第 83 - 466 号法律）至所涉犯罪行为发生之日，符合规定公开宣告成立至少已有 5 年，其章程自定为捍卫抵抗运动或被流放者之精神道德利益的任何协会，对直接或间接对其履行的使命造成损害的、替战争罪辩护或者替与敌人合作之重罪或轻罪辩护的行为，或者毁坏与破坏纪念性建筑或侵犯墓地的行为，或者诽谤、侮辱行为，得行使民事当事人享有的权利。

第 2 - 6 条　（1985 年 7 月 25 日第 85 - 772 号法律第 1 - 4 条，2012 年 8 月 6 日第 2012 - 954 号法律）至所涉犯罪行为发生之日，符合规定公开宣告成立至少已有 5 年，其章程自定为反对基于性别、风俗习惯或者性取向或性别身份而实施的歧视行为的任何协会，对《刑法典》第 225 - 2 条与第 432 - 7 条以及《劳动法典》第 1146 - 1 条与第 1155 - 2 条规定处罚的（1992 年 12 月 16 日第 92 - 1336 号法律）歧视罪，在其是基于被害人的性别、家庭境况或风俗习惯或者性取向、性别身份之原因或者是在性骚扰之后实施时，得行使民事当事人享有的权利。

但是，对于性骚扰之后实施的歧视行为，前指协会只有证明其已得到利益关系人的同意时，或者如果被害人是受监护的成年人，只有证明已得到对该人行使亲权的人或者法定代理人的同意时，提起的诉讼始能得到受理。

（2000 年 6 月 15 日第 2000 - 516 号法律第 106 条）涉及《刑法典》第

---

①　现在的最高行政法院（Conseil d'État）前身可以上溯至 13 世纪，过去通常译为"国王参事院"。拿破仑时期，该机关的法文名称没有改变，但通常译为"国家参事院"。按照第五共和国宪法，最高行政法院的首要职责是政府顾问：政府制定的很多行政文件都要听取其意见，特别是法律与行政法规草案。法国的行政法规（décret，法令）分为：听取最高行政法院的意见之后颁布的法令（Les décrets en Conseil d'État）、部长理事会法令（Les décrets en conseil des ministres，内阁法令）以及不经最高行政法院审查的普通法令（Les décrets simples）。最高行政法院也是行政法院系统的最高审级，与最高司法法院相对应。法国法律的合宪性审查属于宪法委员会的职权。——译者注

221 - 1 条至第 221 - 4 条、第 222 - 1 条至第 222 - 18 条以及第 322 - 1 条至第 322 - 13 条规定惩处的故意侵害人之生命或身体罪,破坏、毁坏或损坏财产罪的案件,如果这些犯罪是基于被害人的性别或风俗习俗之原因而实施时,上述协会只要证明其已得到被害人的同意,或者如果被害人是未成年人或受保护的成年人,只要能证明已得到该人的法定代理人的同意,亦得行使民事当事人享有的权利。

第 2 - 7 条 (1987 年 7 月 22 日第 87 - 565 号法律) 对在林木带、森林、原野荒地、灌木丛林、海边林木、栽种的树木或绿化带实施的故意纵火罪提起刑事追究的案件中,公法法人得在审判法庭成为民事当事人,以获得被判刑人偿付其因灭火而支付的费用。

第 2 - 8 条 (1990 年 7 月 12 日第 90 - 602 号法律) 至所涉犯罪行为发生之日,符合规定公开宣告成立至少已有 5 年,依其章程之规定,具有捍卫或者援助病人或残疾人之职责的任何协会,对《刑法典》第 225 - 2 条及第 432 - 7 条规定惩处的歧视罪,在此种犯罪系基于被害人的身体状况或残疾状况而实施时,得行使民事当事人享有的权利。此外,在公诉已由检察院或受害当事人发动时,对于《刑法典》第 221 - 1 条至第 221 - 5 条、第 222 - 1 条至第 222 - 18 条、第 222 - 22 条至第 222 - 33 - 1 条、第 223 - 3 条与第 223 - 4 条、第 223 - 15 - 2 条、第 225 - 16 - 2 条、第 312 - 1 条至第 312 - 9 条、第 313 - 1 条至第 313 - 3 条、第 322 - 1 条至第 322 - 4 条、第 434 - 3 条规定惩处的故意伤害人的生命、故意伤害人的身体或精神、性侵犯或其他性侵害、遗弃、滥用他人易于受攻击的状况、戏弄、敲诈勒索、诈骗、破坏与毁坏财物、不揭露虐待行为之犯罪,在其系基于被害人的身体状况或残疾状况而实施时,前款所指协会得行使民事当事人享有的权利;但是,这些协会只有证明其已得到被害人的同意时,或者如果被害人是未成年人或受保护的成年人,只有证明其已经得到该人的法定代理人的同意时,提起的诉讼始能得到受理。

(1991 年 7 月 13 日第 91 - 663 号法律) 至所涉犯罪行为发生之日,符合规定公开宣告成立至少已有 5 年,依其章程规定具有捍卫或援助残疾人之职责的任何协会,对《建筑及住宅法典》第 111 - 7 条所指的、同一法典第 152 - 4 条规定惩处的犯罪,亦得行使民事当事人享有的权利。

第 2 - 9 条 (1990 年 7 月 6 日第 90 - 589 号法律,2011 年 8 月 10 日第 2011 - 939 号法律) 至所涉犯罪行为发生之日,符合规定公开宣告成立至少已有 5 年,以其章程自定为援助犯罪被害人的任何协会,对属于本法典第 706 - 16 条适用范围的犯罪,在检察机关或者受害当事人已经发动公诉时,得行使民事当事人享有的各项权利。

第 2 −10 条 （1990 年 7 月 12 日第 90 −602 号法律） 至所涉犯罪行为发生之日，符合规定公开宣告成立至少已有 5 年，章程规定其职责是反对对处于极贫困状况的人采取社会、文化排斥行为，或者反对基于这些人的家庭境况对他们采取此种排斥行为的任何协会，对《刑法典》第 225 −2 条及第 432 −7 条规定惩处的歧视罪，得行使民事当事人享有的权利。但是，这些协会只有证明其已经得到被害人同意时，或者如果被害人是未成年人或受保护的成年人，只有证明已经得到该人的法定代理人的同意时，其提起的诉讼始能得到受理。

第 2 −11 条 （1991 年 12 月 17 日第 91 −1257 号法律） 至所涉犯罪行为发生之日，符合规定公开宣告成立至少已有 5 年，并且按照最高行政法院提出资政意见后颁布的法令规定的条件在 "国家老战士及战争受害者办事处" 进行了登记，其章程自定为捍卫老战士、战争受害者以及为法国而牺牲者的精神道德利益与荣誉的任何协会，对直接或间接对其履行的使命造成损害的毁坏与破坏纪念性建筑或者侵犯墓地犯罪的行为，得行使民事当事人享有的权利。

第 2 −12 条 （1993 年 1 月 4 日第 93 −2 号法律） 至所涉犯罪行为发生之日，符合规定公开宣告成立至少已有 5 年，其章程自定为反对公路犯罪活动以及捍卫或援助此种犯罪之被害人的任何协会，对在驾驶陆路机动车时实施的非故意杀人罪或非故意伤害罪（homicide ou blessure involontaire，过失致人死亡罪或过失伤害罪），在检察机关或受害当事人已经发动公诉时，得行使民事当事人享有的权利。

但是，前款所指协会只有证明其已经得到被害人同意时，或者如果被害人是未成年人，只有证明已经得到行使亲权的人或法定代理人的同意时，其提起的诉讼方能得到受理。

第 2 −13 条 （1994 年 2 月 1 日第 94 −89 号法律） 至所涉犯罪行为发生之日，符合规定公开宣告成立至少已有 5 年，章程规定的宗旨是保护动物的协会，对《刑法典》规定惩处的残害动物、对动物实施残忍行为或虐待行为以及故意杀害动物的犯罪，得行使民事当事人享有的权利。

第 2 −14 条 （1994 年 8 月 4 日第 94 −665 号法律） 符合规定公开宣告成立，其章程自定为捍卫法兰西语言并按最高行政法院提出资政意见后颁布的法令规定的条件得到认可的任何协会，对 1994 年 8 月 4 日关于使用法兰西语言的第 94 −665 号法律第 2 条、第 3 条、第 4 条、第 6 条、第 7 条以及第 10 条的实施条例所指的犯罪，得行使民事当事人享有的权利。

第 2 −15 条 （1995 年 2 月 8 日第 95 −125 号法律，2011 年 12 月 13 日第 2011 −1862 号法律） 符合规定公开宣告成立，其章程所定宗旨是捍卫在集体交通运输中或对公众开放之场所或地点，或者（2002 年 9 月 9 日第 2002 −

1138 号法律）在用于居住或从事职业的私人场所内发生事故的受害者利益的任何协会，如得到这方面的认可，在检察机关或受到损害的当事人已经发动公诉时，得就此种事故行使民事当事人享有的权利。

第 1 款所指的协会获得认可的条件，根据协会所具有的代表性，征求检察院的意见之后，由法令作出规定。

（2004 年 3 月 9 日第 2004 - 204 号法律）至所涉犯罪行为发生之日，符合规定公开宣告成立至少已有 5 年，按照最高行政法院提出资政意见后颁布的法令规定的条件在司法部进行了登记，其章程规定的宗旨是捍卫集体事故被害人利益的任何协会联合会，对在前款所指情况下发生的集体事故，在检察院或者受到损害的当事人已经发动公诉时，得行使民事当事人享有的权利。

对于与发生的事故有联系、属于其行使民事当事人权利所涉及的犯罪行为直接或间接引起的后果而支付的费用，本条所指的协会与协会联合会可以请求赔偿。

第 2 - 16 条　（1996 年 5 月 13 日第 96 - 392 号法律）至所涉犯罪行为发生之日，符合规定公开宣告成立至少已有 5 年，其章程所定宗旨是反对毒品或毒品走私的任何协会，对《刑法典》第 222 - 34 条至第 222 - 40 条以及第 227 - 18 - 1 条规定的犯罪，在检察院或者受到损害的当事人已经发动公诉时，得行使民事当事人享有的权利。

第 2 - 17 条　（2001 年 6 月 12 日第 2001 - 504 号法律）至所涉犯罪行为发生之日，公开宣告成立至少已有 5 年、公益性质得到承认、章程规定的宗旨是保护与协助个人或者捍卫个人权利与集体权利及自由的任何协会，对于任何自然人或法人在以创设、维持或利用其成员的精神与身体服从为目的的运动或组织的范围内实施的《刑法典》第 214 - 1 条至第 214 - 4 条、第 221 - 1 条至第 221 - 6 条、第 222 - 1 条至第 222 - 40 条、第 223 - 1 条至第 223 - 15 条、第 223 - 15 - 2 条、第 224 - 1 条至第 224 - 4 条、第 225 - 5 条至第 225 - 15 条、第 225 - 17 条与第 225 - 18 条、第 226 - 1 条至第 226 - 23 条、第 227 - 1 条至第 227 - 27 条、第 311 - 1 条至第 311 - 13 条、第 312 - 1 条至第 312 - 12 条、第 313 - 1 条至第 313 - 3 条、第 314 - 1 条至第 314 - 3 条、第 324 - 1 条至第 324 - 6 条以及第 511 - 2 条规定惩处的故意伤害人之生命罪、侵害人之身体或精神罪、置他人于危险罪、侵犯人之自由罪、侵犯人之尊严罪、置未成年人于危险罪或侵犯财产罪，以及《公共卫生法典》第 L4161 - 5 条与第 L4223 - 1 条规定的非法行医与非法经营药店罪，《消费法典》第 121 - 6 条与第 213 - 1 条至第 213 - 4 条所规定的虚假广告、欺诈或造假罪，得行使民事当事人享有的权利。

第 2 - 18 条　（2000 年 6 月 15 日第 2000 - 516 号法律第 107 条）符合规定公开宣告成立至少已有 5 年，其章程自定为保护或协助工伤事故或职业病被害人的任何协会，对于在从事职业活动时实施的《刑法典》第 221 - 6 条、第 222 - 19 条与第 222 - 20 条规定的犯罪，在检察机关或受到损害的当事人已经发动公诉时，得行使民事当事人享有的各项权利。

但是，前款所指协会，只有证明其已经得到被害人同意，或者如果被害人是未成年人，已经得到行使亲权的人或法定代理人的同意时，其提起的诉讼始能得到受理。

第 2 - 19 条　（2000 年 6 月 15 日第 2000 - 516 号法律第 108 条）符合规定宣告成立，存交章程至少已有 5 年，属于法国市长协会分会的省市长协会，在本市当选人因履行职责受到侮辱、谩骂、威胁或殴打伤害而提起的任何诉讼中，均可行使民事当事人享有的权利。

但是，这些协会只有证明其已经得到被害人的同意时，其提起的诉讼始能得到受理。

第 2 - 20 条　（2003 年 3 月 18 日第 2003 - 239 号法律）至所涉犯罪行为发生之日，符合规定公开宣告成立至少已有 5 年，其章程自定的宗旨是保护用于集体居住的不动产的承租人、所有权人或出租人之精神利益与物质利益的任何协会，对于《刑法典》第 222 - 1 条至第 222 - 18 条以及第 322 - 1 条至第 322 - 13 条规定惩处的故意伤害人之身体罪，或者毁坏、破坏、损坏财产罪，在检察院或受到损害的当事人已经发动公诉，并且犯罪发生在属于协会宗旨范围内的不动产内时，得行使民事当事人享有的权利。

但是，这些协会，只有证明其已经得到被害人的同意时，或者如果被害人是未成年人，只有证明其已经得到行使亲权的人或法定代理人的同意时，其提起的诉讼始能得到受理。

第 2 - 21 条　（2004 年 2 月 20 日第 2004 - 178 号法令）公开宣告成立至少已有 5 年，经认可的目的是研究与保护古迹的任何协会，对《刑法典》第 322 - 3 - 1 条规定惩处的直接或间接损害该协会宗旨所捍卫的利益的犯罪行为，得行使民事当事人享有的各项权利。

最高行政法院提出资政意见后颁布的法令具体规定前款所指协会获得认可的条件。

第 2 - 21 - 1 条　（2014 年 7 月 10 日第 2014 - 790 号法律新增条文）至所涉犯罪行为发生之日，符合规定公开宣告成立至少已有 2 年，其章程规定的宗旨是保护企业与薪金雇员利益的任何协会、任何行业工会或者任何有关行业部门的薪金雇员工会，对于《劳动法典》第八部分第二卷所规定的犯罪，得行使民事当事人享有的权利，即使检察院或者受害当事人尚未发动公诉，亦同。

第 2 - 22 条 （2013 年 8 月 5 日第 2013 - 711 号法律新增条文）至所涉犯罪行为发生之日，符合规定公开宣告成立至少已有 5 年，章程规定的宗旨是与贩卖人口与贩卖奴隶的行为作斗争的任何协会，对于《刑法典》第224 - 1A 条至第 224 - 1C 条、第 225 - 4 - 1 条至第 225 - 4 - 9 条、第 225 - 14 - 1 条至第 225 - 14 - 2 条规定惩处的贩卖人口罪、使人为奴隶、剥削沦为奴隶的人、强迫其劳动、强迫其接受奴役之犯罪，得行使民事当事人享有的权利。

但是，这些协会，只有证明其已得到被害人的同意时，或者如果被害人是未成年人，只有证明已经得到其法定代理人的同意时，提起的诉讼始能得到受理。

第 2 - 23 条 （2013 年 12 月 6 日第 2013 - 1117 号法律新增条文）至其成为民事当事人之日，得到认可的、公开宣告成立至少已有 5 年，其章程所定的宗旨是与腐败行为作斗争的任何协会，对下列犯罪，得行使民事当事人的权利：

1. 违反廉洁义务，受到《刑法典》第 432 - 10 条至第 432 - 15 条惩处的犯罪；

2. 受到《刑法典》第 433 - 1 条、第 433 - 2 条、第 434 - 9 条、第 434 - 9 - 1 条、第 435 - 1 条至第435 - 10条以及第 445 - 1 条至第 445 - 2 - 1 条惩处的腐败与影响力交易罪；①

3. 受到《刑法典》第 321 - 1 条、第 321 - 2 条、第 324 - 1 条与第 324 - 2 条惩处的窝藏罪与洗钱罪；

4. 受到《选举法典》第 L106 条至第 L109 条惩处的犯罪。

最高行政法院提出资政意见后颁布的法令具体规定本条第 1 款所指协会可以获得认可的条件。

---

① 腐败和影响力交易罪的原文为 "Les infractions de corruption et trafic d'influence"，指收贿受贿、权钱交易及利用自己的地位、资格和影响力资源实施犯罪的行为，例如，《刑法典》第 433 - 1 条、第 433 - 2 条等条文的规定。腐败与影响力交易罪的名称属于直译，作为一个罪名，显然比"行贿受贿"的涵盖面更广。——译者注

第3条 民事诉讼①得与公诉同时在同一法院进行。

对因受到追诉的犯罪事实所引起的物质的、身体的、精神的各种损害提起民事诉讼，均得予以受理。

第4条 请求赔偿由第2条所指犯罪造成之损害的民事诉讼，可以与公诉分开在民事法院进行。

但是，在已经发动公诉的情况下，只要对其尚未作出最终宣告，在民事法院进行的民事诉讼暂缓审判。②

公诉的发动并不强制中止在民事法院进行的其他民事诉讼，不论这些民事诉讼的性质如何，即使刑事方面将要作出的判决有可能直接或间接影响到民事诉讼的结果。

第4-1条 （2000年7月10日第2000-647号法律）没有《刑法典》第121-3条意义上的非故意刑事过错③，在经认定存在该条所指的民事过错时，或者经认定存在《社会保险法典》第452-1条所指的不可原宥的过错并适用该条规定时，不妨碍以《民法典》第1383条的规定④为依据向民事法院提起诉讼，请求损害赔偿。

第5条 已经在有管辖权的民事法院提起诉讼的当事人不得再行向刑事法院提起民事诉讼；但检察院在民事法院作出实体判决之前已经向刑事法院提起公诉的，不在此限。

第5-1条 （1983年7月8日第83-608号法律）即使原告已在刑事法院成为民事当事人，依紧急审理程序受理案件的民事法院，在对债的存在没有严重争议时，有权命令采取与作为追诉标的之犯罪事实有关的任何临时措施。

---

① 本法典未在此意义上使用"附带民事诉讼"的概念。法国法学理论界将此种民事诉讼称为"刑事诉讼的附带标的"。参见《法国刑事诉讼法》，罗结珍译，中国政法大学出版社2009年版，第225节。民事诉讼与公诉通常由同一法官审理，如刑事法院对被告人作出免予起诉或无罪释放的判决，原则上不再对民事诉讼进行审理，但重罪法庭仍可判处给予被害人损害赔偿（见第371条、第372条）；对轻罪及违警罪，亦同（参见第470-1条、第516条与第541条）。——译者注

② 刑事法院就公诉进行的裁判对于民事诉讼是一个先决问题。第4条的规定体现了"刑事优先于民事"的原则，法国人也将这一原则称为"刑事置民事于原状等待"原则。——译者注

③ 原文为"faute pénale non intentionnelle"，指过失犯罪。过错（faute）包括故意与过失。——译者注

④ 《民法典》第1383条关于过失侵权行为（faute non intentionnelle）的规定。——译者注

第 6 条 为适用刑罚之公诉，因被告人死亡、已过时效期间、大赦、刑事法律规定的废止以及既决事由而消灭。

（1958 年 12 月 23 日第 58 – 1296 号法令）但是，如果后来引起有罪判决的追诉行为表明宣告公诉已经消灭的原判决虚假不实，公诉得恢复进行；在此情况下，自判决①最终确定至对犯伪造罪或使用伪造文书罪的人作出有罪判决之日，时效期间应当视为中止进行。

此外，在法律有明文规定时，公诉得经（1999 年 6 月 23 日第 99 – 515 号法律）交易②（transaction）或者因刑事和解（composition pénale）③ 得到执行而消失；在告诉（la plainte）是提起追诉之必要条件时，撤回告诉，公诉亦消失。④

第 6 – 1 条 （1995 年 2 月 8 日第 95 – 125 号法律）认为在司法追诉之时实施了某项重罪或轻罪⑤可能涉及违反刑事诉讼程序的某项规定时，只有当进行的追诉或者在进行追诉之时实施的行为的非法性质得到受理此种指控的刑事法院最终确定的判决确认之后，才能对这些行为提起公诉。公诉时效期间自刑事法院作出此项判决起计算。

---

① 法国的违警罪法院、轻罪法院、大审法院，称为"le Tribunal"，为下一级法院；上诉法院、重罪法院、最高法院，称为"la cour"，为高一级法院。译文无特定限制时，统译为"法院"。两类法院作出的判决分别称为"jugement"和"arrêt"，统译为"判决"。——译者注

② 此处原文分别为"transaction"与"composition pénale"，有"交易"、"和解"、"妥协"之意。公诉的目的在于惩治犯罪、适用刑罚、维护社会秩序，是具有公共秩序性质的诉讼，进行公诉的检察机关是经社会授权的代表，由其行使的公诉权属于社会，惟一属于社会，检察机关不能自由处分公诉权。法国法律原则上不允许进行"辩诉交易"，本条"在法律有明文规定时"的限制体现了这一原则。参见第 41 – 1 条、第 42 条等条文。——译者注

③ 本条所称"告诉"原文为"plainte"，指被害人本人提出控告。对于告诉才处理的案件，告诉人撤回告诉，刑事诉讼消灭。参见第 2 条第 2 款的规定。告诉分为"简单告诉"或"单纯告诉"（plainte simple）与"告诉并成为民事当事人"（plainte avec constitution de la partie civile）。"告诉并成为民事当事人"是一个特定概念，指受到重罪或轻罪侵害的当事人向预审法官提出告诉，发动公诉并在刑事诉讼中成为民事当事人的文书（或行为）。本法典中没有使用"提起附带民事诉讼"的概念。参见第 85 条至第 91 – 1 条关于"成为民事当事人及其效果"一节的规定。——译者注

④ 本条指在刑事诉讼程序中实施追诉、调查、侦查、作证、鉴定等行为的人在此种行为中实施的重罪或轻罪。——译者注

⑤ 指反人类罪不受时效约束。——译者注

第7条 重罪案件，（1992 年 12 月 16 日第 92 - 1336 号法律）除依《刑法典》第 213 - 5 条规定之保留外，① 公诉时效期间为 10 年，自重罪实施之日起计算，且以在此期间内未进行任何预审或追诉行为为限。

如果在此期间进行过预审或追诉，公诉时效期间仅自最后进行的预审与追诉行为之日起计算，至 10 年届满；对在此种预审或追诉行为中尚未被涉及的人，亦同。

（2004 年 3 月 9 日第 2004 - 204 号法律第 72 - 1 条）针对未成年人实施的本法典第 706 - 47 条以及《刑法典》第 222 - 10 条所指之重罪，公诉时效期间为 20 年，且仅自该未成年人达到成年年龄之日开始计算。

第8条 （2014 年 8 月 4 日第 2014 - 873 号法律）轻罪案件的公诉时效期间为 3 年；时效的计算依前条的特别规定。

（2004 年 3 月 9 日第 2004 - 204 号法律）针对未成年人实施的第 706 - 47 条所指的轻罪，公诉时效期间为 10 年；针对未成年人实施的《刑法典》第 222 - 12 条、第 222 - 29 - 1 条与第 227 - 26 条所指的轻罪，公诉时效期间为 20 年。这些时效期间仅自未成年人被害人达到成年年龄之日开始计算。

针对因年龄、疾病、身体残疾或体力减退或精神缺陷、怀孕而容易攻击的人实施的《刑法典》第 223 - 15 - 2 条、第 311 - 3 条、第 311 - 4 条、第 313 - 1 条、第 313 - 2 条、第 314 - 1 条、第 314 - 2 条、第 314 - 3 条、第 314 - 6 条与第 321 - 1 条所指轻罪，公诉时效期间自对于被害人看来具备可以提起公诉的条件之日开始计算。

第9条 违警罪案件的公诉时效期间为 1 年，时效之完成依第 7 条所做的特别区分。

第10条 （1980 年 12 月 23 日第 80 - 1042 号法律）民事诉讼在刑事法院进行时，其时效期间依公诉时效之规则；民事诉讼在民事法院进行时，其时效期间依《民法典》所定之规则。

（1981 年 2 月 2 日第 81 - 82 号法律）在对公诉已经作出裁判时，由刑事法院法官命令的仅涉及民事利益部分的审前准备措施，依民事诉讼之规则。

---

① 在 1980 年 12 月 23 日的法律之前，法国法律规定公诉因时效完成而消灭之后，不得再进行民事诉讼。本法典按照 1981 年 2 月 2 日第 81 - 82 号法律的规定，即使公诉时效已经完成，仍然可以进行民事诉讼，但只能在民事法院按照民事诉讼法的规则进行；反过来，则适用第 4 条第 2 款之规定。——译者注

第一卷　刑事政策的实施、提起公诉及预审

第一编　负责公诉及预审的机关

第 11 条　（2000 年 6 月 15 日第 2000 - 516 号法律第 96 条）在调查（enquête）和预审（instruction）① 过程中，程序保密，法律另有规定的除外，且不得损害防御权利（辩护权利）。②

任何参与此种程序的人，均有义务依《刑法典》第 226 - 13 条与第 226 - 14 条规定的条件保守职业秘密；违者，按照这两条的规定进行处罚。

（2000 年 6 月 15 日第 2000 - 516 号法律第 96 - 1 条）但是，为了避免散布不完整或不准确的信息，或者为了制止对公共秩序的扰乱，共和国检察官得依职权，或者应预审法庭③或当事人的请求，公布从程序中提取的不包含任何评论涉案人犯罪证据是否确实的客观材料。

第 11 - 1 条　（2004 年 3 月 9 日第 2004 - 204 号法律第 75 - 2 条）为了进行科学或技术性研究或调查，特别是为了防止发生事故或者方便对被害人的赔偿或者负责对被害人给予赔偿，按照具体情况，经共和国检察官或预审法官批准，正在进行中的司法程序的相关材料可以报送由司法部长听取有关部长的意见之后发布的行政决定赋予资格的机关或组织。在此情况下，这些机关或组织的工作人员有义务按照《刑法典》第 226 - 13 条与第 226 - 14 条规定的条件对

---

① 按照本法典第 14 条的规定，只要没有开始侦查，司法警察负责查证、勘验违反刑事法律的犯罪行为，搜集犯罪证据，查找犯罪行为人。司法警察进行的"调查"（enquête）称为"初步调查"（enquête préliminaire，也有人译为"预侦"）；本法典所说的"侦查"（information）是指由预审法官（或者预审庭）负责进行的侦查，也译为"正式侦查"（参见第 14 条的规定）；不是所有的案件都适用预审程序，不是所有程序都必须有预审法庭的参与。在需要预审法官进行预审的案件中，司法警察的职责和任务与其负责进行"初步调查"活动时相比有所不同。——译者注

② 此处原用语为"droit de la défense"，指"辩护权利"或"辩护方的权利"、"防御权"。——译者注

③ 刑事法庭（les juridictions pénales）分为预审法庭（la juridiction d'instruction）和审判法庭（juridiction de jugemen）。预审法庭分为两级：一级预审法庭是预审法官，二级预审法庭是上诉法院预审庭。上诉法院预审庭的前身称为上诉法院起诉审查庭（chambre d'accusation，直译为控告庭），现改称预审庭（chambre d'instruction）。本译文凡是简称"预审庭"的地方，都是指"上诉法院预审庭"；凡是使用"预审法庭"这一概念的地方，则包括预审法官与上诉法院预审庭（参见本法典第一卷第三编）。——译者注

这些信息保守职业秘密，违者，按照这两条的规定进行处罚。

第二章 检 察 院

第一节 一般规定

第31条 （2013年7月25日第2013-669号法律第3条）检察院按照其有义务遵守的公正原则①，行使公诉权，要求适用法律。

第32条 检察院在各刑事法院均驻有代表。②

检察官参加审判法庭的庭审辩论。所有判决均在检察院出席时作出宣告。

检察院确保司法判决的执行。

第33条 检察院有义务遵照在第36条、第37条及第44条规定的条件下向其发出的指令提出书面的意见书；③ 检察院可以自由地阐述其认为适当的有益于司法的口头意见。

---

① "公正原则"原文为"principe d'impartialité"，直译为"不偏不倚原则"。——译者注

② 见第34条与第39条。——译者注

③ 原则上，检察院自由决定是否对犯罪案件提起追诉，也可因上级发出的指令（参见第36条、第40-3条、第44条等）提起与进行追诉，但上级机关不得取代检察院启动公诉或停止已经进行的公诉。——译者注

芬　兰

刑事诉讼法[*]

第一章　提起控诉的权力

【总则】

第 1 条

（1）非经依法享有起诉权之人对犯罪行为提起指控，刑事案件不予受理。

（2）法院可以依职权对扰乱法庭秩序的人判处刑罚。①

【公诉人的控诉权】

第 2 条

（1）对犯罪行为提起控诉、支持公诉是公诉人的职责。

（2）就提起指控，法律有特殊规定的，如被害人提起告诉或有权机关下达命令、表示同意，应从其规定。

第 3 条

（1）就未经告诉公诉人不得提起控诉的犯罪行为，被害人已经提起告诉的，如果该案还有其他犯罪嫌疑人，公诉人有权对被害人没有告诉的其他犯罪嫌疑人提起控诉。

（2）如果未成年人或其他无完全行为能力人的抚养人、监护人或其他法定代理人对其实施了第 1 款所列的犯罪，即使没有被害人告诉，公诉人也有权就该犯罪行为提起控诉。（445/1999）

＊　本法于 1997 年 7 月 11 日由芬兰议会批准，1997 年 10 月 1 日实施。最近一次修正时间是 2015 年 7 月 12 日。本译本根据芬兰司法部官网提供的英语文本翻译。

①　本款的原文是：However, a court of law may, on its own initiative, sentence a person to punishment for a procedural infraction. 之所以将"procedural infraction"翻译成"扰乱法庭秩序"，是因为在刑事诉讼法上，法院只有在行为人扰乱法庭秩序并构成犯罪的情况下才可以突破"不告不理原则"的限制，而径直对犯罪人判处刑罚。——译者注

第 4 条

（1）就未经告诉公诉人不得提起控诉的犯罪行为，如果被害人是无完全行为能力人的，被害人的监护人或其他法定代理人有权提起告诉。但被害人是未成年人的，则其抚养人或其他法定代理人有权提起告诉。（445/1999）

（2）当无完全行为能力人独自管理的财产或在其行为能力范围内所为的交易受到犯罪侵害时，该无完全行为能力人本人有权独立提起告诉。当无完全行为能力人人身遭受犯罪侵害时，如果该无完全行为能力人已满18周岁且能够理解提起告诉的法律意义，则该无完全行为能力人也有权提起告诉。

（3）已满15周岁的未成年人人身受到侵害时，该未成年人享有与其抚养人或其他法定代理人同等的提起告诉的权利。

第 4a 条 （445/1999）

对于行为能力非因宣告为无行为能力而受限制的人，受到未经告诉公诉人不得提起控诉的犯罪行为侵害，如果该犯罪行为侵害的事项属于被害人的监护人专属的行为能力事项，则只有该监护人有权向公诉人提起告诉。但是，如果该犯罪行为侵害的事项属于监护人和被监护人都有权决定的行为能力事项，则监护人和被监护人均有权提起告诉。

第 5 条

被害人应当向犯罪管辖地的公诉人或警察提起告诉，如果向犯罪管辖地以外的公诉人或警察提起告诉的，该公诉人或警察应当无迟延地将其移送给有权机关。

第 6 条

当不利于犯罪嫌疑人的证据达到初步证明程度时，公诉人应当提起控诉。

第 7 条

下列情形下，公诉人可以作出不起诉决定：

①最高法定刑是罚金刑，且该犯罪行为的社会危害性与犯罪人的可责性不大；

②犯罪人未满18周岁的，最高法定刑是罚金刑或6个月以下监禁刑，且该犯罪行为是基于判断力不足或疏忽大意，而非出于对法律的禁止性或命令性规定的无视。

第 8 条

除非基于重大的公共利益或个人利益的需要，公诉人可以就第7条所列情形之外的下列情形作出不起诉决定：

①犯罪人与被害人达成了和解协议、犯罪人采取措施避免或消除了犯罪的危害后果，或者基于犯罪人个人情况、犯罪行为对犯罪人本人产生的影响，以

及犯罪人正在接受社会救济或卫生保健等相关情形，使得审判及刑罚不合理或无意义；

②在量刑过程中，根据合并处罚的规定并考虑到已判处的刑罚，该犯罪行为对于最终量刑没有实质影响的。

第 8a 条（894/2001）

除非基于公共利益的需要，公诉人可以放弃请求没收财产，如果：

①没收对象或财产的权益或价值微不足道；

②基于案件的性质，对请求基础进行审查或法院对请求进行审理所产生的费用明显不合理；

③依据第 7 条或第 8 条或其他类似的法律规定没有对犯罪行为提起控诉。

第 9 条

（1）公诉人应当尽早向犯罪人以及被害人发布并送达不起诉的决定，使得被害人有时间依据第 14 条作出准备并提起控诉。不起诉的决定应当通过邮寄的方式或依据《司法程序法》第十一章的有关规定送达。

（2）如确有必要，公诉人可以对犯罪人进行口头训诫。

第 10 条

（1）公诉人依据第 7 条或第 8 条的规定作出不起诉决定的，若犯罪人提出请求，公诉人应将针对犯罪人的可责性所作出的决定交由法院处理。犯罪人应当在第 9 条第 1 款所列不起诉决定送达后 30 日内向公诉人提交书面请求。

（2）不起诉决定提交给法院后，应当无迟延地通知犯罪人庭审的时间和地点，并告知法院在其缺席的情况下依然会就请求事项作出判决。另外，如果适当，刑事诉讼的有关规定适用于对犯罪人提出请求事项的审理。

第 11 条

（1）公诉人作出不起诉决定的，仅当出现新的证据证明先前所作出的不起诉的决定是基于本质上不完整或错误的信息时，公诉人可以撤销不起诉决定。

（2）上级公诉人有权依据特殊规定重新对案件进行审查。

第 11a 条（894/2000）

公诉人应当将放弃请求没收财产的决定向第 9 条第 1 款所列的相关人员送达。此外，如果适当，应当适用第 10 条和第 11 条的规定。

第 12 条

（1）提起控诉后，如果出现第 7 条或第 8 条所列公诉人可以不提起控诉的情形，公诉人可以放弃控诉。公诉人不起诉的通知应当向第 9 条第 1 款所列有关人员送达。

（2）但是，如果刑事案件的被告人对此提出反对或者案件的判决已经公布，公诉人不得放弃控诉。

第 13 条

公诉人既可以提出有利于被告人的上诉，也可以将不利于被告人的上诉变更为有利于被告人的上诉。

【被害人提起控诉的权利】

第 14 条

（1）仅当公诉人作出不起诉决定时，被害人可以对犯罪行为提起控诉。被害人针对职务犯罪行为提起控诉的权利适用《芬兰宪法》第 118 条第 3 款的有关规定。（1250/1999）

（2）但是，被提起告诉的人或被控诉实施了犯罪行为的人，在任何情况下，无须公诉人作出不起诉的决定，可以针对虚假指控或无事实根据的指控提起控诉。

（3）被害人享有支持由公诉人或其他被害人提起控诉的权利，以及提出新的事实支持控诉的权利。被害人无论是否在案件中作出过陈述，可以针对案件判决提出上诉。

第 15 条

（1）公诉人或其他被害人放弃控诉的，被害人可以继续就控诉进行诉讼。

（2）被害人对放弃的控诉继续进行诉讼的，应当在收到放弃控诉通知书30 日内书面告知法院。

（3）被害人不对放弃的控诉继续进行诉讼的，不再享有另行提起控诉的权利。如果另行提起控诉，法官应当应被告人的请求予以驳回。

第 16 条

（1）被害人撤回提起控诉的请求的，不再享有就犯罪行为请求提起控诉的权利。如果被害人放弃控诉、拒绝提起控诉或拒绝起诉案件的，不再享有提起控诉的权利。

（2）如果属于未经被害人告诉公诉人不得提起控诉的案件，被害人在公诉人提起控诉之前撤回请求的，公诉人不得对犯罪行为提起控诉。被害人撤回控诉请求的效力不及于所有犯罪人的，公诉人提起控诉不受妨碍。

第 17 条

（1）被害人因犯罪被杀害的，其未亡配偶及子女享有被害人享有的提起控诉的权利。被杀害的被害人无存活的配偶或子女的，其父母及兄弟姐妹享有被害人享有的提起控诉的权利。如果享有提起基本控诉权的被害人配偶或子女中的一人或数人被怀疑实施了犯罪行为的，其父母和兄弟姐妹也享有被害人享有的提起控诉的权利。

（2）如果被害人因其他原因死亡的，第 1 款所列亲属同被害人一样享有请求提起诉讼或提起控告以及追诉案件的权利，但被害人有遗愿，希望不要提出提起控告的请求或不要提起控告的除外。

第五章　提起控诉

【传票申请】
第 1 条

（1）公诉人以向地区法院登记处递交书面传票申请的方式对案件提起控诉。法院认为确有必要的可以发布命令，由公诉人通过自行传唤被告人到庭对其提起控诉。

（2）传票申请递交至法院登记处时，或者公诉人自行传唤被告人到庭的，传票送达至被告人时，刑事案件即被受理。

第 2 条

对法院可以依职权进行处罚的犯罪行为提起控诉的，不需要传票。

第 3 条

（1）传票申请中应当列明：

①被告人；

②被害人；

③控诉的行为，行为作出的时间、地点以及其他对该行为进行详细说明所必要的信息；

④公诉人认为实施了何种犯罪行为；

⑤应当受到的刑罚及没收财产的请求，以及相关法律依据；

⑥公诉人根据第三章第 9 条代被害人提出的民事诉讼请求；

⑦公诉人想要展示的证据以及每一份证据想要证明的对象；

⑧构成提起控诉先决条件的请求、命令或许可；以及

⑨法院对该案享有管辖权所基于的情形，在提交传票申请时有明确管辖权的除外。

（2）除上述规定外，传票申请中应当列明法院名称及当事人姓名，以及当事人的法定代理人、辩护律师或代理律师的联系方式。此外，应当将当事人、证人以及参加案件审理的其他人的联系方式以适当的形式向法院提交。

（3）被告人被限制人身自由超过 24 小时的，传票申请中应当列明剥夺人身自由持续的时间；根据第 13 条第 1 款，传票申请中还应当列明是否存在受理控诉后 2 周内举行主庭审程序的理由。

（4）公诉人应当在传票申请上签字。

第 4 条

公诉人应向法院提交刑事侦查卷宗、书面证据、证据材料以及其他审理案件所必需的文件；这些文件应当作为传票申请的附件一并向法院提交或在提起控诉之后无迟延地向法院提交。

【传票申请内容的完整性】

第 5 条

（1）传票申请内容不完整的，法院应当告诫公诉人在一定期限内对其进行补充，同时应当将传票申请内容的不完整之处告知公诉人。

（2）基于特殊原因，法院可以对第 1 款所列期限进行延长。

【对未签发传票案件的驳回】

第 6 条

如果公诉人没有接受法院的告诫将传票申请内容补充完整的，或者传票申请极度不完整以致不足以支撑诉讼进行的，或者存在其他导致案件不能得到受理的理由的，法院应当立即将案件予以驳回。

【刑事侦查的完整性】

第 7 条

刑事侦查的不完整性妨碍主庭审程序继续进行的，法院应当将刑事侦查的不完整性通知公诉人并告诫其在一定期限内将刑事侦查补充完整。

【由法院签发的传票以及案件的其他准备工作】

第 8 条

（1）案件没有出现第 6 条需要立即驳回的情形的，法院应当无迟延地签发传票。

（2）传票、传票申请以及第三章第 10 条所列的民事诉讼请求应当按照《司法程序法》第十一章有关"送达"的规定向被告人送达。

（3）基于特殊原因，向被告人送达传票不仅包括送达传票本身，还应将第 3 条第 1 款第 3 项至第 5 项的内容告知被告人。在此情形下，传票申请以及第三章第 10 条所涉及的民事诉讼请求应当毫无迟延地邮寄至被告人，以便在主庭审程序开始前被告人有充足的时间准备答辩意见。

第 9 条

（1）传票中，应告诫被告人对针对其提起的控诉，在法定期限内以书面形式或在庭审过程中以口头形式进行回应。在传票中，需告诫被告人应当：

①就针对其提出的请求阐明自己的立场；

②如果对控诉或其他权利请求持反对态度，就自己的立场说明理由；

③介绍其将要展示的证据并且陈述证据想要证明的事项，除非基于被告人自身的供述或其他情形，需要证明的事项已十分明显，则被告人不必一定提出证据；

④将承载书面证据的媒介提交至法院。

（2）签发告诫书时，法院应就需要被告人有针对性地提出答辩意见的事项作出指导。

（3）被告人就诉讼请求作出答辩时，应当向法院提交将要参加庭审的证人的联系方式。

（4）基于特殊原因，即使对于答辩有书面形式的要求，法院可以允许被告人在法院登记处或在法院进行庭审时进行口头答辩。

第 10 条

（1）为了保障主庭审程序及时进行，基于特殊原因确有必要在案件中设置预备庭审程序的，应当设置。

（2）法院认为确有必要的，可以告诫当事人在预备庭审开始之前或在预备庭审之后、主庭审开始之前向法院提交书面陈述。该情形下，法院应当就需要当事人在书面陈述中阐明的事项进行指导。

（3）在预备庭审过程中，当事人不得向法院宣读或提交书面陈述，也不得通过其他方式使案件以书面形式进行审理。

（4）当事人可以宣读其诉讼请求、直接引用的判例法、教科书以及包含有仅通过口头陈述难以使人理解的技术资料和数据资料的文件。此外，当事人可以借助笔记辅助记忆。

第 11 条

（1）如果对于确保主庭审程序及时获得证据确有必要，法院在主庭审程序开始前，可以委托专家证人，调查证据，要求提供与案件相关的文件或其他书面证据，并可以进行审查或采取其他准备措施。

（2）一方当事人希望采取本条中涉及的任意措施的，应当向法院提出请求。

【转移案件至主庭审程序】

第 12 条

（1）预备庭审后，应当将案件无迟延地转移至主庭审程序。

（2）认为书面答辩或预备庭审确无必要的，应当发布案件直接进入主庭审程序的命令。

第 13 条

（1）未满 18 周岁的被告人被控诉犯有可能被判处 6 个月以上监禁刑的犯

罪行为，或被告人被拘留、禁止迁移或暂停担任公职的，主庭审程序应当在刑事案件受理后 2 周内进行。如果拘留、禁止迁移或暂停担任公职的命令在提起控诉后下达，开始主庭审程序的期限从法院下达命令起计算。

（2）基于第 7 条或第 11 条所列措施、对控诉合并进行庭审的需要，或有其他重要原因的，可以下达命令对第 1 款所涉 2 周的期限予以延长。

第 14 条

即使能够分开进行裁判的案件的其他部分没有做好进入主庭审程序的准备，可以安排主庭审程序对程序性事项以及能够分开进行裁判的案件的一部分进行审理。

第 15 条

（1）公诉人、未经公诉人提起民事诉讼请求的被害人、被告人以及根据第二章指定的辩护律师或提供法律支持的人员，应当被传唤到庭参加庭审。

（2）民事诉讼请求由被害人或公诉人以外的其他人针对犯罪行为提出的，或者民事诉讼请求是针对被告人以外的其他人提出的，应当传唤该其他人到庭参加庭审。

（3）送达传票时，应当告知当事人庭审开始的日期、时间、地点以及不能到庭参加庭审可能面临的处罚。送达传票时，应当向当事人送达答辩状、书面陈述或对方当事人向法院提交的证据。

第 16 条

一方当事人希望在主庭审中出示之前未提及的证据的，当事人应当在主庭审开始前无迟延地告知法院将要展示的证据并且说明证据想要证明的事项。

【控诉的变更】

第 17 条

（1）控诉一旦提出不得变更。但是，如果法院基于既得证据或其他因素认为适当的，公诉人可以针对同一被告人实施的其他行为增加指控。

（2）公诉人对控诉的限制、适用法律的变化或援用新情况以支持控诉不属于控诉的变更。

（3）第 1 款和第 2 款有关控诉的规定同样适用于参加案件庭审的被害人对被告人应当判处的刑罚提出的请求。第七章第 23 条适用于仅由被害人提起控诉的刑事案件有关权利请求的变更。

【对控诉合并进行庭审】

第 18 条

（1）对同一被告人实施的不同犯罪行为提起的控诉或者对不同被告人的相同犯罪行为提起的控诉应当合并进行庭审，认为对犯罪行为的庭审分开进行更为合适的除外。对于其他由不同犯罪人实施的不同的犯罪行为，如果合并进行庭审有助于争议事实的解决，也应当合并进行庭审。

（2）如果对争议事实的庭审分开进行具有正当性，已经开始对不同控诉进行合并庭审的应当分开进行。

（3）第 1 款、第 2 款有关控诉的规定同样适用于对公司进行处罚的请求。

【由公诉人签发的传票】

第 19 条

（1）公诉人根据第 1 条的有关规定自行签发传票的，适用第 3 条至第 9 条的规定。

（2）公诉人应当根据《司法程序法》第十一章，向被告人送达传票、附于传票之上的文件以及向第 15 条第 1 款和第 2 款提及的当事人和参加预备庭审的人员送达参加庭审的传票。公诉人还应当立即将传票以及参加庭审的传票的送达情况告知法院。

荷　兰

荷兰刑事诉讼法典[*]

第一编　总　　则

第一章　刑事诉讼程序的一般规定

第三节　对犯罪行为的追诉

第 7 条　最高法院管辖的第一审犯罪行为，由最高法院检察官负责追诉。

---

[*] 本法典于 1921 年 1 月 15 日由荷兰议会批准，1926 年 1 月 1 日生效。截至交稿前，最后一次修正时间是 2015 年 3 月 28 日。本译本来源于 http：//www. ejtn. eu/PageFiles/6533/2014% 20seminars/Omsenie/WetboekvanStrafvordering_ ENG_ PV. pdf（2015 年 5 月 15 日访问）提供的英文文本，以及参考 2003 年法律出版社郎胜、熊选国主编的《荷兰刑事诉讼法（节译）》一书翻译，该书语言为汉语。

第 8 条　最高法院检察官委员会应当保障地区法院和上诉法院管辖的犯罪行为得到适当追诉。为此目的，委员会有权向各检察机关的检察长发出必要的指令。

第 9 条　1. 地区法院检察院（arrondissementsparket）的检察官负责对地区法院有管辖权的犯罪行为进行追诉。

2. 国家检察院（landelijk parket）的检察官负责对一般行政命令专门规定的犯罪行为进行追诉。

3. 专门检察院（functioneel parket）的检察官负责对《特别侦查机构法》（Wet op de Bijzondere Opsporingsdiensten）第 3 条规定的特别侦查机关负责侦查的犯罪行为进行追诉。

4. 上诉法院检察院（ressortsparket）的检察官负责对上诉法院有管辖权的犯罪行为进行追诉。

第 10 条　1. 有权进行调查的检察官，可以在其所属的地区法院辖区外的其他地区法院辖区内，采取或者命令他人实施特定的调查行为。在此情形下，他应当及时通知其他地区法院的检察官。

2. 在紧急必要的情形下，检察官可以委托在必须实施侦查行为的其他地区法院辖区内的检察官，实施特定的调查行为。

3. 有权出席法庭审理的检察官，也可以在其所属的地区法院辖区外的其他地区法院辖区内，出席法庭审理，如果法庭审理活动是在该辖区内进行的。

第 11 条　（废止）

第四节　对不起诉决定的抗告

第 12 条　1. 对于不起诉决定、终止起诉决定或者通过签发刑事处罚令的方式进行追诉的决定，直接利害关系人有权向不起诉或者终止起诉决定的作出地或者刑事处罚令签发地所在辖区的上诉法院，提出书面抗告。如果决定是由国家检察院或者专门检察院的检察官作出的，海牙上诉法院对抗告具有管辖权。如果决定是由交通运输检察院（parket centrale verwerking openbaar ministerie）的检察官作出的，抗告人住所地或者居所地所在辖区的上诉法院具有管辖权。上述上诉法院没有行使管辖权的，阿纳姆—吕伐登（Arnhem – Leeuwarden）上诉法院具有管辖权。

2. 直接利害关系人包括，依据其目的与实际活动，其利益受到不起诉决定或者终止起诉决定直接影响的法人。

3. 对于第 482a 条规定的已经生效的最终判决，不得提出抗告。

第 12a 条 1. 上诉法院书记员收到抗告书后，应当向抗告人书面回函确认收悉。

2. 上诉法院收到书面抗告后，应当要求上诉法院检察官就抗告事项作出书面报告。

第 12b 条 抗告不受上诉法院管辖的，上诉法院应当宣布无管辖权。如果上诉法院认为其他上诉法院有权管辖，或者依据第 13a 条规定最高法院有管辖权的，上诉法院应当将案件移送给其认为有管辖权的法院，并同时寄送抗告书及其上诉法院内庭作出决定的副本。

第 12c 条 抗告明显不应受理或者抗告理由明显不充分的，上诉法院可以不作进一步审理，直接宣布抗告不予受理或者抗告理由不充分。

第 12d 条 1. 除第 12b 条和第 12c 条规定的情形外，上诉法院在作出决定之前，必须对抗告人进行听审，或者至少为此目的适当通知抗告人到庭。

2. 抗告人先前已就同样的犯罪行为提出过抗告的，上诉法院可以拒绝通知抗告人到庭，除非抗告人提出新的事实，而且如果上诉法院以前知悉这些事实，会对先前的抗告作出不同的决定。

3. 如果抗告人超过两人，上诉法院可以只通知抗告书中写明姓名和地址的前两个人到庭。

第 12e 条 1. 上诉法院可以通知被请求起诉人到庭，以给予其对抗告书中的请求及理由发表意见的机会。出庭通知书中应当随附抗告书副本或者对抗告所涉及的犯罪行为的说明。

2. 上诉法院在听取被请求起诉人的意见之前，或者至少在为此目的适当通知其到庭之前，不得作出第 12i 条第 1 款规定的命令。第 273 条第 1 款准用。

第 12f 条 1. 在内庭审理过程中，抗告人和被请求起诉人可以获得法律帮助。他们可以由获得其全权授权的律师或者获得书面特别授权的人员代理。出庭通知书中应当写明获得法律帮助的权利以及请求指定律师的可能性。

2. 除第 12b 条和第 12c 条规定的情形外，抗告人、被请求起诉人及其律师或者获得授权的代理人请求查阅与案件有关的材料的，上诉法院院长应予批准。查阅材料应当遵循院长规定的方式。为了保护个人隐私或者保障对犯罪行为的侦查和追诉，或者出于重大的保护公共利益的理由，院长可以依职权或者经上诉法院检察官要求，禁止查阅特定材料。

3. 为了保护个人隐私或者保障对犯罪行为的侦查和追诉，或者出于重大的保护公共利益的理由，院长可以依职权或者经上诉法院检察官要求，拒绝提供特定材料的副本或者部分特定材料的副本。

4. 在第 3 款规定的情形下，应当书面通知抗告人或者被请求起诉人不对其提供特定材料的副本或者部分特定材料的副本。

第 12g 条 被请求起诉人在内庭审理过程中没有义务回答对他的提问。法院在听审之前应当告知其这一权利。告知应当在笔录中注明。

第 12h 条 对抗告人和被请求起诉人的听审，也可以委托上诉法院的一名法官进行。

第 12i 条 1. 上诉法院对抗告有管辖权的，应当受理抗告，上诉法院认为应当启动追诉或者继续追诉的，应当命令对抗告所涉及的犯罪行为启动追诉或者继续追诉。除上诉法院另作决定外，不得以签发刑事处罚令的方式启动追诉或者继续追诉。

2. 上诉法院也可为了公共利益拒绝作出这种命令。

3. 上诉法院在命令中，可以要求检察官提出第 181 条规定的请求预审法官实施特定调查行为的要求，或者传唤被请求起诉人到庭。

4. 在其他情形下，除第 12b 条另有规定外，上诉法院应当驳回抗告。

第 12j 条 上诉法院审理抗告的法官最好不参与案件审理。

第 12k 条 1. 签发刑事处罚令的，直接利害关系人应当自知悉刑事处罚令之日起 3 个月以内提出抗告。

2. 如果刑事处罚令没有完全执行，也可以在这一期限届满以后提出抗告。

第 12l 条 1. 对犯罪嫌疑人实施的犯罪行为不得进行刑事追诉的，或者已向犯罪嫌疑人送达终结刑事诉讼裁定的，抗告不予受理。

2. 如果抗告涉及的是犯罪嫌疑人被送达终止起诉通知的犯罪行为，有事实表明直接利害关系人已知悉这一通知的，应当自知悉通知之日起 3 个月以内提出抗告。

第 12m 条 （1994 年 1 月 1 日废止）

第 12n 条 （1994 年 1 月 1 日废止）

第 12o 条 （1994 年 1 月 1 日废止）

第 12p 条 （1994 年 1 月 1 日废止）

第 13 条 1. 如果没有提出过第 510 条规定的书面请求，直接利害关系人可以向有管辖权的上诉法院对未提出这种请求的行为提出抗告。上诉法院可以要求上诉法院检察官对此提交报告，也可以命令提出书面请求。

2. 上诉法院也可基于公共利益理由而拒绝作出这种命令。

3. 对抗告的处理应当遵守第 12a—12l 条的规定。

第 13a 条 如果抗告涉及最高法院第一审管辖的犯罪行为，第 12—12j 条中关于上诉法院、上诉法院法官和上诉法院检察官的规定，适用于最高法院、最高法院法官和最高法院检察官。

第五节　暂缓起诉

第 14 条　1. 如果对被起诉的犯罪行为的评价取决于民事诉讼中对一项争议的评价，法官可以在起诉的任何阶段，在一定期限内暂缓起诉，以等待民事法官对该争议作出判决。

2. 暂缓起诉可以多次延长一定期间，亦可随时撤销。

第 14a 条　犯罪嫌疑人是未成年人的，如果在起诉的同时，其父母或者监护人的双方或一方分别提出或者被提出取消或者剥夺对犯罪嫌疑人的亲权或者监护权或者对犯罪嫌疑人进行监管的请求，可以在有关决定生效之前暂缓起诉。

第 15 条　犯罪嫌疑人收到继续追诉的通知以后，或者虽然未收到继续追诉的通知但被传唤到庭的，犯罪嫌疑人只可能以存在民事法律争议的理由，请求暂缓起诉，但只可在针对通知或者传票提出的异议中或者在法庭审理中提出暂缓起诉请求。

第 16 条　1. 如果犯罪嫌疑人因精神疾病或者精神缺陷，没有能力理解对他提起起诉的意义的，法官应当随时决定暂缓起诉。

2. 一旦犯罪嫌疑人恢复健康，应当撤销暂缓起诉。

第 17 条　1. 暂缓起诉的，法官仍可命令采取紧急措施。

2. 法官可以命令暂缓起诉并不影响审前羁押。

第 18 条　（1994 年 1 月 1 日废止）

第 19 条　1. 暂缓起诉裁定应当由法院依职权、经检察机关要求或者经犯罪嫌疑人或其辩护人的请求作出。裁定应当由审理案件或者最后审理案件的事实审法院作出。

2. 裁定应当及时送达犯罪嫌疑人。

第 20 条　1. 对暂缓起诉裁定，检察机关可自裁定作出之日起 14 日以内提出上诉，犯罪嫌疑人可自裁定送达之日起 14 日以内提出上诉。对主案不允许提出上诉的，只可在相同期限内向最高法院提出撤销之诉。对于上诉法院内庭作出的上诉裁定，可以在相同期限内提出撤销之诉。

2. 最高法院、上诉法院或者地区法院应尽快作出决定。第 19 条第 2 款适用。

第二编　第一审刑事诉讼程序

第一章　犯罪侦查

第五节　起诉决定

第 167 条　1. 检察机关依据犯罪侦查结果，认为应当通过签发刑事处罚令或者以其他方式提起公诉的，应当尽快提起公诉。

2. 可以基于公共利益原因作出不起诉决定。检察机关可以在特定条件下，作出在一段期限内暂缓起诉的决定。

第 167a 条　如果《刑法典》第 245 条、第 247 条、第 248a 条、第 248d 条或者第 248e 条规定的重罪是针对年满 12 周岁的未成年人实施的，检察机关应当尽可能给予未成年人对所实施的行为发表意见的机会。

第四章　继续追诉的决定

第 242 条　1. 在预审结束后，如果检察机关认为应当继续追诉，应当通过签发刑事处罚令方式或者其他方式，尽快继续追诉。

2. 在法庭审理尚未开始之前，可以基于公共利益理由决定终止追诉。检察机关可以在规定一定条件的情形下，推迟一定期限作出是否终止追诉的决定。

3. 检察官对犯罪嫌疑人规定了条件的，如果检察官尚未提取犯罪嫌疑人 1 个或者多个指纹或者要求提供《身份义务法》第 1 条规定的身份证件，他应当将为了确认犯罪嫌疑人身份目的而允许提取上述指纹或者提供身份证件作为一个条件。为了履行条件的目的，在执行条件时应当按照第 27a 条第 1 款第 1 句和第 2 款的规定确定犯罪嫌疑人的身份。

第 243 条　1. 检察决定终止起诉的，应当及时书面通知犯罪嫌疑人。

2. 如果犯罪嫌疑人因犯罪行为被处以行政罚款，或者已向犯罪嫌疑人送交《一般行政法》（Algemene wet bestuursrecht）第 5∶50 条第 2 款第 1 项规定的通知的，上述罚款或者通知与终止起诉通知具有同等法律效力。

3. 终止起诉通知应当送达犯罪嫌疑人。

4. 对重罪进行追诉的，检察官应当及时书面通知直接利害关系人终止起诉决定。

5. 已经申请或者已经批准第 12 款或者第 13 款规定的命令的，在起诉地所在辖区的上诉法院批准上述命令之前，检察官不得作出终止起诉通知。为此目的，检察官应当命令将诉讼材料，连同写明通知终止起诉决定的理由的报告，一并送交上诉法院。

第 244 条 （废止）

第 245 条 （废止）

第 245a 条 （废止）

第 246 条 1. 在作出终止起诉的通知后，案件终结。

2. 地区法院没有管辖权的，可以由其他法院继续审理。如果案件与其他地区法院正在审理的刑事案件有关联，案件同样可以由其他法院继续审理。

第 247 条 如果因以下理由对案件终止起诉的，应当在通知书中写明理由：

a. 地区法院没有管辖权；

b. 与其他地区法院正在审理的刑事案件合并审理；

c. 对检察官的起诉不予受理；

d. 犯罪行为或者犯罪嫌疑人不应受到刑罚处罚；

e. 没有充分证据证明罪责。

第 248 条 （废止）

第 249 条 （1994 年 1 月 1 日废止）

第 250 条 （废止）

第 251 条 （1994 年 1 月 1 日废止）

第 252 条 （废止）

第 253 条 （废止）

第 254 条 （废止）

第 255 条 1. 除第 12i 条或第 246 条另有规定外，在对犯罪嫌疑人不予起诉、作出案件终结裁定或者宣布案件结束以后，除非出现新证据，不得再因同一犯罪行为对犯罪嫌疑人进行追诉。

2. 新证据只能是嗣后作出的或者尚未被调查过的证人证言、犯罪嫌疑人供述以及材料、文件和笔录。

3. 在此情形下，只有在检察官对新证据进行犯罪侦查以后，才能传唤犯罪嫌疑人到地区法院接受审理。

4. 只有在预审法官经负责侦查犯罪行为的检察官的要求作出授权以后，检察官才能进行第 3 款规定的犯罪侦查。

第 255a 条 1. 除第 12i 条另有规定外，如果对犯罪嫌疑人签发的刑事处罚令已经执行完毕，不得因同一犯罪行为对犯罪嫌疑人继续追诉。

2. 检察官撤销刑事处罚令的，第 1 款准用。

3. 如果因刑事处罚令中的一项犯罪行为传唤犯罪嫌疑人的，不得继续执行刑事处罚令。执行已经开始的，应当中止或者推迟执行。

关于预审的最后条款

第 256 条　1. 如果地区法院认为在预审阶段形式条款未得到遵守，或者未按照法律规定送达或者送达无效的，第 199 条准用。

2. 已经开始法庭审理的，那么在预审阶段对形式条款的违反不会导致无效。

第 257 条　（废止）

第五章　将案件提交法庭审理

第 258 条　1. 应当通过以检察官的名义传唤犯罪嫌疑人的方式将案件提交法庭审理；法庭审理程序因此得以开始。

2. 地区法院院长经检察官请求和建议，确定法庭审理的日期。在确定法庭审理日期或者嗣后其他日期时，他可以命令犯罪嫌疑人本人到庭；为此目的，他可以命令拘传。对于基于事实和情形不可能执行出庭通知书的证人，院长也可以命令拘传。此外，地区法院院长可以命令检察官进行或者指令进行补充调查，并将数据载体和材料归入诉讼材料，或者提交证据材料。

3. 第 51e 条第 2 款第 1 句、第 3 款、第 5 款或者第 6 款规定的人员可以请求院长批准其辩护人或者其他获得特别授权的人员行使陈述权。如果有 3 名以上的第 51e 条第 4 款第 b 项规定的幸存亲属表明其行使陈述权的意愿，但对最终行使陈述权的人选无法相互达成一致意见的，院长应当指定 3 名可以行使陈述权的人员。

第 259 条　被提交同一法庭审理的犯罪行为，如果犯罪行为之间有关联，或者犯罪行为是由同一人员实施的，为了调查的需要，应当合并审理，并通知地区法院。

第 260 条　1. 检察官有权通知证人、被害人或其幸存亲属、鉴定人和口译人员到庭。犯罪嫌疑人不通晓荷兰语或者只通晓少许荷兰语的，在任何情形下都应通知口译人员到庭。

2. 如果第 51e 条第 2 款第 1 句规定的人员或者第 51e 条第 3 款和第 4 款规定的幸存亲属，以及通知检察官依据第 51e 条第 6 款和第 7 款行使陈述权意愿的人员，书面请求检察官通知其到庭以行使陈述权的，检察官应当按照请求予以通知。

3. 传唤犯罪嫌疑人的传票中应当写明检察官通知到庭的证人和鉴定人的姓名、职业、住所或者居所，上述情形未知的，应当写明对证人和鉴定人的描述。在传票中还应当写明为在庭审时行使陈述权的目的而通知被害人或者其幸存亲属到庭，尚未依据第51g条第2款通知犯罪嫌疑人的，还应当写明通知受损害人到庭，通知口译人员到庭的也应当在传票中写明。

4. 在上述传票中应当告知犯罪嫌疑人有权要求书面通知证人和鉴定人到庭或者要求拘传其到庭；同时还应告知其第262条第1款、第263条第1款、第2款和第3款以及第278条第2款的规定。

5. 犯罪嫌疑人不通晓荷兰语或者只通晓少许荷兰语的，应当及时向犯罪嫌疑人提供传票的书面译文，或者以犯罪嫌疑人理解的语言书面通知其必须到庭的地点、日期和时间、对犯罪行为的简短描述以及第3款第2句和第4款规定的通知。

6. 犯罪嫌疑人实施重罪时年满18周岁但不满23周岁的，如果检察官意欲适用《刑法典》第77c条，他应当通知犯罪嫌疑人。在此情形下，犯罪嫌疑人有到庭的义务。在传票中应该写明，如果他不履行该义务，法院可以拘传。

第 261 条 1. 传票中应当载有对被起诉的犯罪行为的描述，并写明实施犯罪行为的大概的时间和地点；此外还应当写明犯罪行为应当受刑罚处罚所依据的法律条款。

2. 传票中还应当写明是在何种情形下实施犯罪行为的。

3. 如果犯罪嫌疑人依据逮捕或者继续羁押令被审前羁押，而且审前羁押的有效期不得再依据第66条第3款予以延长的，命令中对犯罪行为的描述即可作为传票中对犯罪行为的描述。

第 262 条 1. 犯罪嫌疑人可以自传票送达之日起8日以内向地区法院对传票提出异议。

2. 第1款规定的期限尚未届满的，只有经犯罪嫌疑人同意，地区法院才能开始法庭审理程序。犯罪嫌疑人同意的视为放弃提出异议权。在其他情形下，地区法院应当推迟一定期限开庭或者无限期推迟法庭审理。除对犯罪嫌疑人的被提起起诉的所有罪行终止起诉外，一旦就整个异议所作出的裁定生效，应当在考虑传票内容的情形下，重新传唤犯罪嫌疑人、证人、鉴定人和口译人员在确定的法庭审理日期到庭。第263条和第265条准用。

3. 地区法院在作出决定之前，可以指令预审法官实施调查并为此向其移送有关材料。调查应当依据本编第二章至第五章和第七章的规定进行。

4. 地区法院对犯罪行为没有管辖权的，应当宣布其没有管辖权。

5. 起诉不予受理的、继续追诉通知所涉及的罪行不具有刑罚可罚性的、犯罪嫌疑人不负刑事责任的或者罪责证据不充分的，应当全面终止对犯罪嫌疑人起诉，或者对地区法院在其裁定中详细指明的部分起诉内容终止起诉。

6. 在其他情形下，地区法院应当宣布对犯罪嫌疑人的异议申请不予受理，或者宣布异议理由不充分，必要时应当指出必须起诉内容必须变更之处。

7. 宣布缺乏管辖权或者终止起诉的裁定已经对全部起诉内容生效的，应当取消已经送达的传票。宣布缺乏管辖权或者终止起诉的裁定已经对部分起诉内容生效的，应当对起诉内容进行变更，以与裁定相一致。

第262a条 1. 在宣布缺乏管辖权或者终止起诉的情形下，检察机关可以自地区法院作出裁定之日起14日以内向上诉法院提出上诉，以及嗣后提出撤销之诉。

2. 犯罪嫌疑人可以自上诉法院裁定送达本人之日起14日以内，对上诉法院的裁定提出撤销之诉。

第263条 1. 犯罪嫌疑人有权请求通知证人和鉴定人到庭。犯罪嫌疑人不通晓荷兰语或者只通晓少许荷兰语的，可以向检察官请求在法庭审理阶段配置口译人员提供帮助。

2. 如果至迟在开庭14日以前向犯罪嫌疑人送达传票的，犯罪嫌疑人应当至迟在开庭10日以前向检察官提出上述请求。如果迟于开庭日前第14日送达传票的，在送达之日后的第4日，至迟在开庭3日以前，请求期限届满。

3. 请求应当由犯罪嫌疑人本人在检察机关提出，或者书面提出。书面请求应当提交给检察官。在以挂号信以外的方式寄送书面请求的情形下，犯罪嫌疑人应当保证检察官及时收到请求。他应当写明地址、职业、住所或者居所，如果上述情况不明，他应当作出尽可能准确地描述。提出书面申请的，收到信件的日期，应当立即记录在信件上，并应视为提出请求的日期。

4. 地区法院院长可以命令检察官通知证人和鉴定人到庭。命令应当书面作出，写明姓名、职业、住所或者居所，如果上述情况不明，对证人或者鉴定人应当作尽可能准确地描述。

5. 检察官应当及时通知依据前面各款规定命令到庭的证人或者鉴定人到庭。应当及时书面通知地区法院和犯罪嫌疑人到庭情况。

第264条 1. 在下列情形下，检察官可以决定拒绝犯罪嫌疑人或者地区法院院长的通知证人或鉴定人到庭的请求，决定应当写明理由：

a. 检察官认为证人或鉴定人不可能在合理期限内到庭的；

b. 检察官认为，证人或者鉴定人在法庭审理阶段作出陈述会危害证人或者鉴定人的健康和福祉，而且防止这种危害的重要性高于向证人或者鉴定人提问的重要性；

c. 检察官认为，有合理理由表明犯罪嫌疑人的辩护权不会因拒绝通知证人或者鉴定人到庭而受到损害。

2. 在下列情形下，检察官可以决定拒绝传唤犯罪嫌疑人或者地区法院院长请求通知证人或者鉴定人到庭的请求，或者拒绝执行地区法院通知证人到庭的命令，决定应当写明理由：

a. 证人是被威胁证人或者身份应予保密的被保护证人；或者

b. 检察官已承诺证人将其作为被威胁证人或者身份保密的被保护证人进行讯问。

3. 检察官应当及时将拒绝决定书面通知地区法院和犯罪嫌疑人。

第 265 条 1. 传票应当至迟在开庭 10 日以前送达犯罪嫌疑人本人。预审法官依据第四编第七章作出维护公共秩序命令的，应当至迟在开庭 4 日以前送达。

2. 如果传票是以第 587 条第 2 款规定的方式送达本人的，犯罪嫌疑人可以在送达记录上写下他同意缩短该期限的声明；他必须在声明上签名；如果他不能签名，应在记录中写明妨碍事由。

3. 没有适用前面两款的，地区法院应当推迟开庭，除非犯罪嫌疑人已经到庭。犯罪嫌疑人已经到庭的，如果犯罪嫌疑人请求为了其辩护利益而推迟开庭，地区法院应当推迟一定期限开庭，除非法院认为，有合理理由表明继续法庭审理并不会损害犯罪嫌疑人的辩护权。

第 266 条 1. 检察官可以在开庭之前撤销传票。检察官应当书面通知犯罪嫌疑人和受损害人撤销传票的情况。

2. 检察官负责及时书面通知被传唤的证人和鉴定人撤销传票的情况。

3. 起诉终止或者撤销传票的，检察官应当及时通知犯罪嫌疑人终止对传票中载明的犯罪行为提起的起诉。第 246 条、第 247 条和第 255 条适用。

第 267 条 1. 如果传票被撤销，但没有送达犯罪嫌疑人终止起诉通知书的，经犯罪嫌疑人请求，地区法院应当规定检察官签发传票或者终止起诉通知书的期限。第 255 条第 4 款适用。

2. 地区法院可以经检察官要求多次延长一定期限。

克罗地亚

克罗地亚刑事诉讼法典[*]

第一编　总　　则

第四章　国家检察官

第 38 条　（1）国家检察官的权力和主要职能是对应公诉犯罪的实施者提出起诉。

（2）对于应公诉的刑事犯罪，国家检察官有权力和义务：

①采取旨在发现犯罪和查出犯罪实施者的必要行动；

②对刑事犯罪进行调查，命令或监督实施旨在收集与进行侦查有关的信息的特定调查；

③作出法律规定的裁决；

④进行侦查；

⑤采取或监督采取证据收集行动；

⑥提出动议以采取扣押财产的临时安全措施；

⑦决定驳回犯罪报告，延迟或者撤回起诉；

⑧协商并且同意被告人认罪以及对其的制裁；

⑨提出并制作起诉书，或者向有管辖权的法院申请签发刑事命令；

⑩在本法第 286 条第 2 款规定的情形下，对其不再继续刑事起诉的决定发表声明；

⑪在法院裁判终局前其提出上诉，以及对法院的终局裁判提出特别司法救济；

⑫在对刑事诉讼中负责最终判决科处之刑罚或监禁刑执行的行政机关的决

＊　本法典于 2009 年 1 月 1 日开始实施。本译本根据法律在线网站（http：//www. leg-islationline. org）提供的英语文本翻译。

定或行为所提出司法保护申请的诉讼中，代表控诉方；

⑬采取法律规定的行为措施。

第 39 条 （1）刑事诉讼中国家检察官的对事管辖权应当由特别法规定。

（2）国家检察官的地域管辖权应当根据国家检察官被任命的管辖区内有关法院的管辖规定来决定。

（3）国家检察官之间的管辖权争议应当由上一级国家检察官解决。

第 40 条 在延迟就有危险的情况下，无管辖权的国家检察官应当采取诉讼行动，并立即就此通知有管辖权的国家检察官。

第 41 条 （1）国家检察官应采取法律所授权的所有诉讼行动，可以自己实施也可以通过特别法授权在诉讼中代理其的人实施。

（2）其他国家机关应当遵守国家检察官依法作出的命令。

第 42 条 在法院作出裁判前，国家检察官可以停止起诉，法律另有规定的除外。

第五章　被害人、受损人以及自诉人

第三节　辅助起诉人

第 55 条 （1）除本法第 212 条、第 521 条和第 522 条规定的案件外，当国家检察官认为不存在对一项应公诉犯罪提起公诉的理由的或者他认为没有对被举报的其中一人提起公诉的理由的，他必须在 8 日内就此通知受损人并且告知其可以自行起诉。当法院在其他案件中基于起诉人撤回起诉的理由而作出终止程序的裁定时，应适用同样的程序。

（2）受损人有权自收到本条第 1 款所规定的通知后 8 日内提起诉讼或者继续进行诉讼。

（3）如果国家检察官撤回起诉，受损人可以在提出的起诉中沿用原来被提出的指控。如果受损人提出了新的指控，诉讼应当根据本法第 354 条至第 358 条规定继续进行。

（4）未收到国家检察官不能起诉或停止起诉通知的受损人，可以在中止诉讼的裁定作出之日起 3 个月内或从国家检察官撤销犯罪报告之日起 6 个月内，向有管辖权的法院声明其将继续诉讼。

（5）当国家检察官或法院通知受损人有权提起或继续诉讼时，应当告知其实现该权利可以采取的诉讼行动，并且应当以此为目的允许受损人查阅和复制案卷，复制视频和音频文件。

（6）如果受损人在待审程序中死亡，其配偶、同居配偶、子女、父母、养子女、养父母或者兄弟姐妹可以自其死亡后 3 个月内声明其将继续诉讼。

第 56 条 （1）当国家检察官在审判中撤回起诉，受损人应当立即声明其是否打算承担起诉。如果受损人经正当传唤而没有出席审判或者该通知因为受损人没有通知法院地址或居住地的变动而无法送达的，这应当被视为受损人无意承担起诉。

（2）假如受损人在收到判决后 8 日内提出了恢复程序的申请并且如果该申请指出受损人意欲继续起诉的，而在受损人没有被正当传唤或经正当传唤而因正当理由无法出席的审判中，基于国家检察官撤回起诉书的理由作出了不予撤诉的判决的，合议庭主席或独任法官应当允许恢复诉讼程序。在该情形下，应当重新安排审判并且由重新审理作出的判决取代之前的判决。如果被正当传唤的受损人没有出席重审的，之前的判决继续有效。本法第 63 条第 3 款、第 4 款的规定应同样适用于该情形。

第 57 条 （1）如果受损人在法律规定的期限内没有启动或承担起诉，或者经正当传唤而未出席审判的，或者由于未报告地址或居住地的变动以致未收到传票的，他应被视为停止起诉。

（2）承担起诉的受损人经过正当传唤而未出席审判的，应适用本法第 63 条第 2 款至第 4 款的规定。

第 58 条 （1）承担起诉的受损人应享有与国家检察官同样的权利，国家检察官作为国家机关被赋予的权力除外。

（2）在基于承担起诉的受损人申请而进行的程序中，国家检察官在审判结束之前有权承担和代表起诉。

第 59 条 （1）当基于辅助起诉人的申请对一个可判处以 5 年以上监禁刑的罪行进行诉讼时，如果对诉讼有利以及如果受损人的财务状况使其不足以聘请诉讼代理人的，法院可以基于受损人的申请为其指定一名诉讼代理人。

（2）进行诉讼的法院应当对依据本条第 1 款所作的申请作出裁决，法院院长应当从律师中指定一名诉讼代理人。如果本院没有足够的律师，应当由上一级法院院长从上级法院辖区内的律师中指定一名诉讼代理人。

第四节　自诉人

第 60 条 （1）自诉案件应当提交给对本案有管辖权的法院。

（2）自诉人在审判结束前可以在对法院所作的陈述中撤回自诉。在这种情况下，自诉人将失去重新向法院提起自诉的权利。

（3）自诉人应当享有和国家检察官同样的权利，国家检察官作为国家机关被赋予的权力除外。

（4）本法第54条和第59条的规定应当分别适用于自诉人。

第61条　（1）在被自诉的刑事犯罪方面，自诉必须在有权的自然人或者法人知道犯罪和实施者之日起3个月内被提起。

（2）如果被提起的自诉案件涉及侮辱罪，被告人在审判结束前可以对在同一场合以侮辱进行反击的起诉人提起反诉，即使本条第1款规定的期限已经届满。在这种情况下，法院应当作出一个判决。

（3）当受损人报告了犯罪或提出了起诉动议且在诉讼过程中发现涉及应自诉的一个罪行的，如果其是在所规定的提起自诉的期限内提出的，则该犯罪报告或起诉动议应被认为是及时提出的自诉指控。

第62条　（1）在未成年人或者被宣布为无法律行为能力人的情况下，自诉应由其法定监护人提起。

（2）16周岁以上的未成年人可以自行提起自诉。

第63条　（1）除本法另有规定以外，如果自诉人经正当传唤而未出席审判的，或由于其没有向法院报告地址或居住地的变动以致传票无法送达的，他应当被视为撤回自诉。

（2）自诉人因为正当理由未能出席庭审或未在法定的时间内通知法院地址或居住地变动的，如其自障碍消除之日起8日以内提出了恢复诉讼程序的申请，合议庭主席或独任法官应当判定对自诉人恢复诉讼程序。

（3）从无法到庭之日起已过3个月的，不能提出恢复诉讼程序的申请。

（4）准予恢复诉讼程序的裁定不受上诉审查。

第七章　诉讼文书、电子文件和笔录

第一节　诉讼文书

第78条　（1）自诉状、起诉书、起诉动议、司法救济或其他声明和公告应当以书面形式作出，除非法律另有规定。

（2）本条第1款所规定的文书必须是能够被理解的，并且必须包含对其采取诉讼行动所必需的要点。

（3）如果诉讼文书不能够被理解或未包括采取行动所必需的所有要点的，除本法另有规定的以外，法院应当要求提交诉讼文书的人对其进行修改或补充，如果其未在特定期限内遵守通知要求的，法院应当驳回该文书。

（4）在修改或补充文书的通知中，应当提醒提交文书的人不作为的后果。

（5）根据本法须送达给另一方当事人的文书，应当向进行诉讼的法院提交足够提供给法院和对方当事人的份数。如果未能向法院提交充足份数，法院应当复制必要的份数并由提交文书的人承担费用。

第十四章　刑事起诉的特殊前提和
刑事程序的启动

第 197 条　（1）如果起诉取决于受损人的起诉动议，只要该人提起了这种动议，国家检察官就不能请求开始侦查或者提出起诉。

（2）如果对特定犯罪的起诉需要主管机关的提前批准，除非提交了已经获得该批准的证据，否则有权起诉的人不能请求开始侦查或立即提起公诉或自诉。

（3）如果法律规定国家检察官办公室应当依据特定人员的书面请求或者同意才能启动刑事诉讼程序，应当在本法第 48 条第 1 款规定的期限内递交书面请求或同意。

（4）本条第 1 款的规定不能限制国家检察官及警察机关依据特别法的规定对犯罪行为进行讯问的权力和职责。

第 198 条　（1）如果刑事程序是针对外国人启动的，法院以及其他国家机关应当依照在克罗地亚共和国境内有效的领事公约进行。

（2）决定对公务员或者公共官员实施审前羁押、居家监禁以及侦查羁押的通知，应当依据特别规定送达给该机关或机构的负责人。

（3）对克罗地亚共和国武装部队的军人、民兵以及公共官员实施侦查以及决定审前羁押、居家监禁或者侦查羁押的，国家检察官应当通知国防部。当确定起诉或者作出非终审判决时，法院也应当以同样的方式通知国防部。

（4）如果一项犯罪影响到对克罗地亚或世界文化很重要的文化遗产、档案文件或者艺术作品的保护，警察应当将进行的调查通知文化部。当作出开始侦查的决定或者提出起诉时，国家检察官也应当按此方式行事，而法院在作出判决时也应当这样做。

第 199 条　除非本法另有规定，如果待审时确认被告人已经死亡的，国家检察官应当通过一项决定终止刑事诉讼程序，而在此之后，由法院通过裁定终止程序。

第 200 条　（1）关于在克罗地亚共和国享有豁免权人的刑事诉讼豁免，应当适用有关的国际法。

（2）在对某人依据国际法规定是否享有豁免权有疑问时，法院应当要求外交部予以释明。

第 201 条 在国际协议和特别法规定的条件下，可以根据协议和特别法的规定对刑事犯罪进行联合侦查。

第十五章 法律术语的含义

第 202 条 （1）包含性别意思的术语和表述，无论其在本法中使用是指向男性还是女性都应当平等适用。

（2）如果没有其他规定，本法使用的术语应当具有以下含义：

①犯罪嫌疑人是指在刑事程序启动前提出的犯罪报告、调查或者侦查所针对的人；

②被告人是指已经提出但尚未确认的起诉书所针对的人、自诉所针对的人以及裁判的刑事命令所针对的人；

③被指控人是指已确认的起诉书所针对的人或者计划进行听证的自诉案件所针对的人；

（12）当事人是指起诉人和被告人。

（13）辅助起诉人是指从没有发动或撤回刑事指控的国家检察官处承担指控职能的人。

（14）自诉人是指对应予个人指控的刑事犯罪提起自诉的人。

（15）起诉人是指国家检察官、辅助起诉人和自诉人。

第二编 普通程序

A. 审前程序

第十九章 起 诉

第一节 起诉书的提出、内容及送达

第 341 条 （1）起诉书应在完成侦查后由国家检察官提出。

（2）当法律对收集犯罪有关的信息和犯罪实施者的强制侦查没有规定时，假如有提出起诉的充分理由，国家检察官应当在没有侦查的情况下提出起诉书。

（3）在提出起诉书之前必须讯问犯罪嫌疑人，除非起诉书中包含了缺席

审判的动议（第 402 条）。有关传唤和讯问被告人的条款应当适用于对犯罪嫌疑人的传唤和讯问。

第 342 条 （1）起诉书应当包括：

①被告人的姓名和个人信息（第 272 条第 1 款）以及是否被羁押、何时被羁押或者是否在押，如果被告人在提出起诉书前已经被释放的，其之前被羁押的时间；

②对犯罪构成要件方面行为事实的描述、犯罪发生的时间和地点、犯罪实施的客体及工具，以及其他对尽可能精确地描述被确定的犯罪所必要的情形；

③法定罪名，以及根据公诉人的动议将要适用的刑法典条款；

④起诉书所依据的证据；

⑤描述事实状况的理由陈述。

（2）除了起诉书，以及本条第 1 款第 4 项所规定的证据，国家检察官还应当提交由他控制但不准备在法庭上出示的证据清单，如果这些证据可能表明被告人是无罪的或者可能表明较轻程度的罪责或者可能显示减轻情节的。

（3）国家检察官没有义务向被告人提供以下信息：

①被保护证人的身份；

②如果对其披露会损害文件保密义务的证据。

（4）如果被告人未被捕，起诉书中可以包含一项命令羁押的动议，如果被告人被羁押，则可以包含一项命令释放的动议。

（5）只要根据本法第 25 条的规定，合并是可行的并且可以作出一项判决的，数个罪行或数个被告人可以被合并在一个起诉书中。

第 343 条 起诉书应当提交给有管辖权法院的预审法官，包括给被告人、辩护律师的副本以及给法院的一份副本。除了起诉书，如果进行了侦查（第 228 条第 2 款），国家检察官还应当提交侦查案卷，如果没有进行侦查或者在侦查开始前采取了证据收集行动的，应当移交采取证据收集行动的笔录。

第二节 先前讯问及驳回起诉

第 344 条 （1）预审法官应当毫不迟延地或者在 48 小时内进行审查，如果被告人被剥夺自由且：

①如果一位被授权的起诉人提出起诉书的；

②如果在满足法定条件后提出起诉书的（第 341 条和第 365 条第 3 款）；

③如果起诉书被正确制作出来的（第 342 条）；

④依据本法第 86 条规定，如果案卷中包含应当从中排除的证据的；

⑤如果起诉书在涉及本法第 229 条第 2 款和第 356 条第 2 款规定的最后期

限内提出的。

（2）预审法官应当通过一项裁定驳回不是由被授权的起诉人提出、不符合提出的法定条件或者在本法第 229 条第 2 款规定的期限届满以后才提出的起诉书。上级法院应当对预审法官裁定的上诉作出裁决。

（3）如果预审法官认为起诉书中关于本法第 342 条第 1 款第 1 项至第 5 项规定的内容有错误的，他应当将其退还给起诉人，责令其在 3 日内改正。基于正当的理由和起诉人的请求，预审法官可以将该期限另外延长 3 日，但被告人被剥夺自由的除外。如果国家检察官不能遵守所设置的最后期限的，预审法官应当通知上级国家检察官。对退还起诉书的裁定及延长最后期限的裁定不允许上诉。如果辅助起诉人未遵守最后期限，应当认为他撤销起诉，程序应予终止。

（4）如果预审法官认为根据本法第 86 条规定某一案卷及证据应从案卷中被排除的，他应当作出一项有关排除的裁定。上级法院应当就针对预审法官裁定的上诉作出裁决。

（5）被排除的证据，在决定起诉或者在刑事诉讼中不能再被审查或被使用。

第 345 条　（1）如果被告人没有在押的，预审法官应当毫不迟延地将正确制定的起诉书送达给被告人，如果被告人被剥夺自由的，起诉书应当根据本法第 344 条规定在完成起诉书审查后的 48 小时内送达给被告人。除了起诉书，预审法官还应当附上被告人对起诉书提出异议的权利告知。如果被告人有辩护律师的，起诉书也应当送达给该辩护律师。

（2）如果起诉书涉及本法第 66 条第 2 款第 5 项规定的犯罪的，起诉书也应当送达给辩护律师。

（3）如果法院命令羁押被告人的，起诉书应当在逮捕他时与命令羁押的裁定一起送达。

（4）如果被命令羁押的被告人没有押在审判法院的监狱的，预审法官应当立即命令将被告人转移到这个监狱，并在那儿将起诉书和他有权提出异议的权利告知送达给他。

第 346 条　（1）被告人有权在起诉书送达后 8 日内对起诉书提出异议。

（2）即使没有被告人的特别授权，其辩护律师也可以对起诉书提出异议，但不能违背被告人的意志。

（3）被告人可以放弃对起诉书提出异议的权利。

第 347 条　预审法官应当将起诉书和侦查案卷，以及当提出异议时，将对起诉书的异议一并毫不迟延地送达给预审庭。

第三节　预审庭进行的程序

第 348 条　（1）根据起诉书的收据，预审庭的主席应当签发一项决定来确定预审庭听证的日期、时间和地点。如果被告人被侦查羁押的，开庭应当在15 日内举行，如果没有被羁押的，应当在 2 个月内举行。

（2）国家检察官、受损人、被告人及其辩护律师，如果是需要被传唤出席听证的人的，预审庭的主席应当对其提出警告，即使他缺席，听证也会举行。

（3）在传票中应当告知被告人，即使在强制辩护的案件中，如果辩护律师不能出席，预审庭的听证也会举行。

（4）被告人可以放弃在预审庭听证时到场的权利而要求通过书面陈述进行听证。书面陈述必须在听证开始不少于 3 日前提交给合议庭。这种情况下，合议庭应当确认起诉书并和案卷一并移送到法院职员的办公室。

第 349 条　（1）在听证开始前，预审庭的主席应当检查是否所有被传唤的人都到场了。

（2）如果国家检察官、被告人或者他的辩护律师没有到场的，并且传票的送达没有正确记录的，听证应当被推迟。如果辅助起诉人，即使被正当传唤的，或者他的诉讼代理人没有在听证时到场的，预审庭应当作出休庭的决定。

（3）如果由于被告人没有向法庭报告已经改变的地址，而不能将传票送达给被告人的，听证将在他缺席的情况下进行。

（4）只有被传唤的人才能参加预审庭的听证。

第 350 条　（1）开始时预审庭主席应当引述将被讨论的起诉书内容，应当核查被告人的个人信息，但有关其先前被判刑的资料除外，应当特别核查被告人是否收到并理解有关权利的告知，如果没有，他应当通知国家检察官将有关权利的告知送达给被告人。

（2）在场的国家检察官应当简短地陈述初步侦查的结果、起诉书依据的证据以及证明起诉正当性的证据。受损人或者他的诉讼代理人，可以阐述赔偿主张，提出有关被告人有罪的证据，并建议针对赔偿请求适用临时安全措施。

（3）在场的被告人及其辩护律师可以提出有利于被告人的证据、侦查中被忽略的证据及非法证据。在他们回应的阶段，被告人及其辩护律师可以指出他们有异议的那部分起诉书内容。

（4）被告人可以就指控中的全部或者部分作出承认有罪的陈述。

（5）国家检察官、被告人和辩护律师只能就对方的陈述答辩一次。国家检察官、被告人和辩护律师应使用案卷中包含的资料来提出并解释他们的结论。

（6）如果当事人提出命令或者取消侦查羁押的，将依据本法第 129 条第 2 款规定在预审庭起诉听证时予以解决。

（7）如果预审庭认为可以作出裁决的，应当在庭上宣布讨论的结果。

第 351 条 （1）如果预审庭确定，依据本法第 86 条的规定，案卷中的证据应当从案卷中被排除，且预审法官并未对其予以排除的（第 344 条第 4 款），它应当对从案卷中予以排除作出一项裁定。针对该裁定的上诉不被允许。

（2）如果预审庭怀疑特定证据的合法性，并且在不出示其他证据的情形下无法作出裁决的，应当停止听证并立即安排一个新的听证，在该听证中应当出示用于确认该证据合法性事实的重要证据（证据合法性的预先审判），并且首先对证据合法性作出裁决，然后再对起诉书作出裁决。

（3）被排除的证据不能在刑事诉讼中被采用作出裁判。

第 352 条 被告人应当通知起诉人将在听证中提出的有关不在场或者精神不健全方面的证据。

第 353 条 （1）从知道证据存在时起，最迟在 8 日内，在预备程序后一阶段被移送的新证据应当通知对方当事人。

（2）如果通知对辩护方很重要的特定证据可能会妨碍同一或别的被告人的其他诉讼的侦查的，根据国家检察官的动议，预审庭应当通过一项裁定延迟通知。

（3）如果存在本法第 294 条规定的情形，预审庭也应当作出有关本条第 2 款规定的裁定。

（4）依据本条第 2 款规定对证据通知的延迟，必须在举证程序完成之前停止生效，但本条第 3 款规定的延迟可以持续到作出证人地位的裁判为止。

第四节　确认起诉书的裁判

第 354 条 （1）如果预审庭确认起诉书有根据的，应当作出一项裁定来确认起诉书。

（2）确认起诉书的裁定应当送达给双方当事人、辩护律师和受损人，而且起诉书及裁定和案卷应当送达至法院职员办公室。

（3）法院应当将起诉书的确认通知司法部部长，并应当就此记入笔录。如果针对被告人有另一起诉书被确认的，司法部部长应当将这些起诉书通知有管辖权的法院。

（4）司法部部长应当就本条第 3 款规定的笔录的保存制定规则。

第 355 条 （1）预审庭应当对该指控的全部或部分通过一项裁定终止其诉讼，如果其发现：

①被指控被告人的行为不是犯罪行为的；

②存在排除被告人罪责的情形的；

③法律要求的被授权起诉人的申请或动议或被授权人的同意缺乏的，或者存在其他阻止起诉的情形的；

④合理怀疑被告人实施被指控罪行的证据不充分的，或者获得的证据有矛盾，以致在审判时作出有罪判决完全不可能的。

（2）如果在本条第 1 款规定的情形中，没有进行侦查的，预审庭应当通过一项裁定撤销指控。

（3）当事人和受损人可以对根据本条第 1 款和第 2 款所作的裁定提出上诉。上级法院应当对上诉作出裁决。

第 356 条 （1）如果预审庭认为，在先前程序中整个起诉书存在矛盾或者对犯罪事实的描述不符合之前已收集证据的，或者有必要更好地查明案件事实的，它应当对起诉人作出一项裁定以说明起诉书没有被确认的理由。

（2）如果预审庭认为，在先前程序中仅有部分起诉书内容存在矛盾的或者对犯罪事实的描述不符合之前已收集证据的，或者有必要更好地查明案件事实的，它应当作出一项裁定来分离诉讼并确认其认为有根据的那部分起诉书。

（3）如果预审庭对起诉书的全部或部分没有确认的，国家检察官应当在送达裁定之日起 8 日内，签发一项补充侦查的命令或者命令采取证据收集行动，或者停止刑事起诉。根据国家检察官的请求，如果被告人被侦查羁押的，预审庭可以将该期限延长 8 日，如果被告人未被羁押的，则可延长 15 日。

（4）国家检察官有义务将没有遵守第 3 款规定的理由通知上级国家检察官。如果在延长的 8 日内，仍未按照本条第 3 款规定行事的，将被认为国家检察官停止起诉。

（5）在补充侦查以后，国家检察官应当提交一份新的起诉书以供重新审查（第 343 条至第 355 条）。

（6）在审查起诉书时，预审庭应当对诉讼的合并与分离的动议作出裁决。

第 357 条 （1）根据本法第 356 条所作的预审庭裁定必须用事实予以证明，但应当以下列的方式进行，即不能预先裁决应当由审判法庭裁决的事项。

（2）在作出本法第 356 条规定的裁定时，预审庭不受起诉人在起诉书中对罪行的法律评估所限。

第 358 条 如果只有受损人对预审庭的裁定提起上诉，并且该上诉被受理的，应当视为他通过提起上诉承担了刑事起诉。

第五节　对被告人罪责和刑罚协商的宣布

第 359 条　如果被告人在预审庭（第 350 条第 4 款）面前作有罪答辩，并且没有就量刑达成协议的，预审庭应当确认起诉书并立即将其与案卷一起移送至法院职员办公室以安排听证，除非存在本法第 355 条规定的终止诉讼的理由的。

第 360 条　（1）当事人双方可以就认罪的条件和同意的制裁方式进行协商。在对认罪条件和制裁方式进行协商的过程中，被告人必须有辩护律师。

（2）为了当事人双方能够完成协商，预审庭最多可以将开庭时间推迟 15 日。

（3）在开庭之前或者在起诉书的庭审过程中，国家检察官以及被告人和辩护律师已经签署了在双方合意的基础上作出判决的声明，他们应当在审判开始时立即将此份声明交给法庭。

（4）本条第 3 款规定的声明应当包括：

①对被指控的刑事犯罪的描述；

②被告人对该刑事犯罪的认罪声明；

③对刑罚类型和措施或者其他制裁或措施的协议；

④对刑事诉讼费用的协议；

⑤被告人针对赔偿请求的声明；

⑥当事人和辩护律师的名单。

（5）在签署本条第 3 款规定的声明后，国家检察官应当就此通知被害人以及受损人。

第六节　以当事人协议为基础的裁判

第 361 条　（1）在收到当事人双方根据本法第 360 条第 3 款达成协议的书面声明后，预审庭应当确认当事人就动议的内容已达成一致并记入笔录。

（2）之后预审庭应当就是否接受协议作出裁决。如果协议被接受，应当向被告人宣告本法第 360 条第 4 款第 3 项规定的判决和其他处罚或者措施。

（3）如果由于存在的情况，对协议的接受不符合依法确定的刑罚或者该协议是违法的，预审庭应当拒绝当事人根据本法第 360 条第 3 款所作的协议。预审庭应当通过一项裁定来拒绝该协议，对该裁定不能上诉，并且继续对起诉书进行审查。

（4）在作出本条第 3 款规定的裁定以后，预审庭应当将起诉书和案件卷宗移送给法院职员办公室以安排听证，除非存在本法第 355 条规定的终止诉讼的理由的。

第362条 （1）当事人可以在判决作出以前撤回协议。

（2）在本条第1款规定的情形下，应当作出一项裁定将协议提案和任何与此相关的资料从案卷中予以排除，并移送给法院秘书。它们既不能在刑事诉讼中被审查，也不能作为证据被使用。

第363条 （1）以当事人协议为基础所作的判决书，应当包含本法第455条规定的内容。

（2）本条第1款规定的判决应当立即予以宣布并制成书面形式，且在宣布后的8日内送达给当事人。在理由陈述部分应当阐述被宣布判决所依据的协议。

（3）本条第1款规定的判决，除了监禁刑和预防措施以外，还可以科处刑法典第75条至第77条、第79条至第80条规定的安全措施以及法人刑事责任法所规定的安全措施和没收经济收益的措施。

（4）预审庭可以在有关诉讼费用（第145条）的裁决中，决定完全免除被告人支付刑事诉讼费用的义务。

第364条 （1）针对有关刑罚、没收金钱收益、刑事诉讼费用和赔偿请求的裁决所提出的上诉，不能用于反对根据本法第361条第2款规定所作的判决。

（2）针对错误或不完整地认定事实状况所提出的上诉，不能用于反对根据本法第361条第2款规定所作的判决，除非被告人是在宣判以后才注意到排除违法和罪责的证据。

第七节　撤销和变更起诉

第365条 （1）国家检察官可以在确认之前撤销起诉书。

（2）如果国家检察官撤销起诉书，在本法第341条规定的情形下，他可以提出新修改的起诉书。如果起诉书针对的是应当适用普通程序的犯罪的，应当从第一次撤销起诉书之日起12个月内提出新的起诉书，如果起诉书针对的是应当适用简易程序的犯罪的，则在6个月内。

（3）国家检察官应当通知上级国家检察官撤销起诉书的理由。

第八节　提交审判

第366条 （1）在全部或部分确认起诉书以后，在在场当事人参与之下，预审庭应立即起草案件卷宗。

（2）除了起诉书，案件卷宗还应当包括：

①刑事指控；

②受害人的损害赔偿请求；

③在提出起诉书前采取的、与听证相关的其他证据收集行动有关的笔录、录音录像资料和文件；

④与听证相关的预先听证中所采取行动的笔录；

⑤通过国际法律协助所获取的、证据收集行动方面的文件和笔录；

⑥对警察笔录和其他可罚罪行的笔录所作的摘要；

⑦用于实施刑事犯罪或者实施刑事犯罪所造成的或者任何能说明它们去向的物品；

⑧起诉书确认听证所形成的记录；

⑨用于保证到案的措施和其他用于保证诉讼过程正常进行的措施的裁决和信息；

⑩辩护律师调查的记录。

（3）当事人有权利对将某文件、笔录和物品归入案卷提出控告。预审庭应当在听证会上作出一项裁定来裁决该控告。对该裁定不允许提出上诉。

（4）经过预审庭的同意，当事人有权就将其他内容归入案卷达成协议。

（5）如果本法没有另行规定，当事人及其辩护律师应当有权在法院职员办公室对案件卷宗进行查阅和复制。

第 367 条 （1）预审庭应当毫不迟延地将确认起诉书的裁决同起诉书和案件卷宗一起汇总送至有管辖权法院的职员办公室。

（2）在预审庭听证期间获得的文件，以及没有被归入案件卷宗的那部分侦查文件，应当和预审庭的听证记录一起返还给国家检察官。

（3）被告人及其辩护律师有权在国家检察官的登记办公室查阅和复制本条第 2 款规定的文件。

拉脱维亚

刑事诉讼法 *

第一部分 总 则

第二章 刑事诉讼的基本原则

第 7 条 刑事诉讼的起诉

1. 若无本法其他规定，执行刑事诉讼应当维护社会利益而非实现被害人的意愿。刑事诉讼中应当由检察官代表国家行使起诉的职能。

2. 在被害人提出请求的情况下，应当对刑法规定的下列犯罪提起刑事诉讼：第 90 条、第 130 条、第 131 条、第 132 条、第 136 条、第 157 条、第 159 条第 1 款、第 160 条第 1 款、第 168 条、第 169 条、第 180 条、第 185 条第 1 款、第 197 条、第 200 条第 1 款和第 260 条第 1 款。如果被害人因身体或智力缺陷无法自己行使权利的，在没有被害人请求的情况下也可以提起刑事诉讼。

第一编 刑事诉讼参与人

第三章 刑事诉讼的执行人

第 42 条 公诉提起人

1. 移送刑事案件至法院的检察官应当在一审中提起公诉。上级检察官也可以另行指定检察官提起公诉。

---

* 本法于 2005 年 4 月 21 日由拉脱维亚共和国议会批准，2005 年 10 月 1 日实施。最近一次修正时间是 2012 年 1 月 10 日。本译本根据拉脱维亚共和国议会官网提供的英语文本翻译。

2. 在上诉审中，应当尽量由在一审法院中提起公诉的同一检察官提起公诉。上级检察官也可以另行指定检察官提起公诉。

3. ［2009 年 3 月 12 日已废止］

第 43 条　在一审法院与上诉法院中对公诉提起人的授权

1. 在一审法院和上诉法院中提起公诉，检察官有以下义务和权利：

（1）对被告人有罪存在合理怀疑的，可在上级检察官同意的情况下拒绝提起公诉；

（2）依法提出回避申请；

（3）表达对法院裁判中任何事项的观点；

（4）指导起诉证据的审查，并参与其他证据的审查；

（5）请求休庭以提交补充证据或提起新的起诉；

（6）提交请求书；

（7）参与法院辩论；

（8）了解庭审记录、裁判的完整文本和当事人提交的上诉书；

（9）在确有理由时，对法院裁判提出上诉。

2. 检察官在所有刑事诉讼程序（包括特殊刑事诉讼）中均有本条第 1 款规定的授权。

第 44 条　自诉提起人

［2010 年 10 月 21 日已废止］

第二部分　刑事案件中的刑事诉讼审前程序和审判程序

第七编　刑事诉讼审前程序

第三十一章　刑事诉讼审前程序的一般规定

第 384 条　刑事诉讼审前程序的内容

在刑事诉讼审前程序中，执行侦查和刑事起诉，应当查明以下内容：

（1）刑事犯罪是否已经发生；

（2）应当承担刑事责任的人；

（3）终止或完成刑事诉讼或将其移交法院的理由是否仍然存在。

第 385 条　刑事诉讼类型

1. 在刑事诉讼过程中，诉讼程序负责人应当选择以下审前程序中的一种类型：

（1）以终止刑事诉讼程序和有条件地免除犯罪行为人刑事责任为目的的刑事诉讼程序；

（2）指导刑事诉讼以申请有关处罚的检察官禁令；

（3）根据紧急程序指导刑事诉讼；

（4）根据简易程序指导刑事诉讼；

（5）根据申请和解指导刑事诉讼程序；

（6）按照一般程序执行侦查和刑事起诉程序。

2. 当案件的诉讼程序不是一般程序时，诉讼程序负责人应当在刑事诉讼记录中记录所选的诉讼程序类型。如果诉讼的发生符合一般程序的规定，则该类诉讼不应当在记录册中记录。

第 392 条　审前刑事诉讼程序及刑事起诉的终止

1. 涉及本法第 377 条的情况被查证时，诉讼程序负责人应当终止审前刑事诉讼程序及刑事起诉。

2. 对当事人实施刑事犯罪的怀疑及指控在审前程序中未能证实，且不可能再收集到其他证据时，获得监督检察官许可的侦查人员或检察官应当作出终止或部分终止刑事诉讼程序的决定。如果该刑事诉讼部分被终止，审前程序应当继续进行。

3. 案件涉及多个被告人，而涉及一个或多个被告人的刑事起诉正在被终止时，检察官应当作出部分终止刑事诉讼的决定。

4. 当涉及一个或多个被告人的刑事诉讼被终止时，如有必要，检察官应当作出刑事诉讼区分的决定。

5. ［2010 年 10 月 21 日已废止］

第 392 -1 条　终止刑事诉讼的决定

1. 在审前程序中，当犯罪嫌疑人或被告人已被证实未涉及犯罪或被免除刑事责任的依据较为充分，或者未被证明有实施犯罪的嫌疑且没有收集到其他证据的可能时，诉讼程序负责人应当作出终止刑事诉讼或部分终止刑事诉讼的决定。

2. 终止刑事诉讼的决定在陈述部分应当指明以下内容：

（1）提起刑事诉讼的根据；

（2）犯罪嫌疑人或被告人的个人信息；

（3）提起和送达起诉的时间，以及被起诉及送达的刑事犯罪，也即犯罪嫌疑人涉嫌的犯罪；

（4）实施的强制措施；

（5）在作出决定前，是否针对一个或多个犯罪嫌疑人或被告人的被终止的刑事诉讼程序。

3. 终止刑事诉讼的决定在论证部分应当说明终止刑事诉讼或部分终止刑事诉讼的理由及依据。

4. 终止刑事诉讼的决定在判决部分应当指明以下内容：

（1）作出终止刑事诉讼或终止部分刑事诉讼的决定；

（2）撤销强制措施；

（3）撤销对有关财产的限制；

（4）对查封的物品及重要物品的处置；

（5）关于决定的上诉程序。

5. 终止刑事诉讼的决定一经作出应当及时告知提起刑事诉讼的当事人或机构。刑事诉讼终止决定的副本应当及时移送给监督检察官，而对于被害人及享有辩护权的当事人，刑事诉讼终止决定副本应当自接收决定起的 10 日内进行移送或送达，以阐明其了解刑事案件材料的权利。如果刑事诉讼在进行中终止，被害人有权了解与其有直接关系的刑事案件材料，而享有辩护权的当事人可以在审前刑事诉讼程序终止后了解刑事案件材料。

5－1. 诉讼程序负责人应当将刑事诉讼终止决定副本送达给本法第 369 条第 2 款第（2）项及第（4）项涉及的人员以及在特殊刑事诉讼中权利受到侵害的人员，或经其请求进行送达。

6. 如果刑事诉讼终止，而刑事案件材料包含涉及应当对当事人实施强制措施或行政处罚的信息，诉讼程序负责人应当将必要材料移送至主管部门或官员。

7. 如果刑事诉讼终止，而刑事案件包含未满 14 岁未成年人实施犯罪的信息，诉讼程序负责人应当作出决定，将对当事人实施矫正性质的强制措施的材料移送法院。

第 393 条　恢复已终止的刑事诉讼及刑事起诉

1. 当确定作出终止刑事诉讼程序决定的合法依据不存在，或作出终止决定时并不知晓的新情况被发现，而这一新情况对于作出终止决定有着实质影响时，经授权的人可以通过终止决定，恢复已终止的刑事诉讼或刑事起诉。

2. 如果刑事责任限制期间未生效，审前刑事诉讼程序及刑事起诉可以被恢复。

第三十三章　刑事起诉

第 402 条　追究刑事责任的依据

侦查过程中收集的证据能够证实被侦查的犯罪行为人的罪刑，且经检察官确认证据可以证明犯罪时，应当追究当事人的刑事责任。

第 403 条　提起刑事起诉

1. 作为诉讼程序负责人的检察官可以在下列情况下提起刑事起诉：

（1）收到侦查人员认定应当提起刑事起诉的决定；

（2）启动刑事诉讼起诉后，应当将侦查人员的记录移送给检察官。

2. 检察官应当自其从侦查机关处接收刑事案件材料之日起 10 日内作出追究当事人刑事责任的决定以提起刑事起诉。

3. 当追究当事人刑事责任的证据未能被检察官审查通过时，应当进行如下处理：

（1）撤回决定，将刑事案件返还至侦查机关继续侦查，指明履行具体侦查行动的必要性；

（2）作出终止当事人刑事诉讼的决定，将该刑事案件移送给侦查机关以查明犯罪嫌疑人；

（3）作出终止刑事诉讼的决定，确定本法第 379 条所指的情况。

4. 检察官应当将刑事诉讼受理情况记录于刑事诉讼记录中以保存记录。

第 404 条　撤回程序豁免权以启动刑事起诉

检察官在审查通过应追究本法规定的享有刑事诉讼豁免权的人员的刑事责任的证据后，应当向主管部门提议以获得追究其刑事责任的许可。证明犯罪行为人应被撤销豁免权的证据应当附加在提议中。

第 405 条　追究当事人刑事责任的决定（起诉）

1. 追究当事人刑事责任的决定应当指明以下内容：

（1）负有刑事责任的当事人的姓名、身份证号码、登记居住地以及工作地点；

（2）确定对各个被控告的刑事犯罪享有合法授权的真实情况；

（3）犯罪的法定分类；

（4）被害人；

（5）组织犯罪中的其他犯罪行为人或参加同一刑事犯罪的负有刑事责任的其他当事人。

2. 如果刑事犯罪以加重犯的形式实施，本条第 1 款提及的内容应当与所有的刑事犯罪一起被表明在加重情节中。

3. 追究当事人刑事责任的决定不得上诉。

第 406 条　提起公诉

1. 追究当事人刑事责任的决定作出后，检察官应当及时采取以下行动：

（1）确定被告人个人信息后，送达对其提起起诉的副本，并阐明起诉的内容；

（2）以书面形式向被告人告知被告人的权利；

（3）如果被告人尚未与辩护律师会见，应当保证被告人会见辩护律师的权利；

（4）查明被告人是否有辩护律师，或是否有证据证明当事人可以请求法律援助获得辩护律师援助，或辩护律师是否应强制出席；

（5）查明被告人有无请求，被告人是否希望提供证言，以及其是否提议进行刑事和解。

2. 被告人应当就其接收起诉书副本及书面权利告知书后在追究当事人刑事责任决定书上签字并载明日期。

3. 当被告人拒绝签字时，检察官应当在决定中记录该情况，并载明起诉书副本及权利告知书送达被告人的时间。

4. 如果被告人的代理人或辩护律师送达起诉书副本时在场，该代理人或辩护律师应当在追究刑事责任决定书上签字。

5. 如果被告人因充分理由不能与检察官会面，在检察官一致同意的情况下，可以将决定书副本与权利告知书通过被告人的辩护律师或代理人，在快递员的帮助下送达被告人或邮寄到被告人告知的地点。

6. 当知道被告人行踪且被告人逃避检察官的传唤时，应当强制将起诉书副本送达被告人，或将起诉书副本寄送至被告人告知的送达地点。

7. 如果宣布对被告人进行搜查，应当在收到拘留或逮捕被告人的书面报告后及时送达起诉书副本及被告人权利告知的书面文书。

8. 如果被告人不能理解起诉书上的官方语言，应当保障被告人获取其能理解的语言的译本。

9. 如果被告人藏匿于其他国家，且已宣布对其进行搜查，应当同时送达起诉书副本以及官方的引渡请求书。

第 407 条　对被告人的审讯

检察官可以在送达对被告人进行起诉的副本后，及时对被告人进行审讯，或者当被告人为了准备辩护而请求一定准备期限，检察官也可以在相互协调的合理期限内对被告人进行审讯。

第 408 条　起诉的变更

1. 在检察官送达追究当事人刑事责任的决定书后，如果检察官有其他新依据以补充该决定或获取了新的证据，或刑事犯罪真实情况有所改变，使得进行变更十分必要，则检察官应当重新作出追究有关人员刑事责任的决定，且应当向被告人送达新决定书副本。

2. 如果追究当事人刑事责任的起诉未被批准，检察官应当作出终止刑事起诉的决定，同时应当及时将该决定书副本送达被终止起诉人。

第 409 条　对被告人的搜查

1. 根据本法第 378 条第 1 款第（2）项中刑事诉讼中止情况，检察官应当及时作出决定，对被告人进行搜查。如有必要，检察官可以作出决定，对被告人实施强制措施或根据情况对该决定进行修正。

2. 检察官应当将对被告人的搜查决定和对被告人实施强制措施的决定移交给侦查部门的侦查人员执行。

第 410 条　终止对于查明严重或极其严重的刑事犯罪有极大立功表现的当事人的刑事诉讼程序

1. 当事人在揭露比自己实施的刑事犯罪更严重的或危险的重罪过程中有极大立功表现时，总检察长可以作出决定终止刑事诉讼的决定。

2. 本条第 1 款的规定不适用于刑法第 116 条、第 117 条、第 118 条、第 125 条、第 159 条、第 160 条、第 176 条、第 190 - 1 条、第 251 条、第 252 条、第 253 - 1 条规定的因实施特别严重刑事犯罪承担刑事责任的当事人以及组织犯罪的组织人和领导人。

3. 在刑事诉讼终止决定中，应当指明对刑事犯罪所得财产采取的行动，同时应当裁判对被害人所受伤害进行赔偿的事宜。

第 411 条　审前刑事诉讼程序终结的类型

检察官可以通过以下行为终结审前刑事诉讼程序：

（1）作出向法院移送刑事案件的决定，且根据司法管辖权向法院提交刑事案件；

（2）根据紧急程序作出向法院移送刑事案件的决定；

（3）根据简易程序作出向法院移送刑事案件的决定；

（4）与被告人达成协议，且向法院移送刑事案件；

（5）对被告人实施处罚命令；

（6）终止刑事诉讼，在一定条件下免除刑事责任；

（7）作出终止刑事诉讼的决定；

（8）作出向法院移送刑事案件的决定以决定是否采取强制医疗措施或矫正措施。

第 412 条　通过向法院移送案件以终结审前刑事诉讼程序

1. 为了在法庭上中止起诉，检察官充分审查证据后，应当拟定刑事案件材料及归档文书清单移送给法院。

2. 检察官应当将合适的用于法庭使用的证据材料移送给法院，还应当将不作为证据使用的材料归入档案。

3. 在审前程序终结时，检察官应当：

（1）向被告人或其辩护律师送达针对其提起的刑事诉讼中的刑事案件移交至法院的材料副本；如果这些材料未被送达，经检察官同意后，被告人及其辩护律师可以了解这些材料；

（2）向被告人或其辩护律师送达将要存档的材料的清单；

（3）［2006 年 1 月 19 日已废止］

（4）告知被告人或其辩护律师，被告人应当在接收刑事案件材料副本或了解刑事案件材料后，及时向检察官提交其期望出席的辩护律师人选的信息，以及在证据未经审查时，被告人是否同意起诉决定中认定其有罪的内容。上述辩护律师应当被传唤出庭并基于被告人立场进行辩护。

4. 如果被告人及其代理人或辩护律师，或法律援助律师，在证据未经审查时，同意在起诉中认定有罪的内容，检察官应当制作许可协议，其中应当指明被告人是否同意在起诉全部过程或其具体部分中不履行审查证据，同时，检察官应当向被告人阐明其程序性质以及该许可的后果。

5. 检察官应当根据被害人的申请向被害人送达案件的材料副本，该材料用于认定当事人为刑事诉讼中的被害人。被害人也可以在检察官的许可下了解刑事案件材料。

6. 法医科、法院精神科、法院心理学的专家鉴定结果的副本不应当送达，但了解专家鉴定材料的权利应当被保障。鉴定材料中所涉本法第 203 条第 2 款第（1）至（5）项以及第（9）至（10）项信息可以被复制。

7. 在获取刑事案件材料副本时，被告人有权免费获取翻译的帮助。

8. 检察官应当将被告人知悉即将移送至法院的案件材料或接收其副本，或被告人拒绝了解刑事案件材料或拒绝接收其副本的情况作书面记录。

9. ［2006 年 1 月 19 日已废止］

10. 在送达刑事案件材料副本，或被告人了解刑事案件材料以及检察官从被告人处获取本条第 3 款第（4）项提及的信息后，检察官应当作出向法院移送刑事案件的决定。

11. 基于被告人、辩护律师、被害人或代理人申请，检察官应当保证其了解已归档文书材料和获取必要材料副本的权利，同时应当在档案中进行记录并告知法院。

第 413 条　将刑事案件移送至法院的决定

1. 检察官应当在将刑事案件移送法院的决定中指明以下内容：

（1）被告人信息；

（2）将要移送至法院的由被追诉人实施的犯罪；

（3）刑事犯罪的性质；

（4）［2009 年 3 月 12 日已废止］

（5）被告人证言；

（6）法院使用的证据清单；

（7）实施的强制措施及其结束时间；

（8）被害人数量及其赔偿金；

（9）对财产进行限制的情况；

（10）被告人的加重和减轻情节；

（11）刑事案件材料的页数；

（12）诉讼费用。

2. 物证及文书清单、被传唤出庭起诉或辩护人员的名单应当附加在决定书中。只有需要移送至法院的清单应当载明被传唤人员住址。

3. 检察官应当及时将决定书以及刑事案件材料移送至法院。

4. 检察官应当向被告人、辩护人、被害人及其代理人送达决定书副本、物证及文书清单副本、即将被传唤出庭人员的名单副本，还应当告知其出庭的权利和义务以及管辖法院。如果被告人不能理解决定书上的官方语言，检察官应当保证被告人获取其理解语言的书面决定译本。

5. 移送刑事案件至法庭的决定不得上诉。

6. 检察官在审前刑事诉讼程序结束后接收的请求以及申诉，应当移送至法院。

第 414 条　刑事诉讼终止决定

［2009 年 3 月 12 日已废止］

第八编　审判程序总则

第四十二章　刑事诉讼审判的一般规定

第 459 条　检察官撤回起诉的义务

1. 如果刑事案件审判中，检察官认为起诉未全部或部分证明，检察官有义务向法院提交由上级检察官批准的撤回理由，请求全部或者部分撤回起诉。

2. 从起诉到法官休庭合议作出判决之前，检察官都可以撤回起诉。

第 460 条　撤回起诉的后果

1. 如果检察官不符合本法第 459 条第 1 款规定程序撤回起诉，法院应当宣布中止审理。如果在重新开启庭审前的 3 个工作日内，上一级检察官未能变更起诉人员且重新起诉，法院应当决定终止该刑事案件。

2. 因检察官撤回起诉而终止的刑事案件，如果出现新的情形，可以重新提起诉讼。

3. 检察官撤回起诉不妨碍当事人依照民事诉讼法的规定提起伤害赔偿的请求。

第 461 条　检察官变更起诉的义务

1. 在刑事案件审判过程中，如果检察官认为应当对正在进行以及争议的指控变更为较轻或更严重的指控，或对犯罪事实情况改变而罪名未变的指控进行变更，那么检察官有义务变更起诉并证明该变更的合理性。

2. 如果刑事犯罪事实未发生改变，检察官可以在法庭休庭作出判决之前，或在其他案件中法庭调查结束之前，将起诉变更为较轻的起诉。

第 462 条　在审判程序中变更起诉

1. 如果检察官在犯罪事实未发生改变时将诉讼变更为较轻起诉，应当在庭审笔录中记录新的起诉。

2. 如果检察官因犯罪事实发生改变，或者刑事犯罪事实不变，将起诉变更为轻罪起诉或重罪起诉时，应当在庭审笔录中记录新的起诉。检察官应当根据法院、被告人或其辩护律师要求，提交新的书面起诉书。如果被告人需要时间准备新的诉讼，法院应当宣布休庭。

3. 如果检察官承认一审法院中，由于其他刑事犯罪事实已经在庭审中被认定，可将起诉变更为更严重的起诉，法院应当根据检察官的请求，宣布休庭，给予检察官必要的时间实施必要的侦查行为以及拟定新的起诉书。

4. 检察官应当在 1 个月内，向法院提起新的起诉，法院应当向被告人、被害人及其代理人送达起诉书，同时告知刑事案件的开庭审理时间。

5. 在变更起诉的情况下，法庭及审判组织应当保持不变。

挪　威

刑事诉讼法 *

第二编　控辩双方

第六章　追诉机关

第 55 条　追诉机关的官员包括：

1）检察总长及检察副总长；

2）检察官、代理检察官及助理检察官；

3）警长、代理警长、警务处处长和助理处长、国家刑事调查局局长和助理局长、助理警长、警方律师、具有法学学位并任职于被授予追诉权的机构或职位的警察监督官；

4）治安官。①

国王有权决定由以上第三项所述的一名高级警官或者警官担任公诉机关的成员，即使他不具有法学学位。本款规定同样适用于国家收缴机构的官员。

第 56 条　检察机关的检察总长是高级国家官员。② 他必须持有最高学术等级的法学学位。根据《宪法》第 22 条的规定，检察总长被视为最高级别的官员。《法院审判法》第 235 条的规定相应地对其适用。

检察总长是检察机关的最高行政长官。只有议会议长有权针对检察总长的

＊ 本法于 1981 年 5 月 22 日由挪威议会以第 52 号法令通过，1986 年 1 月 1 日实施。最近一次修正时间是 2015 年 9 月 4 日。本译本根据法律在线网站（http：//www. legislationline. org）提供的英语文本翻译。

① 治安官（Leusmann），指农村地区的公务人员。他是警长与检察机关的下属警务人员。他同时扮演着治安官、民选官员、政法者、收银员和传票送达员的身份。——译者注

② 高级官员（Embetsmann），指由国王根据《宪法》第 21 条任命的高级国家官员。这种官员通常只能由法院根据《宪法》第 22 条的规定解雇。——译者注

解职问题制定规则或作出具有约束力的指令。

国王有权任命一名经检察总长授权的检察副总长，在检察总长缺席时，由检察副总长以检察总长的名义行使职权。本法第 57 条第 1 款的规定相应地适用于检察机关的检察副总长。

第 57 条 检察官是国家高级官员。检察官必须具有法学学位。《法院审判法》第 235 条相应地对其适用。

国王决定检察官的数量、所在的司法区以及所在部门。检察官同样隶属于所在检察机关的检察总长办公室。

军队有权任命代理检察官。代理检察官必须具有法学学位。代理检察官有权办理检察官指派的案件。

当案件数量达到一定程度，国王有权任命临时助理检察官。助理检察官有权办理检察总长或检察官指派的案件。

在获得检察总长授权的情况下，隶属于检察总长办公室的检察官有权以检察总长的名义行使职权。

第 58 条 在对犯罪的追诉人员中，警长的等级低于检察机关的检察总长与本地区的检察官。

检察机关的检察总长与本地检察官有权直接指令警长。

第 59 条 上级检察机关有权全部或部分地接管下级检察机关办理的案件，或者指令下级检察机关将案件管辖权转移至另一同级检察机关。

检察总长有权制定规则以便某些种类的案件的侦查活动由本应办理该类案件的公职人员以外的人办理。

第 59a 条 除了本条第 2 款所作保留的情形，针对检察机关的如下决定，得以申诉的方式向上一级检察机关提请复核：

1）撤销追诉的决定；

2）不起诉决定；

3）关于可选择处罚性令状之事项；[①]

4）关于起诉书的事项；

5）依照本法第 459 条作出的决定（判决的延期执行）。

不得对检察机关的检察总长作出的决定提起申诉。本法第 67 条第 6 款规定的决定可向检察总长提请复核。

以下个人或组织有权根据本条第 1 款规定的方式提起申诉：

1）决定的相对人；

---

① 详见本法第 255 条。——译者注

2）其他与申诉事项存在法律上利害关系的人；

3）与该指令存在行政责任上之关联的行政机关。

有权将检察机关的决定诉至法院的人不得行使申诉权。被告人不得针对将其诉至法院的决定提起申诉。

提起申诉的期限为决定送达之日起 3 周以内。未收到通知之人提起申诉的期限为其知晓或者应当知晓该决定之日起 3 周以内。对于不起诉与终结诉讼程序的决定，决定相对人以外的人提起申诉的期限为该决定作出之日起 3 个月以内。

本条第 2 款第 2 项、第 3 项规定的个人或组织提起申诉的，决定的相对人有权在申诉期限届满之前被告知。如果申诉涉及对被告人的不起诉或者放弃追诉的决定，决定的撤销应当在检察机关收到申诉之日起 3 个月以内告知相对人。

对检察机关受理申诉的决定不得以申诉的方式提起复议。

第七章　公诉机关

第 63 条　只有在有权提起公诉的人向法院提起诉讼之后，法院才有权启动对案件的审理，而当起诉被撤回时，法院就应当终止审理。

第 64 条　议会议长决定是否对国家高级官员以及其他由国王任命的官员在履行职务过程中涉嫌的犯罪提起诉讼。检察机关的检察总长有权因证据不足或者不需要处以刑罚而决定对以上事项中止起诉。

议会议长有权决定对具有以下情形的案件根据本法第 69 条的规定放弃追诉：

1）可能判处不超过 21 年有期徒刑的重罪案件；

2）违反《刑法典》第八章、第九章或第十章的重罪案件。

第 65 条　对于不需要由议会议长作出的起诉决定，检察机关的检察总长有权决定是否对具有以下情形的案件发动追诉：

1）可能判处不超过 21 年有期徒刑的重罪案件；

2）违反《刑法典》第八章、第九章、第十章或者第 135 条、第 140 条、第 142 条、第 144 条规定的重罪案件；

3）通过印刷品或广播的方式实施的重罪，《刑法典》第 204 条与第 204a 条规定的情形除外。

第 66 条　对于议会议长、检察总长、警察管辖权限之外的重罪案件，由检察官决定是否起诉。

第 67 条 警察有权对任何案件发动侦查与追诉，警察还有权根据本法第十四章至第十七章的规定申请法院批准强制措施的适用。对于法院不予批准适用强制措施的决定，警察有权申请复议。

警察有权对具有以下情形的案件发动追诉，本法另有规定的除外：

1）轻罪案件；

2）法定刑为 1 年有期徒刑以下刑罚的重罪案件，《刑法典》第十二章、第 176 条第 2 款、第 198 条、第 237 条规定的犯罪除外；

3）涉嫌违反《刑法典》第 147 条第 2 款第 2 项、第 3 款、第 162 条第 1 款、第 4 款、第 5 款、第 162b 条第 1 款、第 3 款、第 4 款、第 182 条至第 190 条、第 227 条第 1 款第 1 项、第 228 条第 2 款第一替代刑（参见《刑法典》第 232 条）第 229 条第一替代刑（参见《刑法典》第 232 条）、第 255 条、第 257 条、第 258 条、第 260 条、第 270 条、第 271 条、第 271a 条、第 286 条、第 288 条、第 292 条、第 317 条第 1 款、第 3 款、第 5 款之规定的重罪案件；

4）涉嫌违反《军事刑法典》第 34 条第 2 款第二替代刑、第 3 款、《税法》第 66 条、《增值税法》第 72 条、《税收管理法》第 12－1 条、《移民法》第 47 条第 2 款、第 5 款、《会计法》第 8－5 条第 1 款第 1 项、第 3 项、第 3 款第 1 项、《簿记法》第 15 条第 1 款第 1 项、第 3 项、第 3 款第 1 项的重罪案件。

对于前款第 2 项、第 4 项规定的犯罪，由警长决定是否进行追诉。根据检察总长发布的指导性意见，在获得高级检察官书面许可的情况下，警长有权决定其他具有法学学位并供职于检察机关或者警察机构的公职人员行使警长的这一职权。对于前款第 2 项规定的犯罪，所有供职于检察机关或者警察机构的公职人员都有权签发可选择的处罚令状。①

警察有权决定将重罪案件移送国家调解组织进行调解，但议会议长与检察总长管辖范围内的案件除外。议会议长有权对特定区域内的治安官进行临时性授权，由治安官决定将涉嫌违反《刑法典》第 147 条、第 257 条、第 258 条、第 260 条、第 291 条、第 391 条、第 391a 条的案件移送国家调解组织进行调解。②

国王有权授权警政署的负责人享有本条第 1 款所规定案件的管辖权。

如果存在有关高级公务员或者供职于警察机构以及其他追诉机关的公务人员在履行职务过程中涉嫌犯罪的举报，案件的侦查应当由中立的机构根据进一

---

① 详见本法第 255 条。——译者注
② 参见本法第 55 条第 4 项脚注。——译者注

步的规定实施。当追诉机关认为以上人员在履行职务过程中涉嫌犯罪，或者犯罪嫌疑人主动要求对其进行侦查时，案件的侦查同样应当由一个中立的中央机构根据进一步的规定实施。调查机构的负责人或者机构内具有法学学位并得到负责人授权的人有权根据检察总长发布的一般性指导意见决定是否追诉，但议会议长与检察总长管辖范围内的案件除外。对于这些由中立中央机构决定是否追诉的案件，追诉活动应当由该机构负责人或者机构内经由负责人授权的人实施，检察总长有权对实施追诉的机构行使指令权。

国王有权决定在侦查机关雇员涉嫌犯罪的地区设立隶属于中央机构的地区办公室，该办公室独立于警察机构以及其他追诉机关。

一旦任何公民在警察机构或者其他追诉机关履行职务的活动中死亡或受重伤，即使不存在怀疑犯罪行为存在的理由，国王仍然有权决定启动本条第 6 款规定的侦查活动。当任何处于警察机构或者其他追诉机关监管下的公民死亡或受重伤，即使不存在怀疑犯罪行为存在的理由，国王仍然有权决定启动本条第 6 款规定的侦查活动。

本条第 6 款与第 7 款所称"警察"包括正在国家警察学院进行实战训练的学员与正处于国家警察预备队人力动员范围之内的预备警员。

第 68 条 作出追诉决定的机关应当对针对追诉决定的复议作出行政性裁决。

前款规定存在以下例外情形：

1）对本法第 64 条第 1 款所规定案件之追诉的复议，由检察总长作出行政性裁决；

2）对警察根据本法第 67 条第 2 款第 3 项至第 4 项的规定发起之追诉的复议，由检察官作出行政性裁决。对检察官的裁决，警察应当接受。

国王有权根据相关规定对《刑法典》中的某些特殊条款制定其他有关追诉决定之复议的例外规定。

当本条第 1 款规定的针对复议的行政性裁决是由警察机构作出的，那么警长将行使该权力。当警长缺席时，副警长有权代替警长行使该权力。在高级检察官的书面授权下，警长有权决定具有法学学位并处于警察机构追诉部门领导岗位的公职人员行使等同于副警长的权力。

针对即决驳回命令的复议申请应当由有权提起复议的人提起。否则承办案件的人有权提起复议。

对于重启案件的诉求，由检察总长作出行政性裁决。

第 69 条 尽管认定一个人有罪必须经过证明，但只要检察机关认为案件存在特殊情况，经过综合裁量认为有充分的理由放弃起诉，检察机关有权作出不起诉的处分。

前款规定的不起诉处分可以对被追诉人附加条件，在附条件不起诉的考验期限内被追诉人不得犯新罪。不起诉考验期为 2 年，从不起诉决定作出之日起计算，但不起诉考验期不得长于被追诉人所涉罪行的追诉时效期限。

附条件不起诉也可以适用于《刑法典》第 53 条第 2 款、第 3 款第 1 项至第 8 项、第 4 款、第 5 款所规定的情形。被追诉人有权对不起诉处分所附条件发表意见。在附条件不起诉考验期内，被追诉人提供证据证明有必要变更不起诉处分所附条件的，检察机关可以终止考验期、变更附加条件或者附加新的条件。

第 70 条　如果被追诉人涉嫌两项或多项犯罪（包括重罪与轻罪），但只会处以很轻的刑罚或者不需要处以刑罚时，检察机关可以作出不起诉处分。

如果被追诉人已经受到军事处分，检察机关可以作出不起诉处分。

第 71 条　如果被追诉人认为检察机关根据本法第 69 条之规定作出的附条件不起诉处分所针对的行为不构成犯罪，在检察机关未撤销附条件不起诉处分的情况下，被追诉人有权要求检察机关将其起诉至法院。被追诉人必须在检察机关通知其附条件不起诉处分并告知其要求被诉之权利之日起的 1 个月内提出被起诉的申请。本法第 318 条第 1 款的规定相应适用。

第 71a 条　尽管认定一个人有罪必须经过证明，检察机关仍然有权决定将案件移送国家调解组织进行调解。将案件移送国家调解组织进行调解的决定必须获得被害人与被追诉人双方的一致同意。

第 71b 条　不满 15 岁的人涉嫌犯罪，检察机关可以将案件移送儿童福利署。儿童福利署应当向检察机关报告是否对该案作出行政性裁决。

第 72 条　在法庭作出一审裁判之前，检察机关有权在诉讼的任何阶段中止追诉。如果裁判被撤销或者对于根据本法第 242a 条、第 264 条第 6 款、第 267 条第 1 款（参见第 264 条第 6 款、第 292a 条）的规定提出的申请已经作出了不予准许的具有法律效力的决定，此种情形也适用。

如果公诉是基于特殊权力主体根据单行法规定的申请而提起的，一旦申请被撤回，诉讼将自动中止。如果公诉是基于被害人的申请而提起的，一旦被害人撤回申请，追诉将自动中止。

第 73 条　如果一起案件在庭审开始后因证据不足或者对所涉行为没有合适的刑罚而撤销，法庭应当宣告被告人无罪。如果一起案件在主审程序开始后根据本法第 72 条第 1 款第 2 句所述的第 2 种情形而中止，该案件应当被撤销。如果在之前的审判中已经对案件作了裁判，该案件也应当被撤销。如果之前的裁判是有罪判决，在以上情形下，有罪判决也应当被撤销。

当诉讼被中止，应当将书面通知送达被告人与作为申诉方的被害人。

第 74 条 如果对被追诉人的追诉因为证据不足而中止，一旦发现实质性的证据后，追诉活动可以恢复。如果对被追诉人的追诉因为本法第 72 条第 1 款第 2 句而中止，当导致追诉中止的情形消失后，追诉活动可以恢复。

如果检察机关根据本法第 69 条的规定作出了不起诉处分，当发现在不起诉处分作出之前被追诉人存在其他罪行时，诉讼程序可以恢复。这种情况下起诉书的提出或者基于被追诉人有罪自白的即决审判之申请应当在不起诉处分①作出之日起 1 年以内提交。如果被追诉人的第二项罪行未被认定为有罪，不起诉处分将继续具有效力，除非法庭认为应当宣告被告人无罪。

如果不起诉处分附加了条件，当条件未满足时可以恢复起诉。如果被追诉人逃避强制性监管或者违反监管机关的规定，同样可以恢复起诉。这种情况下起诉书的提出或者基于被追诉人有罪自白的即决审判之申请应当在附条件不起诉考验期限届满之日起 3 个月以内提交。

如果不起诉处分是根据本法第 70 条的规定作出的，当被追诉人没有被以检察机关追诉的罪行定罪，检察机关应当恢复起诉。

如果诉讼程序因缺少必要的追诉申请或缺少诉讼的某些必要条件而中止，当条件成就时，诉讼程序可以恢复。

除以上规定外，诉讼程序只能在上级机关根据本法第 75 条第 2 款之规定，对于本法第 59a 条规定的申诉决定撤销时恢复，或者在重新启动案件的条件成就时予以恢复。

以上规定并不禁止检察机关为了被追诉人的利益作出不起诉处分。

第 75 条 上级检察机关有权指令下级检察机关撤销起诉。

上级检察机关的不起诉处分或者撤销起诉的决定应当在 3 个月以内作出。即使有管辖权的检察机关尚未作出相关决定，这个期限同样可以适用。

第 76 条 最高法院审理的案件应当由检察总长亲自出庭，或者由经检察总长授权的检察官、具有办理最高法院审理之案件资格的律师、其他检察总长的官方代表出庭。

上诉法院与地方法院审理的案件应当由检察官、隶属于检察机关的警察或者律师出庭。当存在特殊事由时，检察总长有权指派具有法学学位但并不隶属于检察机关的警察出席上诉法院或地方法院审理的案件。地方法院审理的案件中已经存在可选择处罚令状②的，不隶属于检察机关的警察也有权代表检察机关出庭。该规定对于主审程序之外的法庭活动同样适用。

---

① 参见本法第 248 条。——译者注
② 参见本法第 255 条。——译者注

对于上诉法院或地方法院审理的依法可能被判处 6 年以上有期徒刑的重罪案件，或者检察机关建议适用特殊制裁措施或预防性羁押措施的案件，其主审程序与上诉程序应当由检察官出庭。由于重复犯罪、一人犯多项重罪或者根据《刑法典》第 232 条的规定提起申请的案件不在以上考虑范围之内。当存在特殊的事由时，律师、隶属于检察机关的警察或检察总长的官方代表可以出庭办理本款第 1 句规定的案件。将案件指派给检察总长的官方代表的决定只能由检察总长作出。除此之外，本款第 3 句规定的决定应当由具有管辖权的检察机关作出。除了主审程序与上诉程序之外，检察官有权指令一名律师或者隶属于检察机关的警察出庭。如果被告人在法庭上作出不可撤回的有罪供述，且该供述被案件中的其他证据材料予以证明，同时被告人可能被判处的刑罚不超过 10 年有期徒刑，检察官有权指令一名律师或者隶属于检察机关的警察出庭。本款第 2 句的规定相应适用。

如果警方已经提出了控告，地方法院审理的案件可以由隶属于检察机关的警察出庭。

惩教署的代表有权出席地方法院根据《刑法典》第 28b 条第 2 款第 1 项的规定就是否作出以监禁刑替代社区刑决定的审判活动，或者地方法院根据《刑罚执行法》第 44 条第 2 款的规定就确定缓刑释放后的考验期进行的审判活动。

第 77 条　为了使检察机关能够指派代表出庭，司法部应当保障有充足的律师具有最高法院及其他法院审理案件的出庭资格。

第 78 条　如果出席最高法院审理之案件的公职人员没有固定工资，法庭应当决定其报酬，由公共财政予以支付。

在其他法院审理的案件中，如果出庭的公职人员没有固定工资，法庭应当根据国王制定的规则决定该公职人员的报酬。根据《法律援助法》第 27 条的规定，对法庭有关报酬的决定可以提起复议。

第 79 条　如果本应出庭的人无法出庭，他的直接上级应当指派一名律师或者隶属于检察机关的公职人员代替其出庭。

第 80 条　根据本法第二十八章的规定，被害人有权提起诉讼。

第 81 条　法院有权根据裁量决定自诉人是否有资格起诉。

第五编　刑事诉讼具体程序

第十九章　起　诉

第 249 条　案件侦查终结后，应当对案件起诉问题作出决定。

如果犯罪嫌疑人犯罪时未满 18 岁，起诉问题应当在其被认定为犯罪嫌疑人之后 6 周内作出决定。但是，如果考虑到侦查或者其他特殊原因确有必要，可以在之后对起诉问题作出决定。

第 250 条　如果检察机关认为有理由起诉，但是被告人下落不明，或者居于国外而无法被审判，案件应当暂时中止。

当出现证据可能灭失或者证据价值受到损害的风险时，根据第 270 条和第 271 条，案件中止但不得停止记录证据。

第 251 条　如果有理由认为被告人符合《刑法典》第 44 条所规定的情形，并且根据第 84 条第 2 款的规定免予传唤其出席主审程序，那么诉讼程序应当转为根据《刑法典》第 39 条进行强制性精神健康治疗，或者根据《刑法典》第 39a 条进行强制性治疗，或者没收。

如果有理由认为障碍具有暂时性，起诉问题可以暂时性中止。否则，起诉应当中断。如果案件暂时性中止，第 250 条第 2 款的规定应当予以适用。

第 252 条　起诉书应当签名并标明日期，并且包括：

1）法院的名称；

2）被告人的姓名和住址；

3）适用刑法的有关规定，在刑法规定对于案件具有实质意义的范围内，复制相关的内容；

4）简短但尽可能准确地描述起诉事实，附有详细的时间和地点。

如果起诉不是绝对地公开，起诉书也应当完全符合公诉的条件。

如果起诉还涉及刑罚以外的其他权利请求，应当提供实现权利请求的相关信息。

第 253 条　如果在主审程序前检察机关想要追加起诉书以外的其他犯罪，应当补充起诉书或者提出新的起诉书取代之前的起诉书。

对于起诉书的其他修改也采取同样的方式。

第 254 条　在主审程序期间检察官可以放弃起诉书中部分指控或全部指控。如果起诉的问题与国王或检察总长有关，放弃起诉需要经检察总长同意。

经法院同意，并且在被告人同意或者作出得到其他证据相互印证的如实供述的范围内，检察机关可以追加起诉其他犯罪事实。

检察机关或该机关的代表可以对起诉书作出其他修改。

当法院认为适当的延期有助于辩护时，应当准予被告人适当延期。

检察机关的代表应当签署对起诉书作出的修改。

第七编 自诉与民事赔偿

第二十八章 自 诉

第 402 条 根据本章的规定，受害人在下列情形下可以提起自诉：

1）不应由公共机构指控的犯罪行为；

2）除非基于公共利益考量有必要提起公诉，否则不被公共机构起诉的犯罪行为；

3）追诉机关拒绝依照公诉程序进行追诉的犯罪行为，或者违反第 69 条或第 70 条的规定，启动追诉后又撤销公诉的犯罪行为。

即使只涉及一项失效或无效陈述的诽谤案件，仍可视为第 1 款第 2 项规定的案件提起自诉。

第 403 条 根据第 402 条第 1 款第 1 项或第 2 项的自诉，必须在《刑法典》第 80 条规定的期限内提出。

针对第 402 条第 1 款第 2 项规定的案件，如果在上述期限内提出了请求公诉的申请，而追诉机关决定不予公诉时，可以通过发出传票的方式及时启动自诉，但不能晚于受害人接到追诉机关决定的通知后 1 个月。未接到上述通知的人提起自诉的期限为追诉机关作出决定之日起 3 个月。

如果不予公诉的决定是由追诉机关中无权提起公诉的人员作出的，受害人可以在相应的期限内要求将案件移交给有权提起公诉的人员。但是，这并不适用于检察总长根据第 64 条第 1 款第 2 句决定撤销公诉的案件。

第 404 条 如果决定对第 402 条第 1 款第 2 项的案件进行公诉，受害人可以加入控方。在此类案件中，受害人享有与自诉人相同的诉讼权利。但是，这并不影响受害人作为证人的诉讼地位。

第 405 条 当申请对第 402 条第 1 款第 3 项规定的案件进行公诉被拒绝后，必须在第 403 条第 2 款规定的期限内提交传票。第 403 条第 3 款的规定相应适用。

第 406 条 如果追诉机关决定放弃对第 402 条第 1 款第 2 项或第 3 项所列犯罪行为的指控，则受害人可以接管这一指控，取代追诉机关在案件中的地位。这一变更通知以及根据第 412 条发出的传票必须在第 403 条第 2 款规定的期限内送交法院。如果追诉机关已经根据第 463 条中所述军事刑事案件诉讼程序的相关规定提起诉讼，案件应当根据本章的规定继续进行。

如果追诉机关在主审程序开始之后决定放弃指控，受害人不得接管这一指控，除非属于诽谤案件。

第 407 条　如果追诉机关在主审程序开始之后决定放弃指控诽谤案件，其应当立即通知受害人。

如果受害人当时在法庭上并且有接管指控的意愿，他必须立即将这一变更通知法庭。当认为对于处理案件必要时，法庭可以准予延期审理。

如果受害人不在场，应当延期审理。如果他愿意接管指控，其必须在法定期限内将这一变更通知法庭，不得晚于他获得追诉机关放弃指控的通知后 2 周。在此类案件中，法庭应当尽快确定主审程序的恢复日期。

如果受害人未接管公诉指控，当符合第 73 条第 1 款规定的条件时，法庭应当作出无罪释放的判决。如果受害人接管了指控后又撤回指控，亦是如此。

由公诉提起的诽谤案作出判决后，如果追诉机关不上诉，受害人依然可以上诉。在此类案件中，受害人提起上诉的期限从追诉机关上诉期限届满之日起算。如果追诉机关撤销已经提起的上诉，第 403 条相应适用。在其他方面，适用自诉人提起上诉的相关规定。

第 408 条　如果存在两名以上的受害人，各自可以独立行使起诉权。如果其中一人提起了自诉，其余受害人只享有加入自诉的权利。

第十编　军职案件的诉讼程序

第三十五章　追诉机关

第 471 条　对于违反《军事刑法典》的犯罪行为，追诉机关中有权提起指控的官员是：

1）检察总长和检察副总长；

2）公诉检察官、副公诉检察官以及助理公诉检察官；

3）军事检察总长、高级军事检察官、军事检察官、副军事检察官以及助理军事检察官；

4）被授权可以提起指控的高级警察和其他警察官员，以及地区警长。①

第 472 条　军事检察总长是国家高级官员，由国王任命。军事检察院总长的任职条件与检察总长相同（参见第 56 条）。

高级军事检察官和军事检察官由部长任命，并决定任命人数、他们的司法管辖区以及所任职的部门。高级军事检察官和军事检察官的任职条件与公诉检

---

① 参见本法第 55 条第 4 项脚注。——译者注

察官相同（参见第 57 条）。

助理军事检察官由分配处理具体案件时的军事检察院总长、高级军事检察官或军事检察官任命。具体制度因和平时期和战时而有所不同。

第 473 条 第 471 条第 3 项和第 4 项所提及的官员在行使指控权力时要服从于检察总长和公诉检察官。但是在战时，军事检察院总长和高级军事检察官直接服从于检察总长。

检察总长、公诉检察官以及战时的军事检察院总长、高级军事检察官可以直接向下属官员下达命令。

第 474 条 在和平时期，对军事重罪是否提起指控的决定由公诉检察官作出，除非国王对议会或检察总长保留了这项决定权力。警察决定是否起诉军事轻罪和第 67 条第 2 款授权其可以指控的军事重罪。军事检察院总长、高级军事检察官和军事检察官具有与警察局长相同的指控权力。

在战时，对军事重罪和轻罪是否提起指控的决定由军事检察院总长或高级军事检察官作出，除非国王对议会或检察总长保留了这项决定权力。在例外案件中，这一决定可以由公诉检察官作出。军事检察官具有与高级警察或者其他警察官员相同的签发选择性处罚令状①的权力。

第 475 条 在战时，应当将所有案件是否提起指控的决定通知国王所指定的军事司令员。

如果军事司令员不同意该决定，他可以要求将案件提交给更高一级的追诉机关。

在决定是否提起指控之前，如果不会导致严重影响案件的迟延，追诉机关应当征求军事司令员的意见。

第 476 条 检察总长可以在最高法院亲自提起指控，或者将案件指派给军事检察院总长、高级军事检察官或军事检察官。

在上诉法院，由军事检察院总长、高级军事检察官或者由前两者决定的军事检察官提起指控。

在地区法院，由高级军事检察官或军事检察官提起指控。

在地区法院签发选择性处罚令状②的案件中，军事检察官可以代表追诉机关行事。主审程序外举行的法庭会议，亦应如此。

在其他方面，第 76 条的规定相应适用。

第 477 条 国王在议会中可以就军事检察部门的组织作出进一步说明。

———————————

① 参见本法第 255 条。——译者注
② 参见本法第 255 条。——译者注

葡萄牙

葡萄牙刑事诉讼法典[*]

第一部分

第一卷　诉讼当事人

第二编　检察院和刑事警察机关

第 48 条　正当性

检察院具有推进刑事诉讼程序的正当性，同时受本法典第 49 条至第 52 条规定的约束。

第 49 条　对非经告诉不得办理的刑事程序的正当性

1. 对于非经被害人或其他人的告诉不得进行的刑事程序，根据法律规定提出告诉的人应当将事实告知检察院，以便检察院促进诉讼程序。

2. 为实现前款规定，向任何具有法定义务向检察院转达的任何其他机关进行告诉，均视为向检察院提出告诉。

3. 告诉应由具有告诉资格的人员提出，或者具有特别权利的受委托人提出。

4. 前述各款规定相应地适用于需要任何国家机关参与的刑事诉讼活动。

第 50 条　非经自诉不得进行的刑事程序

1. 对于非经被害人或其他人的自诉不得进行的刑事程序，根据法律规定提出自诉的自诉人应当告诉、成为辅助人并且提出自诉，才能进行刑事诉讼。

---

* 本法典于 1987 年 1 月 15 日由部长会议审查并核准，于 1987 年 6 月 1 日实施，但部分文本自 1988 年 1 月 1 日起实施。截至 2015 年底，本法典经历了 28 次修订，此译本为第 29 版，自 2015 年 9 月 4 日生效。本译本根据里斯本总检察长网站（http://www.pgdlisboa.pt）提供的葡萄牙语文本翻译。

2. 检察院应当依其职权采取任何其认为对发现事实真相确属必要，并且属于其权限的措施、参与一切有自诉人参与的诉讼行为、与自诉人共同提出控诉，或者独立对判决提出上诉。

3. 本法典前条第 3 款的规定同样适用。

第 51 条　对撤回告诉或者自诉的认可

1. 在本法典第 49 条和第 50 条所规定的情况下，撤回告诉或者自诉的申请被认可的，检察院终止对诉讼程序的参与。

2. 该撤回应当在侦查期间受理的，由检察院决定是否批准撤回；应当在预审或者是审判期间受理的，则分别由预审法官或者主审法院决定是否批准撤回。

3. 撤回一经知晓后，有权作出认可的司法当局需通知犯罪嫌疑人，以便其在 5 日内无须说明理由地作出是否反对撤回的声明。不作出声明，视为不反对撤回。

4. 犯罪嫌疑人没有指定辩护人并且犯罪嫌疑人下落不明的，前款关于声明的规定仍然有效。

第 52 条　犯罪竞合情况下的正当性

1. 在犯罪竞合的情况下，对较严重的被指控行为的诉讼程序并不取决于告诉或者自诉的，或者各被指控行为的严重程度相同的，检察院应当依据法定职权立即促进刑事诉讼程序。

2. 检察院具有推动其诉讼程序的正当性所针对的犯罪较不严重，法律赋予告诉或自诉权利的人员没有作出声明的，检察院应当对其进行通知，以便该当事人在 5 日之内作出是否行使该权利的声明。如果声明：

（1）不打算提出告诉或者自诉的或不作出任何声明，则检察院酌情依据其职权可促进的诉讼程序；

（2）作出打算提出告诉或者自诉的，则视此为提出告诉或者自诉。

第 53 条　检察院在诉讼程序中的地位和职责

1. 刑事诉讼程序中，检察院有权协助法院发现事实真相和适用法律，保障各项诉讼活动遵守严格的客观准则。

2. 检察院具有下列权限：

（1）接受检举、告诉以及举报，并且就其是否继续办理作出审查；

（2）领导侦查；

（3）提出控诉，并且在预审和审判中有效支持该控诉；

（4）提出上诉，即使该上诉仅为实现辩方的利益；

（5）促进刑罚和保安处分措施的执行。

第四编　辅助人

第68条　辅助人

1. 除根据特别法规定成为辅助人的情况外，下列所述之人在刑事诉讼程序中也可以成为辅助人：

（1）年满 16 周岁的被害人。所谓被害人，是指法律规定的罪名中需要保护的利益对应的当事人。

（2）非经其告诉或者自诉，不得进行刑事诉讼的人。

（3）被害人死亡并且在死亡前未放弃告诉权的，未经法院裁判分居和分割财产的其生前配偶、直系血亲卑亲属、领养人，以及与被害人以配偶形式共同生活的人可以成为辅助人。上述人员欠缺的，则其直系血亲尊亲属、兄弟姐妹及其直系血亲卑亲属，以及被害人的领养人可以成为辅助人。但是上述人员参与应当被指控行为的除外。

（4）如果被害人小于 16 周岁或者因其他原因无能力而不能成为辅助人，其法定代理人可以作为辅助人。没有法定代理人的，前项规定的人员依据前项规定的顺序可以作为辅助人。没有上述人员的，对被害人负有保护、监护或教育义务的机构在被害人对其信任的情况下可以作为辅助人。但是上述人员或者机构参与应当被指控行为的除外。

（5）任何人，只要该犯罪扰乱安宁和违反人道，或者犯罪涉及权力寻租，或公务员提供私人便利，或违反公正，或渎职，或腐败，或侵占公款，或参与经济交易，或滥用权力，或欺诈取得，或挪用公益金或补助。

2. 对于自诉案件，应当自本法典第 246 条第 4 款规定的警告之日起 10 日内提出成为辅助人的申请。

3. 在下列情况中，应辅助人向法官提出的申请，可以在任何时候参与刑事诉讼，但是应当接受诉讼程序在其参与时所处的状态：

（1）在预审辩论或者是庭审开始 5 日之前提出申请；

（2）根据本法典第 284 条以及第 287 条第 1 款第 2 项的规定，在相应诉讼行为执行期间内提出申请。

4. 检察院和犯罪嫌疑人就该申请表明意见后，法官以批示的形式作出裁判，并且立即将批示通知检察院和犯罪嫌疑人。

5. 侦查期间，对成为辅助人的申请及其相关的附随问题的审查可以与其他有关程序分开进行，但须附有为作出裁判所需要的资料。

第 69 条　辅助人的诉讼地位及其职责

1. 辅助人具有作为检察院协助人的地位，其参与诉讼程序应当服从检察院的领导，但是法律另有规定的除外。

2. 辅助人具有以下权限：

（1）参与侦查和预审，提供证据和申请采取其认为必需的措施，以及被告知对于该等活动的批示；

（2）提出独立于检察院指控的控诉；对于必须自诉的，即使检察院不提起指控，辅助人也可以独立提出控诉；

（3）对其本人具有影响的裁判提出上诉，即使检察院未提出上诉，且为此效力有权查阅必要的诉讼资料，但不得影响司法保密制度的适用。

第 70 条　辅助人的司法代理

1. 辅助人必须由律师代理。案件中具有多名辅助人的，则仅由 1 名律师对各辅助人进行代理；多名辅助人在选择律师方面具有不同意见的，则由法官作出裁判。

2. 案件中多名辅助人的利益具有冲突的，不适用前款规定；归责于犯罪嫌疑人的犯罪各不同的，前款规定也不适用，在此情况下，因各犯罪可以各委托 1 名律师，但是每名辅助人不得委托 1 名代理律师。

3. 辅助人在其参与的措施中可由律师陪同。

第二部分

第六卷　初步阶段

第二编　侦　查

第三章　侦查终结

第 283 条　检察院提出的控诉

1. 侦查期间收集到充分迹象证明犯罪行为的确发生，并且确定犯罪行为人的，检察院应当在 10 日内对该人提出控诉。

2. 充分迹象，是指能合理显示出犯罪嫌疑人可能会在审判中被判处刑罚或者保安处分措施的证据。

3. 控诉书中应当包含下列内容，否则无效：

（1）指出可以识别犯罪嫌疑人身份的信息；

（2）叙述或者简要叙述能作为对犯罪嫌疑人判处刑罚或者保安处分措施依据的事实，尽可能说明实施犯罪的地点、时间和动机，行为人对案件的参与程度以及任何对确定刑罚具有重要意义的情节；

（3）指出应当适用的法律规定；

（4）不超过 20 名证人的名单及其身份信息，只对本法典第 128 条第 2 款规定所述的方面作证的，证人数不得超过 5 名；

（5）指明将在审判中发言的鉴定人和技术顾问，并提供其身份信息；

（6）指明应当调查或者申请提交的其他证据；

（7）日期和签名。

4. 在案件相互牵连的情况下，仅需要提出一个控诉。

5. 本法典第 277 条第 3 款的规定相应地予以适用。通知程序无效的，诉讼程序继续进行。

6. 前款规定提及的通知通过递交本人或者挂号邮寄的方式进行，除非犯罪嫌疑人与辅助人指明其住宅，或者在由司法机关或者刑事警察机关规定的住所居住。如果前述司法机关为作出笔录的机关，或者在调查或者预审中听取犯罪嫌疑人或者辅助人意见的机关，根据本法典第 113 条第 1 款第 3 项的规定，通过普通邮寄的方式进行通知。

7. 仅在认为对发现实质真相必要，尤其是涉及本法典第 215 条第 2 款规定的罪行的真相，或者因犯罪嫌疑人或者被害人的数量众多，或者案件实施过程呈现高度组织化，诉讼程序因此显得特别复杂时，证人数量不受本条第 3 款第 4 项规定的限制，且须在相应的申请中列明将作证的有关证人及其直接知悉事实的原因。

8. 出现第 340 条第 4 款第 2 项、第 3 项和第 4 项规定的情况的，驳回前款所指之申请。

第 284 条　辅助人提出的控诉

1. 检察院作出控诉的通知后 10 日内，辅助人可以对检察院所控诉的事实或者部分事实，或者其他对检察院控诉的事实不构成实质变更的事实提出控诉。

2. 有下列情况，经调整，前条第 3 款、第 7 款的规定相应地予以适用：

（1）辅助人可以以单纯地赞同检察院的控诉的形式，提出其控诉；

（2）辅助人仅须指明检察院的控诉中未载明的应当调查或者申请提交的其他证据。

第 285 条　自诉

1. 对于非经自诉不得进行的刑事程序，检察院在对案件侦查完结后，通知辅助人，以便其在所欲时于 10 日内提出自诉。

2. 收集到充分迹象显示犯罪行为的确发生，并且确定行为人的，前款规定提及的检察院的通知中，应当对上述事项进行说明。

3. 本法典第 283 条第 3 款、第 7 款和第 8 款的规定相应地适用于自诉。

4. 检察院可以在提出自诉申请后 5 日内，对自诉中的部分或者全部事实提出控诉，或者就其他对自诉事实不构成实质变更的事实提出控诉。

瑞　　典

瑞典司法程序法典[*]

第一编　法院组织

第七章　检察官与警察机关

第 1 条　检察官包括：

1. 总检察长；

2. 区域检察官；以及

3. 分区检察官。

检察官职责可以由助理检察官行使。

对检察官的指令由政府规定。（1974 年 573 号法）

第 2 条　总检察长是政府领导下的首席检察官，在其权限内负责和领导国家检察事务。

区域检察官在总检察长领导下在各自活动范围内负责和领导检察官的活动。（1974 年 573 号法）

第 3 条　总检察长和区域检察官由政府任命。其他检察官的任命由机关指令规定。（1974 年 573 号法）

第 4 条　区域检察官或地区检察官是在普通初等法院和上诉法院的检察官。

---

* 本译本根据瑞典政府官网提供的英语文本翻译。

但第二章第 2 条第 1 款规定的案件由总检察长担任上诉法院的检察官。

总检察长是最高法院的检察官。

个体当事人上诉至最高法院的刑事案件，总检察长可指派下级检察官代表参加诉讼。

检察官分工的进一步规定由机关指令规定。（1981 年 1312 号法）

第 5 条　总检察长和区域检察官可以承担本应由下级检察官负责的工作。在政府规定范围内，总检察长和区域检察官也可以指派其他检察官参加初等法院及上诉法院审理的案件。且在个体当事人上诉至最高法院的刑事案件中，总检察长可以指派额外的检察官参加诉讼。

助理检察官可在机关指令的范围内代行检察官的职责。但只有总检察长有权在最高法院起诉和上诉。（1983 年 999 号法）

第 6 条　检察官涉嫌犯有可以免除检察官资格的特定犯罪，其不得参与该案的初步侦查或指控。基于检察官的职务行为或基于职务而采取的措施，都不能免除检察官资格。

检察官被免除资格的，其仍有权采取无风险不得拖延之措施。

检察官资格的免除问题由检察官的直接上级决定；总检察长的资格免除问题由其自己决定。（1947 年 616 号法）

第 7 条　（1983 年 999 号法废止）

第 8 条　特别检察官由特别法规定。

除大法官或议会监察专员外，任何特别检察官都无权决定在最高法院起诉或上诉。（1968 年 79 号法）

第 9 条　第 6 条关于检察官的规定，同样适用于警察机关或应根据本法典的规定采取措施或作出决定的警察；但免除资格问题由警察机关决定。（1984 年 388 号法）

第二编　普通程序

二、刑事案件程序

第二十章　起诉权；被害人

第 1 条　刑事案件非经起诉法院不得受理。但有关程序违法责任的事项可不经起诉而由法院受理。

第 2 条　检察官有权起诉公诉范围内的犯罪行为，法律另有规定的除外。

特别检察官对公诉范围内的违法行为的起诉权由特别法规制。

检察官可为嫌疑人的利益而上诉至上级法院。

第 3 条　除明确排除的犯罪以外的所有犯罪均属于公诉范畴。

特定公诉需要特殊条件，如权限的许可或被害人控告均须经过审查。

第 4 条　一个行为触犯多个罪名，且每个罪名均属于公诉范畴的，公诉应当包含所有犯罪。

一人被被害人起诉属于公诉范围内的犯罪行为，且犯罪行为可能有 2 名或 2 名以上嫌疑人的，公诉应当包含所有嫌疑人。

第 5 条　被害人可以向检察机关或警察局控告犯罪行为。控告向可能提起公诉的地方以外的机关提起的，应当立即移送至有权机关。

第 6 条　检察官应当就属于公诉范围内的犯罪行为提起公诉，法律另有规定的除外。（1964 年 166 号法）

第 7 条　无公共或个人利益受损的，检察官可放弃起诉（不予起诉）：

1. 犯罪可判处罚金以下刑罚；

2. 刑罚是不予起诉的条件性判决与特殊原因；

3. 嫌疑人另犯他罪，刑罚在现有犯罪的刑罚基础上无须增加；

4. 依据《功能障碍人群扶持与服务法》（1993 年 387 号法）需要提供精神病护理或特殊护理的。

第 1 款提及的案件以外无须通过刑罚以阻止嫌疑人进一步犯罪的特殊情形，以及无其他原因要求必须起诉的案件可不予起诉。（1997 年 726 号法）

第 7a 条　不予起诉的情形在起诉时已经存在并被知晓会必然导致不起诉的，不予起诉的决定在起诉提起之后也可作出。但被告人反对或已经作出判决的，起诉不能放弃。（1981 年 1285 号法）

第 7b 条　有特殊原因的，不予起诉的决定也可撤销。（1985 年 13 号法）

第 8 条　被害人不能对属于公诉范围内的犯罪行为提起诉讼，除非其已经提出控告且检察官决定不起诉的。

检察官提起公诉时，被害人可支持公诉，也可以上诉至上级法院。

第 1 款中所述的条件并不限制被害人对虚假或不公正诉讼、虚假控告或其他关于犯罪的虚假陈述提起诉讼的权利。（1948 年 453 号法）

被害人是犯罪行为所指向的人或被犯罪行为侵犯或伤害的人。（1964 年 166 号法）

第 9 条　进入判决阶段的公诉不能撤回。

因认定嫌疑人有罪的理由不足而致公诉被撤回的，被害人可接管诉讼；但其必须在其知晓诉讼中止后，在法院规定的期限内告知法院，至多 1 个月。被害人不接管诉讼的，此后不能对犯罪提起诉讼；嫌疑人要求的，无罪判决应当宣告。

第 10 条 第 8 条及第 9 条关于被害人提起诉讼或接管诉讼的规定不适用于下列人员在公共机关或委员会履行职责时所犯之罪：

1. 政府大臣；

2. 最高法院或最高行政法院的法官；

3. 议会监察员或其代表；

4. 依据《瑞典国会法案》或其他法规，任何依据瑞典国会的固定委员会或其他机构的决定应当被起诉的官员；

5. 首席大法官或其代表；或者

6. 欧洲司法法院的法官或者一般代理人或一审法院的法官。（1995 年 315 号法）

第 11 条 同一犯罪有 2 名或 2 名以上被害人的，其中一个被害人的控告或起诉应当有利于所有人的利益。

第 12 条 被害人通过庭外和解或其他方式承诺不再控告或提起公诉，或被害人已经撤回其控告或公诉，则其之后不能控告犯罪以提起公诉。若犯罪仅因被害人控告而使犯罪进入公诉的，且不控告的承诺已经作出或在公诉开始前撤回控告，则犯罪可不被起诉。

第 13 条 犯罪行为致人死亡的，死者的配偶、子女、父亲、母亲或兄弟姐妹则继承被害人控告或起诉犯罪的权利。

犯罪对象或犯罪所侵犯或伤害的人死亡的，若没有情形表明死者会选择不报告或不起诉犯罪，则前述与其相关的人拥有相同的控告或起诉犯罪的权利。（1971 年 875 号法）

第 14 条 被害人是未成年人，且犯罪涉及其未实际控制的财产或无权处分的法律事务的，其合法代理人可以告发或检举该犯罪。依据《父母、监护人与儿童法典》任命的管理人在涉及其职权范围内的财产或法律事务时享有同样的权利。犯罪对未成年人造成人身伤害的，对未成年人享有监护权的人可以告发或控告该犯罪。第十一章第 2 条至第 5 条关于当事人与合法代理人在民事诉讼中的规定，同样适用于被害人，即使其不是当事人。

第十二章的规定同样适用于被害人的诉讼代理人。（1988 年 1260 号法）

第 15 条 被害人因控告的案件需要接受询问的，在审判过程中可以有合适的人陪伴以作为对其的支持（支持者）。法院知晓支持者的，如若可能，应当给予审判的通知。

特定案件中，可依据《被害人代理律师法》为被害人指定代理律师。

被害人或其合法代理人需要接受询问时，被害人的代理律师应被传唤参加庭审或其他法院会议。(1994 年 420 号法)

第 15a 条　（1987 年 747 号法废止）

第 16 条　依据法律法规犯罪可由被害人以外的个人起诉的，在有关告发、控告犯罪以及起诉的权利事项上，其应当被视为被害人。

第四编　初等法院程序

二、刑事案件程序

第四十五章　提起公诉

第 1 条　检察官起诉应当向法院提交针对被指控一方当事人的书面传票申请书；但在适当程度内，法院可以授权检察官签发传票。

传票申请书已被法院受理的，或者检察官签发的传票已送达被告人的，视为已起诉。

因犯罪被起诉的人，不得就同一犯罪行为对其提起新的诉讼。

第 2 条　审判期间对程序性犯罪的起诉可以无须传票。

在法庭开庭前又犯新罪的，法庭考虑到犯罪的性质和其他情形认为适当的，可以无须传票而对新罪提起公诉。

授权无须传票而提起诉讼的规定适用于特定案件。

第 3 条　针对同一犯罪人的多项犯罪行为或者针对多人的同一犯罪行为的起诉应被合并到同一庭审程序中，法院认为分开庭审更为合适的除外。有利于调查的，针对多个犯罪人的不同犯罪行为也可以合并审理。

多项诉讼不可合并审理，但向有管辖权的同一法院提起，且对每个诉讼适用同一诉讼程序的除外。

有理由的，已经被合并审理的案件可以再次分开审理。(1956 年 587 号法)

第 4 条　检察官应当在传票申请书中载明的事项：

1. 被告人；

2. 被害人；

3. 犯罪行为，并详细说明犯罪时间、地点及其他证实犯罪所需的情形，及应当适用的法律规则；

4. 欲援引的证据种类及每项特定种类证据要证明的事实；以及

5. 法院管辖权的依据，法律另有规定的除外。

检察官依据第二十二章第 2 条的规定在起诉的同时提起附带民事诉讼的，应当在申请书中说明诉讼请求、事实依据、被援引的证据及每项证据所要证明的事实。

被告人涉嫌被起诉的犯罪行为应当或已经被逮捕、拘留或者需要限制人身自由的，检察官应当在申请书中具体说明。剥夺人身自由的时间也应当说明。

申请书应当由检察官签发。（1973 年 45 号法）

第 5 条　起诉一经提起即不得变更。但法院考虑到调查或其他情形认为适当的，检察官可以针对同一被告人包含的其他犯罪行为扩大起诉。

起诉后，法院考虑到调查需要或其他情形认为适当的，检察官或被害人可以无须传票而提起针对犯罪行为的附带民事诉讼。诉讼已经转移给其他人的，同样适用该规定。

检察官缩小对同一犯罪的起诉，适用传票记载之外的法律规定，或者提出新的事实以支持起诉的，不视为对起诉的变更。（1969 年 588 号法）

第 6 条　检察官意图依据第 2 条第 1 款或第 2 款对犯罪行为提起诉讼，或依据第 5 条的规定扩展起诉的，或者检察官、被害人或接受被害人的诉讼请求转让的人，意图依据第 5 条的规定提起附带民事诉讼的，可以在庭上以口头形式或以书面形式完成。被告人应当被告知控诉或诉讼。诉讼向法院提出即视为已经起诉。（1969 年 588 号法）

第 7 条　案件经过初步侦查的，检察官应当在起诉时或之后尽可能快地向法院与书证一起提交记录副本或初步侦查的笔录，及检察官要作为证据的物品。与起诉无关的物品无须提交。（1987 年 747 号法）

第 8 条　法院发现提起诉讼的人无权对该犯罪行为提起诉讼，或该案件因其他程序性障碍不能进行庭审或裁决的，应当驳回传票申请书。

第 9 条　申请未被驳回的，法院应当签发传票传唤被告人对起诉答辩。

传票与传票申请书及附随文件应当一并送达被告人。有关被害人或证人的年龄、职业和住址等与起诉无关的信息不得记载在文件中。（1994 年 420 号法）

第 10 条　在传票中，法院应当指令被告人以口头或书面形式详细说明援引的证据，及每项证据要证明的事实。但依据被告人的供述或其他情形可以推定出不需要有关证据的信息时不适用本规定。

书证应与证据说明一并提交。

快速完成主审有需要的，法院可以指令被告以书面形式阐明其立场及理由。（1987 年 747 号法）

第 11 条　为使在主审时能够对案件进行全面的不间断审理，法院可以指令检察官完成初步侦查，或者对于尚未进行侦查的，可以指令检察官启动侦查。

第 12 条 为在主审不间断的审理中确保所有的证据都能提交，应当立即签发指令收集专家意见、获得书面证据，或者使物品可供勘查，或者采取其他预审措施。

在主审外取证的，应无延迟地签发指令。

当事人希望采取以上措施的，应当尽快向法院申请。

第 13 条 有特殊原因的，法庭应当与双方当事人和其他相关人员举行预审。对当事人的通知适用第 15 条的规定。

任何被传唤到庭人而未到庭的，而开庭有利于预审目的的，仍应开庭。未出庭者被指令不出庭将处罚金的，法庭可以指令其不出庭将处新的罚金，或指令将其拘押到庭。

第四十二章第 10 条关于电话会议的规定，可依据本条规定适用于庭审。（1987 年 747 号法）

第 14 条 法庭应尽快确定主审时间。案件的其他方面尚未做好主审准备的，仍可以确定解决程序性问题或可以单独裁决部分的主审时间。

被告人被逮捕或拘留的，主审应当在起诉后 1 周内进行，因采取第 11 条或第 12 条规定的措施或其他情形必须延误的除外。被告人在起诉后被拘留的，期间应当自拘留决定送达之日起计算。

被告人被判处出行禁止的，主审应当在起诉后 1 个月内进行，因采取第 11 条或第 12 条规定的措施或其他情形必须延误的除外。出行禁止于起诉后作出的，期间自禁令送达之日起计算。（1981 年 1294 号法）

第 15 条 检察官应被通知出席主审。被害人参与起诉或作为与检察官一方的当事人，或因检察官起诉而应当接受询问的，也应被通知到庭。需要被害人亲自出庭的，法院应指令其出庭，违者将处罚金。

被告人应当以传票或单独通知的方式被通知出庭。需要被告人亲自出庭或被代理出庭的，法庭应向其下达不出庭则处罚金的指令。有理由认为被告人不遵守指令的，法院可以指令将其拘押到庭。依据第四十六章第 15 条的规定，被告人仅由诉讼代理人代表出庭或代理人也未出庭，案件依然可以裁决的，在通知中应当提醒该被告人。对于被逮捕或被拘留者的出庭问题，法院应下达指令。

证人和专家的出庭通知，适用第三十六章和第四十章的规定。（1982 年 283 号法）

第 16 条 检察官签发的传票应当包含第 4 条规定的有关传票申请书的内容，并且应当由检察官签字。

检察官应当在传票中指令被告人在检察官设定的特定时间内，以口头或书面形式，向法院详细说明其在主审中意图援引的证据及每项特定种类的证据所要证明的事实。但检察官通过被告人的供述及其他情形清楚地认为被告人无法提供证据的，不适用本条规定。在适当的情况下，检察官可以在传票中通知被告人出庭主审。

检察官为案件安排主审应当遵守法院关于主审时间的规定；检察官也应签发出庭通知及第 15 条所涉及的指令。

传票应当与附随文件一并送达被告人。有关被害人和证人的年龄、职业及住址等与起诉无关的信息不应记载在送达的文件中。送达后，传票和送达证明应当立即交给法院。（1994 年 420 号法）

第 17 条 一方当事人意图在主审时援引之前未提交的证据的，应立即将该证据的类型及所要证明的事实通知给法院及对方当事人。

第 18 条 （1976 年 567 号法废止）

第四十七章 提起自诉与自诉案件的主审

第 1 条 意图起诉的被害人应向法院提交针对被指控人的书面传票申请书。已向法院提交传票申请书的视为已起诉。

被告人意图在同一案件中对被害人，或检察官的恶意或不当起诉、诬告或其他关于犯罪的错误指控而提起诉讼的，可以无须传票在庭上以口头形式或书面形式进行。应当通知以此种方式被起诉的人。（1948 年 453 号法）

第 2 条 传票申请书应当载明：

1. 被告人；

2. 犯罪行为，并详细说明犯罪时间、地点及其他证实犯罪所需的情形，及应当适用的法律规则；

3. 被害人意图提起的附带民事诉讼及该诉讼的事实依据；

4. 欲援引的证据种类及每项特定种类证据要证明的事实；

5. 法院管辖权的依据，明显另有规定的除外。

被害人对案件处理有想法的，应当在申请书中说明。

申请书应当由被害人或其辩护律师亲手签名。

犯罪仅在检察官决定不起诉后被害人才可起诉的，对检察官不起诉决定的证明应当附到申请书中。援引的书证也应附到申请书中。（1987 年 747 号法）

第 3 条 传票申请书不符合第 2 条的规定或有其他不完整之处，或第 2 条第 4 款规定的证明未被提交的，法院应指令被害人进行完善。未支付规定的申

请费的，同样适用本规定。（1989 年 656 号法）

第 4 条 被害人未遵守第 3 条规定的指令，且申请书极不完整，无法排除必要的不便以作为对刑事责任进行审判的依据的，申请书应当被驳回。未提交第 2 条第 4 款规定的证明或未支付申请费的，同样适用本规定。（1989 年 656 号法）

第 5 条 申请书未被驳回的，法庭应当签发传票传唤被告人进行答辩。但被害人的陈述不构成起诉的法定理由的，或有其他理由表明该项起诉无依据的，法庭可以无须传票而立即对案件作出裁判。

传票已经签发的，传票应与传票申请书及附随文件一并送达被告。（1984 年 131 号法）

第 6 条 传票已经签发的，应当进行预审。

预审的目的在于查清以下内容：

1. 被告人对起诉的态度及其依据；

2. 应提交的证据及每项证据要证明的事实；

3. 诉讼被裁决前是否需要补充调查或采取其他措施。

法庭应当以快速结案为目的进行预审。适当的情形一旦出现，法庭应当听取双方当事人对案件处理的意见。（1987 年 747 号法）

第 7 条 预审期间，被告人应当进行答辩，并陈述其是否承认或否认被指控的犯罪，并表达其对起诉所依据的事实的立场。被告人也应对其事实依据进行说明。

之后，双方当事人应当轮流说明所有要补充的事实，并就对方当事人主张的事实进行回应。此外，各方当事人应当对以前未进行说明，但欲援引的证据及每项证据所要证明的事实进行详细说明。尚未提交的书证应当立即提交。

法庭可以指令对不同的争议点或案件的部分内容进行单独预审。（1987 年 747 号法）

第 8 条 预审通过书面材料交换或其他程序进行。在适当情况下，不同类型的预审可以合并进行。

第 7 条第 1 款规定的答辩应当以书面形式作出，考虑到案件的性质，开庭提交答辩更为合适的除外。

书面答辩已经提交法院的，应当尽快开庭，考虑到案件的性质，继续交换书面材料更为合适的除外。

庭审开始后，在可能的情况下，预审应当庭结束。不能结束的，预审应当以交换书面材料或再次开庭的形式继续进行。（1987 年 747 号法）

第 9 条 预审应当以开庭进行且被告人被拘留的，应于被告人被拘留之日起 1 周内开庭，有特殊理由需要延迟的除外。被告人被指令出行禁止的，应当自指令送达之日起 1 个月内开庭。

被告人被拘留且需要再次开庭的，庭审应当自上次开庭结束之日起 1 周内举行，或者被告人于上次开庭后被拘留的，自被拘留之日起 1 周内开庭，有特殊理由需要延迟的除外。（1987 年 747 号法）

第 10 条 考虑到开庭的目的及其他合适的情形，或者开庭产生的费用和不便与开庭的重要性不成合理比例的，可以电话形式开庭。以电话形式开庭的，不适用本法典有关通知、指令及缺席后果的规定。（1987 年 747 号法）

第 11 条 庭审中，只有法庭认为有利于对陈述的理解及有利于诉讼的，当事人才可以提交或宣读书面材料或者其他书面陈述。（1987 年 747 号法）

第 12 条 被害人应被指令出庭，违者将视为放弃起诉该犯罪的权利。被害人亲自出庭的，法庭应当向其下达不出庭将处罚金的指令。被告人应被指令不出庭将处罚金。对于被拘留的被告人的出庭，法庭应当下达指令保障其出庭。

开庭只解决程序性问题的，被害人应当被指令不出庭则处罚金，而不再下达第 1 款的指令。（1987 年 747 号法）

第 13 条 双方当事人均未出席口头预审的，案件应从法院案件清单上移除。

第 14 条 被害人未出庭口头预审，且被指令不出庭将视为放弃起诉犯罪的权利的，应被告人的申请，应当宣告被害人丧失起诉该犯罪的权利；被告人未申请的，案件应从法院案件清单上移除。

被告人未出庭，且被指令不出庭则处罚金的，法院可以指令立即或于日后将其拘押到庭，不再下达不出庭则处新的罚金的指令。

第 15 条 被指令不亲自出庭则处罚金的被害人或被告人仅由诉讼代理人出庭的，法院可以指令立即或于日后将其拘押到庭，不再下达不出庭则处新的罚金的指令。

第 16 条 一方当事人被指令不出庭则处罚金的，或者应当被拘押到庭，但是发现将其拘押到庭的指令无法执行的，即使该当事人仅由辩护律师代表出庭或未出庭的，也可以结束预审。

第 17 条 预审期间，一方当事人或者双方当事人未出席解决程序性问题的特殊庭审的，此类问题仍可以裁决。

第 18 条 法庭依据第 14 条的规定宣告被害人丧失起诉犯罪的权利的，被害人可以向法院申请恢复对案件审理。

恢复审理的申请应当自指令宣告之日起 1 个月内以书面形式提交。被害人再次缺席庭审的，恢复审理的权利丧失。

第 19 条 有利于案件调查的，法庭应在开庭或继续交换书面材料之前，向双方当事人送达在继续的程序中要解决问题的说明书。

庭审之前，双方当事人应对争议问题进行充分准备，以尽可能地不再进行新的预审。（1987 年 747 号法）

第 20 条 有利于案件处理的，法庭应当在预审结束之前依法庭的理解对当事人的立场作出书面概况总结。法庭应向当事人提供机会表达其对该总结的意见。（1987 年 747 号法）

第 21 条 预审期间可以签发驳回诉讼的指令。

第 22 条 预审结束后，法庭应在给当事人提供机会表达意见之后立即确定主审的时间。可以为解决程序性问题或独立裁决的案件的部分而安排主审，即使案件预审的其他方面尚未结束。

被告人被拘留的，主审应于预审结束之日起 1 周内进行，或者被告人在预审之后被拘留的，主审应于拘留之日起 1 周内进行。

被告人被指令出行禁止的，主审应于预审结束之日起 1 个月内进行。出行禁止指令于预审结束后签发的，主审应于指令送达被告人之日起 1 个月内进行。（1987 年 747 号法）

第 23 条 主审时的通知适用第 12 条的规定。

有理由相信被告人不遵守不出庭将即处罚金的指令的，法庭可以指令主审时将其拘押到庭。（1987 年 747 号法）

第 24 条 对于自诉案件的其他方面，适用第四十五章第 1 条第 3 款，及第 2、3、5、6、8、12 条和第 17 条的规定。

自诉案件的主审参照适用第四十六章的规定；但此类案件也适用以下特殊规定：

1. 延迟主审的出庭通知及对当事人的指令，适用本章第 23 条的规定。

2. 主审时双方当事人均未出庭的，案件应从法院案件清单上移除。对于被害人未出庭或未亲自出庭的后果及案件的恢复审理，适用本章第 14 条至第 16 条及第 18 条的规定。双方或一方当事人不出席解决程序性问题的特殊庭审的，仍可对该事项进行裁决。

3. 案件已确定继续主审或重新主审的日期的，法院可以指令重新预审并下达必要指令，不再适用第四十六章第 12 条规定的措施。

瑞　士

瑞士刑事诉讼法典[*]

第一编　适用范围及原则

第二章　刑事诉讼法的原则

第 7 条　起诉的义务

1. 当刑事司法机关知悉或者有理由怀疑在其管辖区域内一项犯罪业已发生，他们有义务启动并推进诉讼程序。

2. 各州可以规定：

a. 免除或者限制州立法机关、司法机关以及政府工作人员在州议会所作陈述的刑事责任；

b. 对执行刑罚和措施的人员以及对司法人员执行公务期间实施的重罪或轻罪的起诉，应当获得非司法机关的授权。

第 8 条　放弃起诉

1. 如果联邦法律允许，公诉人和法庭可以放弃起诉，尤其是根据瑞士《刑法典》第 52 条、第 53 条和第 54 条①的要求。

2. 除非与私人起诉者最重要的利益相抵触，满足下列条件时也应当放弃起诉：

a. 就可能判处的刑罚或措施而言，该犯罪与被告人被指控的其他犯罪相比并不重要；

b. 与最终判决中的量刑并处的任何额外刑罚是可以忽略的；

c. 当为起诉的犯罪判处刑罚时必须考虑其在国外已经被判处的相同刑罚。

---

* 本法典于 2007 年 10 月 5 日由瑞士议会批准，2011 年 1 月 1 日起实施。本译本根据瑞士议会官网提供的英语文本翻译。

① SR 311.0

3. 除非与私人起诉者最重要的利益相抵触，如果该犯罪正被外国机关起诉或者即将起诉，检察官和法庭可以放弃追诉。

4. 在上述情况下，应当签发命令，说明不会提起任何诉讼或者当前诉讼已被终止。

第 9 条　不告不理原则

1. 仅当公诉人基于法定情形在适格法庭对特定个体提起相关指控时，犯罪才会受到司法审查。

2. 前述规定不适用于简易处罚令和违警罪程序。

第 11 条　禁止双重危险

1. 在瑞士，任何被生效判决裁决有罪或者无罪的人都不应因同一犯罪而被再次起诉。

2. 前述规定不适用于放弃或者终止起诉的程序，也不适用于案件的再审。

第二编　刑事司法机关

第一章　权　　力

第一节　通　　则

第 12 条　追诉机关

追诉机关是：

a. 警察；

b. 检察官；

c. 负责起诉违警罪的机关。

第二节　追诉机关

第 15 条　警察

1. 联邦警察、州警察和社区警察的追诉活动受本法典规范。

2. 警察依职权、根据公众和有关机关的报案，在检察官的指导下调查犯罪；在调查犯罪时，他们接受检察官的监督和指令。

3. 当刑事诉讼进入审判阶段，法庭可以向警察发布指示和命令。

第 16 条　检察官

1. 检察官负责统一行使国家惩治犯罪行为的权力。

2. 检察官负责初步程序，在侦查范围内追究犯罪，符合条件时提起指控并担任公诉人。

第 17 条　负责追诉违警罪的机关

1. 联邦和各州可以授权行政机关对违警罪进行指控和审判。

2. 当违警罪是与重罪或轻罪一起实施时，它们应当由检察官起诉，并由法庭在审理其他更严重犯罪时一并审理。

第三编　当事人及其他诉讼参与人

第一章　通　则

第一节　定义与地位

第 104 条　当事人

1. 当事人是指：

a. 被告人；

b. 私人起诉者；

c. 庭审和上诉程序中：公诉人。

2. 联邦和各州可以将完整或者有限的当事人权利赋予需要保护公共利益的其他机关。

第三章　遭受伤害者、被害人以及私人起诉者

第一节　遭受伤害者

第 115 条①

1. 遭受伤害者是指权利受犯罪直接侵害的人。

2. 任何有权提起刑事控告的人都应视为遭受伤害者。

---

① 原文无条旨，后有类似情况不再说明。——译者注

第二节　被害人

第 116 条　定义

1. 被害人是指其身体、性或精神的完整性直接受到犯罪不利影响的遭受伤害者。

2. 被害人的亲属是指其配偶、子女、父母以及具有类似亲密程度的人。

第 117 条　地位

1. 被害人享有特定的权利，特别是：

a. 个人隐私保护权（第 70 条第 1 款第 a 项，第 74 条第 4 款，第 152 条第 1 款）；

b. 由信任的人陪伴的权利（第 70 条第 2 款，第 152 条第 2 款）；

c. 要求采取保护措施的权利（第 152～154 条）；

d. 保持沉默的权利（第 169 条第 4 款）；

e. 知情权（第 305 条和第 330 条第 3 款）；

f. 要求组成特殊法庭的权利（第 335 条第 4 款）。

2. 如果是 18 岁以下的被害人，还适用特殊的隐私权保护规定，特别是关于下列事项：

a. 与被告人对簿公堂的限制（第 154 条第 4 款）；

b. 法庭调查听审期间的特殊保护措施（第 154 条第 2～4 款）；

c. 诉讼终止（第 319 条第 2 款）。

3. 如果被害人的亲属提起民事请求，他们享有与被害人相同的权利。

第三节　私人起诉者

第 118 条　定义与要求

1. 私人起诉者是指明确主张希望以刑事控告人或者民事原告身份参加刑事诉讼的遭受伤害者。

2. 提起刑事控告本身应视为等同于明示主张。

3. 主张必须至迟在预审程序结束前向刑事司法机关作出。

4. 如果遭受伤害者未能自发提出主张，检察官应当在预审程序启动后告知其可行使该权利。

第 119 条　主张的形式和内容

1. 遭受伤害者可以书面形式提交主张，或者口头提出主张并记录在案。

2. 在明确主张时，遭受伤害者可以提出如下一项或者全部要求：

a. 要求对刑事责任人提出指控并予以处罚（刑事控告人）；

b. 基于犯罪提起私法诉求（民事请求）。

第 120 条　弃权与撤诉

1. 遭受伤害者可以随时以书面形式或者以口头并记录在案的形式主张放弃权利。弃权具有终局性。

2. 除非明文限制弃权，该弃权效力应视为覆盖适用于刑事诉讼和民事诉讼。

第 121 条　法定继承人

1. 如果遭受伤害者死亡而且并未放弃其作为私人起诉者的程序性权利，那么这些权利就按照继承法所规定的顺位让渡给《瑞士刑法典》① 第 110 条第 1 款所定义的他或她的亲属。

2. 依法取得遭受伤害者起诉权利的任何人只能在民事损害赔偿方面取得这种权利，并且只享有与民事损害赔偿主张直接相关的程序性权利。

第六编　预审程序

第四章　终止诉讼和提起指控

第一节　终止诉讼

第 319 条　理由

1. 如有下列情形，检察官应当命令完全或者部分地终止诉讼：

a. 怀疑不足以支持提起指控；

b. 行为不符合犯罪构成要件；

c. 行为原因说明其不构成犯罪；

d. 不可能符合程序要求或者出现了程序障碍；

e. 可以适用授权检察官免予起诉或免除刑罚的法规。

2. 如有下列情形，检察官还可以作为例外终止诉讼：

a. 为了犯罪时未满 18 岁的被害人的利益而有必要，而且该利益明显超过了国家起诉的利益；并且

b. 被害人或者在被害人缺乏诉讼能力时其诉讼代理人同意终止诉讼。

---

① SR 311.0

第 320 条　终止诉讼裁决

1. 终止诉讼裁决的格式和一般内容由第 80 条和第 81 条规定。

2. 检察官应当在终止诉讼裁定中撤销正在采取的强制措施。可以命令没收财产。

3. 终止诉讼裁决不涉及民事诉讼请求。私人起诉人可以在裁定发生法律效力之后提起民事诉讼。

4. 发生法律效力的终止诉讼裁定相当于无罪释放的终局裁决。

第 321 条　通知

1. 检察官应当把终止诉讼的裁定告知：

a. 当事人；

b. 被害人；

c. 受裁定影响的其他诉讼参与人；

d. 州授权的任何其他享有上诉权的机关。

2. 前述规定取决于诉讼参与人是否明确放弃自己的权利。

3. 第 84～88 条也参照适用。

第 322 条　批准及上诉权

1. 联邦和各州可以规定终止诉讼的裁定需经州检察总长办公室批准。

2. 当事人在 10 日内可以就终止诉讼裁定向异议机关提出异议。

第 323 条　重启诉讼

1. 如果检察官取得了下列新证据或者信息，则应当下令重新开启已经生效裁定终止的诉讼：

a. 表明被告人有罪；并且

b. 并非出自先前案卷。

2. 检察官应当告知此前接到终止通知的相关人员和机关诉讼重新启动。

第二节　提起指控

第 324 条　原则

1. 如果基于侦查结果，检察官认为有足够的怀疑理由且不应签发简易处罚令，则他应当向有权法院提起指控。

2. 起诉决定不得争议。

第 325 条　起诉书的内容

1. 起诉书应当注明：

a. 时间和地点；

b. 提起指控的检察官；

c. 有权听审该指控的法院；

d. 被告人及其辩护律师；

e. 遭受伤害者；

f. 尽可能简洁准确地描述：被告人涉嫌犯罪的行为，包括其地点、日期、时间、犯罪性质和后果等细节；

g. 根据这些犯罪事实以及可适用的法律条文，检察官认为构成的犯罪。

2. 检察官可以提出替代指控或者第二指控，以防主要指控被驳回。

第 326 条　详细信息与申请

1. 检察官应当向法院提交如下详细信息及申请，除非已经包含在起诉书中：

a. 私人起诉者以及任何民事诉讼请求；

b. 已经采取的强制措施；

c. 被扣押的财产；

d. 侦查中产生的费用；

e. 如果认为有必要，申请采取预防性羁押；

f. 申请处罚或者告知将在主审程序中申请处罚；

g. 申请后续的司法决定；

h. 收到主审听证通知书的要求。

2. 如果检察官不亲自出庭代理，他可以在起诉书上附具 1 份最终报告，解释案件情节，对证据审查表达意见。

第 327 条　起诉书的送达

1. 检察官应当立即将起诉书连同最终报告一起送达：

a. 地址已知的被告人；

b. 私人起诉者；

c. 被害人；

d. 有权法庭，连同案卷以及扣押的财产。

2. 如果检察官申请预防性羁押令，在提出相关申请时，他应当同时将起诉书副本送达强制措施法庭。

土耳其

土耳其刑事诉讼法典[*]

第一编　总　　则

第一章　适用范围、定义、案件
管辖和地域管辖

第一节　适用范围和定义

第 2 条　定义

本法典中所使用的下列概念，其含义是指：

d）诉讼代理人：在刑事诉讼中代表控诉方、被害人或者负有经济赔偿责任的人的律师；

e）侦查：从本法典所规定的有权机关获知有实施犯罪的嫌疑开始，一直持续到起诉被批准为止，包括移送起诉在内的诉讼阶段；

f）起诉：从作出准予起诉的决定开始，一直到作出最终裁判为止的诉讼阶段；

第三节　关联诉讼

第 8 条　关联诉讼的定义

如果同一个人被指控两项或两项以上的犯罪，或者如果两个或两个以上的人被指控实施了同一项犯罪，不管该人在犯罪中所起的作用如何，诉讼之间应

---

　　* 本法典于 2004 年 12 月 4 日由土耳其大国民议会批准，并于 2004 年 12 月 17 日予以发布，2005 年 6 月 1 日实施。本译本根据土耳其花园城市大学（Bahcesehir University）法学院 Feridun Yenisey 教授的英文版《土耳其刑事诉讼法典》一书翻译。该书语言为英语。

被认为具有关联性。

在犯罪人实施犯罪之后为其提供帮助，毁损、隐匿或者变更证据的，应当被认为具有关联性的犯罪。

第 9 条　在起诉阶段合并诉讼

分别属于不同的法院管辖的具有关联性的几个犯罪行为，可以移送上级法院予以合并审理。

第 10 条　合并和拆分未决诉讼

上级法院有权在起诉程序的任何一个阶段将具有关联性的几个诉讼予以合并或拆分。

对于合并审理的案件，应当遵守法院审理此类案件的诉讼程序规则。

如果关联诉讼在法院审查证据之后被拆分，那么应当由同一个法院继续审判。

第 11 条　将广义上具有关联性的某些诉讼予以合并审理

如果法院认为正在审理的某些案件之间具有关联性，为了一并进行审理和一并作出判决，可以决定将这些案件予以合并，即使这些案件之间的关联性并不是本法典第 8 条所规定的类型。

第二编　侦　　查

第二章　提起公诉

第一节　提起公诉

第 170 条　提起公诉的职责

检察官负责提起公诉。

侦查终结后，根据收集到的证据有足够的理由怀疑发生了犯罪，那么检察官应当准备提起公诉。

向具有案件管辖权和地域管辖权的法院提交的起诉书，应当包括以下内容：

a）犯罪嫌疑人的身份；

b）他的辩护律师；

c）被谋杀者、被害人或者受伤一方当事人的身份；

d）被害人或受伤一方当事人的诉讼代理人或法定代理人；

e）举报人的身份，如果披露不致造成危险的；

f）要求赔偿的人的身份；

g）提出诉讼请求的日期；

h）被指控的犯罪和适用《土耳其刑法典》的相关条款；

i）被指控犯罪的犯罪地点、日期和具体的犯罪时间；

j）犯罪证据；

k）对犯罪嫌疑人是否被羁押的说明，如果他是根据逮捕证而被逮捕的，应当说明将其予以羁押的日期、根据逮捕证执行的日期，以及两者之间的间隔。

起诉书中应当说明指控犯罪的事实与现有证据之间的关系。

起诉书的结论部分不应当只包括不利于被告人的问题，同时也应当包括有利于被告人的问题。

在起诉书的结论部分，应当清楚地陈述以下问题：请求法院在最终的判决中对被告人判处有关法律规定的哪种刑罚和保安处分；如果是单位实施犯罪的，对该单位所处以的保安处分。

第 171 条　提起公诉的自由裁量权

如果需要适用"因积极悔罪而对被告人免予刑事处罚"的法律规定，或者符合其他免除被告人刑事责任的法律规定，那么检察官可以作出"没有起诉根据"的决定。

虽然有足够的犯罪嫌疑，但对于只是根据申请而进行侦查和起诉并且最高刑为 1 年或者 1 年以下监禁刑的犯罪，检察官可以作出"延期提起公诉"的决定，这一延期为 5 年以内，同时本法典第 253 条第 19 款的规定予以保留。犯罪的被害人可以根据本法典第 173 条的规定，对延期提起公诉的决定提出异议。

必须同时满足以下全部条件，才能作出"延期提起公诉"的决定，但与调解有关的条款予以保留：

a）犯罪嫌疑人曾经没有因为故意犯罪而被判处一定的监禁刑；

b）已经进行的侦查活动应当可以使人相信，如果对犯罪嫌疑人作出"延期提起公诉"的决定，其不会继续实施犯罪；

c）对犯罪嫌疑人和社会公众而言，"延期提起公诉"比提起公诉更加有益；

d）被害人或者社会公众因被告人的犯罪行为而遭受的损失，已经通过返还原物、恢复到犯罪之前的状况或者赔偿损失，得到充分补偿。

如果在延期提起公诉的期间没有犯罪，那么应当作出"没有提起公诉的根据"的决定。如果在延期提起公诉期间又故意犯罪的，那么应当对其提起公诉。延期提起公诉的期间，不计入诉讼时效。

为了这一目的，与"延期提起公诉"有关的决定应当记录在特定的数据库中。如果进行侦查或者起诉的检察官、法官或法院提出要求，那么这些记录只能符合本条中所提到的目的。

第二节　对"没有起诉根据的决定"的异议和撤回起诉

第 172 条　没有起诉根据的决定

如果侦查程序终结时，没有充分的证据证实有需要提起公诉的犯罪嫌疑，或者提起公诉缺乏法律可能性，那么检察官应当作出"没有起诉根据的决定"。应当将这一决定通知先前被询问或者讯问的犯罪嫌疑人。决定中应当包含可以提出异议的权利、期限和享有异议权的部门。

对于已经作出"没有起诉根据的决定"的犯罪嫌疑人，除非有新的证据，否则不得对同一行为再次提起公诉。

第 173 条　对检察官作出的决定提出异议

犯罪被害人有权在接到"没有起诉根据的决定"的通知 15 日内，向距离作出这一决定的检察官所属的巡回法院最近的巡回法院的院长提出异议的申请。

异议申请中应当包括对支持提起公诉的犯罪事实和证据的说明。

如果巡回法院的院长认为有必要进一步调查才能作出他的决定，那么可以指派一名当地的治安法官进行调查，并向该治安法官提供需要调查的具体细节。如果在这一程序终结时仍然未能发现提起公诉的充分根据，那么巡回法院的院长应当拒绝被害人的申请并说明拒绝的理由，决定由提出异议申请的当事人支付费用，并将相关材料送交检察官。检察官应当将该决定通知提出异议申请的当事人和犯罪嫌疑人。

如果巡回法院的院长认为异议申请合理的，那么检察官应当准备一份起诉书并将其提交给法院。

如果是检察官基于行使自由裁量权而决定对案件不提起公诉的，那么不适用本条规定。

如果异议申请被拒绝后又发现有新的犯罪证据，并且只有检察官才有权提起公诉，那么根据这一书面申请而作出决定的巡回法院的院长，应当裁定启动一项新的诉讼。

第 174 条　退回起诉书

审判法院应当在收到起诉书和侦查案卷材料的 15 日内，对侦查阶段收集到的所有材料进行审查。如果发现有以下遗漏或者错误的，应当作出退回起诉书的决定，并在决定中说明遗漏或者错误之处，将其退回给检察官办公室：

a）提出的起诉书违反本法典第 170 条的规定；

b）提出的起诉书没有收集到有效的确切证明犯罪的证据；

c）根据侦查程序的案卷材料，起诉书指控的犯罪明显适用"以交纳罚金的方式来解决案件"或者"调解"的法律规定，但却并没有适用这些程序，而对犯罪提起公诉的起诉书。

不能因为对犯罪的法律描述而将起诉书予以退回。

如果在本条第 1 款规定的期限结束时，起诉书没有被退回的话，那么应当认为起诉书已被法院接受。

起诉书被退回后，检察官应当根据决定中的说明补齐材料和纠正错误。如果不具备应当作出"没有起诉根据的决定"的情况下，检察官应当作出一份新的起诉书递交法院。审判法院不能以首次起诉决定中没有说明的理由，而将新的起诉书再次退回。

检察官有权对退回起诉书的决定提出异议申请。

第三编 起 诉

第一章 进行公诉

第一节 法庭审理程序的准备

第 175 条 起诉书的受理和法庭审理程序的准备

一旦起诉书被批准，应当视为已经提起公诉，案件开始进入起诉阶段。

在起诉书被批准之后，法院应当指定进行法庭审理的日期，并依法传唤应当出庭参加法庭审理的人。

第 176 条 将起诉书送达被告人和传唤被告人

起诉书和传票应当一起送达被告人。

传唤没有逮捕证而被逮捕的被告人时，在传票中应当写明如果被告人没有正当理由而拒不出庭的，将会对其进行拘传。

传唤根据逮捕证而被逮捕的被告人时，应当告知其进行法庭审理程序的时间。应当询问被告人是否有任何请求，以便于在法庭审理程序中进行辩护，并告知被告人可以提出任何请求。被告人的辩护律师应当与其一起传唤。这一诉讼活动应当在矫正机构进行，被逮捕者应当在矫正机构的工作人员或者被指定履行这一职责的人在场时被讯问。应当对这一诉讼活动制作笔录。

根据本条前款的规定，传票送达的时间和审判日之间最少应当间隔一周。

第 177 条　犯罪嫌疑人申请收集辩护证据

如果被告人申请传唤证人或者专家出庭，或者申请收集辩护证据，那么他应当至少在开庭前 5 日内向法院院长或者审判法官提交书面申请，并说明有关的事实情况。

针对被告人的书面申请作出的裁定，应当立即告知被告人。

对于批准被告人申请的裁定，也应当通知检察官。

第 178 条　将传唤后拒绝出庭的证人和专家直接带至法庭

如果法院院长或者审判法官拒绝了被告人或者其他诉讼参与人提出的传唤证人或者专家出庭的书面申请，那么被告人或者其他诉讼参与人可以直接将证人或者专家带至法庭。应当对这些证人或专家进行听审。

第 179 条　将被传唤证人的姓名和地址告知被告人或检察官

被告人应当及时把将要直接传唤的或者直接带至法庭审理程序接受听审的证人的姓名和地址告知检察官。

同样，如果检察官根据法院院长或者审判法官的决定，或者自主申请传唤其他人员的，那么也应当及时把这些在起诉书中没有提及的人或者不在被告人申请出庭的证人或专家范围之内的人的姓名和地址告知被告人。

第 180 条　通过法庭委派的人员或者委托调查的方式对证人或专家进行听审

如果证人或者专家由于疾病、残疾或其他无法克服的原因而在很长一段时间内无法出庭，而这一期间在事先并不知情，那么法院可以裁定通过法庭委派的人员或者《委托调查书》对其进行听审。

这一规定也适用于因居住在有管辖权的法院所在地以外而对他们很难进行传唤的证人和专家。

在都市区域内，审判法院不得裁定由法庭委派的人员对控告人、其他诉讼参与人、被告人、被告人的辩护律师或者诉讼代理人、证人和专家进行听审，但确有必要的除外。

如果被委托的法院位于城市的都市区域内，那么被委托的法院可以在市域范围内进行必要的诉讼活动而无须将文书退回，即使有关人员并不在其管辖权范围内。

如果可以的话，应当通过影像和声音同步传输的视频会议的方式对证人或者专家进行听审。视频会议的原则和程序，以及如何使用该技术，应当通过内部规则加以规制。

第 181 条　将证人和被告人听审的日期予以告知

应当将指定的对证人或专家进行听审的日期通知检察官、被害人及其诉讼代理人、被告人及其辩护律师。应当把听审记录的副本分别送给在场的检察官和辩护律师各一份。

如果需要重新进行司法审查和身体检查，那么适用上述条款的规定。

根据逮捕证而被逮捕的被告人，只有在其被羁押地法院内开展以上诉讼活动时，才可以申请在场。但是，如果法官或者法院认为有必要的话，也有权裁定在开展这些诉讼活动时根据逮捕证而被逮捕的被告人可以在场。

乌 克 兰

乌克兰刑事诉讼法典*

第一编　通　　则

第一章　基本规定

第 4 条　提起刑事诉讼与处置犯罪的职责

法院、检察官、侦查员与调查机关在发现犯罪行迹的时候，应当在各自职能范围内提起刑事诉讼，并采取法律所规定的一切措施来查明犯罪，确定犯罪人的罪行，并使其受到惩罚。

第 5 条　非依法律规定的根据和程序，不得对任何人提起刑事诉讼

非依法律规定的根据和程序，任何人不得被提起刑事诉讼。

第 6 条　不得进行刑事诉讼的情形

凡有下列情形之一的，不得提起刑事诉讼，已经提起的刑事诉讼应当终止：

（1）缺乏犯罪事实的；

（2）行为缺乏犯罪构成的；

（第 6 条第 1 款第（3）项根据 2001 年 12 月 7 日第 2670 - 14 号法律废除。）

（4）大赦法令对该项犯罪行为已免于处罚，以及对个人已予以特赦的；

＊ 本法典于 1960 年 12 月 28 日由乌克兰最高议会批准。最近一次修正时间是 2010 年 9 月 9 日。本译本根据法律在线网站（http：//www.legislationline.org）提供的英语文本翻译。

（5）实施危害社会行为时，尚未满 11 周岁的；

（6）根据被害人控诉提起的诉讼，被告人与被害人已经达成和解的，但本法典第 27 条第 2、4、5 款所规定的情形除外；

（7）根据被害人控诉才能提起的诉讼，被害人没有提出控诉的，但没有被害人控诉而检察官有权提起诉讼的除外（本法典第 27 条第 3 款）；

（8）被告人已经死亡的，但为恢复已死亡被告人之名誉，或根据新发现的事实应对其他人恢复诉讼的情况除外；

（9）对于受到同一犯罪控诉的人，已有发生法律效力的法院刑事判决或已有终止诉讼的法院裁定或决定的；

（10）对于受到同一犯罪控诉的人，已有调查机关、侦查员、检察长关于终止诉讼且未被撤销的决定的；

（11）对于受到同一犯罪控诉的人，存在调查机关、侦查员、检察长不提起诉讼的有效决定的；

（12）对一项罪行，引渡国不认为是犯罪的。

（第 6 条第 2 款根据 2001 年 7 月 12 日第 2670 – 14 号法律废除。）

根据本条第（4）项所规定的情形而终止案件，如被告人表示拒绝的，则不得终止。在此种情形下，诉讼应当依照通常的程序继续进行。

如存在充足的根据足以认定已满 11 周岁但未达到法定起诉年龄的人实施了危害社会的行为，对该行为应当提起刑事诉讼。此类案件根据本法典第 7 – 3 条的规定进行处理。

根据本法典第 97 条第 4 款的规定，在调查、侦查、审理或者复查阶段，某人的行为包含行政违法，而发生本条第 1 款第（1）、（2）、（4）、（6）、（7）、（9）、（10）、（11）项所规定不得进行刑事诉讼的情形，调查机关、侦查员、检察长、法院或法官应当参考有权对该行政违法进行处理的（官方）机构的相应记录。

（第 6 条根据乌克兰议会主席团 1962 年 9 月 10 日法令修正；根据 1984 年 4 月 16 日第 6834 – 10 号法律修正；根据 1993 年 6 月 30 日第 3351 – 12 号法律修正；根据 1993 年 12 月 23 日第 3787 – 12 号法律修正；根据 1995 年 10 月 5 日第 358/95 – BP 号法律修正；根据 2000 年 2 月 22 日第 1483 – 14 号法律修正；根据 2001 年 6 月 21 日第 2533 – 14 号法律修正，于 2001 年 6 月 29 日生效；根据 2001 年 7 月 12 日第 2670 – 14 号法律修正；根据 2010 年 5 月 21 日第 2286 – 17 号法律修正。）

第 7 条　由于情况变化而免予起诉或处罚的程序

在审判中认定被告人所实施的行为已经失去危害社会的性质，或者被告人本人已经不再具有社会危害性的，法院可以对其免予追诉。

根据《乌克兰刑法典》（2341－14）第48条的规定，检察长、侦查员经检察长同意，可以起草并向法院提交对犯罪人免于起诉的说明理由的决定。

根据《乌克兰刑法典》第48条的规定，如案件已经起诉到法院，由法院在法庭审理阶段作出终止诉讼的决定。

刑事诉讼的终止应当严格按照现行法典第7－1条第2、3款的规定进行。

法院对轻微犯罪或者中等严重的犯罪，考虑犯罪人行为的不可指责性或者该行为为犯罪人履行职责所必须，认为在审判时该人没有社会危险性的，可以通过判决对其免于处罚。

根据《乌克兰刑法典》（2341－14）第49条与第74条规定的理由，法院可以通过判决对犯罪人免于追诉或处罚。

（第7条根据1977年3月23日乌克兰议会主席团第1851－09号法令修正；根据1984年4月16日第6834－10号法律修正；根据1993年6月30日第3351－12号法律修正；根据2001年6月21日第2533－14号法律修正，于2001年6月28日生效；根据2001年7月12日第2670－14号法律修正。）

第7－1条　因有效供认、被害人与被告人和解、实施强制教育处分、保释，或者期限届满而终止刑事诉讼

法院在存在下列情形时可以终止诉讼：

（1）有效供认；

（2）被害人与被告人和解；

（3）现行法典第447条规定的对未成年人实施强制教育处分；

（4）由企业、机关或团体对该人进行保释；

（5）期限届满。

在案件移送到法院前，应告知该人指控的内容、免予起诉的根据以及反对根据该理由终止诉讼的权利。

如果被告人反对根据本条规定而终止诉讼的，案件不得提交法院。此种情况下，诉讼依照通常的程序继续进行。

检察长或侦查员应当根据本法典第7－1条第1款的规定将案件提交法院的，应当告知被告人及其辩护律师、被害人及其代理人决定的名称，如其提出要求，应向其提供本案的全部记录并告知本法典所规定的相关权利。

（第7－1条根据乌克兰议会主席团1977年3月23日第1851－09号法令增订；根据乌克兰议会主席团1984年4月16日第6834－10号法令修正；根据1992年12月15日第2857－12号法律修正；根据1993年12月23日第3787－12号法律修正；根据2001年7月12日第2670－14号法律修正。）

第 7 - 2 条　因有效供认而免予起诉

检察长、侦查员经检察长同意,根据现行《乌克兰刑法典》(2341 - 14)第 45 条规定的理由,可以向法院提交说明理由的决定将案件移送法院,后者可对被告人作出免予起诉的决定。

如果案件已经起诉到法院,根据现行《乌克兰刑法典》第 45 条规定的理由,法院应当通过裁定终止诉讼。

(第 7 - 2 条根据乌克兰议会主席团 1977 年 3 月 23 日第 1851 - 09 号法令增订;根据乌克兰议会主席团 1984 年 4 月 16 日第 6834 - 10 号法令修正;根据 1993 年 6 月 30 日第 3351 - 12 号法律修正;根据 2001 年 6 月 21 日第 2533 - 14 号法令修正,于 2001 年 6 月 29 日生效;根据 2001 年 7 月 12 日第 2670 - 14 号法律修改。)

第 7 - 3 条　对未达法定追诉年龄的犯罪人危害社会行为案件的处理

对已满 11 周岁但未满法定追诉年龄而有实施了危害社会行为的嫌疑、根据《乌克兰刑法典》(2341 - 14)的规定可能判处 5 年以上监禁刑罚的人,如果有充分的理由怀疑其将逃避侦查与法院或程序决定,阻碍案件事实的发现或者继续进行非法行动的,可以将其安置于未成年人接收/分配中心,但不得超过 30 日。如有合理理由,此期限可经法院决定延长至超过 30 日。根据获得检察长同意的侦查员或者调查机关的请求,综合本法典第 447 条第 3 款与第 4 款规定的特殊情况,法院应当立即对将此类人员安置于未成年人接收/分配中心作出决定。不服法院决定的,检察长、未成年人的法定代理人、辩护律师以及未成年人自己可以在决定作出后 3 日内上诉至上诉法院。上诉不影响法院作出的将未成年人安置到未成年人接收/分配中心决定的执行。

调查官已经确认已满 11 周岁而未达法定追诉年龄的人实施了危害社会的行为的,侦查员应当作出对该未成年人终止诉讼并实施强制教育处分的说明理由的决定,并将案件连同该决定提交给检察长。

被作出上述决定的未成年人及其父母或者其他代替父母职责的人,在案件提交检察长之前,有权查阅案件的全部记录并获得辩护律师的建议。

(第 7 - 3 条第 3 款根据 2010 年 9 月 9 日第 2507 - 17 号法律废除。)

在刑事诉讼中已经查明未满 11 周岁的未成年人实施了危害社会的行为,侦查员应当根据本条第 3 款的规定决定对案件终止诉讼并通知检察长与未成年人居住地的未成年人服务机构。

(第 7 - 3 条根据 1993 年 12 月 23 日第 3787 - 12 号法律增订;根据 2001 年 6 月 21 日第 2533 - 14 号法律修正,于 2001 年 6 月 29 日生效;根据 2001 年 7 月 12 日第 2670 - 14 号法律修正;根据 2007 年 2 月 7 日第 609 - 16 号法律修

正；根据 2010 年 9 月 9 日第 2507 - 17 号法律修正。）

第 8 条　因被害人与被告人和解而免予起诉

检察长、侦查员经检察长同意，根据《乌克兰刑法典》（2314 - 14）第 46 条规定的理由，可以作出说明理由的决定而将案件移送法院，由后者决定对被告人免予起诉。

如案件已经起诉到法院的，法院应当根据现行《乌克兰刑法典》第 46 条规定的理由，在法庭审理阶段作出对该案终止诉讼的决定。

（第 8 条根据乌克兰议会主席团 1977 年 3 月 23 日第 1851 - 09 号法令修正；根据 1984 年 4 月 16 日第 6834 - 10 号法令修正；根据 1993 年 6 月 3 日第 3351 - 12 号法律修正；根据 2001 年 7 月 12 日第 2670 - 14 号法律修改。）

第 9 条　对未成年人实施强制教育处分而免于追诉

检察长、侦查员经检察长同意，应当根据《乌克兰刑法典》（2341 - 14）第 97 条第 1 款规定的理由作出说明理由的决定将案件移交法院，由后者作出对未成年人免予起诉的决定。在此类案件中，应当根据本法典第 438 条、第 440 条的规定对未成年人提出指控，并在作出决定后向其提供案件的全部记录。检察长应当向法院提交案件记录与庭审传唤人员的名单。

如果案件已经起诉到法院的，法院应当根据现行《乌克兰刑法典》第 97 条第 1 款规定的理由在法庭审理阶段作出对该案终止诉讼的决定。

（第 9 条根据 1993 年 12 月 23 日第 3787 - 12 号法律修改；根据 2001 年 7 月 12 日第 2670 - 14 号法律修正。）

第 10 条　因保释而免予起诉

检察长、侦查员经检察长同意，根据《乌克兰刑法典》（2341 - 14）第 47 条规定的理由，可以作出说明理由的决定将案件移交法院，由法院根据被告人的申请与其所在企业、机关或团体全体会议的担保，决定对被告人免予起诉以及其在保释期间的义务。全体会议的记录应当附在案件记录之中。

根据相关人员的请求，检察长、侦查员应当在轻微犯罪或中等严重的犯罪发生后告知全体会议相关情形。

如果案件已经起诉到法院，法院应当根据现行《乌克兰刑法典》第 47 条规定的理由，在法庭审理阶段作出对该案终止诉讼的决定。

法官、检察长、侦查员应当向被保释人所在单位的人员告知其因保释而被释放的情况。

（第 10 条根据乌克兰议会主席团 1977 年 3 月 23 日第 1851 - 09 号法令修正；根据 1993 年 6 月 30 日第 3351 - 12 号法律修正；根据 2001 年 7 月 12 日第 2670 - 14 号法律修正。）

第11条 拒绝保释

法官、检察长、侦查员应当根据《乌克兰刑法典》第47条的规定拒绝保释请求并告知拒绝的理由。

侦查员或者检察长拒绝作出向法院移交案件的决定以及由法院决定因保释而免予起诉的，不影响相关人员向法院申请保释的权利。

（第11条根据乌克兰议会主席团1977年3月23日第1851-09号法令修正；根据1993年6月30日第3351-12号法律修正；根据2001年7月12日第2670-14号法律修正。）

第11-1条 因追诉期限届满而免予起诉

检察长、侦查员经检察长同意，应当根据《乌克兰刑法典》（2341-14）第49条规定的理由作出说明理由的决定将案件移送至法院，由后者决定对被告人免予起诉。

如案件已经起诉到法院的，法院应当根据《乌克兰刑法典》第49条规定的理由，对追诉期限届满的案件决定终止诉讼。

在《乌克兰刑法典》第49条第1款规定的追诉期限内，在调查或者侦查阶段未发现犯罪人的，检察长、侦查员经检察长同意，应当将案件移送法院，由法院决定对犯罪人尤其是严重犯罪、根据法律规定可能被判处终身监禁的人的追诉期限的适用。如果法院认为根据《乌克兰刑法典》第49条第4款的规定不能适用追诉期限的，则不得处以终身监禁，而应代之以有期限的监禁刑。

（第11-1条根据2001年7月12日第2670-14号法律增订。）

第12条 被害人对法院因情况变化、有效供认、对未成年人实施强制教育处分以及追诉期限届满而作出免予起诉的决定提出质疑

法院根据本法典第7、7-1、7-2、8、9、10以及11-1条的规定决定终止诉讼，或者根据本法典第7-3条的规定，决定对年满11周岁的未成年人实施强制教育处分的，应当听取被害人的意见，在作出终止诉讼的决定后，应当告知被害人及其代理人。被害人及其代理人可以对终止诉讼的决定提出上诉。

（第12条根据乌克兰议会主席团1977年3月23日第1851-09号法令修正；根据1985年3月23日第1851-09号法律修正；根据1992年12月15日第2857-12号法律修正；根据1993年6月30日第3351-12号法律修正；根据1993年12月23日第3787-12号法律修正；根据2001年6月21日第2533-14号法律修正，于2001年6月29日生效；根据2001年7月12日第2670-14号法律修改。）

第27条 根据被害人控诉而提起的刑事诉讼

根据《乌克兰刑法典》第125条、第126条第1款以及第356条所规定的犯罪案件，导致公民权利与利益受到侵害的，应当依被害人的控诉而提起刑事诉讼。此类案件不进行调查与侦查。此类案件中，如被害人与被告人和解，则诉讼终止。和解在法庭退庭进入评议室作出判决前均可进行。

《乌克兰刑法典》第 152 条第 1 款规定的犯罪案件，非依被害人的控诉不得提起刑事诉讼，但诉讼不得因被害人与被告人的和解而终止。

如果本条第 1 款规定的案件具有特殊的公共重要性，或者本条第 2 款规定的案件中被害人由于孤立无援、处于被告人的从属地位或其他原因，即使没有被害人控诉，检察长仍可以提起诉讼。由检察长提起诉讼的案件应当送交调查或侦查，并在侦查结束后，由法院依照一般程序进行审理。此类案件不得因被害人与被告人的和解而终止诉讼。

检察长可以随时介入法官审理的因被害人控诉而提起的本条第 1 款规定的犯罪案件的诉讼，并为维护国家利益或者公民权利之需要而在法庭上支持起诉。检察长介入诉讼的，并不影响本法典第 49 条所规定的被害人的权利，但在这种情况下，诉讼不得因被害人与被告人的和解而终止。

（第 27 条第 5 款根据 2001 年 6 月 21 日第 2533 - 14 号法律废除，于 2001 年 6 月 29 日生效。）

（第 27 条根据乌克兰议会主席团 1972 年 8 月 30 日第 986 - 08 号法令修正；根据 1973 年 8 月 10 日第 1937 - 08 号法律修正；根据 1984 年 4 月 16 日第 6834 - 10 号法律修正；根据 2001 年 6 月 21 日第 2533 - 14 号法律修正，于 2001 年 6 月 29 日生效；根据 2001 年 7 月 12 日第 2670 - 14 号法律修正。）

第 32 条　本法典相关名词的解释

如果没有特别规定，本法典内使用的名词具有下列意义：

（6）检察长——乌克兰总检察长，克里米亚自治共和国检察长，各州检察长，基辅市检察长，市、区检察长，市检察长，军事检察长，交通检察长以及其他与州检察长，区、市检察长或市检察长级别相当的检察长，副检察长，助理检察长，在自己管辖范围内行使职权的检察长办公室各部门或分支机构的检察长；

（9）控诉人——代表政府进行诉讼的检察长，本法典第 27 条第 1 款的案件以及其他案件的被害人；

第二编　提起刑事诉讼，调查与侦查

第八章　提起刑事诉讼

第 97 条　对检举犯罪的申请和报告的接受责任与审查方式

检察长、侦查员、调查机关或者法官应当接受任何检举，包括其职能范围之外的，已经实施或准备实施的犯罪行为的申请和报告。

检察长、侦查员、调查机关或者法官应当在 3 日内对检举犯罪的申请或报告作出决定：

（1）提起刑事诉讼；

（2）拒绝提起刑事诉讼；

（3）将检举犯罪的申请或报告移交相应机构处理。

在接受检举犯罪的申请或报告的同时，应当采取一切可能的措施阻止或遏制犯罪的发生。根据可靠的信息确认存在对检举犯罪的人的现实的威胁的，应当采取相应的措施保护申请人以及其家庭成员和近亲属的人身安全。

在提起刑事诉讼前，应当对检举犯罪的申请和报告进行核实。核实应当由检察长、侦查员或者调查机关以要求公民或公职人员提交相应文件与解释的方式在 10 日内进行。

检举犯罪的申请或报告可以在提起刑事诉讼前通过侦探行为进行核实。由《乌克兰立法法》规定的特殊侦探行为根据法院为回应经检察长同意提交的相关执行机关负责人或其副职的意见的授权进行。法官通过裁定方式发布授权，且对此类裁定可以根据本法典第 177 条、第 178 条与第 190 条之规定进行申诉。

（第 97 条根据 2000 年 1 月 13 日第 1381 - 14 号法律修正；根据 2001 年 6 月 21 日第 2533 - 14 号法律修正，于 2001 年 6 月 29 日生效。）

第 98 条　提起刑事诉讼

根据本法典第 94 条规定的理由与根据，检察长、侦查员、调查机关或者法院应当作出提起刑事诉讼的决定，决定应当说明提起刑事诉讼的理由与根据、提起刑事诉讼所依据的刑事法律条款以及案件的进一步处理意见。

在提起刑事诉讼后发现犯罪人的，应当对其提起刑事诉讼。

本法典第 27 条第 1 款规定的诉讼程序由法官提起，第 27 条第 3 款规定的案件则由检察长提起。

提起诉讼后：

（1）检察长应将案件交付侦查或者调查；

（2）侦查员开始进行侦查，调查机关开始进行调查；

（3）法院对本法典第 27 条第 1 款规定的犯罪进行审理。

（第 98 条根据乌克兰议会主席团 1984 年 4 月 16 日第 6834 - 10 号法令修正；根据 1995 年 10 月 5 日第 358/95 - BP 号法律修正；根据 2001 年 6 月 21 日第 2533 - 14 号法律修正，于 2001 年 6 月 29 日生效。）

第 98 - 1 条　提起诉讼后对犯罪嫌疑人的强制措施

如果已经对某人提起了刑事诉讼，检察长（法官）有权决定限制其在侦查完结或审判完结前离开乌克兰境内。

（第 98 - 1 条根据 1995 年 10 月 5 日第 358/95 - BP 号法律增订。）

第 98 - 2 条　送达提起刑事诉讼决定的副本

提起刑事诉讼后，检察长、侦查员、调查机关或者法院应当立即向被提起刑事诉讼的人与被害人送达决定的副本。如果不能立即送达决定副本的，应当在决定作出后 3 日内送达。

如果因被提起刑事诉讼的人患病、无法查明其住址或者其他正当的理由而无法在本条第 1 款规定的期限内向其送达提起刑事诉讼的决定副本的，应当在其出现或者依法被强制到场或者查明其住所之日起 3 日内送达决定副本。

如果相关人员拒绝接受提起诉讼的决定副本的，检察长、侦查员、调查员或者法官应当在相关记录中注明。

提起诉讼的决定副本应根据书面申请在 3 日内送达被害人的代理人、辩护人或者犯罪嫌疑人或被告人的法定代理人。

（第 98 - 2 条根据 2006 年 12 月 22 日第 526 - 16 号法律增订。）

第 99 条　拒绝提起刑事诉讼

如果缺乏提起刑事诉讼的根据的，检察长、侦查员、调查机关或者法官应当作出拒绝提起刑事诉讼的决定，并告知相关人员、企业、机关和团体。

经审查相关申请或报告中不存在提起刑事诉讼的根据，但审查记录中存在行政违法、违纪或者其他违反公共秩序的行为的，检察长、侦查员、调查机关、法官可以在拒绝提起刑事诉讼后将申请或者报告移送相关社会团体、未成年人服务机构、公会或者企业主、机关或团体或者业主指定的机构采取相应措施，或者根据法律对其进行行政处罚。

（第 99 条根据乌克兰议会主席团 1984 年 4 月 16 日第 6834 - 210 号法令修正；根据 1992 年 12 月 15 日第 2857 - 12 号法律修正；根据 2001 年 6 月 21 日第 2533 - 14 号法律修正；根据 2001 年 7 月 12 日第 2670 - 14 号法律修正；根据 2007 年 2 月 7 日第 609 - 16 号法律修正。）

第 99 - 1 条　对拒绝提起刑事诉讼决定的申诉

对于由侦查员和调查机关作出的拒绝提起刑事诉讼的决定可以向相关检察长申诉；由检察长作出决定的，向上一级检察长申诉。申诉应由与案件相关的人或其代理人在收到决定副本后 3 日内提出。

案件相关人或其代理人对由检察长、侦查员和调查机关作出的拒绝提起刑事诉讼的决定可以根据本法典第 236 - 1 条的规定向法院申诉。

对法院作出的拒绝提起刑事诉讼的决定，案件相关人或其代理人可以在收到决定副本后 7 日内提出上诉。

（第 99 - 1 条根据 1992 年 12 月 15 日第 2857 - 12 号法律增订；根据 2001 年 6 月 21 日第 2533 - 14 号法律修正，于 2001 年 6 月 29 日生效。）

第 100 条　检察长对提起刑事诉讼合法性的监督

由检察长对提起刑事诉讼的合法性进行监督。

侦查员和调查机关应当在 24 小时内向检察长提交提起刑事诉讼或者拒绝提起刑事诉讼的决定副本。

如果无合法根据而提起刑事诉讼的，检察长应当撤销案件，如果已经开始侦查活动的，应当推翻提起刑事诉讼的决定。

侦查员或者调查机关无合理理由拒绝提起刑事诉讼的，检察长应当作出推翻侦查员或者调查机关的决定，并提起刑事诉讼的决定。

（第 100 条第 5 款根据 2001 年 6 月 21 日第 2533 - 14 号法律废除，于 2001 年 6 月 29 日生效。）

（第 100 条根据 1992 年 12 月 15 日第 2857 - 12 号法律修正；根据 2001 年 6 月 21 日第 2533 - 14 号法律修正，于 2001 年 6 月 29 日生效。）

第十二章　提出指控与讯问被告人

第 131 条　起诉被告人

在有充足证据表明某人实施了犯罪时，侦查员应当作出决定起诉该人为被告人。

第 132 条　起诉被告人的决定

起诉被告人的决定中应当载明：作出决定的人员、地点与时间；案件性质；被告人的姓名与父名；该人的出生年月日；被控实施的犯罪、时间、地点与侦查所得的其他情况；刑事法律对此类犯罪行为的规定。

如果被告人被控犯有由刑事法律不同条款所规定的数个罪行，在确定被告人的决定中应当载明根据各条款应负罪责的具体行为。

决定的副本应当立即送交检察长。

第 133 条　提出指控的期限

指控应当在起诉被告人的决定作出之日起 2 日内提出，且不得晚于被告人出庭或者被强制出庭之时。

第 140 条　提出指控的方式

在提出指控时，被告人应当获得辩护律师的帮助，除非其放弃获得律师帮助的权利并被许可的。

在查明被告人身份后，侦查员向其宣读起诉被告人的决定，释明指控的内容，并送达决定的副本。

侦查员应对提出指控、指控内容的释明、送达起诉被告人决定的情况进行记录，且记录应当载明提出指控的日期与时间，并由被告人、侦查员以及辩护律师签名。

如果被告人拒绝在记录上签名的，侦查员应当记录被告人拒绝签名以及拒绝的原因，并告知检察长。

（第 140 条根据 1993 年 12 月 23 日第 3780 - 12 号法律修正；根据 2000 年 6 月 22 日第 1833 - 14 号法律修正；根据 2001 年 6 月 21 日第 2533 - 14 号法律修正，于 2001 年 6 月 29 日生效。）

第 141 条　变更与补充指控

在侦查过程中如有必要变更或补充指控的，侦查员应当根据本法典第 131 条、第 132 条、第 133 条与第 140 条之规定重新提出指控。

侦查过程中，如指控的任一部分未得到证实的，侦查员应当决定对该部分终止诉讼，并告知被告人。

第二十章　侦查终结

第 212 条　侦查终结的形式

侦查应当以制作起诉书或者决定终止诉讼或者决定将案件提交法院以采取强制医疗措施而告终结。

（第 212 条根据乌克兰议会主席团 1984 年 4 月 16 日第 6834 - 10 号法令修正。）

第 223 条　起诉书

侦查终结后，侦查员应当根据本法典第 217 条至第 222 条的规定制作起诉书。

起诉书由犯罪事实部分与法律效果部分组成。犯罪事实部分应当载明：侦查阶段发现的案件情况；各刑事被告人实施犯罪行为的地点、时间、方法、动机与后果，以及收集的证据和被害人的情况；各刑事被告人针对控诉作出的辩解，其所提出的辩护观点与审查结果；加重或者减轻情节。

在涉及证据时，必须指明相关材料的页码。

法律效果部分应当载明：各刑事被告人的身份信息；起诉要点；以及所依据的刑事法律条文。

侦查员应当在起诉书中签名，并注明制作起诉书的地点与时间。

如果刑事被告人不通晓起诉书所使用的语言，应当将起诉书翻译成刑事被告人的母语或者其他其所通晓的语言。起诉书的翻译版本应当附在案件材料中。

（第223条根据乌克兰议会主席团1984年4月16日第6834-10号法令修正；根据2001年7月12日第2670-14号法律修正。）

第224条　起诉书的附件

应当附在起诉书后的文件包括：

（1）庭审中将被传唤到庭的人员名单，并注明其地址与记录其证言或意见的案卷页码；

（2）案件进展说明，起诉期间所采取的强制措施，刑事被告人被羁押的地点；

（3）对物证、民事诉讼请求、为保证刑事附带民事诉讼请求和可能没收财产所采取的措施的说明；

（4）侦查阶段支出的诉讼费用的说明以及相关证明所在的案卷页数。

为避免泄露根据本法典第52-1条、第52-3条的规定而被采取保护措施的人的信息，在庭审期间将被传唤到庭人员的名单，可以用假名代替此类人员的姓、名与父名，并以负责采取保护措施的机构名称与地址代替其地址。

（第224条根据2000年1月13日第1381-14号法律修正。）

第225条　将案件送交检察长

起诉书制作完成后，侦查员应当将其送交检察长。

第226条　涉及精神病人的案件的侦查终结

如果根据司法精神病学鉴定或者其他证据，发现被提起或者将被提起刑事诉讼的人，在实施危害公共安全的行为时，处于精神错乱状态，或者此后患上精神疾病而不能意识到自己的行为或控制自己行为的，侦查员应当根据本法典第417条的规定作出说明理由的决定。

第二十一章 检察长对调查与侦查中执行法律的监督

第 228 条 检察长对附起诉书案件的检查

检察长收到调查机关提交的案件和起诉书后，必须检查下列事项：

（1）犯罪的发生是否确有其事；

（2）被控告有罪的行为是否包含犯罪构成；

（2－1）调查机关与侦查机关是否按本法典的要求保证犯罪嫌疑人与刑事被告人辩护权的实现；

（3）案件是否存在本法典第 213 条规定的导致终止诉讼的情况；

（4）是否已经对刑事被告人的所有犯罪行为提出控诉；

（5）是否所有实施了犯罪行为的人都已经被确定为刑事被告人；

（6）是否已经依法对刑事被告人的行为正确定性；

（7）是否依照法律规定制作起诉书；

（8）采取的强制措施是否正确；

（9）是否已经采取措施保障犯罪造成的损害赔偿和可能罚没财产的执行；

（10）是否已经查清导致犯罪的原因与条件并采取措施消除此类情况；

（11）调查与侦查是否符合本法典的各项规定。

（第 228 条根据乌克兰议会主席团 1971 年 8 月 3 日第 117－08 号法令、1984 年 4 月 16 日第 6834－10 号法令修正；根据 1993 年 6 月 30 日第 3351－12 号法律修正；根据 1993 年 12 月 23 日第 3780－12 号法律修正。）

第 229 条 检察长对所收到的附起诉书案件的决定

在对附起诉书的案件进行检查后，检察长或者副检察长作出下列决定之一：

（1）批准该起诉书或者重新制作起诉书；

（2）将案件与书面指示一起发回调查机关或者侦查员以进行补充侦查；

（3）根据本法典第 214 条的规定，作出终止诉讼的决定。

检察长或者副检察长可以更换侦查员提交的应当传唤到庭人员的名单，撤销或者更改已经采取的强制措施，或者在未采取强制措施的情况下命令采取强制措施，或者根据本法典的规定，将采取拘留措施的问题提交法院审查决定。

（第 229 条根据乌克兰议会主席团 1984 年 4 月 16 日第 6834－10 号法令修正；根据 1993 年 6 月 30 日第 3351－12 号法律修正；根据 2001 年 6 月 21 日第 2533－14 号法律修正，于 2001 年 6 月 29 日生效。）

第 230 条　检察长重新制作起诉书

检察长或者副检察长不同意起诉书的，可以重新制作起诉书；在这种情况下，应当将前一份起诉书移除出案件卷宗。

（第 230 条根据乌克兰议会主席团 1984 年 4 月 16 日第 6834 - 10 号法令修正。）

第 231 条　检察长变更指控

如有必要变更为更重的指控或者按照实际情况变更为与原控诉有本质区别的指控的，检察长或者副检察长应当将案件发回侦查员进行补充侦查并提出新的指控。

如变更原始指控不会导致适用更重的处罚且不会导致从本质上改变按照实际情况提出的指控，检察长或者副检察长则作出决定说明对起诉书的变更。

（第 231 条根据乌克兰议会主席团 1984 年 4 月 16 日第 6834 - 10 号法令修正；根据 1993 年 6 月 30 日第 3351 - 12 号法律修正。）

第 232 条　检察长将案件移送法院

检察长在批准侦查员制作的起诉书或者重新制作起诉书后，应当将案件移送主管的法院并告知该法院其代表国家进行追诉。

同时，检察长或者副检察长应当通知刑事被告人将案件移送的法院。

（第 232 条第 3 款根据 2010 年 7 月 7 日第 2453 - 17 号法律废除。）

如果刑事案件未经预审的，乌克兰总检察长，克里米亚自治共和国检察长、州、基辅市检察长以及与之级别相当的检察长与副检察长，区、市检察长以及与之级别相当的检察长有权从法院撤回案件。

（第 232 条根据乌克兰议会主席团 1984 年 4 月 16 日第 6834 - 10 号法令修正；根据 1992 年 12 月 15 日第 2857 - 12 号法律修正；根据 1993 年 6 月 30 日第 3351 - 12 号法律修正；根据 1994 年 2 月 24 日第 4018 - 12 号法律修正；根据 2001 年 6 月 21 日第 2533 - 14 号法律修正，于 2001 年 6 月 29 日生效。）

第 232 - 1 条　检察长接到侦查员提交的案件后进行审查以决定将案件移交法院或者决定不提起刑事诉讼

接到侦查员按照本法典第 7 条、第 7 - 1 条、第 7 - 2 条、第 7 - 3 条、第 8 条、第 9 条、第 10 条以及第 11 - 1 条的规定提交的案件后，检察长应当对侦查的全面性、决定的合法性进行检查，并作出下列决定之一：

（1）以书面形式同意侦查员的决定并将案件移交法院；

（2）推翻侦查员的决定并将案件连同书面指示一起发回；

（3）变更侦查员的决定或者重新作出决定。

（第 232 - 1 条根据 1993 年 12 月 23 日第 3787 - 12 号法律增订；根据 2001

年 7 月 12 日第 2670 – 14 号法律修正。）

第 233 条　检察长审查调查机关或者侦查员提交案件的期限

在接到调查机关或者侦查员提交的案件后，检察长应当立即进行审查并发布适当的指示。

第八编　未成年人刑事诉讼程序

（第八编根据乌克兰拉达委员会 1971 年 8 月 30 日第 117 – 08 号法令增订。）

第三十六章　未成年人刑事案件诉讼程序的特点

第 438 条　起诉与询问未成年人

起诉与询问未成年人应当根据本法典第 140 条、第 141 条、第 142 条与第 143 条的规定进行，并须有辩护律师在场。

如果未成年人未满 16 周岁，或查明其患有精神疾病的，在对其提起诉讼与询问时，根据侦查员或检察长的决定与辩护律师的请求，可以有未成年人的教师、医生、父母与其他法定代理人在场。

侦查员应当告知在对未成年人提起控诉与询问时在场的未成年人的教师、医生、父母与其他法定代理人其有权对被起诉的未成年人提出问题并发表意见。

上述人员提出的问题与发表的意见应当记入询问记录。侦查员可以撤销提问，但相关问题必须记入记录。

西班牙

刑事诉讼法 *

第一卷　总　　则

第四编　参与犯罪和轻微犯罪案件刑事诉讼行为的人

第 101 条

刑事诉讼应当公开进行。

所有西班牙公民均有权根据法律提起刑事诉讼。

第 102 条

尽管有前条规定，但以下人员不得提起刑事诉讼：

1.°不具有完全民事权利的。

2.°曾两次被终审判决构成诬告罪或者诽谤罪的。

3.°法官或者高级法官。

但前述各项所述的人员可以对侵犯其人身、财产，或者侵犯其配偶、因血缘和婚姻构成尊亲属、卑亲属、兄弟姐妹的人身、财产的犯罪行为或者轻微犯罪行为提起刑事诉讼。

上述 2.°和 3.°所述的人员，可对侵犯其法定看护人的人身、财产的犯罪行为或者轻微犯罪行为提起刑事诉讼。

第 103 条

以下情形中，不得对对方提起刑事诉讼：

---

　*　西班牙王国"法典化编撰委员会刑事诉讼法分委会"于 1878 年 10 月 16 日完成对刑事诉讼法的法典化编撰，本法于 1881 年 2 月 11 日经内阁批准，1882 年 6 月 22 日以王室御令形式颁布，陆续刊登于 1882 年 9 月 17 日至 10 月 10 日的第 260 号至第 282 号《王室公报》，1883 年 1 月 3 日实施。本译本根据 2014 年 12 月 10 日西班牙《官方公报》官网提供的本法及其各修正案的西班牙语文本翻译。

1.° 配偶之间。但一方对其配偶或者子女造成人身侵害的犯罪行为或者轻微犯罪行为的，以及重婚的除外。

2.° 血缘、领养和婚姻构成尊亲属、卑亲属和兄弟姐妹的亲属之间。但一方对另一方造成人身侵害的犯罪行为或者轻微犯罪行为除外。

第 104 条

对强奸、诽谤和侮辱提起的刑事诉讼，不得由受害人之外的人提起，也不得通过《刑法典》相应条款未规定的其他方式提起。

通过印刷虚假事实或者涉及私生活的广告对个人造成伤害或者侵犯的轻微犯罪行为，以及轻度侮辱的犯罪行为，只能由被害人或者其法定代理人提起刑事诉讼。

第 105 条

无论案件中是否有自诉人，检察院的公职人员均有义务根据法律相关规定提起适当的刑事诉讼，《刑法典》中专门规定只能提起自诉的案件除外。同样，对违背诚信的相关案件，根据《刑法典》的规定，此类案件应当先由被害人进行控告，被害人无法进行控告或者不具有控告资格的，则由检察院提起刑事诉讼。

第 106 条

对刑事犯罪或者轻微犯罪提起公诉的，该刑事诉讼不因被害人的撤诉而终止。

不论何种犯罪、轻微犯罪的案件或者是附带民事诉讼案件，自诉被受理的，均可以因为被害人的撤诉而终止诉讼。

第 107 条

民事诉讼的撤销或者可撤销的刑事诉讼的撤销，不得损害除撤诉者之外的其他人的利益；可以根据案情继续刑事诉讼程序，或者由其他相应人员重新提起诉讼。

第 108 条

检察院提起刑事诉讼的案件中，不论是否有自诉人，均应当提起附带民事诉讼；但是被害人明确放弃恢复原状、修复或者补偿损失权利的，检察院只得限于提出对犯罪嫌疑人的刑事处罚。

第 109 条

法官在听取具有必要法律行为能力的被害人的供述时，书记员应当告知其具有参与诉讼、决定是否主张恢复原状、修复损害和补偿由犯罪行为造成的损失的权利，并告知其根据现行法律可以申请相关援助的可能及相关的程序。

被害人没有上述法律行为能力的，由其代理人代为履行。

除以上两款规定的情形外，在民事诉讼或者刑事诉讼中，不再告知与案件有利害关系的人其享有延长诉讼期间或者中止诉讼的相关权利，但书记员可以向未出庭的被害人告知上述权利。在任何情形下，对《刑法典》第57条所规定的犯罪行为的案件，法官应当告知被害人影响其安全的可能性。

第 110 条

刑事犯罪或者轻微犯罪案件中的被害人在对被告人定罪量刑之前未放弃参与诉讼的，可以参与案件诉讼，并且以其认为合适的方式提起民事诉讼和刑事诉讼，或者其中某一种诉讼，但不得因此造成诉讼程序回溯。

被害人没有参与诉讼的，不视为其放弃终审判决中判定的恢复原状、修复或者补偿损失的权利。放弃该权利的，应当以明确的方式表示。

阻止或者阻碍地方行政机关人员履行公职的犯罪或者轻微犯罪案件，由当地行政机关参与诉讼。

第 111 条

对刑事犯罪或者轻微犯罪可以同时或者分别提起诉讼；但在作出终审判决前不得单独提起民事诉讼。本法第4条、第5条、第6条另有规定的情形除外。

第 112 条

单独提起刑事诉讼意味着也提起民事诉讼，除非受伤害人或者被侵犯人明确撤销该民事诉讼或者将民事诉讼保留至可能进行的刑事审判之后提起。

对告诉才处理的案件，仅提起民事诉讼的，刑事诉讼应当立即终止。

第 113 条

两人或者多人对刑事犯罪或者轻微犯罪案件提起的诉讼在同一诉讼程序中审理。可以由其中一人或者多人提起诉讼，如果有可能，由法院统一进行审理。

第 114 条

针对犯罪行为或者轻微犯罪行为的刑事审判开始侦查后，不得对同一案件再次提起刑事诉讼。已经再次提起诉讼的，在前一次刑事诉讼作出终审判决前中止后一诉讼程序。

对同一犯罪或者轻微犯罪案件已提起民事诉讼的，可以不再提起刑事诉讼。

本条规定不妨碍本卷第一编第二章关于先决问题的规定。

第 115 条

刑事诉讼因为犯罪嫌疑人或者被告人的死亡而终止，但对其继承人和权利承受人的民事诉讼仍然有效。可向民事法院通过民事途径提起该诉讼。

第 116 条

除终审判决确定不存在可构成民事诉讼的犯罪事实外，刑事诉讼终止的，刑事诉讼所附带的民事诉讼不终止。

在其他情形下，附带民事诉讼的原告人可以通过民事途径对有义务恢复原状、修复损害和补偿造成的损失的人向受理民事案件的法院提起诉讼。

第 117 条

同一刑事犯罪或者轻微犯罪的案件引起的刑事诉讼不随民事诉讼的终止而终止。

民事诉讼作出不承担民事责任的终审判决不阻碍相应刑事诉讼的进行。

本条规定不影响本卷第一编第二章以及第 106 条、第 107 条、第 110 条、第 112 条第 2 款的规定。

第二卷　预　　审

第二编　控　　告

第 270 条

无论是否已经受到侵害，所有西班牙公民都可以根据本法第 101 条规定的公民提起诉讼的权利提起控告。

外国人也可以因为本人或者其被代表人的人身或者财产受到损害而提起控告。本法第 281 条最后一款未作规定的，适用本法第 280 条的规定。

第 271 条

检察院公职人员在必要时，也可以根据本法第 105 条规定的方式提起刑事控告。

第 272 条

应当向具有管辖权的预审法官提起控告。

根据法律的特别规定，控告的对象归属某特定法院管辖的，应当向该管辖法院提起控告。

同一起案件或者两起以上牵连案件具有多个犯罪嫌疑人，并且其中部分犯罪嫌疑人归属某个法院专门管辖的，即使根据犯罪的一般规定该法院不具有管辖权，仍应当向该专门管辖的法院提起控告。

第 273 条

前条提及的情形中，属现行犯或者未留下持久不变痕迹的犯罪嫌疑人，或者犯罪嫌疑人可能实施逃匿的，控告人可以向距离案发地最近的预审法官、市级法院法官或者警察提起控告，以便进行必要的初期审理以查明案件事实并逮捕犯罪嫌疑人。

第 274 条

无论自诉人位于何司法管辖区，为使具有管辖权的预审法官或者法院了解其控告的行为、对其所控告的行为进行审理，自诉人应当服从对其所控告行为的管辖权的规定。

自诉人可以在任何时候撤回控告，但应当对其之前的控告行为承担责任。

第 275 条

对于告诉才受理的案件，自受理书的通知作出之日起 10 日内，控告人可以撤回控告。法官或者法院应当在受理书中告知此规定。

自受理书的通知作出之日起 10 日内，应当根据自诉人的要求，作出确定控告的决定，或者因为控告人放弃而不予诉讼的决定。根据前款规定的期限，法官或者法院对自诉案件的受理制作正式文书。

第 276 条

自诉人死亡或者丧失行为能力的，应当传唤其继承人或者法定代理人，告知其控告的事项以便继续进行诉讼程序。自诉人的继承人或者法定代理人在传唤后 30 日内不应传的，视为放弃控告。

第 277 条

控告书应当由诉讼律师签字，并通过具备足够权利的诉讼代理人提交。

控告书作为正式文书，应当包括：

1.°被申请审理案件的法官或者法院。

2.°自诉人的姓名及其身份。

3.°被控告人的姓名及其身份。

无以上信息时，应当通过能识别的特征来指定被控告人。

4.°所控告事实的详细描述，获知实施行为地点、具体日期和具体时刻的，还应指明地点、日期和时刻。

5.°为核实案件事实应开展的调查。

6.°提出受理控告、开展前项所述调查、逮捕以及关押犯罪嫌疑人或者要求提供保释金、扣押必要数量的财产等请求。

7.°法定代理人不具备制作控告书的特殊权利时，应当由自诉人签字，其本人不会或者无法签字的，应当请人代签。

第 278 条

除强奸和拐骗妇女以外的告诉才处理的案件，应当附上已进行或者准备进行的调解活动的证明。

但是，急需确认案件事实或者逮捕犯罪嫌疑人的，无须前述证明即可及时采取行动。在事后证明具备前述各条件后，才能够继续进行诉讼。

第 279 条

根据《刑法典》的规定，因为诬陷或者侮辱构成犯罪的，在诉讼过程中还应当递交先前法官或者法院同意受理案件的证明材料。

第 280 条

自诉人应当根据法官或者法院指定的种类和数额交付保证金，通过保证金担保审判的结果。

第 281 条

符合以下条件的，豁免其按照前条规定缴纳保证金的义务：

1.° 自诉人是被害人及其继承人或者其法定代表的。

2.° 自诉人是谋杀或者自杀案件中死者的配偶、血亲或者姻亲尊卑亲属、二等以内的同辈血亲或者姻亲、继承人，或者本法第 261.3.° 中涉及的父亲、母亲或者亲生子女。

涉及外国人的，非因国际条约的明确规定或者可适用对等原则的情形，不得适用豁免的相关规定。

第十一编　预审决议及停止审理决定

第一章　预审决议

第 622 条

预审法官依其职权或者应当事人请求认为可以结束预审的，应当宣布预审结束，并下令将此阶段的裁定书及其他相关证据移交至对案件庭审具有管辖权的法院，以便其审理案件。

没有自诉人并且检察院认为有足够的材料证明案件事实并可以进入审判阶段的，检察院应当告知预审法官，以便预审法官及时将诉讼案件移交至具有庭审管辖权的法院。

预审法官执行本法第 227 条规定并且由上级法院参与接收相关证据后，上级法院对上诉申请进行审理。对上诉申请的审理不中断案件的预审。

在此情形下，法院书记员将预审案卷交至省法院时应当注意指明有待处理的上诉材料。对上诉申请尚未作出最终裁定的，省法院不得执行本法第 627 条及其后续各条的规定。上诉被驳回并且该裁定为最终裁定的，应当继续根据相关规定进行案件审理；上诉被支持的，预审法官关于结束预审的裁决无效，法院书记员应当将上诉裁定书及证据交还给审理案件的预审法官，以便其执行该裁定。

第 623 条

本法第 622 条所述的两种情形中有自诉人的，即使该自诉人只是附带民事诉讼的被告人，也应当将裁定书告知该自诉人、犯罪嫌疑人以及附带民事诉讼的所有被告人，传唤其在 10 日以内出席庭审。由高级法院组织庭审的，传唤其在 15 日以内出席庭审。检察院因职权参与案件办理的，也应当通知检察院。

第 624 条

预审法官认为其预审的案件事实具有瑕疵的，可以通过裁定书的形式征得具有管辖权的上级法院许可后责令市级法院法官对该案件进行审理。

第 625 条

上级法院同意上述裁定意见，或者向最高法院的申诉被驳回的，当事人应当在 5 日以内向审理案件的市级法院法官应诉。

市级法院法官接收到上述裁定后，根据本法第四卷的规定对案件进行审理。

第 626 条

法院收到裁定书和相关证据后，法院书记员应当依轮值次序确定审理案件的法官。

除本法前述两条规定的情形外，当事人逾期未应讯的，当值法官可以开启预审法官移交的有封印及盖章的文件和其他物品。

法院书记员应当记录文件及物品在被开启时的状态。

第 627 条

传讯期届满后，法院书记员视案件复杂程度于 3 至 10 日以内将预审材料转交参与本案的检察院；有自诉人的，在转交检察院后转交该自诉人的诉讼代理人。并于最后转交犯罪嫌疑人的辩护人。

案卷多于 1000 页的，法院书记员可以延长期限，但不得延长 10 日以上。

检察院、自诉人的诉讼代理人和犯罪嫌疑人的辩护人返还预审材料时，应当附有是否同意下级法院关于结束预审或者申请重新调查审理的意见书。

同意关于结束预审裁定的意见书，由参与本案的检察院、自诉案件中的自诉人的诉讼代理人和犯罪嫌疑人的辩护人提交，并在该意见书中提出其认为正当的有关召开庭审或者终止审理的权利。

第 628 条

法院书记员接收到被返还的预审材料和意见书后，应当在 3 日以内立即将此案件连同意见书一起交至主持庭审的法官。

第 629 条

法院书记员在转交预审材料时，在防止物件被篡改的前提下应当提供其认为与案件审理有关的材料，以便检察官、自诉人、犯罪嫌疑人各方查看信件、案卷、文件及其他相关证据材料。

第 630 条

超过本法第 628 条规定的期间的，法院应当作出同意或者废除预审法官裁定的裁定书。

第 631 条

废除预审法官裁定的，案件退回到被接收预审裁定的法官处，并由该法官指明应当进行的审理。

同时应当将法院认为有助于执行新的调查的相关证据一并退回。

第 632 条

同意关于结束预审的裁定的，法院应当在 3 日以内对审判申请或者停止审理作出相应裁定。

第 633 条

在不违反本编第二章规定的前提下，应当根据本法第 649 条的规定对法院同意开庭审理的案件进行移交。

第二章　停止审理

第 634 条

停止审理的形式包括无罪结案、临时结案、完全结案和部分结案。

部分结案的，对仍然涉案的犯罪嫌疑人应当进行口头审讯。

完全结案的，在执行必要审理后应当下令将案件及无人认领的物证进行归档。

第 635 条

能确认相关物证所有人的，应附带民事诉讼原告人的申请，法院应当于作出附带民事判决前扣留该物证。

法院因上述原因将物证继续扣留的，应当确定附带民事诉讼的结案期间。

前款所述的期间内民事诉讼未结案的，或者无人申请法院继续扣留该物证的，应当将物证归还其所有人。

物证的所有人推定为预审法官扣留该物证时该物的占有人。

但根据前款所述归还物证时，物证因其属性会对社会或者个人利益、人身及其财产造成危害的，法院为预防此类危害，可以通过相关的法规对此物证进行处置。需要赔偿的，在赔偿后进行处置。

第 636 条

对停止审理的裁定书不服的，只得向最高法院提起申诉。

第 637 条

有以下情形之一的，可以裁定无罪结案：

1.°无足够证据证明所实施的行为足以达到起诉条件。

2.°所实施的行为不构成犯罪。

3.°作为主要实施人、共同实施人或者实施隐匿行为的犯罪嫌疑人无刑事责任能力。

第 638 条

作出停止审理的裁定后，对符合第 637.1.°、637.2.°规定的，应当申明案件的审理不对犯罪嫌疑人的名誉造成影响。

应犯罪嫌疑人要求，可以保留犯罪嫌疑人控告自诉人对其实施诽谤的权利。

法院也可以根据《刑法典》的规定依职权对自诉人进行诉讼。

第 639 条

本法第 637.2.°规定的情形中，所实施的行为构成轻微犯罪的，案件移送至具有管辖权的市级法院。

第 640 条

本法第 637.3.°规定的情形中，停止审理仅针对确定为无刑事责任能力的主要实施人、共同实施人或者隐匿人，对其他涉案人员的案件应当继续审理。本法第 638 条的规定同样适用于无刑事责任能力的犯罪嫌疑人。

第 641 条

有下列情形之一的，可以裁定临时结案：

1.°无法就案件事实给出充分正当的结论。

2.°通过预审发现有犯罪行为，但无充足证据证明可对主要实施人、共同实施人或者隐匿人起诉的。

第 642 条

检察院根据本法第 637 条和第 641 条规定请求停止审理，并且在案件审理过程中自诉人未坚持起诉的，法院可以将检察院的请求告知刑事诉讼的当事人，以便其可以在指定的期间内进行其认为适当的到庭辩护。

在规定的时间内到庭辩护的，法院应当应检察院的请求作出停止审理的裁定。

第 643 条

符合本法前条所述的情形中刑事诉讼当事人下落不明的，法院可以在法院大门、当地报纸或者省城首府的报纸上发布传唤当事人的消息，也可以将该布告刊登于《马德里官方公报》上。

传唤期届满后，当事人仍未出现的，进入前条所述的程序。

第 644 条

法院认为检察院关于停止审理的请求不合理但无自诉人坚持起诉的，在执行停止审理程序前，将案卷转交至所在地的省法院的检察官，以便其知晓案件并提供继续或者停止审理的意见。被咨询的检察官应当将其决议告知提出咨询的所在地的省法院，并将案卷交还该法院。预审在法院的刑事庭进行的，应当咨询该法院的检察官或者最高法院的检察官。

第 645 条

自诉人或者检察院认为有必要进行审判，法院仍可以根据本法第 637.2.° 的规定裁定停止审理。

其他情形的，应当对案件进行庭审。

意 大 利

意大利刑事诉讼法典 *

第一编　主　　体

第二章　公 诉 人

第 50 条　刑事诉讼的提起

1. 在不具备请求撤销案件的前提条件的情况下，公诉人提起刑事诉讼。

＊ 本法典于 1988 年 9 月 22 日由意大利总统颁布，自 1989 年 10 月 24 日起实施。最后一次修正时间是 2015 年 3 月 16 日。本译本根据意大利 CasaEditriceLaTribuna（CELT）出版社 2014 年出版的 CODICE DI PROCEDURA PENALE 和意大利 NEL DIRITTO EDITORE 出版社 2015 年出版的 CODIE DI PROCEDURA PENALE 翻译。该两本书的语言为意大利语。

2. 在不要求告诉、请求、申请或批准追诉的情况下，公诉人主动地提起刑事诉讼。

3. 刑事诉讼的进行只有在法律明文规定的情况下才能暂时中止或者停止。

第 51 条①　**公诉人的职务——法院辖区共和国检察官的权限**

1. 公诉人的职责分别由下列人员行使：

1）在初期侦查和第一审程序中，由驻法院的共和国检察署中的执法官担任；

2）在上诉审中，由驻上诉法院总检察署或驻最高法院总检察署中的执法官担任。②

2. 在上级法院提审的情况下，第 1 款第 1 项中规定的职责由驻上诉法院总检察署中的执行法官行使。在第 371 条－2 规定的提审情况下，由国家反黑手党局中的执法官行使。③

3. 第 1 款规定的职责由依照第一章第二节的规定拥有管辖权的法官身边的公诉人承担。

3－2. 对于《刑法典》第 416 条第 6 款和第 7 款列举犯罪，当上述犯罪是为了实施《刑法典》第 473 条、第 474 条、第 600 条、第 601 条、第 602 条、第 416 条－2 和第 630 条规定的犯罪而实施时，对于借助上述第 416 条－2 规定的条件或者为方便该条规定的集团活动而实施的犯罪，对于经 1973 年 1 月 23 日第 43 号共和国总统令批准的合编本第 291 条－4 规定的犯罪以及 2006 年 4 月 3 日第 152 号立法性命令第 260 条规定的犯罪，无论是既遂还是未遂，在进行有关诉讼时，第 1 款第 1 项列举的职责由对主管法官驻地拥有管辖权的上诉法院辖区首府法院中的公诉人办公室行使。④

3－3. 在第 3 款－2、第 3 款－4 和第 3 款－5 规定的情况下，如果辖区检察官提出要求，驻上诉法院检察长可以根据正当理由决定公诉人在法庭审理中的职责由主管法官身边的共和国检察官指定的执法官行使。⑤

---

①　本条标题是由经 1992 年 1 月 20 日第 8 号法律转换和修改的 1991 年 11 月 20 日第 367 号法令第 3 条修改的。

②　本项经 1998 年 2 月 19 日第 51 号立法性命令第 175 条修改。

③　本款由经 1992 年 1 月 20 日第 8 号法律转换和修改的 1991 年 11 月 20 日第 367 号法令第 3 条修改。

④　本款由经 1992 年 1 月 20 日第 8 号法律转换和修改的 1991 年 11 月 20 日第 367 号法令第 3 条修改。

⑤　本款由经 1992 年 1 月 20 日第 8 号法律转换和修改的 1991 年 11 月 20 日第 367 号法令第 3 条修改。

3-4. 对于以恐怖主义为目的的犯罪，无论是既遂还是未遂，在进行有关诉讼时，第 1 款第 1 项列举的职责由对主管法官驻地拥有管辖权的上诉法院辖区首府法院中的公诉人办公室行使。①

3-5. 对于《刑法典》第 414 条 -2、第 600 条 -2、第 600 条 -3、第 600 条 -4 第 1 款、第 600 条 -5、第 609 条 -11、第 615 条 -3、第 615 条 -4、第 615 条 -5、第 617 条 -2、第 617 条 -3、第 617 条 -4、第 617 条 -5、第 617 条 -6、第 635 条 -2、第 635 条 -3、第 635 条 -4、第 640 条 -3 和第 640 条 -5 列举的犯罪，无论是既遂还是未遂，在进行有关诉讼时，第 1 款第 1 项列举的职责由对主管法官驻地拥有管辖权的上诉法院辖区首府法院中的公诉人办公室行使。②

第 52 条　自动回避

1. 担任公诉人职务的执法官有权在存在重大的适宜性理由的情况下自动回避。

2. 对于自动回避的要求，在各自机构的范围内分别由驻法院的共和国检察官和检察长作出裁决。③

3. 如果驻法院的共和国检察官或驻上诉法院的检察长要求自动回避，则分别由驻上诉法院的检察长和驻最高法院的检察长作出裁决。④

4. 在作出同意自动回避的决定后，已自动回避的公诉人的职务由隶属于同一办公室的其他司法官员担任。然而，在同意驻法院的共和国检察官和驻上诉法院的检察长自动回避的情况下，可以指定隶属于根据第 11 条同样拥有管辖权的办公室的司法官员接替公诉人的职务。⑤

第 53 条　公诉人在庭审中的自主权　实行更换的情况

1. 在庭审中，担任公诉人的执法官完全自主地行使其职责。

2. 在出现严重障碍、重大的工作需要和第 36 条第 1 款第 1 项、第 2 项、第 4 项和第 5 项规定的情况下，公诉人办公室的负责人作出更换的决定。在其他情况下，只有经公诉人同意，才能对他实行更换。

3. 如果在第 36 条第 1 款第 1 项、第 2 项、第 4 项和第 5 项规定的情况下

---

① 本款由经 2001 年 12 月 15 日第 438 号法律转换和修改的 2001 年 10 月 18 日第 374 号法令第 10 条 -2 以及经 2008 年 7 月 24 日第 125 号法律转换和修改的 2008 年 5 月 23 日第 92 号法令第 2 条第 1 款修改。

② 本款是由 2008 年 3 月 18 日第 48 号法律第 11 条增加的。

③ 本款经 1998 年 2 月 19 日第 51 号立法性命令第 176 条第 1 款第 1 项修改。

④ 本款经 1998 年 2 月 19 日第 51 号立法性命令第 176 条第 1 款第 2 项修改。

⑤ 本款经 1998 年 2 月 19 日第 51 号立法性命令第 176 条第 1 款第 1 项修改。

上述负责人未实行更换，驻上诉法院的检察长从自己的办公室中为庭审指派一名执法官。

第 54 条①　公诉人之间的消极冲突

1. 如果公诉人在初期侦查中认为犯罪应由其他法官管辖，他应立即将文书移送给该主管法官身边的公诉人。

2. 接到上述文书的公诉人，如果认为应当由向他移送文书的公诉人办公室进行诉讼，则向上诉法院的检察长报告；如果该公诉人与向其移送文书的公诉人分属不同的上诉法院辖区，则向最高法院的检察长报告。检察长在对文书进行审查后决定应当由哪个公诉人办公室进行诉讼，并将自己的决定通知有关的办公室。

3. 在根据第 1 款和第 2 款移送文书或者指定主管公诉人之前完成的初期侦查行为可在法律规定的情况下并且依照法律规定的方式加以利用。

3-2. 在公诉人相互消极冲突的任何其他情况下，适用第 1 款和第 2 款的规定。②

第 54 条 -2③　公诉人之间的积极冲突

1. 当公诉人得知其他司法办公室正在针对自己所审理的同一事实和同一人员开展初期侦查时，应当立即告知该办公室的公诉人，要求他依照第 54 条第 1 款的规定移送有关文书。

2. 接到上述要求的公诉人，在认为该要求不可接受时，向驻上诉法院检察长作出报告，如果他属于其他上诉法院辖区，则向最高法院检察长作出报告。检察长在了解有关情况后，根据关于法官管辖权的规则，采用附理由命令的形式确定案件的审理应由哪一公诉人办公室进行，并告知有关的司法办公室。有关的司法办公室应当立即向被指定的公诉人办公室移送诉讼文书。

3. 如果在根据第 2 款作出指定之前某一公诉人办公室决定依照第 54 条第 1 款向另一公诉人办公室移送文书，则认为冲突已经解决。

4. 由不同的公诉人办公室完成的初步侦查行为均可在法律规定的情况下并采用法律确定的方式加以利用。

5. 在发生公诉人间积极冲突的其他情况下，均适用第 1 款、第 2 款和第 3 款的规定。

---

① 本条的标题被 1991 年 1 月 14 日第 12 号立法性命令第 8 条修改。

② 本款是由 1991 年 1 月 14 日第 12 号立法性命令第 8 条增加的。

③ 本条是由 1991 年 11 月 20 日第 367 号法令第 2 条增加的。

第 54 条 -3① **在有组织犯罪案件中公诉人冲突**

1. 当第 54 条和第 54 条 -2 规定的冲突涉及第 51 条第 3 款 -2 列举的某一犯罪时，如果有关决定应由驻最高法院检察长作出，该检察长应当在听取国家反黑手党检察官的意见后作出决定；如果有关决定应由驻上诉法院检察长作出，该检察长应当将自己所作出的决定通知国家反黑手党检察官。

第 54 条 -4② **请求向其他公诉人移送文书**

1. 如果了解到第 335 条或第 369 条规定之程序的被调查人、了解到第 369 条规定之程序犯罪的被害人及其各自的辩护人认为犯罪案件应当由其他法官管辖，可以请求向该有管辖权的法官身边的公诉人移送诉讼文书，并说明根据怎样的理由认为其他法官拥有管辖权，未作出上述说明，则有关请求不可接受。

2. 上述请求应当在被认为拥有管辖权之法官身边的公诉人文书室存放。

3. 公诉人自上述请求提出后 10 日内作出决定，在接受该请求的情况下，将诉讼文书移送给有管辖权之法官身边的公诉人，并将此情况通知请求人。如果公诉人作出的决定与此不同，请求人可以在随后的 10 日内请求驻上诉法院检察长确定应由哪一公诉人办公室进行诉讼；如果被认为有管辖权的法官供职于其他上诉法院的辖区，则向驻最高法院检察长提出上述请求。检察长在进行必要调查后并在有关请求存放后 20 日内作出决定，并将有关决定通知当事人和有关的司法办公室。当有关请求涉及第 51 条第 3 款 -2 列举的某一犯罪时，检察长依照第 54 条 -3 的规定作出决定。

4. 上述请求不得重复提出，否则不可接受，除非依据新的和不同的事实再次提出请求。

5. 在移送文书或者通知第 3 款规定的决定之前完成的初步侦查行为可以在法律规定的情况下并采用法律规定的方式加以利用。

第五编　初期侦查和初步庭审

第三章　追诉的条件

第 336 条　告诉

1. 告诉由当事人亲自或者通过其特别代理人提出，告诉声明应明确表达

---

① 本条是由经 1992 年 1 月 20 日第 8 号法律转换和修改的 1991 年 11 月 20 日第 367 号法令第 2 条增加的。

② 本条是由 1999 年 12 月 16 日第 479 号法律第 12 条第 1 款增加的。

针对某一被法律规定为犯罪的行为进行追诉的意愿。

第 337 条　告诉的程序

1. 依照第 333 条第 2 款规定的程序向可以接受报案的机关或者驻外国的领事人员提出告诉声明。告诉也可以通过一位受委托人递交告诉声明或者以挂号信的形式通过邮局寄发，但上述声明应含有真实签名。

2. 当告诉是以口头形式提出时，记载口头声明的笔录由告诉人或者特别代理人签字。

3. 由法人、某一机构或团体的法律代表提出的告诉声明应当具体说明代表权的根据。

4. 接受告诉的机关负责证明提出告诉的日期和地点，验证告诉者的身份，并负责将有关文书移送给公诉人办公室。

第 338 条　告诉的特别保佐人

1. 在《刑法典》第 121 条规定的情况下，提出告诉的期限自向特别保佐人送达任命决定之日起计算。

2. 上述任命由被害人所在地的负责初期侦查的法官根据公诉人的要求，以附理由命令的形式实行。

3. 负责对未成年人进行保佐、教育、照管或扶助工作的机构可以提议实行上述任命。

4. 特别保佐人有权为被害人的利益而出任民事当事人。

5. 如果在提出告诉之后出现任命特别保佐人的需要，负责初期侦查的法官或者进行诉讼的法官作出相关决定。

第 339 条　放弃告诉

1. 如果明示放弃告诉，当事人应当亲自或者通过特别代理人向关系人或其代表提交书面声明。该声明也可以口头向司法警察官员或公诉人作出，后两者在对弃权人的身份加以核实后制作有关笔录。未经声明者签字，该笔录不发生效力。

2. 附期限或者附条件的放弃不产生任何效力。

3. 在同一弃权声明中也可以宣布放弃要求返还和赔偿损失的民事诉权。

第 340 条　撤回告诉

1. 对告诉的撤回由当事人亲自或者通过特别代理人提出和接受，并向诉讼机关或者司法警察官员提交有关声明，上述警官立即将该声明转递给诉讼机关。

2. 撤回告诉的声明和接受撤诉的声明采用为明示放弃告诉规定的程序作出。

3. 《刑法典》第 155 条第 4 款规定的特别保佐人依照第 338 条的规定任命。

4. 诉讼费由撤诉人承担，除非在撤诉文书中作出不同约定。①

第 341 条　追诉申请

1. 追诉申请由被害人依照为告诉规定的程序提出。

第 342 条　追诉请求

1. 追诉请求由主管机关以签署文书的形式向公诉人提出。

第 343 条　对追诉的批准

1. 当法律规定需获得追诉批准时，公诉人依照第 344 条的规定提出有关请求。

2. 在尚未给予批准之前，对于需经批准方可追诉的人禁止实施拘留，禁止采用人身预防措施，禁止进行人身搜查、住宅搜查、人身检查、辨认、辨别、对质、通话或通讯侦听等活动。只有当关系人提出请求时，才可以进行讯问。

3. 当有关人员被当场发现犯有第 380 条第 1 款和第 2 款列举的某一罪行时，允许在获得上述批准之前实施第 2 款规定的行为。但是，当宪法或者宪法性法律就批准追诉或批准实施特定行为作出具体规定时，适用该规定，并且在可适用的范围内适用第 344 条、第 345 条和第 346 条的规定。②

4. 在违反第 2 款和第 3 款规定的情况下，所取得的材料不得加以使用。

5. 对追诉的批准，一旦准予，则不得撤销。

第 344 条　请求批准追诉

1. 在进行快速审判、要求立即审判、要求提交审判或者要求发布刑事处罚令之前，或者在签发传唤受审令之前，公诉人提出关于批准的请求。在任何情况下，上述请求应当自在犯罪消息登记簿上登记经批准方可追诉者的姓名后的 30 日内提出。③

2. 如果需经批准方可追诉的人在犯罪时被当场逮捕，公诉人应当立即请求批准追诉，在任何情况下，此请求应当在对逮捕认可进行庭审之前提出。

3. 如果在进行快速审判之后或者在提出第 1 款前一部分规定的请求之后出现了需要批准的情况，法官应暂缓诉讼，并且公诉人应当立即请求批准追诉。如果有可能发生延误，法官决定调取当事人所要求的证据材料。

---

① 本款经 1999 年 6 月 25 日第 205 号法律第 13 条修改。
② 本款经 2003 年 6 月 20 日第 140 号法律第 2 条修改。
③ 本款经 1998 年 2 月 19 日第 51 号立法性命令第 182 条修改。

4. 如果在对数人进行的诉讼中只针对其中一部分人需要取得追诉批准并且这种批准下达得较迟，可以单独对无需追诉批准的被告人进行诉讼。

第345条　缺乏追诉条件；重新提起刑事诉讼

1. 如果在撤销案件决定、开释判决或者不追诉判决中宣告缺乏告诉、申请、要求或追诉批准等条件，即便有关判决已成为不可上诉的，仍不妨碍在随后提出告诉、申请、要求或获得追诉情况下或者在其人身条件不再需要追诉批准的情况下，针对同一事实和同一人员提起刑事诉讼。

2. 当法官查明缺乏第1款规定范围以外的其他追诉条件时，适用同样的规定。

第346条　在缺乏追诉条件情况下实施的行为

1. 除第343条的规定外，在缺乏某一追诉条件的情况下，如果该条件有可能在今后出现，为确保获得证据材料，可以实施必要的初期侦查活动；当存在延误的危险时，可以调取第392条规定的证据。

英　　国

2003年刑事审判法*
第44章

第四部分　指　控　等

第28条　指控或者释放被警察羁押的人

附件2（关于指控或者释放被警察羁押的人的规定）应当有效。

第29条　提起诉讼的新方式

（1）公诉人可以通过签发指控一个人犯罪的文书（"书面指控"）对他提起刑事诉讼。

（2）当公诉人签发书面指控时，他必须同时签发一份文书（"正式的出庭通知"），要求被告人到治安法院对书面指控作出答辩。

（3）书面指控和正式的出庭通知应当送达被告人，其副本还应送达正式

---

* 本译本根据英国政府官网（http://www.legislation.gov.uk）提供的英语文本翻译。

出庭通知中所指定的法院。

（4）由于有第（1）款至第（3）款的规定，公诉人无权为了获得根据《1980年治安法院法》第1条签发的传票而提起控告书。

（5）在本条中，"公诉人"是指

（a）警察机关或者由警察机关授权提起刑事诉讼的人；

（b）严重诈骗案件侦查局的局长或者由他授权提起刑事诉讼的人；

（ca）① 财政与关税检察厅主任或由其授权提起刑事诉讼的人；

（cb）② 严重组织性犯罪检察厅总长或由其授权提起刑事诉讼的人；

（c）检察长或者由他授权提起刑事诉讼的人；

（d）总检察长或者由他授权提起刑事诉讼的人；

（e）国务大臣或者由他授权提起刑事诉讼的人；

（f）国内税务专员或者由他授权提起刑事诉讼的人；

（g）关税与国内消费税税务专员或者由他授权提起刑事诉讼的人；

（h）出于本条的目的由国务大臣在命令中指定的人，或者由他授权提起刑事诉讼的人。

（6）第（5）款中"警察机关"与《1985年刑事起诉法》第3条第（3）款的含义相同。

第30条 关于新方式的进一步规定

（1）根据刑事诉讼程序规则③可以作出

（a）关于书面指控或者正式出庭通知的格式、内容、记录、核对和送达的规定；以及

（b）刑事诉讼程序委员会④认为关于书面指控或者正式出庭通知的其他必要或者适宜的规定。

（2）在不限制第（1）款的前提下，根据该款制定的规定可以包括：

（a）（经修改或者未经修改）适用或者不适用与文书送达相关的任何成文法条款的规定；

---

① 本项由《2005年财政与关税专员法》第50条第（6）款、第53条及附件4第130条增加。

② 本项由《2005年有组织的严重犯罪与警察法》第59条、第178条及附件4第196条增加。

③ 此处由《2003年法院法2004后续修正令》第2条第（2）款、第3条及附件第46条第（2）款（a）项作出变更。

④ 此处由《2003年法院法2004后续修正令》第2条第（2）款、第3条及附件第46条第（2）款（b）项作出变更。

（b）为了再次签发正式出庭通知或者与再次签发正式出庭通知有关的规定。

（3）……①

（4）第 29 条的任何规定不影响

（a）公诉人为了根据《1980 年治安法院法》第 1 条获得签发传票或令状而提出控告书的权力；

（b）公诉人以外的人为了根据该法第 1 条获得签发传票或令状而提出控告书的权力；或者

（c）对处于羁押状态的人提出刑事指控的任何权力。

（5）除客观情势另有要求以外，在本法之前通过的制定法的任何规定中，

（a）任何关于《1980 年治安法院法》第 1 条意义上的控告书或者包含此种控告书的规定（不论是如何表述的），均应理解为包括书面指控（或者签发书面指控）在内；

（b）任何关于《1980 年治安法院法》第 1 条意义上的传票或者包含此种传票（或者治安法院法官签发此种传票）的规定（不论是如何表述的），均应理解为包括正式出庭通知（或者公诉人签发的出庭通知）在内。

（6）第（5）款不适用于《1980 年治安法院法》第 1 条。

（7）第（5）款所谓在本法之前通过的制定法中的规定，包括根据本法或者与本法在议会的同一会期中通过的任何其他法律对该法律进行修改以后的规定。

（8）本条中"公诉人"、"正式出庭通知"和"书面指控"，与第 29 条规定的含义相同。

第 31 条　取消以宣誓证实控告书的要求

（1）删除《1980 年治安法院法》第 1 条第（3）款（除非控告书经宣誓证实，否则不得签发令状）中"以及经宣誓证实"的字样。

（2）删除《1980 年治安法院法》第 13 条（被告人不出庭：令状的签发）第（3）款（a）项中"经宣誓证实的控告书以及"的字样。

（3）《1980 年治安法院法》第 1 条第（3A）款（a）项替换为：

"（a）在被告人年满 18 周岁的情况下，令状所涉及的犯罪是可处监禁刑的犯罪，或者"。

---

① 本款由《2003 年法院法 2004 后续修正令》第 2 条第（2）款、第 3 条及附件第 46 条第（3）款所废除。

第五部分　证据开示

第 32 条　起诉人的初次开示义务

在《1996 年刑事程序与侦查法》（在本部分简称"《1996 年法》"）第 3 条第（1）款（a）项（起诉人的初次开示）中，

（a）将"在起诉人看来可能会损害"替换为"可能合理地被认为能够损害"；

（b）在"不利于被告人"后插入"或者有助于被告人的案件"。

第 33 条　辩方的开示

（1）在《1996 年法》第 5 条（被告人的强制开示）第（5）款之后，插入：

"（5A）如果诉讼中还有其他被告人，并且法院命令有此种要求，则被告人应当依法院命令将辩方陈述书提供给法院指定的每一其他被告人。

（5B）法院可依职权或者应任何当事人的申请作出第（5A）款规定的命令。

（5C）［根据第（5）款］必须提交给法院和起诉人的辩方陈述书，应当在第 12 条规定的相关期限内提交。

（5D）［根据第（5A）款］应该提供给共同被告人的辩方陈述书，应当在法院指定的期限内提供。"

（2）在该法第 6 条之后，插入：

"6A. 辩方陈述书的内容

（1）出于本部分的目的，辩方陈述书是这样一种书面陈述：

（a）阐明被告人辩护的性质，包括被告人打算依赖的任何特别辩护；

（b）指明他与控方在事实方面有争议的事项；

（c）就每一事项，阐明与控方发生争议的理由；以及

（d）指明他想提出的法律问题（包括证据可采性或者滥用程序的任何问题），及其准备依赖的法律依据。

（2）披露不在犯罪现场的辩方陈述书，必须提供不在犯罪现场的详细情况，包括：

（a）被告人相信能提供证据证明其不在犯罪现场的证人的姓名、住址和出生日期，或者被告人在提交辩护陈述书时所知道的尽可能多的证人情况；

（b）被告人掌握的对辨认或发现此种证人可能有重要帮助的任何信

息，如果被告人在提交辩护陈述书时不知道（a）项所提到的情况的话。

（3）出于本条的目的，证明不在犯罪现场的证据是指倾向于表明，由于被告人在特定的时间出现在特定的地方或者特定的区域，他不在或者不可能在被指控犯罪发生的时间出现在被指控犯罪的案发现场。

（4）国务大臣可以通过规章，对根据第（1）款规定应当在辩方陈述书包含的事项作出具体的规定。"

（3）在该法第6A条［根据上述第（2）款插入］之后，插入：

"6B. 被告人的更新开示

（1）在本条规定的相关期间开始以前，被告人已经根据第5条或者第6条提交了辩方陈述书的，他应当在这一期间向法院和起诉人提交：

（a）本条规定的辩方陈述书（更新后的陈述），或者

（b）第（4）款规定的那种陈述。

（2）本条的相关期间根据第12条的规定决定。

（3）更新后的辩方陈述书必须根据提交时的实际情况遵守第6A条规定的要求。

（4）被告人可以提交一份陈述书，说明他对根据第5条或者第6条提交的辩方陈述书没有任何修改，以代替提交更新后的辩方陈述书。

（5）如果诉讼中还有其他被告人，并且法院命令有此种要求，则被告人还应当在法院指定的期限内将更新后的辩方陈述书或者第（4）款规定的陈述书提交给法院指定的每一其他被告人。

（6）法院可以依职权或者应任何一方当事人的申请作出第（5）款规定的命令。"

第34条　准备传唤辩方证人的预先通知

在《1996年法》第6B条（根据上述第33条插入）之后，插入：

"6C. 准备传唤辩方证人的预先通知

（1）被告人必须给予法院和起诉人预先通知，指明他是否打算传唤任何人（除了他本人以外）作为证人；如果有此打算，通知书中应当

（a）提供每一证人的姓名、住址和出生日期，或者被告人在提交通知书时所知道的尽可能多的详细情况；

（b）提供被告人掌握的对辨认或发现此种证人可能有重要帮助的任

何信息，如果被告人在提交通知书时不知道（a）项所提到的情况的话。

（2）当已经按照第 6A 条第（2）款提供了详细情况时，则无需再按照本条规定提供。

（3）被告人必须在第 12 条规定的相关期限内提交本条规定的通知书。

（4）在提交了本条规定的通知书后，如果出现下列情形之一，则被告人必须向法院和起诉人提交经过适当修改的通知书：

（a）被告人决定传唤通知书中没有提到的人（除了他本人以外）作为证人，或者决定不再传唤通知书中提到的人作为证人，或者

（b）被告人发现了任何新情况，根据第（1）款规定，该情况如果是被告人在当初提交通知书时既已知道的，他必须将它纳入通知书之中。"

第 35 条　辩方专家姓名的预先通知

在《1996 年法》第 6C 条（根据上述第 34 条插入）之后，插入：

"6D. 辩方专家姓名的预先通知

（1）如果被告人聘请一个人，以期其提供在审判中可能用作证据的任何专家意见，则被告人必须向法院和起诉人提交记载有该人姓名和住址的通知书。

（2）当已经按照第 6C 条提交了专家的姓名和住址时，则无须再按照本条规定提交记载有该人姓名和住址的通知书。

（3）本条规定的通知书必须在第 12 条规定的相关期限内提出。"

第 36 条　关于辩方开示的进一步规定

在《1996 年法》第 6D 条（根据上述第 35 条插入）之后，插入：

"6E. 辩方开示：进一步规定

（1）当被告人的律师打算代表被告人提交下列陈述书时，该陈述书的提交被视为是经过被告人授权的，但有相反的证明时除外：

（a）第 5 条、第 6 条或者第 6B 条规定的辩方陈述书，或者

（b）第 6B 条第（4）款规定的那种陈述书。

（2）如果法官认为在审前听证中被告人未能遵守第 5 条、第 6B 条或者第 6C 条的规定，以致有可能作出第 11 条第（5）款规定的评论或者推论时，他应当就此提醒该被告人。

（3）第（2）款中的'审前听证'与第四部分规定（见第 39 条）的含义相同。

（4）主持陪审团审判的法官：

（a）可以指示将任何辩方陈述书的副本提交给陪审团，并且

（b）如果法官作出此种指示，他可以责令对该辩方陈述书进行修改，以删除其中缺乏可采证据证明的一些内容。

（5）第（4）款规定的指示

（a）可以由法官依职权作出，也可以应任何一方当事人的申请作出；

（b）只有当法官认为查看辩方陈述书将有助于陪审团理解案件或者解决案件中的任何争点时，才能作出。

（6）第（4）款提到的辩方陈述书：

（a）当被告人只提交了初次辩方陈述书（即根据第5条或者第6条提出的辩方陈述书）时，是指该陈述；

（b）当被告人既提交了初次辩方陈述书，又提交了更新后的陈述书（即根据第6B条提出的辩方陈述书）时，是指更新后的陈述书；

（c）当被告人既提交了初次辩方陈述书，又提交了第6B条第（4）款规定的那种陈述书时，是指初次辩方陈述书。"

第37条　起诉人的持续开示义务

在《1996年法》第8条之前，插入：

"7A. 起诉人的持续开示义务

（1）本条在下列时间一直适用：

（a）起诉人已经遵守或者声明遵守第3条的规定之后，以及

（b）被告人被宣告无罪或有罪之前，或者起诉人决定不对相关案件继续进行追诉之前。

（2）起诉人必须持续不断地进行审查：在任一特定时间内（特别是在提交辩方陈述书以后），是否存在某种控方材料，

（a）可以合理地被认为能够削弱控方案件或者能够有助于被告人一方的案件，并且

（b）尚未向被告人开示。

（3）在任何时候，如果发现有第（2）款规定的控方材料，起诉人必须在合理可行的条件下尽快［或者当第（5）款（a）项适用时，在该项规定的期限内］向被告人开示。

（4）在适用第（2）款所谓任一特定的时间时，应当考虑当时的各种情况（包括控方案件当时的状况）。

（5）当被告人按照第5条、第6条或者第6B条提交辩方陈述书时：

（a）如果在被告人提交陈述书后，起诉人根据本条规定有任何开示

或者进一步开示的义务，则起诉人必须在第 12 条规定的相关期限内进行开示；

（b）如果起诉人认为自己没有开示义务，他必须在该期限内就此向被告人提交书面声明。

（6）出于本条的目的，控方材料是指：

（a）起诉人因指控被告人的关系而自行掌握或者交由他掌握的材料，或者

（b）起诉人因指控被告人的关系而根据本法第二部分的实施细则审查过的材料。

（7）出于本条的目的，同样适用第 3 条第（3）款至第（5）款的规定（起诉人开示的方法）。

（8）如果根据控方的申请，法院认为开示控方材料不符合公共利益并且因此作出相应命令时，则不得按照本条的规定开示该材料。

（9）对于《2000 年侦查权力控制法》第 17 条禁止开示的材料，不得按照本条的规定予以开示。"

第 38 条　辩方的开示申请

将《1996 年法》第 8 条（被告人的开示申请）第（1）款和第（2）款替换为：

"（1）当被告人已经根据第 5 条、第 6 条或者第 6B 条提交了辩方陈述书，并且起诉人已经遵守或者声明遵守，或者未能遵守第 7A 条第（5）款时，适用本条。

（2）在任何时候，如果被告人有合理根据相信存在依据第 7A 条规定应当向他开示而尚未开示的控方材料，被告人可以申请法院签发命令，要求起诉人向他开示该材料。"

第 39 条　辩方开示的瑕疵

《1996 年法》第 11 条替换为：

"11. 被告人开示的瑕疵

（1）本条适用于第（2）款、第（3）款和第（4）款规定的三种情形。

（2）第一种情形是当适用第 5 条时，并且被告人

（a）没有提交初次辩方陈述书；

（b）在第 12 条规定的相关期限届满后才提交初次辩方陈述书；

（c）有义务依据第 6B 条规定提交更新后的辩方陈述书或者提交该条第（4）款规定的那种陈述书，但却没有提交；

（d）在第 12 条规定的与第 6B 条相关的期限届满后才提交更新后的辩方陈述书或者第 6B 条第（4）款规定的那种陈述书；

（e）在辩方陈述书中提出了相互矛盾的辩护；或者

（f）在对他的审判中：

（i）提出了在他的辩方陈述书中没有提到的辩护或者提出了与辩方陈述书所列辩护不同的辩护；

（ii）违反第 6A 条规定的要求而依赖了辩方陈述书中没有提到的事项；

（iii）提出了证明其不在犯罪现场的证据，但在辩方陈述书中却没有提供不在犯罪现场的详细情况；或者

（iv）传唤了证人作证，以证明其不在犯罪现场，但在辩方陈述书中关于该证人却没有遵守第 6A 条第（2）款（a）项或者（b）项的要求。

（3）第二种情形是当适用第 6 条时，被告人提交了初次辩方陈述书，并且被告人：

（a）在第 12 条规定的与第 6 条相关的期限届满以后才提交初次辩方陈述书，或者

（b）实施了第（2）款（c）项至（f）项规定的任何行为。

（4）第三种情形是当被告人：

（a）在第 12 条规定的与第 6C 条相关的期限届满后才提交证人的预先通知书，或者

（b）在对他的审判中传唤了某一证人（除了他本人以外），而在传唤证人的预先通知书中却没有包含该证人或者不能适当地确认该证人。

（5）在适用本条时，

（a）法院或者任何其他当事人可以发表看起来适当的评论；

（b）法院或者陪审团在决定被告人是否犯有相应的罪行时，可以作出看起来适当的推论。

（6）另一方当事人必须经过法院许可才能发表第（5）款（a）项规定的评论，如果

（a）根据第（2）款（f）项（ii）目适用本条〔包括援引第（3）款（b）项时的适用〕，并且

（b）没有提到的事项是一个法律问题（包括任何关于证据可采性或者滥用程序的问题）或者一种法律依据。

（7）根据第（4）款适用本条时，另一方当事人必须经法院许可才能发表第（5）款（a）项规定的评论。

（8）如果被告人提出了与他的辩方陈述书所列辩护不同的辩护，法院在依据第（5）款采取任何行动或者在决定是否依据该款采取行动时，应当考虑：

（a）两种辩护之间的差异程度，以及

（b）提交不同辩护是否有任何正当理由。

（9）如果被告人传唤了预先通知书中没有包含或者不能适当确认的证人，法院在依据第（5）款采取任何行动或者在决定是否依据该款采取行动时，应当考虑被告人在预先通知书中没有包含该证人或者不能适当确认该证人是否有任何正当理由。

（10）不能仅仅根据第（5）款作出的推论对一个人定罪。

（11）当被告人提交了第 6B 条第（4）款规定的那种陈述书时，出于第（2）款（f）项（ii）目和（iv）目的目的，应当根据下列情况，对是否违反第 6A 条的要求或者是否没有遵守第 6A 条第（2）款（a）项或者（b）项的问题作出决定：

（a）提交陈述书时的各种情况，以及

（b）将辩方陈述书视为与那种陈述书同时被提交。

（12）在本条中，

（a）'初次辩方陈述书'是指依据第 5 条或者第 6 条提交的辩方陈述书；

（b）'更新后的辩方陈述书'是指依据第 6B 条提交的辩方陈述书；

（c）如果只提到被告人的'辩方陈述书'，

（i）当他只提交了初次辩方陈述书时，是指该陈述书；

（ii）当他既提交了初次辩方陈述书，又提交了更新后的辩方陈述时，是指更新后的辩方陈述书；

（iii）当他既提交了初次辩方陈述书，又提交了第 6B 条第（4）款规定的那种陈述书时，是指初次辩方陈述书；

（d）证明不在犯罪现场的证据应当根据第 6A 条第（3）款进行解释；

（e）'证人的预先通知书'指依据第 6C 条规定提交的通知书。"

第 40 条　警察询问辩方证人的实施细则

在《1996 年法》第一部分第 21 条之后，插入：

"21A. 警察询问辩方证人的实施细则

（1）国务大臣应当准备一部实施细则，为警察和其他有调查犯罪职责的人安排或者进行对下列人员的询问提供指导：

（a）其个人情况已经在依据第 6A 条第（2）款提交的辩方陈述书中被提供的人，或者

（b）在依据第 6C 条规定提交的预先通知书中作为拟作证的证人列明的人。

（2）实施细则应当包括（特别是）下列有关事项的指导：

（a）应当向被询问人和被告人提供的与询问相关的信息；

（b）关于此种询问而给予被告人的律师的预先通知；

（c）关于此种询问时被询问者的律师的到场；

（d）关于此种询问时被告人的律师的到场；

（e）考虑到被询问者的年龄或者任何身体残障，在询问中其他适当的人的在场。

（3）任何安排或者进行这种询问的警察或者其他有调查犯罪职责的人都应当尊重该实施细则。

（4）在准备实施细则时，国务大臣应当咨询：

（a）当细则适用于英格兰与威尔士时：

（i）他认为可以代表警察首长利益的人；

（ii）出庭律师协会；

（iii）英格兰和威尔士的事务律师协会；

（iv）事务律师助理学会；

（b）当细则适用于北爱尔兰时：

（i）北爱尔兰警察局长；

（ii）北爱尔兰出庭律师协会；

（iii）北爱尔兰事务律师协会；

（c）他认为适当的其他人。

（5）除非国务大臣签发生效的命令，否则细则不能生效。

（6）国务大臣可以随时修改细则，并且第（4）款和第（5）款适用于修改后的细则，如同适用于最初准备的细则一样。

（7）除非宣布细则生效的命令草案已经提交议会两院并获得两院决议批准，否则不得签发命令。

（8）如果事先没有将命令草案提交议会两院并获得两院决议的批准就签发了宣布修改后的细则生效的命令，则宣布修改后的细则生效的命令应当提交议会两院。

（9）当根据第（7）款或者第（8）款提交命令或者命令的草案时，与之相关的细则也应当一并提交。

（10）只有进行了第（4）款规定的咨询后，才能提交命令或者命令的草案。

（11）第（3）款提到的人员未能尊重依据本条命令生效的细则当时有效的规定时，不得仅仅因此而受到任何刑事追究或者被提起民事诉讼。

（12）在所有刑事和民事诉讼中，根据本条命令生效的细则可以作为证据采用。

（13）如果主持刑事或者民事诉讼的法院或者裁判所认为，下列事项与诉讼中出现的任何问题有关，在决定该问题时，应当对此予以考虑：

（a）根据本条命令生效的细则当时有效的任何规定，或者

（b）第（11）款规定的任何未能尊重细则的情况。"

第六部分 犯罪案件的分配和移送

第 41 条 两可罪案件的分配以及向刑事法院移送案件

（关于两可罪案件的分配和其他处理以及向刑事法院移送案件作出规定的）附件 3 应当有效。

第 42 条 某些枪支犯罪的审判模式：过渡性安排

（1）《1980 年治安法院法》作如下修改。

（2）在第 24 条（根据控告书就可诉罪对儿童或青少年进行简易审判）中，

（a）将第（1）款中的"杀人"替换为"属于下述第（1B）款规定的犯罪之一"；

（b）将第（1A）款（a）项中"杀人的"替换为"属于下述第（1B）款规定的"；

（c）在第（1A）款后插入：

"（1B）一种犯罪属于本款规定的犯罪，如果

（a）它是杀人罪；或者

（b）被告人已经被定罪时，关于下列事项符合《1968 年武器法》第 51A 条第（1）款的每项条件：

（i）犯罪；以及

（ii）被指控犯该罪的人。"

（3）在第 25 条（将简易审判变更为交付审判程序，以及反过来将交付审判程序变更为简易审判的权力）中，将第（5）款中的"杀人"替换为"属于上述第 24 条第（1B）款规定的犯罪之一"。

附　件

附件 2　指控或者释放被警察羁押的人

1. 《1984 年警察与刑事证据法》修改如下。

2. （1）第 37 条（指控前羁押官的责任）修改如下。

（2）第（7）款（a）项和（b）项被替换为：

"（a）为了使检察长能够根据下述第 37B 条作出决定，应当不提起指控并且根据保释予以释放，

（b）应当不提起指控并且具保释放，但不是为了上述目的，

（c）应当不提起指控并且以无保释放，或者

（d）应当提起指控。"

（3）在该款后插入：

"（7A）羁押官应当根据上述第（7）款决定如何处理嫌疑人。

（7B）根据上述第（7）款（a）项释放嫌疑人时，羁押官应当告知将其释放是为了使检察长能够根据下述第 37B 条作出决定。"

（4）在第（8）款（a）项"第（7）款（b）项"后插入"或者（c）项"。

3. 在该条后插入：

"37A. 指南

（1）符合下列条件，检察长可以公布指南：

（a）为了使羁押官能够根据上述第 37 条第（7）款或者下述第 37C 条第（2）款决定应当如何处理嫌疑人，并且

（b）根据下述第 37B 条第（1）款传达给检察长的信息。

（2）检察长可以随时修改根据本条签发的指南。

（3）羁押官在根据上述第 37 条第（7）款或者下述第 37C 条第（2）款决定如何处理嫌疑人时，应当考虑检察长的指南。

（4）根据《1985 犯罪起诉法》第 9 条制作的报告（检察长向总检察长提交的报告）必须对已公布的指南以及在该报告涉及的年度对指南所

作的修改作出规定。

（5）检察长必须以其认为适当的方式公布：

（a）根据本条公布的指南，并且

（b）对指南作出的修改。

（6）指南可以对不同的案件、不同的情形或者不同地区作出不同的规定。

37B. 与检察长磋商

（1）当根据上述第 37 条第（7）款（a）项具保释放嫌疑人时，本案侦查官员应当尽快将根据上述第 37A 条作出的指南中规定的信息通知检察长。

（2）检察长应当决定是否有充分证据指控嫌疑人犯罪。

（3）如果认为有充分证据指控嫌疑人犯罪，则检察长应当决定：

（a）是否应当指控，如果指控应以何种犯罪指控，并且

（b）是否应当给予警告，如果给予警告应以何种犯罪警告。

（4）检察长应当将他作出的决定以书面形式通知本案侦查官员。

（5）如果检察长的决定是：

（a）没有充分证据指控该人犯罪，或者

（b）虽有充分证据指控其犯罪，但其不应当就该犯罪受到指控或者给予警告，

则羁押官应当以书面形式通知该人其将不会受到指控。

（6）如果检察长决定某人应当就某犯罪受到指控或者给予警告，则该人应当受到相应的指控或者警告。

（7）但是，如果检察长决定应当就某犯罪给予某人警告，但已经被证明不可能给予其警告，则应当以该犯罪提起指控。

（8）基于本条的目的，符合下列情形之一的，某人将因一项犯罪而被指控：

（a）当他重返警察局对保释作出答复时被警察羁押或者在警察局以外的地方被警察羁押，或者

（b）根据《2003 年刑事审判法》第 29 条。

（9）本条规定的'警告'包括：

（a）《2003 年刑事审判法》第三部分规定的附条件警告，以及

（b）《1998 年犯罪与违反秩序法》第 65 条规定的训诫或者谴责。

37C. 违反根据第 37 条第（7）款（a）项释放后的保释

（1）本条适用于下列情形：

（a）根据上述第 37 条第（7）款（a）项或者下述第（2）款（b）项，某人具保释放后，又根据与该保释相关的下述第 46A 条被逮捕，并且

（b）在下述第 46A 条第（2）款规定的逮捕后被羁押时，没有根据上述第 37B 条第（4）款发出通知。

（2）被捕的人：

（a）应当受到指控，或者

（b）应不经指控、具保或者不经具保而予以释放。

（3）羁押官应当根据上述第（2）款决定如何处理某人。

（4）根据上述第（2）款（b）项具保释放的人，应当以其被逮捕前所适用的相同条件（如果有的话）具保释放。

37D. 根据第 37 条第（7）款（a）项释放：进一步规定

（1）根据上述第 37 条第（7）款（a）项或者第 37C 条第（2）款（b）项，当某人被具保释放时，则羁押官可以随即指定不同的时间或者其他时间，要求其到警察局报到对保释作出答复。

（2）羁押官行使第（1）款规定的权力时应当以书面形式通知此人。

（3）行使第（1）款规定的权力不得影响具保释放应遵守的条件（如果有的话）。

（4）当根据上述第 37 条第（7）款（a）项或者下述第（2）款（b）项具保释放的人，返回警察局对保释作出答复或者在警察局之外的地方被羁押时，为便于根据上述第 37B 条或者第 37C 条对他作出处理，或者行使上述第（1）款规定的权力，可以将他继续羁押。

（5）如果该人的状态不适合对其作出处理或者行使该权力，则可以将他继续羁押直到其状态适合时为止。

（6）当根据上述第（4）款或者第（5）款某人处于羁押之中时，上述第 37 条第（1）款至第（3）款和第（7）款〔以及与第 37 条第（1）款至第（3）款相关的下述第 40 条第（8）款〕不得适用于与根据上述第 37 条第（7）款（a）项或者第 37C 条第（2）款（b）项具保释放相关的犯罪。"

4. 第 40 条（对羁押的审查）第（9）款"第 37 条第（9）款"后插入"或者第 37D 条第（5）款"。

5. 第 46A 条（未能对警察保释作出答复的逮捕权）第（1）款后插入：

"（1A）根据上述第 37 条第（7）款（a）项或者第 37C 条第（2）款（b）项具保释放的人，如果警察有合理根据怀疑此人违反了保释的任何条件，则可以对他实施无证逮捕。"

6. （1）第 47 条（逮捕后的保释）修改如下。

（2）将第（1）款（应当根据《1976 年保释法》的规定批准第四部分规定的具保释放）"根据下述第（2）款的规定"替换为"根据本条以下规定"。

（3）在第（1A）款［对根据第 38 条第（1）款获释的人施加的保释条件］中，在首次出现"第……条"的地方插入"上述第 37 条第（7）款（a）项或者第……条"。

（4）在该款后插入：

"（1B）如果根据上述第 37 条第（7）款（a）项或者第 37C 条第（2）款（b）项将某人具保释放，则不得根据《1976 年保释法》第 5B 条提出申请。

（1C）下述第（1D）款至第（1F）款适用于根据上述第 37 条第（7）款（a）项或者第 37C 条第（2）款（b）项对某人附条件具保释放的情形。

（1D）此人无权根据《1980 年治安法院法》第 43B 条提出申请。

（1E）治安法院可以根据此人或者其代理人的申请变更保释条件；并且本款中的"变更"与《1976 年保释法》界定的含义相同。

（1F）当治安法院根据上述第（1E）款的规定变更了保释条件，则该保释不得失效，而应当根据变更后的条件继续生效。"

2005 年有组织的严重犯罪与警察法 *

第 15 章

第一部分　有组织的严重犯罪局

第一章　有组织的严重犯罪局：设立及行动

公　诉

第 38 条　对有组织的严重犯罪局调查的案件提起的公诉

（1）税务及海关检察长：

＊ 本译本根据英国政府官网（http：//www.legislation.gov.uk）提供的英语文本翻译。

（a）可在英格兰和威尔士提起由有组织的严重犯罪局就指定犯罪进行刑事调查而开展的刑事公诉，并且

（b）必须接管有组织的严重犯罪局进行的在英格兰和威尔士就指定犯罪所提起的公诉。

（2）税务及海关检察长就涉及下述事项向其认为合适的人员提出适当建议：

（a）有组织的严重犯罪局就指定犯罪进行的刑事调查，或

（b）由上述调查引起，在英格兰和威尔士提起的刑事公诉。

（3）检察长：

（a）可在英格兰和威尔士提起由有组织的严重犯罪局就非指定犯罪调查进行的刑事公诉，并且

（b）必须接管有组织的严重犯罪在英格兰和威尔士就上述犯罪所提起的公诉，但是（b）项不适用重大欺诈办公室主任提起的公诉。

（4）检察长必须就以下事项向其认为合适的人员提出适当建议：

（a）有组织的严重犯罪局就非指定犯罪进行的刑事调查，或

（b）上述调查在英格兰和威尔士提起的刑事公诉。

（5）税务及海关检察长依照本条提起公诉，与检察长提起的公诉同样适用《1985年犯罪起诉法》第23条及第23A条（终止公诉的职权）。

（6）《2005年税务及海关总署署长法》：

（a）第37条第（1）款（公诉人），以及

（b）第38条第（1）款（被指定人进行的公诉），

本法第35条时包含对本条之效力。

（7）本条与第39条意旨：

（a）"刑事调查"系指涉及下列事项的程序：

（i）判断是否有犯罪发生，

（ii）查明犯罪人，或

（iii）因举报犯罪而引起的调查；

（b）若有组织的严重犯罪局就某项犯罪提起公诉，根据第39条第（1）款指令属于（或可能属于，视情况而定）应由税务及海关检察长的公诉，则该犯罪为"指定犯罪"；

（c）"非指定犯罪"指指定犯罪以外的其他犯罪；

（d）对提起公诉的规定依照《1985年犯罪起诉法》第15条第（2）款进行解释；

（e）有组织的严重犯罪局向公诉机关提交案件包括该局局长或经其授权的人向公诉部门提交的案件。

第 39 条　向检察官移送案件和公诉的指令

（1）税务与海关检察长及检察长可向有组织的严重犯罪局发出指令：

（a）有组织的严重犯罪局决定向税务与海关检察长或向检察长提交有其调查的刑事公诉，检察长考虑是否依照第 38 条第（1）款（a）项或第（3）款（a）项提起公诉；

（b）有组织的严重犯罪局向税务与海关检察长或向检察长移送该局提起的刑事公诉，检察长依照第 38 条第（1）款（b）项或第（3）款（b）项接管有组织的严重犯罪局进行公诉；

（c）涉及向税务与海关检察长或检察长移送的，说明相关程序。

（2）依照第（1）款作出的指令要求向税务与海关检察长或检察长移送案件或公诉时，可参考下列事项：

（a）案件或公诉相关的犯罪是否属于指令中规定的犯罪；或

（b）案件或公诉是否满足指令规定标准；或

（c）税务与海关检察长认为适当的其他事项。

（3）税务与海关检察长和检察长可不定期修改依照本条作出的指令。

（4）税务与海关检察长和检察长必须以其认为适当的方式公布：

（a）依照本条作出的指令，以及

（b）对上述指令的修改；

必须向有组织的严重犯罪局提供上述指令或修改的副本。

（5）很据本条款作出的报告必须说明：

（a）依照本条款作出的指令，以及

（b）对上述指令的修改。

（6）第（5）款适用于：

（a）《1985 年犯罪起诉法》第 9 条（检察长向总检察长提交报告）规定的报告，以及

（b）《2005 年税务与海关总署署长法》附件 3 第 6 条（税务与海关检察长向总检察长提交报告）规定的报告。

（7）依照本条作出的指令，可根据不同案件、情况或地区进行相应的规定。

（8）向检察长说明事项时就下述内容未能遵守本条规定的指令：

（a）说明的事项，以及

（b）与说明事项有关的后续行为，

因该指令或第 38 条中的规定而无效。

（9）本条中"检察长"是指检察长与税务和海关检察长的联合行动。

第 40 条　税务与海关检察长就指定犯罪中被逮捕之人的职能

（1）对于有组织的严重犯罪局就指定犯罪进行刑事调查后逮捕的人员，《1984 年警察与刑事证据法》第 37 条至第 37B 条（看守官与指导人员的职责等）所具有的效力，适用于检察长和税务与海关检察长。

（2）第（1）条中规定的指定犯罪，其含义参照本法第 38 条第（7）款（b）项进行解释。

第二部分　犯罪的调查、起诉、审理及犯罪收益

第二章　协助调查与诉讼的罪犯

第 71 条　罪犯提供协助：免予起诉

（1）指定公诉人基于调查或起诉认为行为人免予起诉是正当的，则可依照本款向此人发出书面通知（即"豁免通知"）。

（2）若行为人收到豁免通知，则不得在英格兰、威尔士或北爱尔兰根据通知中犯罪对其提起诉讼，但通知中特殊规定的情况除外。

（3）若获得豁免通知的人违反豁免通知中规定条件，则该通知效力终止。

（4）以下人员为指定公诉人：

（a）检察长；

（b）税务及海关检察长；

（c）重大欺诈办公室主任；

（d）北爱尔兰检察长；

（e）（a）—（d）项规定的公诉人即为指定公诉人。

（5）检察长或检察长依照第（4）款（e）项指定的公诉人不得在北爱尔兰进行的诉讼发出豁免通知。

（6）北爱尔兰检察长或北爱尔兰检察长依照第（4）款（e）项指定的公诉人不得就在英格兰或威尔士进行的诉讼发出豁免通知。

（7）不得根据《2002 年企业法》第 188 条（垄断犯罪）规定的犯罪发出豁免通知。

2008 年反恐怖主义法*

第 28 章

第三部分　恐怖主义犯罪的起诉与处罚

管　　辖

第 28 条　在英国实施之犯罪的审判管辖

（1）本条适用的犯罪发生在英国的——

（a）处理此犯罪的诉讼可以在英国任何地方进行，并且

（b）为了一切附带目的，此罪可以被当作是在审判地所实施的。

（2）本条适用于——

（a）2000 年反恐怖主义法规定的下列任何一项犯罪——

第 11 条至第 13 条（涉及被禁止组织的犯罪），

第 15 条至第 19 条、第 21A 条与第 21D 条（有关恐怖主义者财产的犯罪），

第 38B 条与第 39 条（披露以及不披露关于恐怖主义的信息），

第 47 条（涉及拦截与搜查权力的犯罪），

第 51 条（违反授权或限制而停放车辆），

第 54 条（武器训练），

第 56 条至第 58A 条（指导恐怖主义，为实施恐怖主义而持有物品以及收集信息），

第 116 条（被要求停车时不停车），

附件 6 第 1 条（不向客户提供有关恐怖主义侦查的信息），

附件 7 第 18 条（有关港口和边境管理的犯罪）；

（b）2001 年反恐怖主义、犯罪与安全法第 113 条规定的犯罪（利用有毒物质或物品来伤害和恐吓）；

（c）2006 年反恐怖主义法规定的下列任何一项犯罪——

第 1 条、第 2 条（煽动恐怖主义），

---

* 本译本根据英国政府官网（http：//www.legislation.gov.uk）提供的英语文本翻译。

第 5 条、第 6 条、第 8 条（为恐怖主义准备及训练），

第 9 条、第 10 条、第 11 条（涉及辐射设备等的犯罪）。

（3）国务大臣可以发布命令修改第（2）款。

（4）一切此类修改命令适用肯定的决议程序。

（5）为了打击恐怖主义，如果国务大臣认为有必要的，则可通过行使第（3）款所授予的权力增加第（2）款规定的犯罪。

（6）2007 年审判与安全（北爱尔兰）法第 1 条（无陪审团审判之凭证颁发），在第（6）款后增加——

"（6A）如果有以下情形，北爱尔兰检察长可以不颁发第（2）款规定的凭证——

（a）仅仅根据 2008 年反恐怖主义法第 28 条而在北爱尔兰进行的诉讼，并且

（b）对检察长而言，惟一符合的条件是第四项条件。"

同意起诉

第 29 条 同意起诉在英国境外实施的犯罪

2000 年反恐怖主义法第 117 条第（2A）款以及 2006 年反恐怖主义法第 19 条第（2）款（这些情形中，在检察长同意起诉前要得到总检察长或北爱尔兰法律总顾问的许可），在"实施"后，增加"英国境外或者"。

2015 年刑事审判与法院法[*]

第 2 章

第三部分 法院与审判庭

独任审判员书面审理

第 46 条 依书面指控启动诉讼程序

（1）对 2003 年刑事审判法第 29 条（检察官依书面指控启动诉讼程序）

---

* 本译本根据英国政府官网（http：//www.legislation.gov.uk）提供的英语文本翻译。

作如下修改。

（2）在第（1）款中，"检察官"改为"相关公诉人"。

（3）第（2）款改为——

"（2）如果一名相关公诉人作出了书面指控，必须同时作出——

（a）出庭申请，或者

（b）独任审理程序通知。

（2A）正式出庭通知是指要求其指明的对象到庭（治安法院）就书面指控进行答辩的文书。

（2B）独任制审理程序通知要求其指明的对象向通知规定的治安法院的指定人员提交书面通知，声明下列事项——

（a）他是答辩有罪还是无罪，以及

（b）如果打算答辩有罪，他是否愿意依据1980年治安法院法第16A条被审判。"

（4）在第（3）款中，"该"改为"如果相关公诉人作出了书面指控和正式出庭通知出庭申请，该"。

（5）在第（3）款之后增加下列内容——

"（3A）如果一名相关公诉人作出了书面指控以及独任审理程序通知，书面指控和通知必须提交给相关之人，同时两份材料的复印件提交通知中规定的指定人员。

（3B）如果将一份独任审理程序通知提交给某人，相关公诉人必须——

（a）同时向其提供刑事诉讼规则可能规定的文件，以及

（b）将这些文件的复印件提交通知中规定的指定人员。"

（6）在第（3B）款之后增加下列内容——

"（3C）独任审理程序通知要求的书面通知可以由被告人的法定代表人以被告人的名义进行提交。"

（7）在第（4）款中，从开头到"检察官"这一段内容改为"被授权制作正式出庭通知的相关公诉人"。

（8）在第（5）款中，"'检察官'"改为"'相关公诉人'"。

（9）在第（5）款之后增加——

"（5A）第（5）款（h）项中的法令为了本条的目的，规定某人必须明确他或他授权启动刑事诉讼之人是否——

（a）被授权制作书面指控、正式出庭通知以及独任审理程序通知，或者

（b）仅仅被授权制作书面指控和独任审理程序通知。"

（10）在本条生效之前，如果某人——

（a）是由 2003 年刑事审判法第 29 条第（5）款（h）项下的法令规定的，或者

（b）由这样一个人授权启动刑事诉讼的，

那么在本条生效之后，推定他被授权制作正式出庭通知和独任审判程序通知（除非法令规定这个人被改变或撤销）。

第 47 条　启动诉讼程序：进一步条款

（1）对 2003 年刑事审判法第 30 条的规定（进一步修订第 29 条中关于启动诉讼程序的途径）作如下修改。

（2）在第（1）款中——

（a）在（a）项中，"或者正式出庭通知"改为"，正式出庭通知或者独任审判程序通知"，此外

（b）在（b）项中，"或者正式出庭通知"改为"，正式出庭通知或者独任审判程序通知"。

（3）在第（2）款（b）项中，在"再次正式出庭通知"之后增加"或者再次独任审判程序通知"。

（4）在第（5）款中——

（a）（b）项中，"检察官"改为"相关公诉人"，并且

（b）在（b）项之后增加"，以及

任何提及 1980 年治安法院法第 1 条规定的传票（或者提及作出这类传票的治安法官）的地方应当视同提及独任审判程序通知（或者提及作出独任审判程序的相关公诉人）。"

（5）在第（7）款之后增加下列内容——

"（7A）第（5）款中提及了在本法之前通过的某部法律所包含的成文法，根据第（5）款（c）项的规定，应当将之理解为同时提及——

（a）在本法（2015 年刑事审判与法院法）之前或与本法在议会的同一期会议中通过的某部法律中包含的成文法，以及

（b）2015 年刑事审判与法院法或与该法在议会中被同期通过的法律对某部法律所作的修改导致该法中包含的成文法。"

（6）在第（8）款中——

（a）"'检察官'，"改为"'相关公诉人'，"，并且

（b）在"'正式出庭通知'"之后增加"，'独任审判程序通知'"。

附　件

附件 11　独任法官书面审理：进一步修改

第 50 条

2—6. 1980 年治安法院法（第 43 章）

2. 对 1980 年治安官法院法作如下修改。

3.（1）对第 1 条（向被告发出传唤令等）作如下修改。

（2）在第（4A）款中，将"公诉人"改为"被授权提出申请的有关检察官"。

（3）删除第（4B）款。

（4）在第（6A）款中，将"公诉人"改为"有关检察官"。

4. 在第 11 条（被告缺席：一般性条款），在第（5）款之后增加下列内容——

"（5A）第（4）款不适用因为出现第 16C 条第（2）款规定的情形（对第 16A 条规定的审理进行延期，因为被告表达了做陈述的意愿）而根据第 16C 条第（3）款（a）项的规定延期再审的诉讼。"

5. 在第 123 条（程序瑕疵）中，在第（2）款之后增加下列内容——

"（3）将本条适用于根据第 16A 条进行的诉讼程序时——

（a）第（1）款或第（2）款提到的，在听证中代表检察官所举的证据应当视为代表检察官向法院呈现的证据，以及

（b）在第（2）款规定中，从'已被误导'到最后的这部分内容被替换为'可能已被诉状与证据的不一致所误导，法院应当认定，根据第 16A 条的规定，书面指控是不适宜审判的'。"

6. 在第 150 条第（1）款（对其他条款的解释）中——

（a）删除"公诉人"、"申请书"以及"书面指控"的准入，并且

（b）在合适的地方插入下列内容——

"'相关检察官'的含义与 2003 年刑事审判法第 29 条规定的含义一致;",

"'申请书'的含义与 2003 年刑事审判法第 29 条规定的含义一致;",

"'单独的司法程序通知'的含义与 2003 年刑事审判法第 29 条规定的含义一致;"，以及

"'书面指控'的含义与 2003 年刑事审判法第 29 条规定的含义

一致;"。

7. 1985 年犯罪起诉法（第 23 章）

（1）对 1985 年犯罪起诉法第 15 条（对第一部分进行解释）作如下修改。

（2）在第（1）款中——

（a）将"'公诉人'"改为"'相关检察官'"，以及

（b）在"'申请书'"之后增加"，'单独的司法程序通知'"。

（3）在第（2）款中——

（a）在（ba）项中，将"公诉人"改为"相关检察官"，以及

（b）在（ba）项之后增加下列内容——

"（bb）如果在相关的检察官作出书面指控和单独的司法程序通知，书面指控和单独的司法程序通知作出的时间;"。

非 洲

阿尔及利亚

刑事诉讼法典[*]

序 编 公诉与民事诉讼

第1条 旨在适用刑罚的公诉，由法官或法律授权的官员提起与进行。公诉亦可由受到损害的当事人依本法典规定的条件提起。

第一卷 提起公诉和进行侦查

第一编 罪行侦查

第二章 检 察 官

第一节 一般规定

第29条 检察官代表社会提起公诉，要求适用法律规定之条款。检察院在每级审判法院均有自己的代表。检察官出席法庭审判，有权发表有利于司法审判的口头意见。总检察长在履行职责时，有权动用公权力。同时，有权请求司法警官和司法警察工作人员协助。

第30条 司法部长有权将涉及违反《刑法典》的罪行告知总检察长。

此外，司法部长可以通过书面的形式委托总检察长接受或关注某一案件并通知有管辖权的法院。

---

[*] 本法典于1966年6月8日由阿尔及利亚议会通过，最近一次修正时间为2006年12月20日。本译本根据阿尔及利亚大学（http://www.algeria-un.org）提供的阿拉伯语文本翻译。

第 31 条 检察官必须根据其收到的指示，分级递交书面申请。

检察官有权自由发表认为有利于维护司法公正的口头意见。

第 32 条 所有合法当局、官员或公职人员在履行其职责期间，知晓任何重罪或轻罪的情形，应当立即通知检察官，并移送所有有关的情报、笔录和文件。

第二节 检察官代表的职权

第 33 条 （1982 年 2 月 13 日第 03 – 82 号法律）总检察长在各级法院面前代表检察院。

检察官在总检察长监督下提起公诉。

第 34 条 检察院由总检察长代表。

（1971 年 6 月 3 日第 34 – 71 号法令）第一级检察官助理或多名总检察长助理协助总检察长工作。

第 35 条 共和国检察官自己或通过其代表在辖区内提起公诉。

第 36 条 （2001 年 6 月 26 日第 08 – 01 号法律）共和国检察官的职权：

——受理笔录、诉讼和报告并决定采纳；

——采取必要的措施核实违反刑法的罪行；

——管理辖区内的司法警官和司法警察工作人员，监督逮捕实施；

——通知各级法院进行侦查和审判，以进行审查，或命令保留追索，但始终具有撤销追索的权力；

——向各级法院提出必要的请求；

——根据需要有权依法律规定的所有方法对法院作出的决定进行申诉；

——根据侦查法官的决定和裁定执行相应当职权。

第 37 条 共和国检察官在犯罪嫌疑人犯罪地、居住地或逮捕地行使管辖权，甚至由于其他原因而实施的逮捕也在其管辖范围内。

（2004 年 11 月 10 日第 14 – 04 号法律）如果发生有组织的毒品犯罪、有组织的集团形式犯罪、非法获取信息系统数据罪、洗钱犯罪、恐怖犯罪以及与《驱逐法》有关的犯罪，共和国检察官的国内管辖权可以扩大到其他法院的辖区。

第二编 侦 查

第三章 对法人的刑事诉讼
（2004 年 11 月 10 日第 14 – 04 号法律）

第 65 条之二 （2004 年 11 月 10 日第 14 – 04 号法律）本法典关于起诉、侦查和审讯的规定对法人也同样适用，并遵照本章规定。

第三编 侦查机构

第二章 法院的起诉庭

第一节 一般规定

第 176 条 每个法院至少设立一个起诉庭，起诉庭庭长和法律顾问由司法部长通过决议任命，任期 3 年。

第 177 条 驻起诉庭的总检察长及其助理行使检察职权，法院的一名书记员行使法庭书记员的职权。

第 178 条 起诉庭在必要时根据庭长或检察院的要求开庭。

第 179 条 （2001 年 6 月 26 日第 08 – 01 号法律）总检察长负责在收到案卷的 5 日内处理案件，并将案卷与其要求一并递交起诉庭，起诉庭有责任尽快就临时羁押事宜作出裁决，并且此裁决应当自本法典第 172 条规定的上诉日期起 20 日内完成此程序，否则自动释放被告人，总检察长决定进行补充侦查的除外。

第 180 条 除重罪法庭之外在其他刑事法庭受理的诉讼中，如果总检察长认为案件事实构成重罪的，可以在审理开始前命令将案卷移送给他以准备案件，并将案卷与公诉书一并递交起诉庭。

第 181 条 在起诉庭作出不予起诉的裁定后，如果总检察长发现案卷包含本法典第 175 条规定的新证据，则应当采取与第 180 条规定的相同的措施。如有前述情况，在开庭时，庭长可以根据总检察长的要求，对被告人发出逮捕证或拘留证。

第 182 条 总检察长应当以挂号函告知当事人及其律师开庭审理案件的日期，并将挂号函发送至当事人上报的住所，如果住所不存在，则应当发送至当事人提供的最后住址。

如果是临时羁押案件，发送挂号函与开庭之间应当有 24 小时的间隔，如果是其他案件，间隔应当为 5 日。

在此期限内，诉讼案卷与总检察长的申请一并放置在起诉庭书记员室，供被告人的律师及民事原告查阅。

第 183 条 在庭审开始前，当事人及其律师可以提交抗辩书供检察院和其他当事人查阅，此抗辩书放置在起诉庭书记员室，书记员应当注明放置的日期和时间并署名。

第 184 条 在宣读被委任的法律顾问的决议，以及对总检察长的书面请求和当事人提交的抗辩书后，法院在协商庭对案件作出裁决。

（1990 年 8 月 18 日第 24 – 90 号法律）各方当事人及其律师可以出席庭审并提出口头意见，为其请求佐证。

起诉庭可以下令传唤当事人本人出庭并提供起诉证据。

（1990 年 8 月 18 日第 24 – 90 号法律）在当事人本人出庭的情况下，其律师应当根据本法典第 105 条的规定一同出庭。

第 185 条 起诉庭应当在无总检察长、当事人、律师、书记员和译员出席的情况下进行商议。

第 186 条 起诉庭可以根据总检察长或一方当事人的请求，或依职权采取必要的补充侦查程序。起诉庭也可以在听取检察院的意见后命令释放被告人。

第 187 条 与诉讼案卷内容相关的、侦查法官的移送裁定中没有提及的、由于部分不予起诉裁定而受影响的，或者关系到移送的重罪、轻罪或违警罪的控告要点的，起诉庭可以依职权或根据总检察长的要求对被告人进行侦查。

如果侦查法官所作的控诉裁定已包含上款规定的起诉要点，起诉庭可以不命令进行新的侦查而作出裁决。

第 188 条 下列情况属共犯：

（1）在同一时间多人共同犯罪；

（2）不同的人在不同的时间和地点犯罪，但有事先预谋（合伙预谋）；

（3）如果罪犯所犯的部分罪行，是其他犯罪的手段、为犯其他罪提供方便、掩盖其他罪行或使其他罪免于刑罚；

（4）部分或全部隐瞒重罪或轻罪而窝藏、侵吞或取得赃物。

第 189 条 起诉庭也可以就诉讼案卷中指控的罪行，根据本法典第 190 条的规定下令向尚未被传唤到案的人发出指控，曾经受到不予起诉的裁决的人除外，此决定不得向最高法院上诉。

第 190 条　补充侦查应当按照与侦查有关的规定，由一名起诉庭成员或为此指派的侦查法官进行。总检察长可以随时要求调阅侦查案卷，但应当在 5 日内归还。

第 191 条　起诉庭审查其受理的案件程序的正确性。如果发现任何无效原因，裁定所属程序无效，必要时还应当裁定其后续程序全部或部分无效。在裁定无效后，起诉庭可以处理程序问题，或将案卷移送同一侦查法官或另一侦查法官以继续进行侦查。

第 192 条　对侦查法官作出的临时羁押的裁定提起的上诉，如果起诉庭就此作出裁决，无论是支持还是否定侦查法官的裁定，也无论是命令释放被告人还是继续羁押，签发拘留证或逮捕证，总检察长均应当在执行裁定后毫不延迟地将案卷返还侦查法官。

在其他案件中，如果起诉庭否定侦查法官的裁定，侦查法官可以另行处理案件，或将案卷移送同一侦查法官或另一侦查法官以继续进行侦查，起诉庭裁决结束侦查的除外。

第 193 条　如果起诉庭决定进行补充侦查，侦查结束后起诉庭应当命令将侦查案卷保存在书记员室。总检察长应当立即以挂号函告知各方当事人及其律师案卷保管情况。无论是何种案件，其诉讼案卷均应当在书记员室保管 5 日。

之后按照本法典第 182 条、第 183 条和第 184 条的规定处理。

第 194 条　对于彼此有联系的多个案件，起诉庭应当以一个裁定作出裁决。

第 195 条　如果起诉庭认为案件事实不构成重罪、轻罪或违警罪，或者没有足够的证据证明被告人有罪，或者犯罪人仍然未知，应当作出不予追诉的裁定，并释放临时在押的被告人，除非被告人因其他原因被羁押。起诉庭还应当在同一裁定中决定归还扣押的物品。在作出此裁定后，如果必要，起诉庭可以收回此物品。

第 196 条　如果起诉庭认为案件事实构成轻罪或违警罪，应当将案件移送轻罪法庭。在移送轻罪法庭的情况下，如果诉讼内容被判以监禁刑罚，被逮捕的被告人应当被继续羁押。此程序应当遵循本法典第 124 条的规定。

如果诉讼案件的事实不应当被判以监禁刑罚，或只构成违警罪，应当立即释放被告人。

第 197 条　如果起诉庭认为对被告人的指控事实构成法律规定的重罪，应当裁定将被告人移交重罪法庭，并向法庭就与此重罪相联系的罪行提起诉讼。

第197条之二 （2001年6月26日第08-01号法律）当起诉庭根据本法典第166条所规定的程序告知相关方开庭并且被告人在押时，起诉庭作出裁决的期限：

——可能被判处20年监禁、终身监禁或死刑的重罪的，裁决期限不超过4个月；

——可能被判处恐怖主义、破坏性行为的重罪或跨国重罪的，裁决期限不超过8个月。

如果没有在上述期限内作出裁决，应当自动释放被告人。

第198条 （2001年6月26日第08-01号法律）移送裁定应当包括事实说明、起诉内容及其法律性质，否则无效，此外，起诉庭在仔细查明被告人身份后按重罪对被告人发出逮捕令。

此命令按照本法典第137条规定立即执行且对在押被告人持续具有执行力，直至重罪法庭作出裁决。

第199条 起诉庭的判决书须由庭长、书记员签名，写明成员姓名并指出案卷、记录的归档、宣判及检察院的要求。

如没有审理完结的案件，起诉庭仍应当对诉讼费作出裁定。反之，在释放被告人的情况下，诉讼费同样被判由在诉讼中败诉的一方支付。

但善意的民事原告可免除全部或部分诉讼费。

第200条 被告人和民事原告的律师有权在登记记录的3日内被告知起诉庭的判决书，第181条规定的情况除外。

此外，被告人应当被告知不可提出追诉的判决书，且被告人和民事原告有权同时被告知移送轻罪或违警罪法庭的裁决，对于被告人或民事原告有权上诉的判决，被告人或民事原告应当在3日内向总检察长提出请求。

第201条 本法典第157条、第159条和第160条有关于侦查程序无效、起诉庭判决的合法性及裁决之前侦查程序合法性的规定适用于本章，一旦起诉庭的裁决被判定合法，则只受最高法院的监督。

第二节 起诉庭庭长的特别权力

第202条 起诉庭庭长行使以下条款中列明的权力：

在存在不同意见的情况下，司法部长通过决议授予法院的一位裁决法官特别权力。

为进行相关工作，起诉庭庭长可将上述特权授予起诉庭的一位裁决法官。

第203条 起诉庭庭长监督并主持法院辖区内所有侦查办公室侦查程序的

进行，特别是保证第68条第5款和第6款的实施，并就程序不发生任何不当延误而付诸努力。

为实现此目的，每3个月每个侦查办公室应当制作所有进行的案件的说明清单，清单应当包括每个案件侦查程序完成时的日期。

有临时在押的被告人的案件应当在特殊的清单上阐明，且此条款规定的清单应当呈递给起诉庭庭长及总检察长。

第204条 起诉庭庭长可向侦查法官要求提供必要且充分的说明，其有权查看法院内的任何刑事机构以证实临时羁押案件中临时在押者的情况。

如果羁押非法，庭长可向侦查法官提出必要意见，其也可将权力授予一位起诉庭的裁决律师或法院的律师。

第205条 庭长可开庭决定是否继续临时羁押被告人。

第三节　监督司法警官的工作

第206条 （1982年2月13日第03-82号法律）起诉庭根据本法典中第21条及以下的规定监督司法警官、职员及行使司法职能的相关人员的工作。

第207条 （1985年1月26日第02-85号法律）对于司法警官在工作中存在的疏忽，总检察长或庭长可审查，起诉庭也可在审理案件时依职权审查。

但首都阿尔及尔的起诉庭对涉及军事安全司法警官的案件有管辖权，在听取地区军事法庭的共和国军事代表的意见后由总检察长将案件移送起诉庭。

第208条 （1985年1月26日第02-85号法律）如果总检察长命令起诉庭进行侦查，起诉庭应当进行侦查并接受总检察长的公诉书，并将司法警官作出的辩护告知当事人，总检察长有责任告知起诉庭保存检察院的司法警官案卷中的案卷，如果涉及军事安全司法警官，则可告知特殊案卷，送件人应当为共和国地区军事代表。

被起诉的司法警官有权聘请律师为其辩护。

第209条 起诉庭可以提出意见或决定司法警官暂时或永久地不得行使司法警官职能，此决定不妨碍上级机关对司法警官采取处分措施。

第210条 （1985年1月26日第02-85号法律）如果起诉庭认为司法警官违法，除上条规定外应当命令将案卷寄给总检察长，如果案件有关于军事安全司法警官，则将案件提交国防部长以采取必要的措施。

第211条 起诉庭根据总检察长的要求，对司法警官作出的裁决，应当告知司法警官所属的机构。

埃　及

刑事诉讼法 [*]

第一编　刑事诉讼取证与侦查

第一章　刑事诉讼

第一节　诉讼提起人、诉讼终止、起诉

第 1 条　检察院应按照法律规定提起刑事诉讼，非法律允许不得放弃、中止、停止诉讼。

第 2 条　公诉人本人或某检察院成员可在法律允许情况下直接提起诉讼。

只有依法被赋予相应权力者才可以行使检察院职权。

第 3 条　刑法第 293 条、第 292 条、第 279 条、第 277 条、第 274 条、第 185 条、第 303 条、第 306 条、第 307 条、第 308 条，及本法中规定的其他情形，须由被害人或其律师（代理人）向检察院或警官提起口头或书面起诉后提起诉讼。

第 4 条　如有多个被害人，一人报案即视为全体被害人报案，如有多个被告人，则一人被告视为全体被告人被告。

第 5 条　如果被害人未满 15 周岁或有智力障碍，则可由其监护人报案。

如果犯罪行为同时满足上述两种情况，则需根据具体报案作出相应裁定。

第 6 条　如果被害人利益与其代理人利益冲突，或没有代理人，则由检察院提起诉讼。

第 7 条　被害人死亡，则报案权消失。

＊ 本法由参议院与众议院一致决议通过，于 1950 年 9 月 3 日以第 150 号法律发布，1950 年 10 月 3 日施行，2003 年最新修订。本译本根据阿拉伯埃及共和国司法部官网提供的阿拉伯语文本翻译。

如果死亡发生在报案后，则不影响诉讼的进行。

第8条　在刑法第181条和第192条规定的案件中，及法律规定的其他情况，只有向司法部长提出书面要求后，才可提起刑事诉讼或启动刑事诉讼程序。

第8条之一　只有公诉人或国家指派的律师才可以对刑法第116条之一中规定的犯罪行为提起刑事诉讼。

第9条　对于刑法第184条规定的犯罪行为，只有陪审团或被害人代理提交起诉书后方可提起刑事诉讼或启动刑事诉讼程序。

法律规定需提交起诉书或得到许可后方可提起刑事诉讼，但如下情形除外：刑法第185条、第302条、第306条、第307条、第308条中的犯罪行为，或当事人隶属检察院或被委任履行公共服务职能，且由于执行检察院或公共服务职能而引起犯罪行为，可无须提交起诉书或得到许可而启动审查程序。

第10条　根据上述条款提交起诉书者，和在刑法第185条、第302条、第306条、第307条、第308条犯罪中的被害人，如果被告人是检察院工作人员或公务员，并且犯罪行为发生是由于履行检察院或公共服务职能，可以在判决前随时放弃起诉。

如果有多个被害人，只有所有被害人都提出申请，方可撤诉。

多个被告人中的一个认罪，则视为全部认罪。

如果原告人死亡，放弃权不能转移给继承人，而在通奸诉讼中，原告人的任何子嗣都可以向被告人撤销起诉或停止诉讼。

第二节　向刑事法院或终审法院提起刑事诉讼

第11条　如果刑事法院认为有些犯罪嫌疑人未被起诉，或有些犯罪事实未被提出，刑事法院可以根据本法第一编第四章的规定，就遗漏的犯罪事实对其起诉，并将案件移交检察院进行审查、处理。

刑事法院可以委任其成员进行审查，在此情况下，该成员具有与预审法官相应的所有权力。

如果审查结束决定将诉讼移交刑事法院，则应将其提交到其他法院，不允许任何一个决定起诉的法律顾问参与判决。

如果刑事法院对原有的诉讼并未进行判决，而新的诉讼又与其有着密不可分的联系，则应将二者作为一个案件一并移交其他法院。

第12条　终审法院刑事部门，有权就第二次报案根据上一条款所作决议进行诉讼。

如果对新诉讼第二次公布的判决申诉，则决定申诉的法律顾问不得参与案件审理。

第 13 条　在审理案件过程中，如发生扰乱办案、不尊重工作人员、影响审判、取证的情形，刑事法院或终审法院可依据第 11 条对被告人提起刑事诉讼。

第二章　取证和提起诉讼

第五节　检察院职责
——收集证据后指控

第 61 条　如果检察院认为诉讼无法进行，则有权下令保存有关文件。

第 62 条　检察院要求留存文件，应告知被害人和诉讼当事人，如果其中任何一人死亡，应当场向其继承人讲明。

第 63 条　在违警罪和轻罪中，检察院认为证据已收集齐全，可以提起诉讼，可直接传唤犯罪嫌疑人至相应法院。

在轻罪和重罪中，根据本法第 64 条检察院有权要求委派预审法官，根据本法第 199 条及其他有关规定检察院有权主持审查，但刑法第 123 条提到的犯罪行为，只有公诉人、国家指派的律师、检察长才可以就由于执行公务或在执行公务期间发生的重罪或轻罪，对公务人员、总雇员、警察提起刑事诉讼。

除本法第 235 条规定的判决外，犯罪嫌疑人均有权在诉讼的任何阶段委托代理人为其辩护，但这不得影响法院要求他亲自出庭的权力。

埃塞俄比亚

埃塞俄比亚刑事诉讼法典[*]

1961 年刑事诉讼法典

犹太部落征服之狮

海尔·塞拉西一世

神选者，埃塞俄比亚皇帝

第二卷　侦查和起诉

第一编　程序启动和侦查

第三章　提起诉讼

第 40 条　起诉义务

（1）根据本法典第 42 条，无论何时，只要检察官认为有充分理由起诉被告人，检察官应当根据本章规定提起诉讼。

（2）检察官不得对未成年人提起诉讼，除非根据本法典第 172 条得到法院的指示。

第 41 条　可疑案件

当不能确定是否提起诉讼时，检察官应当将该事项提交检察长以获得指令。

第 42 条　不应起诉

（1）下列情况不应起诉：

（a）检察官认为没有充分证据证明有罪；或者

　＊　本法典于 1961 年 11 月 2 日由总理签署发布，1962 年 2 月 2 日生效实施，由埃塞俄比亚专门负责印刷发行法律文件的法律出版署（Negarit Gozeta）1962 年发布。本译本根据埃塞俄比亚联邦民主共和国议会官网（http：//www.icrc.org）提供的英语文本翻译。

（b）无法找到被告人并且该案不得缺席审判；或者

（c）追诉时效已过禁止起诉或者该犯罪已经成为赦免或大赦；或者

（d）司法部长亲自发出指令提示检察官出于公共利益不得起诉。

（2）没有其他理由使检察官拒绝提起诉讼。

（3）在一些涉及政府的案件中，即使司法部长作此类指示。

第 43 条　不起诉的形式

（1）根据本法典第 42 条规定不起诉的，检察官应以书面方式详细说明不起诉的原因。

（2）应将不起诉决定书副本送交本法典第 47 条规定的适格的人以及侦查警官。

第 44 条　不起诉的效果

（1）检察官根据本法典第 42 条第 1 款第（a）项规定不起诉的，对告诉才处理的犯罪，其可书面授权本法典第 47 条规定的适格员选提起自诉。授权书的副本应当送交有管辖权的法院。

（2）检察官根据第 42 条第 1 款第（a）项不起诉的，且该罪并非告诉才处理的犯罪的，本法典第 47 条中规定的适格人员在收到检察官决定 30 日内提交申请令状要求检察官提起诉讼。

第 45 条　申请起诉的形式和处理

（1）应当向对该案件有管辖权的法院提出第 44 条第 2 款规定的申请。

（2）检察官根据本法典第 42 条第 1 款第（a）项审查不起诉的原因后，法院可维持检察官的决定或者要求其提起诉讼。

第 46 条　自诉人的责任

获得授权的自诉人根据本法典第 44 条第 1 款提起自诉的，风险自负，费用自担。

第 47 条　自诉权人

任何人无权提起自诉，除非：

（a）被害人及其法定代理人；或者

（b）代表配偶的妻子或丈夫；或者

（c）无行为能力人的法定代理人；或者

（d）律师或法人团体。

第 48 条　中止自诉程序直至检察官起诉

当自诉中的证据表明存在一个比自诉中所控告的罪行更严重的犯罪，检察官可以向法院申请中止诉讼程序直至其提起新的诉讼，法院应当立即中止诉讼程序。

第四卷①

第一编 审理程序

第三章 起 诉

第108条 原则

（1）除非依照本章规定提出指控，任何人不应因轻微犯罪外的犯罪受到审判。

（2）本章法规应当适用于起诉：

（a）由检察官提出，不论该案是由高等法院审判还是下级法院审判；以及

（b）当自诉人有权提起自诉时，由其提出。

（3）本章规定不适用于未成年人案件，除非根据本法典第172条作出相反命令。

第109条 提起诉讼

（1）收到警察侦查报告的副本（第37条）和预审记录（第91条）后，检察官应当在15日内提出其认为合适的指控，考虑到警局侦查或预审，应当向有管辖权的法院提起诉讼。

（2）在高等法院审判前，如果检察官认为根据收到的预审记录该案件应由下级法院审理的，尽管存在预审法院的决定，其也应当提出其认为合适的指控，并向有管辖权的下级法院提出指控。

（3）如果预审法官发现部分犯罪由高等法院审查，部分犯罪由下级法院审理，检察官应当向对所有案件均有管辖权的高等法院提出其认为合适的指控。

（4）起诉书的副本应免费送达被告人。

第110条 错误提起诉讼

如果检察官向无管辖权的法院提出指控，法院应当拒绝受理并指示检察官向有管辖权的法院提出，并在起诉书中注明：

如果下级法院有审判的管辖权并且基于指控提出该法院有审判管辖权，法院可以不依据刑法典第630条拒绝检察官的指控。

---

① 原文本即无卷标题。——译者注

第 111 条　起诉的内容和形式

（1）每项指控应当注有日期并且签名，起诉书包含：

（a）被告人的姓名；以及

（b）被告人的罪行以及法律和事实材料；以及

（c）犯罪的时间地点，合适的话，犯罪事实的对象以及财产；以及

（d）犯罪违反的法律及法律条款。

（2）起诉书的形式应当符合或者尽可能符合本法典附录二中的形式。

第 112 条　罪状

每一指控均应描述犯罪及其情形，以便被告人准确知晓其应诉的指控。该描述应当尽可能贴近规定该犯罪的法律的语言。

第 113 条　起诉不确定犯罪

（1）如果某一犯罪行为或一系列犯罪行为有此特点，犯罪事实构成数种罪行，但不确定为哪一罪行的，可以指控被告人更有可能实施的犯罪，且从犯罪事实可能构成的犯罪中择一而定。

（2）被告人被指控一罪，但证据证明为他罪且仍为该法院管辖的，尽管未被指控犯该罪，但只要该罪轻于被指控的犯罪，法院可将其定为此罪。

（3）本条并不妨碍刑法典第 6 条和第 9 条的适用。

第 114 条　起诉加重犯罪

（1）当被告人可能由于先前犯罪被指控加重犯罪时，检察官应向有权管辖加重犯罪的法院起诉未加重的犯罪。

（2）当被告人被判定未加重犯罪时，在定罪之后量刑之前，检察官可以向法庭证明存在已经证明过的先前犯罪。法院应在被告人已被定罪的基础上量刑。

第 115 条　定罪时转为未遂、从犯、教唆犯

（1）被告人被指控某犯罪的，在定罪时可被判为未遂，尽管没有单独指控未遂。

（2）被告人被指控为主犯的，在定罪时可被判为从犯或教唆犯，尽管没有作此指控。

第 116 条　多项起诉

（1）一个起诉可能涉及同一被告人的不同罪项，对被指控的每一罪项均应单独描述。

（2）所有指控应当一并审理，但被告人的辩护有可能因此陷入困境的，法院应命令分别审理。

第 117 条　合并指控

（1）被指控参与犯罪的所有人，不论其在犯罪中的地位，即使参与时间

不同，均应一同接受起诉和审判。

（2）本条规定并不妨碍法院因司法利益而作出分别审判的命令。

（3）在一项犯罪活动中，不同的人实施了不同的犯罪，有必要对他们一并起诉和审判。

第 118 条　起诉错误

对罪行的描述或刑事指控详情说明中的不具有实质意义的任何错误或疏漏，包含此类错误或疏漏的指控也不会因此无效，除非该错误或疏漏涉及关键争议点、已误导被告人或很可能因此无法实现公正司法。

第 119 条　变更、追加起诉

（1）使被告人接受审判的起诉如果包含严重的错误或疏漏，且此错误或疏漏已经或将会误导被告人，法院在判决之前可随时依职权或依申请命令根据案件情况变更起诉、追加起诉或提出新的起诉。

（2）每一次变更起诉、追加起诉或提出新的指控，均应告知被告人并向其澄清。

（3）本条规定也适用于本法典第 118 条规定的错误和疏漏。

第 120 条　变更或追加起诉的影响

（1）变更起诉、追加起诉或提出新的起诉的，法院应当询问被告人是否准备好就变更、追加的起诉或新的起诉接受审判。

（2）被告人声称尚未准备好的，法院应审查其理由。如果法院认为立即开始随后的诉讼程序对被告人的辩护不可能造成不利影响的，法院可继续审理，变更、追加后的起诉或新的起诉视同原来的起诉。

（3）如果法院认为立即开始审判会对被告人的辩护或检察官的诉讼造成不利影响的，应作出休庭的决定（第 94 条）。

第 121 条　重新传唤证人

审判开始后变更起诉、追加起诉或提出新的指控的，应允许控辩双方就变更、追加的起诉或新的指控重新传唤、询问已经传唤过的证人，也应允许其提出新的有实质意义的证据。

第 122 条　撤回起诉

（1）除根据刑法典第 522 条（一级杀人罪）或第 637 条（加重抢劫罪）提出的起诉外，经过法庭的允许，检察官在判决之前的任何诉讼阶段可以撤回起诉。

（2）检察官告知法院受政府指令撤回起诉，若法院确信检察官受到指令的，应允许其撤回起诉。

（3）如果没有根据本法典第 119 条作出新的起诉时，则应当释放被告人。

（4）法庭允许或拒绝撤回起诉均应说明理由。

（5）基于本条规定撤回起诉并不妨碍后续的诉讼。

第五章　自　　诉

第 150 条　告诉或指控

（1）自诉人根据本法典第 44 条第 1 款的规定进行自诉的，应在 15 日内向有管辖权的法院提出控告或指控。

（2）指控不符合规定的，法院应要求自诉人修正其指控以符合规定。

附　录　二

起　诉　书

一级杀人罪

罪名

　　一级杀人罪，违反刑法典第 522 条

罪状

　　A. B. （填入被告人的姓名）在_____时间_____地点_____故意将 C. D. （填入死者姓名）_____杀死

　　+（a）刑法典第 81 条或第 83 条的加重情形；

　　+（b）作为有组织共同犯罪的成员实施了杀人或持械抢劫；

　　+（c）帮助或隐瞒其他犯罪。

　　+删除任何不适用的部分并详细说明：

_____

一级杀人罪未遂

罪名

　　一级杀人罪未遂，违反刑法典第 27 条与第 522 条

罪状

　　A. B. （填入被告人的姓名）在_____时间_____地点_____意图杀死 C. D. （填入被害人姓名）_____

+（a）刑法典第 81 条或第 83 条的加重情形；

+（b）作为有组织共同犯罪的成员实施了杀人或持械抢劫；

+（c）帮助或隐瞒其他犯罪。

+删除任何不适用的部分并详细说明：

过失杀人罪

罪名

　　过失杀人罪，违反刑法典第 526 条

罪状

　　A. B.（填入被告人的姓名）在_____时间_____地点_____造成 C. D. 死亡（填入死者姓名）_____由于过失。

　　+填入刑法典第 59 条规定的过失的细节：

伪 造 罪

罪名

　　伪造罪，违反刑法典第 383 条

罪状

　　A. B.（填入被告人的姓名）在_____时间_____地点_____伪造遗嘱并声称为 C. D.（填入死者姓名）_____的意愿，对_____

使用伪造文书

罪名

　　使用伪造文书，违反刑法典第 390 条

罪状

　　A. B.（填入被告人的姓名）在_____时间_____地点_____在明知支票为伪造的情况下使用 C. D.（填入伪造者姓名）_____伪造的支票。

伪 证 罪

罪名

　　伪证罪，违反刑法典第447条

罪状

　　A. B.（填入被告人的姓名）在_____时间_____地点_____在审判中作为证人，在_____法院，其中 C. D. 为起诉人，E. F. 为被告人，在知情的情况下并且虚假地宣誓_____（伪证的内容），并且该证据在上述程序中为关键证据。

脱 逃 罪

罪名

　　脱逃罪，违反刑法典第445条

罪状

　　A. B.（填入被告人的姓名）在_____时间_____地点_____脱逃于_____（A. B. 被合法羁押的地点）。通过使用威胁或暴力（详细说明）：

纵 火 罪

罪名

　　纵火罪，违反刑法典第448条

罪状

　　A. B.（填入被告人的姓名）在_____时间_____地点_____蓄意/意在引起危险 + 点燃自己或 C. D. 的财产 +（详细说明点燃的财产）

　　+ 删除任何不适用的部分并详细说明：

重大的故意伤害

罪名

  重大的故意伤害，违反刑法典第 538 条

罪状

  A. B. 在_____时间_____地点_____

  +（a）有意地伤害 C. D. 以致危及其生命 + 以致永久地伤害其身体或心理健康；

  +（b）有意地使 C. D. 的身体残疾 + 有意地使 C. D. 的四肢和器官残疾 + 严重地并显著地损害 C. D. 外貌；

  +（c）有意地让 C. D. 受伤或患重病。

  + 删除任何不适用的部分并详细说明：

强 奸 罪

罪名

  强奸罪，违反刑法典第 589 条

罪状

  A. B.（填入被告人姓名）在_____时间_____地点_____强迫 C. D.（填入被害人姓名）

  +（a）通过暴力；

  +（b）通过严重威胁；

  +（c）使被害人无意识；

  +（d）使被害人不能反抗。

与其发生性关系。

  + 删除任何不适用的部分并详细说明：

盗 窃 罪

罪名

  盗窃罪，违反刑法典第 630 条

罪状

A. B.（填入被告人姓名）在＿＿＿＿＿时间＿＿＿＿＿地点＿＿＿＿＿获取＿＿
＿＿＿＿（描述被盗的物品），为 C. D.（填入所有人姓名）所有，以非法占有
为目的＿＿＿＿＿＿＿＿＿＿＿＿＿＿＿＿＿＿＿＿＿＿＿＿＿＿＿＿＿＿＿＿＿
＿＿＿＿＿＿＿＿＿＿＿＿＿＿＿＿＿＿＿＿＿＿＿＿＿＿＿＿＿＿＿＿＿＿＿＿

抢 劫 罪

罪名

抢劫罪，违反刑法典第 636 条

罪状

A. B.（填入被告人姓名）在＿＿＿＿＿时间＿＿＿＿＿地点＿＿＿＿＿蓄意实
施盗窃＋考虑实施盗窃的行为

＋（a）对 C. D. 使用暴力；

＋（b）对 C. D. 使用直接并严重的恐吓；

＋（c）使 C. D. 不能反抗。

＋删除任何不适用的部分并详细说明：

＿＿＿＿＿＿＿＿＿＿＿＿＿＿＿＿＿＿＿＿＿＿＿＿＿＿＿＿＿＿＿＿＿＿＿＿

窝 赃 罪

罪名

窝赃罪，违反刑法典第 647 条

罪状

A. B.（填入被告人姓名）在＿＿＿＿＿时间＿＿＿＿＿地点＿＿＿＿＿收受
（接受的东西并详细说明），其明知或有理由相信该物犯罪所得。

＿＿＿＿＿＿＿＿＿＿＿＿＿＿＿＿＿＿＿＿＿＿＿＿＿＿＿＿＿＿＿＿＿＿＿＿

开具空头支票罪

罪名

开具空头支票罪，违反刑法典第 657 条

罪状

A. B.（填入被告人姓名）在＿＿＿＿＿时间＿＿＿＿＿地点＿＿＿＿＿开具支

票额度——_____明知该支票不会兑付或全额兑付_____

选择指控

背 信 罪

罪名

    背信罪，违反刑法典第 641 条

罪状

    A. B.（填入被告人姓名）在_____时间_____地点_____以非法占有，为自己利益谋得 5 埃塞俄比亚比尔_____本为 C. D.（填入委托人姓名）所托，为了_____

可选择地

盗 窃 罪

罪名

    盗窃罪，违反刑法典第 630 条

罪状

    A. B.（填入被告人姓名）在_____时间_____地点_____获取了 5 埃塞俄比亚比尔_____C. D.（填入所有者的姓名）的财产，以非法占有为目的_____

合并指控

第一项　盗　　窃

罪名

    盗窃罪，违反刑法典第 630 条

罪状

    A. B.（填入被告人姓名）在_____时间_____地点_____为获取非法所得，偷窃了车号为 AAIIII 的汽车，该车为 C. D. 的财产。

第二项　过失杀人

罪名

过失杀人罪，违反刑法典第 526 条

罪状

A. B.（填入被告人姓名）在＿＿＿＿＿时间＿＿＿＿＿地点＿＿＿＿＿出于过失引起 C. D. 的死亡，此时驾驶着车号为 AAIIII 的 A. B. 看到在路上的 C. D. 没有减速并从其身上轧过去。

附录三　表　　格

表格 5　不起诉决定书

（第 42 条）

我，作为 B（填入检察官管辖区域）地 A（填入检察官姓名）对 C（填入被告人姓名）一案因为如下原因不能提起诉讼：

＋（a）我认为没有充分的证据证明被告人有罪（说明证据不充分的理由）。

＋（b）无法找到被告人且该案不能缺席审理。（说明被告人无法找到的原因和禁止缺席审理的刑事诉讼法法条）

＋（c）已过追诉时效或该罪行已被大赦或特赦。（说明犯罪日期和因时效不得起诉的刑法典条文或覆盖被告人的特赦令或大赦令）

＋（d）受司法部长指令因公共利益对该案不起诉。（列出司法部长签署指令的日期和编号）

签名：

复件送达：　　　　　　　　　　　　　　　检察官：

（1）检察长；

（2）侦查警官；

（3）刑事诉讼法典第 47 条规定可以提起自诉的人。

加　　纳

1960 年刑事诉讼法典[*]

（第 30 部法律）

第二章　与刑事程序有关的规定

第四节　任命公诉人和提起公诉

第 56 条　任命公诉人的权力以及公诉人的职责

（1）通常，检察长可依行政手段而任命公职人员担任公诉人，此时，其要考虑的因素是，犯罪原因或问题的特定类别或区域的特定性；检察长还可书面任命任何一位执业律师在某一特定原因或问题的案件中担任公诉人。

（2）依据本条第 1 款规定而被任命的公诉人，可以到检察长以行政手段或书面形式指定的法院或法庭出庭公诉并抗辩。

（3）检察长可以书面形式向公诉人给出明确的指示。

［已被 2002 年第 633 部法律，即《刑事诉讼法典（修正案）》第 3 条替代］

第 57 条　公诉人干预自诉的权力

［已被 2002 年第 633 部法律，即《刑事诉讼法典（修正案）》第 4 条废止］

第 58 条　仅仅可由检察长提起公诉

除了经由检察长或者以检察长的名义提交起诉书，否则不得开启针对某被告人的审理程序。

第 59 条　在审判中以及在区法院之前的初步调查时撤回起诉

（1）在区法院的任何审判或者审前听证程序中，在宣告判决或作出收监令之前的任一时间，经法院同意或者检察长的指示，检察官可以撤回针对某人的指控；该撤回可以是全部撤回，也可以是仅撤回某一项罪名或某几项罪名的

＊　本法典于 1961 年 1 月 12 日由加纳总统和国民大会批准并颁布，1961 年 2 月 1 日生效。本译本根据世界知识产权组织官网（http：//www.wipo.int）提供的英语文本翻译。

指控。就这样的撤回：

（a）如果撤回是在第四章规定的任一调查过程中作出的，则被告人应被免以指控有关的一项或多项犯罪；

（b）如果撤回是在审判过程中作出的——

（i）当是在公诉人终结其案情陈词之前作出时，则被告人还是应当就其所涉的某项或数项犯罪被指控；

（ii）当是在公诉人终结其案情陈词之后作出时，则被告人就其所涉的某项或数项犯罪应被宣判无罪。

（2）［已被 2002 年第 633 部法律，即《刑事诉讼法典（修正案）》第 5 条废止］

（3）根据本条规定而对被告人撤回起诉，将不能成为基于同一事实而对被告人采取后续程序的障碍。

（4）前款规定应当可以适用于高等法院或巡回法院审理的简易审案件。

第五节 起 诉

第 60 条 启动刑事诉讼的方法

（1）可在区法院以下列任何一种方式启动刑事诉讼：

（a）通过提起投诉，并用下文提到的方式申请签发一份令状或一张传票；或者

（b）依据详细列明了被告人姓名、职业、所指控罪名及声称为其犯下的罪行所发生的时间、地点的指控状而将没有令状但已被拘捕的人交付给法院的方式来开启。该指控状应当由负责此案的警察或公诉人签名。

（2）依据本条第 1 款的规定，已经启动或准备启动的任一诉讼的有效性，不应受到下列任一情况的影响：控告状或指控状中有缺陷；传票或令状是在没有控告状的情况下签发的；或虽有令状但却没有有关令状的控告状。

（3）履行其职责的公职人员，可以依据本条规定，以其部长的名义代其开启诉讼。

（4）本条并没有要求部长在启动诉讼时，应根据本规定，以其自己的名义并代表他自己签署一份控告状或指控状。

第 61 条 控告

（1）任何人基于合理及可能的原因认为某人已实施了某犯罪行为，均可以向对该指称的犯罪有调查或审理管辖权的治安法官，或者是向据称是被告人居住辖区或所在辖区的法院提出控告。

（2）每一控告均应当以口头或书面形式提出；但如若是以口头形式提出，则所提出的控告应当由治安法官归纳成书面记录，且不论是哪种情况均应当由控告人和治安法官签字。

（3）一旦收到这样的控告，治安法官可以在其自由裁量范围内拒绝启动相应程序，但需记录其拒绝启动的理由；相关法官也可以签发一张其认为合适的传票或令状，以强制被告人前往该法官被授权履职的区法院；而如果所控犯罪并非该法官有权调查或审理的罪行，则应强制其前往在同一地区有管辖权的其他法院。

（4）一审时不应签发令状，除非该控告是由控告者本人，或由一名或若干名重要证人宣誓后提出的。

第十一节　合并指控及合并被诉

第 109 条　合并指控

（1）被指控者的每一不同罪行，除了本条第 2 款规定的以外，应是一个单独的指控或罪状。

（2）如果指控或罪状建立在相同事实基础上，或者构成，或者是一系列性质相同或类似犯罪的组成部分，则就罪行提出的这些指控或罪状可以合并在同一控告状、指控状或起诉书中，并同时接受审理。

第 110 条　合并被诉

（1）下列人员可以一起被指控和审判，即：

（a）在同一处理过程中被指控犯了相同罪行的人；

（b）被控犯有某罪的人、被控犯有教唆此罪的人或企图实施此罪的人；

（c）被控犯有不同罪行的人，而所有这些犯罪被假定是建立在相同事实的基础上，或者构成，或者是性质相同或类似的系列犯罪的一部分；

（d）在同一处理过程中被指控犯了不同罪行的人。

（2）任何审判都不得因为两个或更多的人基于同一控告状、指控状或起诉书被错误地一并审理而被视为无效，除非其中任一被告人在审判时或在其被要求予以答辩前提出了异议。

第 111 条　如果被告人在合并追诉时可能会受到不公正的对待，则可分开审判

尽管有第 109 条和第 110 条的规定，但在审判前或审判的任一阶段，若法院认为被告人可能会受到不公正的对待，或者其辩护因为同一控告状、指控状或起诉书中有多项指控而受到妨碍，则法院可以命令将该控告状、指控状或起

诉书中的任一项罪状或多项罪状分开审判。

第 112 条　必备文书中有关指控的陈述

（1）根据下文提及的有关起诉书的一些特殊规则，以审前程序为目的，或与审前程序相关联而针对某犯罪所制定、签发或制作的每一份指控状、控告状、传票或其他文书，均应该是充分的。如果该文书就被告人被指控的犯罪作了陈述并涉及一些细节，则其有必要就指控的性质给出一些合理信息；且尽管有一些相反的法律规定，但就该文书而言，不必再有较所述信息而言更多的细节。

（2）对犯罪的陈述，应以通俗的语言加以简要描述，尽可能避免使用技术用语，且不需将该犯罪的所有基本元素一一加以陈明；而如果该犯罪是由某法律创设的，则可以引用该法律的相关规定。

（3）当某法律适用于其生效之前所实施的行为时，根据该法律而就此行为提出的指控，应包含这样的内容，即应列出致使被告人被指控的该具体法律条文，尽管被指控的行为在实施时该法律尚未生效。

（4）在陈述犯罪之后，应以通俗语言陈明该犯罪的必要细节，而不必要求使用专业术语。

（5）某些案件中，其诉状、传票、令状、指控状或起诉书有可能必须提及财产的所有权，或对财产加以描述，而下述规则可适用于所有这些案件：

（a）如果财产属于或由多人占有，无论其是贸易还是其他合作伙伴，它均可以置于这其中的一人、另一人或其他人名下。本规则适用于法人团体、俱乐部、社团、联权共有人、普通共有人、合作伙伴和受托人；

（b）法人团体、俱乐部或社团的财产如果在加纳境内有得到认可的管理者、代理人或得到认可的秘书，即使没有以该秘书、管理者或代理人来命名，该财产也可以被认为是该秘书、管理者或者代理人及其他人的财产；

（c）如果财产属于或倘若用于任何公共设施、服务或部门，则该财产可被认为是加纳共和国的财产；

（d）硬币、银行票据、钞票可以被描述为钱，且就目前有关财产的任何描述来说，尽管不必出示相应数量的特定种类硬币、特别性质的银行票据或钞票，但有关钱的任何主张，均应以相应数量的硬币、银行票据或钞票作为证据来支撑；

（e）任何纪念碑、纪念馆、树木以及灌木中的财产，或任何公墓、墓地里的其他东西，或任何墓穴里埋藏的东西，均可被认为是加纳共和国的财产；

（f）任何邮件或通过邮局递送的任何动产、金钱或有价证券，或任何公共电信线路、工程所涉及的财产，均可被认为是加纳共和国的财产。

第四章　将可公诉犯罪交付审判

第四节　起 诉 书

第 201 条　起诉书的格式

每一份起诉书，均应载明其签发日期；考虑每一案情的具体情形，应依据下列格式而予以适当修改——

高等法院（或者第……巡回法院）：

审理法院（如东部省在首都阿克拉的开庭，或者沃尔特省在首府霍城的开庭）

A. B. 被控以下罪行：

第 1 项罪

罪行陈述

谋杀罪，违反了刑法典第 46 条规定。

罪行细节

A. B. 在 19 __ 年的 __ 日，在 ____ 地方谋杀了 C. D. 。

第 2 项罪

罪行陈述

过失杀人罪，违反了刑法典第 50 条规定。

罪行细节

A. B. 在 ____ 年的 __ 日，在 ____ 地方，非法地杀害了 C. D. 。

第 202 条　起诉书的基本条款

（1）直到法院规则另有规定时为止，本条应适用于所有的起诉书，且如果某份起诉书是遵从本法典的条款规定而撰写的，则该起诉书不得因其形式及内容而被公开异议。

（2）每一份起诉书均应包含且如果它包含了对被告人被指控之罪行的陈述，并具有诸如就该指控的性质可以给出合理信息时所必需的细节，以及其所违反的相关实体法律，则其就不必包括任何比前述细节更详细的细节。

（3）数字及缩写的使用。

数字及缩写可以用来表达其通常所表达的任何事情。

（4）所控罪行的描述方式。

（a）就所控罪行的描述，或者有超过一个以上的罪行将被指控，则应将每一罪行分别以不同段落并冠以"项"的方式加以进行。

（b）每一项均应从对所控罪行的指控开始，称为罪行陈述。

（c）罪行的陈述，尽量避免使用专门术语，应以通俗的语言、简短地描述相关的罪行，且不必陈述罪行的所有基本元素；如果所指控的罪行是由制定法创设的，则其还应包含对创设该罪行的制定法的具体条款的引用。

（d）当制定法所适用的行为是在其生效之前实施的，根据与该行为有关的制定法而撰写的起诉书，应包含对被告人得以被指控的该制定法之相应条款的引用，尽管所声称的行为在其实施时该制定法并未生效。

（e）在罪行陈述之后，罪行细节应以通俗语言加以罗列，此时，无须使用专门的术语。

（f）当某法律或制定法限制性地规定了起诉书就某罪行之细节的罗列，那么该法律或制定法的其他部分就不得要求起诉书再给出更多罪行细节。

（g）当起诉书包含数项罪行时，则这些罪行项应顺次编号。

（5）有关法定罪行的规定。

（a）当创设某罪行的制定法规定，该罪行是疏忽实施可供选择的数种不同行为中的某种行为；或者以不同行为能力中的某种能力去实施或疏忽实施某行为；或者是有不同意图中的某种意图；或者是具有该罪之可供选择的其他情节；那么，行为、疏忽、行为能力、意图或者在制定法中以替代形式被详述的其他内容，可以在指控罪行的罪项中选择性地加以陈述。

（b）在指控一经规定于某制定法中之罪行的罪项时，无须否认在创设该罪行的制定法之施行过程中的例外规定、免除规定或资格规定。

（6）对人的描述。

起诉书中就被告人或其他所涉及的任何人的描述或称谓，均应是能合理且足够将其识别出来，而不是必须说出他正确的名字、住所、性格、学位或者职业；且如果由于不知道人的名字或者因为其他原因，意欲给出这样的描述或称谓并不可行，那么，这样的描述或称谓便应依据具体的情形以一个合理可行的方式加以给出；或者，此人可被描述为一个"无名者"。

（7）对文件的描述。

当在起诉中必须提及某文件或法律文书时，如下做便应足够了，即用其通常为人所知的名字或名称来描述它，或者依其所称，而不需就此给出任何副本。

（8）描述的一般规则。

这些规则的其他条款是，应就相关的地点、时间、事情、事务、行为或删节等，给出足够的描述；且无论描述什么，所必须做到的是，语言通俗、描述清晰合理。

（9）动机的描述。

当创设罪行的制定法未将欺诈、欺骗或伤害某特定人的动机作为该犯罪的构成要件时，在陈述欺诈、欺骗或伤害之动机时，也就不必陈述其针对某特定人有欺诈、欺骗或伤害的动机。

（10）指控先前已认定的罪行。

当起诉书指控先前已认定的某犯罪时，应在起诉书的最后，以陈述被告人之前已被认定在某一时间和地点犯下某罪行的方式，而不是陈词该罪行之细节的方式来指控。

喀 麦 隆

刑事诉讼法典 *

第二卷 犯罪认定与追诉

第一编 公诉与民事诉讼 ①

第 59 条　（1）任何犯罪均可引起公诉，并有可能引起民事诉讼。

（2）公诉旨在诉请对犯罪行为人宣告法律规定的某种刑罚或保安处分措施。

（3）民事诉讼旨在诉请赔偿犯罪造成的损害。

第 60 条　公诉由检察院启动与进行。②

公诉亦可由行政机关或者受害人按照法律规定的条件启动之。

第 61 条　当民事诉讼与公诉是由相同的犯罪事实引起时，可以与公诉同

　＊　本法典于 2005 年 7 月 27 日由国民议会审议通过，共和国总统颁布，2006 年 8 月 1 日生效实施。本译本根据喀麦隆国家印社印制的文本翻译。

　①　本法典在此没有使用"附带民事诉讼"的概念。——译者注

　②　在受法国法影响的刑事诉讼法里，"启动"公诉与"进行"公诉是两个不同的概念的。"启动"公诉是启动公诉权，而"进行"公诉则是实施刑事诉讼程序的整个过程。故称检察院可以启动与进行公诉，而行政机关或者受害人只能按照法律规定的条件启动公诉，使公诉权得以启动，但它（他）们不能进行公诉（参见第 157 条及其后条文）。译者认为，不应将"启动公诉"理解为"提起公诉"，否则受害人也可以提起公诉。——译者注

时在同一法院进行。

民事诉讼与公诉也可以分开进行，在此情况下，受理民事诉讼的法院应推迟审理裁判，直至法院就公诉作出终局裁判。

第 62 条　（1）公诉因以下事由而消灭：

（a）犯罪嫌疑人、受控告人、违警罪被告人、轻罪被告人、重罪被告人死亡；

（b）追诉时效期间已过；

（c）大赦；

（d）法律规定被废止；

（e）既决事由；

（f）法律有明文规定的情况下进行的和解交易；

（g）告诉是启动公诉之条件的案件，撤回告诉；

（h）由民事当事人启动公诉的情况下，违警罪与轻罪案件中的民事当事人撤回告诉与撤诉。

（2）只有如下情形，才适用本条第 1 款 h 项之规定：

——撤诉或撤回告诉是出于自愿；

——尚未对案件的实体作出审理裁判；涉案事实不损害公序良俗；

——在有多名民事当事人的情况下，所有当事人均撤诉或撤回告诉；

——当事人不是因受到胁迫、欺诈或欺骗而撤诉或撤回告诉。

（3）上述第 2 款规定的情况下，法庭对民事当事人撤诉或撤回告诉予以认可，并判其支付诉讼费用。

第十四编　未成年人的追诉与审判

第一章　公诉的启动

第 700 条　（1）对未满 18 周岁的未成年人实施的轻罪或重罪进行司法侦查，具有强制性。

（2）对未满 18 周岁的未成年人提出重罪或轻罪指控的案件，司法侦查按照普通法的规则进行，但以执行下列规定为保留条件。

（3）除违警罪案件之外，不得经直接传讯途径对未成年人实行追诉。

（4）共和国检察官或者预审法官向未成年人的父母、监护人或照管看护人通知对该未成年人实行追诉。

第 701 条　（1）预审法官进行一切必要的努力与调查，以查清和了解未成年人的人格状况。

（2）（a）预审法官尤其可以命令对未成年人的家庭物质和道德状况、未成年人的性格、是否有前科、此前的经历、上学情况、其日常行为表现以及成长环境进行社会调查。

（b）预审法官委托社会服务部门或者其他任何有资质的人负责进行此种调查。

（3）预审法官可以命令对未成年人进行医学检查，以及如有必要，命令进行医学—心理检查。

（4）预审法官可以作出说明理由的裁定，将未成年人安置到收容中心或者观察中心。

第 702 条　（1）预审法官可以将未成年人委托给下列人员负责看管：

（a）未成年人的父母、监护人、照管看护人或其他可以信任的人；

（b）收容中心与观察中心；

（c）专业性质的机构；

（d）职业培训机构或护理机构。

（2）对未成年人实行看管的裁定，应当说明理由；该项裁定应当具体明确实行看管的期限，并且最晚在法院作出判决之日终止。

（3）对未成年人采取看管措施，是出于未成年人的最高利益；可以随时撤销或变更此种措施。

第 703 条　（1）如果没有出生证，未成年人的年龄由医生确定，并出具一份未成年大体年龄的医学证明。

（2）如果未成年人只知道自己出生于哪一年，则推定其出生日期为该年的 12 月 31 日。①

---

① 这一条文的规定与当今许多非洲国家的社会、家庭结构与发展状况相适应，特别是许多非洲国家实行一夫多妻制，家庭子女很多，加上医疗条件较为落后，有些人不知道自己的出生年月日。——译者注

肯 尼 亚

刑事诉讼法典[*]

第一部分 序　　言

第 2 条　解释

在本法典中，除非上下文另有规定：

"刑事控告"是指指控某个已知或未知之人犯罪或者有罪；

"公诉人"是指检察官或法庭按照本法典第 88 条批准进行公诉的人员；

"检察官"是指总检察长、副总检察长、副检控官、政府律师，根据第 85 条任命的人员或受到总检察长指令的人员；

第三部分　一般条款

刑事诉讼中的国家控制

第 82 条　总检察长撤销诉讼的权力

（1）在任何刑事案件裁决或宣判前的任何阶段，总检察长可以当庭宣读或以书面告知法庭，国家认定不应继续诉讼而撤销诉讼，并立即释放撤销诉讼针对的被起诉的被告人，如果其被判入狱应将其释放，或如果其执行保释应取消保证金；但不得以释放被告人对抗就相同事实对其进行的后续诉讼。

（2）如果行使撤销诉讼时被告人不在法庭，司法常务官或法庭书记员应立即将书面形式的撤销诉讼通知交给羁押被告人的监狱负责人。

---

[*] 本法典于 1930 年 8 月 1 日由肯尼亚议会批准通过，2008 年进行了修订。本译本根据肯尼亚法律网（http：//www.kenyalaw.org）提供的英语文本翻译。

任命公诉人和开展诉讼

第 85 条　任命公诉人的权力

（1）总检察长可以公报通知的形式任命公诉人代表肯尼亚或任何特定区域，负责一般的或特定的案件，或特定类别的案件。

（2）总检察长可以亲自书写的形式任命任何高等法院律师或公共服务人员担任案件公诉人。

（3）每名公诉人应遵守总检察长的特别指示。

第 86 条　公诉人的权力

公诉人可在无书面授权的情况下到任何审理或上诉其指控案件的法庭辩护；如果个人指示律师在任何此类公诉人可起诉的案件中起诉，则被指示的律师应按照其指示进行诉讼。

第 87 条　下级法院审判中的撤回起诉

公诉人在下级法院审判过程中经过法院同意或按照总检察长指示，可在判决宣读前随时撤回对任何人的起诉：

（a）如果在被告人辩护前撤回起诉，应释放被告人，但是不得以释放被告人对抗就相同事实对其进行的后续诉讼；

（b）如果在被告人辩护后撤回起诉，应将其无罪释放。

第 88 条　起诉许可

（1）审理案件的治安法官可允许任何人提起诉讼，但仅有公诉人或其他总检察长一般或特别授权的官员无须获得许可便即可提起诉讼。

（2）具有第 87 条规定的相同的撤回起诉的权力的任何上述人员或官员，其撤回诉讼应适用第 87 条的规定。

（3）任何人可亲自提起诉讼或由其律师代为提起。

提起诉讼

制作起诉书

第 89 条　起诉和控告

（1）提起诉讼的方式可以是制作起诉书或将无证逮捕的人带至治安法官面前。

（2）有合理和极可能的理由认为实施了犯罪的人可以向有管辖权的治安

法官申诉。

（3）起诉书可以是口头或书面形式，但如果是口头形式，治安法官应以书面形式简化性地记录下来，无论上述哪种方式，均应有申诉人和治安法官的签字。

（4）治安法官收到申诉后，或被无证逮捕的被告人被带至治安法官面前后，如果警官未签署和呈递控告，治安法官应根据本条第5款中规定起草或签署一份正式控告，包含被告人被指控的罪行陈述。

（5）如果治安法官认为申诉或依照本条款制作或呈递的正式控告未能表明罪行，则治安法官应命令拒绝承认申诉或正式控告，并应记录下理由。

起诉和控告

第134条 在起诉或控告中说明罪行的必要事项

每项起诉或控告应包含对被告人具体罪行的陈述，以及合理说明罪行性质的必要事项，包含上述信息即可。

第135条 一个起诉或控告中有多个罪项

（1）如果被起诉的罪行基于相同事实，形式或同属一类有相同或相似特性的罪行，无论重罪或轻罪，均可在同一起诉或控告中共同指控。

（2）如果一份起诉书或控告书中有多项罪行，应在起诉书或控告书中以独立段落列明指控的每项罪行，此称为罪项。

（3）如果在审理前或审理中的任一阶段，法院认为被告人会因为同一起诉书或控告书指控多项罪行在辩护时不利，或出于其他任何原因应分开审理同一起诉书或控告书中指控被告人的多项罪行，法院可以命令对该起诉书或控告书中的罪项分开单独审理。

第136条 一个起诉或控告中有两个或两个以上被告人

下列人员可以加入一份起诉书或控告书，并可以一同审理：

（a）被指控在同一事件中犯下相同罪行的人；

（b）被指控实施、煽动或企图犯罪的人；

（c）被指控在一年内共同实施了超过一种犯罪（根据刑法典或其他任何法案法律的同一条款应施予相同程度惩罚的罪行）的人；

（d）被指控在同一事件中实施了不同犯罪的人；

（e）被指控犯有刑法典第二十六章至第三十章中任一罪行的人，以及被指控接收或保存了这些人转移的财物的人，或被指控教唆或企图接收或保存上述财物的人；

（f）被指控犯有刑法典第三十六章有关伪造货币的罪行，以及被指控犯有该章中其他与该货币相关的罪行，或教唆或企图实施任何该类罪行的人。

第137条　起诉书和控告书的拟定规则

下列规定应适用于任何起诉和控告，且不论法律或惯例如何规定，根据本法典提起的起诉和控告如果按照本法典编写，则在形式和内容方面不接受异议：

（a）罪行指控形式——

（i）起诉或控告的罪项应以被指控罪行的陈述开头，称为罪行陈述；

（ii）罪行陈述应用日常用语简短描述，尽量避免使用专业术语和不必要的陈述罪行的全部基本要素，如果被指控的罪行是设立的罪名，则应指明设立罪名的条款；

（iii）在罪行陈述之后，应用日常语言列出罪行的具体内容，不必使用专业术语；如果法律或任何法案的任何规定对起诉或控告中应给出的罪行内容有所限制，本段规定不应要求超出上述规定的内容；

（iv）附录二中的表格或根据附录二编制的尽可能相似的表格应用于其适用的案件；在其他案件中，应使用具有相同效力的表格或尽可能相似的表格，并且根据每个案件的具体情况填写罪行陈述和罪行内容；

（v）如果起诉或控告包含一项以上的罪项，应依次编号列出这些罪项。

（b）法定罪行规定——

（i）如果设立的罪行述明该罪行是不同行为的交替作为或不作为，或不同能力的作为或不作为，或不同意图的作为或不作为，或交替述明罪行的任何部分，则这些行为、不作为、能力或意图，或其他在设立罪名时交替陈述的事项可以在指控罪行的罪项中交替述明；

（ii）在设立的罪名的指控罪项中，不必否定与设立罪名操作相关的任何例外、豁免或限制条件。

（c）财产描述——

（i）起诉或控告中的财产描述应使用日常用语，并应足够清晰地指出所指财产，且按照上述方式描述后，不必指明该财产的所有者姓名或财产的价值（要求描述某一取决于财产具体所有权或价值的罪行的情况除外）；

（ii）如果财产的所有权在多人名下，且指控涉及财产所有人，则描述财产的所有者时指明其中一人的姓名与他人共有即可，如财产所有者为有集体名称的人群，如联合股票公司、"居民"、"受托人"、"委员"或"社团"或其他类似名称，使用集体名称而无须列出任何个体姓名；

（iii）属于或用于公共事业、服务或部门的财产可描述为政府财产；

（ⅳ）铸币、银行票据和钞票可以描述为金钱；对金钱的指控，只要与财产描述相关，应有铸币数额、任何银行票据或钞票的证明（尽管其中包含的铸币的具体种类，或银行或钞票的具体性质没有证明）；在通过造假偷窃和欺诈的案件中，尽管该铸币、银行票据或钞票可能已被交给被告人，仍须有被告人以不诚实的方式挪用或获得任何铸币、银行票据或钞票，或任何相关价值的证据，以便应交还给递送的人或其他人的其部分价值已相应地被交还。

（d）人员描述——

起诉或控告中，对被告人或其他提及的人的描述或名称应足以确定其身份，且应说明其正确姓名或住址、类型、学历或职业；如果此人姓名未知或因其他原因无法提供充分的描述或名称，应根据实际情况进行描述或指明，或者此人可被描述为"无名人士"。

（e）文件描述——

起诉或控告中，如果有必要指出某份文件或某个工具，使用其常用名称、称谓或其意义描述即可，无须提供其副本。

（f）描述的一般原则——

根据本条其他规定，描述起诉或控告中必须提及的地点、时间、物品、事件、行为或不作为时，使用日常用语清楚地表明所指的地点、时间、物品、事件、行为或不作为即可。

（g）意图陈述——

在说明诈骗、欺骗或伤害的意图时，不必说明意图诈骗、欺骗或伤害的具体对象，前提是设立的罪名没有将意图诈骗、欺骗或伤害某个特定对象作为罪名成立的要素。

（h）控告前科的形式——

起诉或控告中对犯有前科的指控应在起诉书或控告书结尾处提出，说明被告人曾经在某个时间、某个地点被宣判犯有该罪，但无须说明罪行的内容。

（i）数字和缩略语的使用——

可以使用表达事物常用的数字和缩略语。

（j）某些偷窃案件中应说明总额——

如果某人被指控触犯了刑法典第 280 条、第 281 条、第 282 条或第 283 条规定，则说明被控告的罪行涉及的财产总额以及实施犯罪的日期范围即可，无须说明具体次数或准确日期。

附录二　第137条（a）项（iv）目

(1961年, 1963年第474号法律公告,
1964年第18号法律公告第28条修订)

起诉书中陈述罪行的格式

1. 谋杀

谋杀，违反刑法典第204条。

罪行细节

××（A），于19　　年　　月　　日，在　　省　　地区谋杀了××（B）。

————————

2. 谋杀事后从犯

谋杀事后从犯，违反刑法典第222条。

罪行细节

××（B），于　　年　　月　　日，在　　省　　地区谋杀了××（C），××（A）在明知××（B）于　　年　　月　　日，在　　省　　地区犯下谋杀罪的情况下随后进行接待、安慰、藏匿、协助和供养该××（B）。

————————

3. 过失杀人

过失杀人，违反刑法典第205条。

罪行细节

××（A），于19　　年　　月　　日，在　　省　　地区非法杀害了××（B）。

————————

4. 强奸

强奸，违反刑法典第140条。

罪行细节

××（A），于19　　年　　月　　日，在　　省　　地区，未取得当事人××（B）同意而与之发生性关系。

————————

5. 伤人

第一罪项

故意伤人，违反刑法典第 231 条。

罪行细节

××（A），于 19　年　月　日，在　省　地区，以致其伤残、毁容或残废，或致其严重伤害，或以抵抗对自己的合法逮捕的目的将××（B）弄伤。

第二罪项

伤人，违反刑法典第 237 条。

罪行细节

××（A），于 19　年　月　日，在　省　地区，非法将××（B）伤害。

————

6. 盗窃

第一罪项

偷窃，违反刑法典第 275 条。

罪行细节

××（A），于 19　年　月　日，在　省　地区，偷窃包一个，属××（B）的财产。

第二罪项

接收被窃赃物，违反刑法典第 322 条。

罪行细节

××（A），于 19　年　月　日，在　省　地区，在知道该物为被窃赃物的情况下接收了属于××（B）的一个财物包。

————

7. 办事盗窃

办事员和仆人盗窃，违反刑法典第 281 条。

罪行细节

××（A），于 19　年　月　日，在　省　地区，作为××（B）的办事员或仆人，从该××（B）处偷窃了 10 码布。

————

8. 抢劫

暴力抢劫，违反刑法典第296条。

罪行细节

××（A），于19　年　月　日，在　省　地区，抢劫了××（B）身上的手表一块，并且在抢劫发生时、即将发生前或刚刚发生后对该××（B）实施了人身暴力。

———————

9. 入室盗窃

入室盗窃，违反刑法典第304条，和偷窃，违反刑法典第279条。

罪行细节

××（A），于19　年　月　日夜间，在　省　地区，闯入××（B）的住宅，企图偷窃，并实际窃取了房屋内的手表一块，属××（C）的财产，上述手表价值200先令。

———————

10. 威胁

以书面威胁索取财物，违反刑法典第299条。

罪行细节

××（A），于19　年　月　日，在　省　地区，意图敲诈××（B）的钱财，导致该××（B）收到含有威胁伤害××（C）的信件。

———————

11. 企图敲诈

企图通过威胁敲诈，违反刑法典第300条。

罪行细节

××（A），于19　年　月　日，在　省　地区，意图敲诈××（B）的钱财，指控或威胁指控该××（B）犯有违背意愿的罪行。

———————

12. 以欺骗手段获得某物

骗取财产，违反刑法典第313条。

罪行细节

××（A），于19　年　月　日，在　省　地区，从××（B）

处骗取了 5 码布，诈骗方式是谎称自己是××（C）的仆人，声称被××（C）派来向××（B）取上述布匹，并且得到了××（C）的授权，代表××（C）来接受上述布匹。

―――――――――

13. 共谋诈骗

共谋诈骗，违反刑法典第 317 条。

罪行细节

××（A）和××（B），于 19 年 月 日，在 省 地区，和与 年 月 日，在 省 地区，共谋通过××（A）和××（B）在××报纸植入广告的方式有意欺骗和虚假地呈现××（A）和××（B）当时正在 省 地区 公司从事真实的珠宝生意，并且可以向汇款 40 先令的人供应一定的珠宝物件。

―――――――――

14. 纵火

纵火，违反刑法典第 332 条。

罪行细节

××（A），于 19 年 月 日，在 省 地区，故意非法点燃一栋房屋。

―――――――――

15. 纵火和事前从犯

××（A），纵火，违反刑法典第 332 条。

××（B），同一犯罪事前从犯。

罪行细节

××（A），于 19 年 月 日，在 省 地区，故意非法点燃了一栋房屋。

××（B），于同一天，在 省 地区，劝诱或教唆该××（A）实施了上述罪行。

―――――――――

16. 损害

破坏树木，违反刑法典第 339 条。

××（A），于 19　　年　　月　　日，在　　省　　地区，故意非法破坏生长中的咖啡树。

————————

17. 伪造文书
第一罪状
伪造文书，违反刑法典第 350 条。

罪行细节

××（A），于 19　　年　　月　　日，在　　省　　地区，伪造某个遗嘱并声称该遗嘱是××（B）的。

第二罪状
故意使用伪造文件，违反刑法典第 353 条。

罪行细节

××（A），于 19　　年　　月　　日，在　　省　　地区，故意欺骗性地使用某个伪造的遗嘱并声称该遗嘱是××（B）的。

————————

18. 伪造钱币
故意使用伪造钱币，违反刑法典第 372 条。

罪行细节

××（A），于 19　　年　　月　　日，在　　省　　地区　　市场，在知情的情况下故意使用伪造的先令。

————————

19. 伪证
伪证，违反刑法典第 108 条。

罪行细节

××（A），于 19　　年　　月　　日，在　　省　　地区，作为证人为内罗毕肯尼亚高等法院的某个审判作证，故意提供虚假证词称其于　　年　　月　　日看到某人××（B）在街上招呼　　，所涉及的审判中原告为＿＿＿，被告为＿＿＿。

————————

20. 诽谤名誉

发布诽谤性内容，违反刑法典第 194 条。

罪行细节

××（A），于 19　年　月　日，在　省　　地区，以信件（书籍、宣传册、图片或视具体情况而定）形式发布影响 ××（B）的诽谤性内容。（必要时应指出影射）

————————

21. 伪造账目

第一罪状

欺骗性地伪造账目，违反刑法典第 330 条。

罪行细节

××（A），于 19　年　月　日，在　省　　地区，作为 ××（B）的书记员或仆人，故意欺诈性地在属于其雇主的上述 ××（B）的现金账簿上制作或参与制作假账，使账目显示在上述日期将 2000 先令付给了 ××（C）。

第二罪状

同第一罪状。

罪行细节

××（A），于 19　年　月　日，在　省　　地区，作为 ××（B）的书记员或仆人，故意欺骗性地在属于其雇主上述 ××（B）的现金账簿上遗漏或参与遗漏了某个实质性项目，即在上述日期收到来自 ××（C）的 1000 先令。

————————

22. 代理人盗窃

第一罪状

代理人或他人盗窃，违反刑法典第 283 条。

罪行细节

××（A），于 19　年　月　日，在　省　　地区，盗窃了 ××（B）委托给该 ××（A）安全保管的 2000 先令。

第二罪状

代理人和他人盗窃，违反刑法典第 283 条。

罪行细节

××（A），于 19　年　月　日，在　省　　地区，盗窃了替 ×

× （B） 收到的 2000 先令。

————

23. 前科

在实施上述罪行前，该××（A）曾于 19　　年　　月　　日在　　地点的　　法院的审判中被判犯有　　罪。

附件三　失效

附件四　废止

摩　洛　哥

刑事诉讼法 *

（22.01 号，2011 年 10 月 27 日修订）

导　　语

第二章　公诉和民事诉讼

第 2 条　公诉是依法惩罚犯罪人的诉讼活动，民事诉讼是依法解决民事纠纷、获得赔偿的诉讼活动。

第三章　公　　诉

第 3 条　公诉指对犯罪嫌疑人或犯罪的参与人提起控诉。

法官或其他被授权机构对公诉案件作出起诉决定。

受害方可依据法律中的相关规定提出公诉请求。

由法官、公职人员、权力机构人员提出的公诉将由摩洛哥王国检察官代理

————

* 本法于 2002 年 10 月 3 日由专家委员会与众议院批准通过，最近一次修正时间是 2011 年 10 月 27 日。本译本根据摩洛哥政府官网（http://www.mce.gov.ma）提供的阿拉伯语文本翻译。

受理。

第 4 条 被告人在审理过程中死亡或者犯罪案件已过追诉时效，并且不是必须追诉或者经特赦令免除刑罚的，法院将终止对公诉案件的审理。

根据法律明文规定，第 1 款所述案件也可通过调解终止审理。

在法律无明文规定的情况下，原告有权利在公诉案件有必要受审的情况下放弃起诉权。

第 5 条① 在法律无明文规定的情况下，公诉案件经过下列期限不再追诉：

1. 刑事案件追诉时效期限为 15 年；

2. 轻罪案件追诉时效期限为 4 年。

如果被害人是未成年人，其安全受到罪犯威胁时需向家属、监护人、代理人或代理机构申请援助，案件追诉时效期限自被害人达到法定成年年龄之日开始计算，期限与上述规定相同。

第 6 条② 依据法律，公诉案件追诉时效期限因起诉、调查、司法机关的审判或决议程序中断。

本条中的上诉程序是指向审查机关或决议机关提出上诉的所有过程。

本条中的调查程序是指侦查法官依据本法第三编第一章规定，在调查准备、完成阶段实施的所有措施。

本条中的审判程序是指法庭在案件审议过程中采取的所有措施。

公诉案件追诉时效期限的中断对未参与起诉、调查或审判的当事人同样有效。

公诉时效中断后需重新起算时效期限，时效期限见本法第 5 条。

公诉时效中止是指因法定事由而使权利人不能行使请求权，诉讼时效期间的计算暂时停止。

公诉时效期间从中止时效的原因消除之日继续计算。

---

① 22.01 号刑事诉讼法第 5 条根据 35.11 号法文的第 2 条规定进行了修订、完善。据伊历 1432 年 11 月 29 日（2011 年 10 月 27 日）第 5990 期官方公报记载，35.11 号法文于伊历 1432 年 11 月 19 日（2011 年 10 月 17 日）颁布。

② 该法第 6 条根据上述 35.11 号法文的第 2 条进行修订、完善。

第一卷　犯罪案件的侦查和勘验

第一编　犯罪案件侦查部门

第三章　检　察　院

第一节　主要职权

第 36 条　检察院有权提起公诉，监督审判活动，要求依法处理公诉案件。在执行任务时，检察院有权直接利用公权力。

第三卷　未成年人专门法规

第二编　审理机关和决议机关

第一章　一般规定

第 463 条　未成年人犯轻罪和违警罪时，由拥有未成年犯罪审判法官的一审法庭的王国检察官提起违警罪诉讼，王国总检察官提起重罪和轻罪诉讼。

发生犯罪时，应将未成年人移交至公权力机关，王国检察官有权依据相关机构提起的公诉进行调查。

民事诉讼方不得对未成年人提起公诉。

南　非

1977 年刑事诉讼法[*]

（1977 年第 51 号法）

第一章　检察机关
（第 2—18 条）

第 2 条　……
［第 2 条依据 1998 年第 32 号法第 44 条废止］

第 3 条　……
［第 3 条依据 1983 年第 59 号法的第 11 条修改，后依据 1992 年第 92 号法第 8 条第 1 款废止］

第 4 条　……
［第 4 条依据 1992 年第 92 号法第 8 条第 1 款废止］

第 5 条　……
［第 5 条依据 1998 年第 32 号法第 44 条废止］

第 6 条　撤诉或停止起诉的权力

总检察长或任何依据第 8 条代表国家、组织或个人提起诉讼的人，可以——

（a）在被告人就某项指控做出答辩之前撤诉，这种情况下该被告人不应当被认为是无罪释放；

（b）在被告人答辩后至被宣判前的任何时间停止指控，如果法院此时正在就该指控对被告人进行审理，则法院应对该被告人作出无罪判决；若该指控是由总检察长或第 8 条规定的团体或个人之外的人提起的，无论是一般案件还

＊ 本法于 1997 年 7 月 22 日由南非共和国总统、参议院、众议院制定生效，由 2010 年第 6 号法即刑法（司法程序）修正案最新修正。本译本根据南非政府官网（http://www.justice.gov.za）提供的英语文本翻译。

· 323 ·

是特殊案件，除非总检察长或其授权的任何个人同意，否则该起诉不能被停止。

[注意：1991 年第 122 号法矫正服务与监管事项修正案第 36 条增加了 (c) 和第 2 款，此条款自宣告日生效。见附录]

第 7 条　依据证明文件发起的自诉与撤诉

（1）在任何情况下，当检察长拒绝就一项指控提起诉讼时——

（a）任何个人，只要他能证明在此案件中遭受了犯罪行为的侵害，且与案件存在实质性和特殊利害关系；

（b）丈夫，若犯罪侵害的对象是他的妻子；

（c）死者的妻子或孩子或任何近亲属（若没有妻子或孩子的话），如果死者是因为该项犯罪行为致死的；或

（d）未成年人、精神病人的法定监护人或监管者，如果该项犯罪行为是针对他的监护对象的，

可以依据 2008 年儿童保护法第 9 条及第 59 条第 2 款的规定，亲自或通过法定代表人，在任何有权审理该犯罪行为的法院提起或进行诉讼。

[第 1 款由 2008 年第 75 号法第 99 条第 1 款替代]

（2）（a）依据本条，任何自诉人必须向法律授权的官员出具由总检察长签署的证明文件，证明总检察长本人看见过指控所依据的陈述词和宣誓书并且拒绝以国家名义起诉，否则无权要求法院传唤被告人；

（b）总检察长在拒绝起诉的情况下，应当依据自诉人的申请，签署（a）述及的证明文件；

（c）启动该项程序的法院必须在 3 个月内开始审理程序，否则依据本款发出的证明文件失效；

（d）上述（c）项同样适用于在本法生效之前依据被本法废止规定所签发的证明文件，该文件的日期按照本法规定界定为本法的生效日期。

第 8 条　法定自诉权

（1）经法律明确授权，任何组织或个人，可以在任何有审判权的法院针对任何犯罪行为提起和进行诉讼。

（2）任何意图依据第 1 款行使自诉权的个人或组织，只能在与总检察长协商并在总检察长就任何特定罪行或特定种类犯罪放弃起诉权后，才可以依法行使这种权利。

（3）依据上述第 2 款，总检察长可以在其认为合适的条件下放弃起诉权，其中一个条件是，对行使起诉权的个人或起诉人之任命必须征得总检察长批准，且总检察长有权在任何时候就该项起诉事宜行使他放弃起诉权之前本可以行使的任何权力。

第 9 条　自诉人的保证金

（1）第 7 条述及的自诉人必须向有管辖权的犯罪发生地治安法院提交保证金，否则不能采取或启动任何自诉行动——

（a）保证金数额：司法部会不定期地在报纸上公布保证金数额，此保证金是为了确保自诉人不会无故拖延对被告人进行有结论的起诉；并且

［（a）由 1993 年第 129 号法第 39 条替代］

（b）保证金数额，受理案件的法院确认足以保证被告人因为答辩而可能发生的费用。

［（b）由 1993 年第 129 号法第 39 条替代］

（2）被告人被传唤答辩时，可向审理该案的法院申请复核第 1 款（b）确定的金额，因此，在被告人答辩前，该法院也许会——

（a）要求自诉人提交额外保证金，此金额可与治安法院要求的保证金数额相同；或者

（b）引导自诉人就该法院确定的保证金数额签署一项保证书，该保证书既可以有担保人，也可以没有担保人。

（3）当自诉人未如期对被告人提起诉讼，或依据第 11 条起诉被驳回，则第 1 款（a）述及的保证金归国家所有。

第 10 条　以自诉人名义提起的自诉

（1）自诉从开始到实施，整个过程都必须以自诉人的名义进行。

（2）起诉书、指控书或传票，视具体情况，应真实准确地描述自诉人情况，并由该自诉人或其法定代表人签字，但上述第 8 条述及的自诉人除外。

（3）同一个指控不能由两个或两个以上的人分别起诉，除非该两个或两个以上的人遭受了同一犯罪行为的侵害。

第 11 条　自诉人不出庭

（1）若自诉人未在治安法院确定被告人出庭的当日到庭，或在被告人受审时出庭，则针对该被告人的控告将被驳回，除非法院有理由相信自诉人有不可抗拒的原因缺席审判，如出现这种情况，法院也许会延期再审。

（2）如果某项控告因自诉人不到庭的原因被驳回，该被告人应立即被释放，且不能就同一项控告再被提起自诉指控，但总检察长或总检察长许可的公诉人可代表国家对被告人就该项罪名提起公诉。

第 12 条　提起自诉的方式

（1）按照本法规定，自诉的程序与公诉的程序完全相同。假定一个人被提起自诉，如果案件在下级法院，必须用传票传他上庭，而如果案件在高等法院，除非此人因某项犯罪行为已被羁押，且据此提起自诉的人已将自诉权力依

据本法第8条移交其他团体或个人，否则必须用传票传他上庭。

（2）当诉讼依据第7条第1款被提起，且被告人已认罪，该诉讼应以国家的名义继续。

第13条　总检察长可以中途介入自诉案件

总检察长或受总检察长指导的地方公诉人，可以在任何自诉案件未决之前向法院申请动议停止该案件的一切诉讼活动，以便针对该案犯罪行为的诉讼改由国家实施或继续，法院必须据此作出决议。

第十二章　简易程序审理
（第75—76条）

第76条　指控书和刑事案件记录的证据

（1）除非被告人是被传票传唤出庭，否则在下级法院进行的简易程序只需向该法院书记官提交指控书即可，而在高等法院，必须对被告人依据第144条规定起诉，并把起诉书提交给该法院登记官才能启动。

（2）除了指控的罪名，指控书上还应包括被告人姓名、（如果知道并确认）地址以及被告人的性别、国籍和年龄等。

［第2款由1992年第139号法第13条替代］

（3）（a）法院应当保存诉讼程序的记录，可以手写也可打字，或者指令保存，记录中应包括指控书、传票或起诉书。

（b）只要出示依据第235条规定制作的记录复印件，法庭便可证明此记录已做。

（c）若记录的正确性被质疑，被质疑的法院为了确定记录的正确性，可以用口头或书面宣誓的方式对必要的证据进行听证。

第十四章　指　　控
（第80—104条）

第80条　被告人可以审查指控

被告人可以在相关刑事诉讼的任何阶段审查指控。

第81条　合并指控

（1）在某个指控有新的证据出现之前的任何时候，同一个诉讼程序中针对同一个被告人的所有指控都可以合并，合并时，每一个指控都应被连续编号。

（2）（a）法院为了司法的需要，可以指令对被告人单独审理已与其他指控合并的任一指控。

（b）条款（a）中的命令既可以在审判前作出，也可在审判中作出，其有效期一直持续到被告人被该指控审判之前，而且对该项指控的审理方式应与其假定被单独指控一样的方式进行。

第 82 条　若干指控被同一法院处置

当一个被告人在同一个诉讼程序被控多项罪名，且无论出于何种原因，其中一项指控应由地区法院或高等法院处理，则所有的指控都应当在同一个法院用同一个程序处理。

第 83 条　犯罪事实存疑时的指控

如果因为任何原因可以确认犯罪事实存在不确定性，或者因为别的原因无法确认犯罪的事实到底构成何种犯罪时，该被告人可能会被指控所有罪行其中一部分罪行，任何罪行都可能被一次性审理或选择其中之一进行审理。

第 84 条　指控的要素

（1）依据本法以及其他关于特殊犯罪的法律规定，一项指控应以下述方式列明与犯罪相关的细节，比如犯罪的时间、地点，实施犯罪的人，如果有，犯罪所侵害的人或财产，如果有，所指控的犯罪因何发生，以及可以合理充分地通知被告人指控的性质。

（2）当任何第 1 款述及的详情未被检察官知晓，则它应当在指控中被充分说明。

（3）在刑事诉讼中，任何界定犯罪的法律术语或类似描述法定罪行的术语，应当充分。

第 85 条　对指控的异议

（1）被告人可以依据第 106 条规定，在指控答辩之前对指控提出异议，假如他有下列理由——

（a）指控不符合本法规定的指控要素；

（b）指控没有列明相关犯罪的基本要素；

（c）指控没能指明犯罪行为；

（d）指控没能包含指控中声称的充分资料：但如果被告人依据第 119 条或者第 122A 条规定被要求在治安法院答辩时，他不能针对指控提出异议；或

［（d）由 1992 年第 139 号法第 14 条修改］

（e）在指控中被告人的名字或描述不正确，

但这种情况下，被告人应给检方合理通知，说明对指控提出异议的意图并陈述其异议的依据：然而总检察长或检察官可能会视情况放弃这种通知的要

求，于是，法院如果有充分理由的话，可以豁免被告人的通知义务或推迟审判以使该通知能够被送达。

（2）（a）如果法院认为依据第1款提出异议的理由充分，法院应命令修改指控或陈述细节。

（b）当检察官未能遵守（a）中的命令时，法院可以宣布指控无效。

第86条　法院可以要求修改指控

（1）当指控书中因缺少实质性的主张从而有缺陷时，或者实质性主张与证明它的证据之间有出入时，或者应在指控书中插入的文字或者细节被遗漏，或者应被删除的文字或者细节被插入指控书中，或者指控书有其他任何错误，法院如果认为对该指控书的相关修改不会对被告人的辩护产生危害，则他可在判决前指令对指控书进行修改，包括其中的缺陷、分歧、遗漏和插入或其他有必要修改的错误，不管该指控是否披露了犯罪的行为。

（2）如果法院认为合适，可以为了便于修改而中止诉讼程序。

（3）依据法院命令修改指控后，审判应当依据修改后的指控在指定的时间进行，审判的方式和结果应当与假定该指控一开始就是修改的情况相同。

（4）假如指控没有依据本条规定修改，则不应影响此程序的效力，除非法院拒绝允许修改。

第87条　法院可以命令解释细节

（1）只要没有新的证据出现，被告人可在诉讼的任何阶段书面请求检察官提供其指控的主要事实的细节，而且审理该指控的法院可以指令检察官向被告人解释与指控相关的细节，如果有必要，可以延迟程序，以便检察官可以做到。被告人依据第119条或第122A条在治安法院对该指控进行答辩时不适用该规定。

［第1款由1992年第139号法第15条修改］

（2）细节应单独向被告人解释，不能与指控本身相混，并应当被记录，审判时应当认为该指控已经被修改得与细节一致。

（3）在决定是否需要对细节作出详细解释，或判断起诉书中的缺陷是否对案件在高等法院审判时的司法公众产生重大影响时，高等法院依据第144条第3款（a）规定，可以考虑重要事实的摘要或，视情况而定，预审的记录。

第88条　用证据补正指控缺陷

当指控缺少构成犯罪指控的实质性主张时，除非在判决前已经引起法院的注意，否则此缺陷必须在审判中被补正，证明它必须被补正。

第89条　禁止在指控中重提以前的定罪

除非以前的定罪是被告人此次被控罪行的构成要素，否则，被告人以前的定罪在任何指控中都不应被再次提及，不论是在国内还是国外。

第 90 条　指控不必指明或否定例外、豁免、但书、理由或资质

在刑事诉讼程序中，任何例外、豁免、但书或资质，不论其是否与创设此犯罪条文的法律里面关于此犯罪的描述一致，都可以由被告人进行举证证明，从而不必在指控中指明或否决，如果检察官在指控中指明或否决，他不必对此进行证明。

第 91 条　指控不必陈述行为的方式或方法

指控不必说明行为做出的方式、使用的方法或工具，除非方式、方法或工具是相关犯罪的基本因素。

第 92 条　遗漏和瑕疵不影响指控

（1）下列情况不应认定为指控缺陷——

（a）无须证明的实质性主张缺失；

（b）指控里提到的相关人员只有办公处所或描述性称呼，没有正式姓名；

（c）在时间无论如何并非犯罪构成的基本要素的情况下，没有指明犯罪时间；

（d）声称犯罪发生于控告或指控送达之后的日期或在一个不可能的日期或完全不可能发生的日期；

（e）没有增加被告人或其他人，或者增加得不完美；

（f）缺少相关物品或事件的价值描述，或损坏、伤害或破坏的数量描述，且损坏、伤害或破坏的价值、价格和数量在任何时候都不构成犯罪根本要素的。

（2）如果时间不是相关犯罪的关键要素，任何特定日期或时段被指控声称为犯罪行为发生的日期或时段，宣称此行为或犯罪发生于指控声称的日期或时段以外其他日期或时段的证明，只要不超过 3 个月，这样的证明应被采纳支持指控，但是——

（a）也可能证明中给出的时间或时间段超过指控中声称的日期或时间段 3 个月以上，除非正在处理诉讼的法院发现被告人可能在犯罪行为的案情事实上受到不公平对待；

（b）如果法院认为被告人可能在犯罪行为的案情事实上受到不公平对待，则应当拒绝此种证明，并且不应认为被告人已对指控进行了答辩。

第 93 条　不在犯罪现场的证明以及犯罪或犯罪行为的时间

如果被告人的答辩是其不在犯罪现场，而审理该案的法院认为新的证据（即证明正在调查中的行为或罪行不是发生在指控里声称的日期和时间的证据）会对被告人的答辩产生不利的影响，该法院应当驳回该证据，尽管证据里指明的日期或时间是在指控所述日期或时间前后 3 个月时间段内。第 92 条第 2 款（b）的规定对本条同样适用。

第 94 条　指控可提出不同场合下犯罪

如果被告人据称在一段时间内的不同场合对某个特定的人实施了一项犯罪行为，被告人可以因那个时间段内不同场合下实施的该项犯罪被一个指控所起诉。

第 95 条　适用于特别指控的规则

（1）针对某个遗嘱证书提出的指控不必声明此证书属于任何人的财产。

（2）针对任何固定安装在广场、街道、空地以及公共场所的物品，或宗教礼拜用品，或与公共场所或办公室有关或取自上述地点的物品的指控，不必声明这些物品是任何人的财产。

（3）与土地所有权或土地收益的证明文件相关的指控，叙述时可把该文件视同文件的主人或其中一个享有与文件相关土地收益的主人的证据，只要对该宗土地或其中任意部分的叙述方式能够让人辨识即可。

（4）与盗窃任何租借给被告人物品相关的指控，可将相关物品描述为出借人的所有物。

（5）针对公务人员利用职务之便将财物据为己有的犯罪行为的指控，可以将相关物品描述为国家财产。

（6）针对公职人员拥有或控制的物品的指控，可将相关物品描述为该公职人员合法拥有或合法控制的物品，无需指出该公职人员的名字。

（7）针对任何法人机构依法管理、控制或保管下的动产或不动产相关的指控，可以将相关财产描述为在相关法人合法管理或控制或合法保管的财产。

（8）如果不能确定犯罪实施时涉案财产属于两个或两个以上人中哪一个人，则相关指控可将财产描述为任一个人的财产，每一个人都提到但不指明属于哪一个人，在审判中只要能证明在犯罪行为实施时，该财产属于上述人员中任何一人就行了，无需证明具体哪一个人。

（9）盗窃发生时，如果被盗财产并没有在物主的实际占有之下，而是在替物主实际保管人的占有之下，指控文件只需说明盗窃的物品在此人的合法保管或合法控制之下即可。

（10）与盗墓相关的指控不必指明墓地里的物品归何人所有。

（11）如果一个指控中提到某个商标或某个假冒商标时，无需更多描述也无需出示任何复印件或传真，只需陈述该商标是商标或者假冒商标是假冒商标即可。

（12）针对破门入室或以实施犯罪为目的进入任何房屋或处所等相关的指

控，不论指控是依据普通法还是依据成文法提出，指控中可以陈述被告人实施特定的犯罪行为，也可以陈述被告人实施的犯罪行为检察官不知道具体名称。

第 96 条　公司、商号或合伙企业在指控中的命名

在指控中述及公司、商号或合伙企业只需提及公司、商号或合伙企业的名称即可。

第 97 条　在指控中提及财产共有人的名字

在指控中述及财产共有人时，提及其中一个物主和另一个物主或，视情况而定，其他物主们即可。

第 98 条　指控谋杀或过失杀人罪只需提出杀人事实即可

在谋杀指控中只需提出被告人非法并有意杀害死者即可，在过失杀人罪的指控中只需提出被告人非法杀害死者即可。

第 99 条　与文件有关的指控只需提到文件的名字即可

（1）任何针对伪造文件、故意使用或传递伪造文件、偷窃、毁坏或隐藏，或其他非法处理文件的相关指控中，描述文件时只需用文件名称或通常用来描述文件的代称或文件大意即可，无需出示任何复印件或传真件，也无需描述该文件的价值。

（2）除上述第 1 款已经提到的情况以外，任何情况下只要指控中的主张涉及文件，无论是手写、印刷还是图形，描述时只需提及文件的通常名称或代称即可，无需出示文件全部或部分的复印件或传真件，除非文件的字句是构成犯罪的要素。

第 100 条　针对盗窃的指控可以指明总的损失

如果指控是针对一个人对金钱或财物的受托监管人实施的行为时，该指控可以用一个具体的数额来界定总的损失，无论总损失构成是一笔具体数额的金钱或物品，还是表示盗窃物品价值及一段时间连续发生盗窃的价值的具体数目。

第 101 条　与伪证相关的指控

（1）一个指控，只要与主导或实施宣誓，或提供伪证，或做虚假陈词，或者获得伪证或虚假证词等有关——

（a）不必陈述誓言或宣誓或证据或陈词的字句，如果它陈述了主要大意；

（b）在审理中不必声称，也不必证实，虚假证据或陈述在相关诉讼程序中非常重要，或对任何人造成不公正。

（2）针对提供或获取或试图获取虚假证据相关的指控，不必宣称虚假证据需呈送或意图呈送的法院、法庭或官员的管辖权，也不必说明其性质。

第 102 条　破产相关的指控

与破产相关的指控不必说明任何债务、破产行为或裁决或相关法院程序，也不必说明由法院或法院授权做出的命令，或签发的逮捕令或文件。

第 103 条　提起欺诈意图的指控不必声明或证明针对的特定对象或提及财产的所有人或公布欺诈细节

在任何指控中，如果需要声明被告人在实施某项行为时带有欺诈意图，指控中仅需声明并证明被告人实施了带有欺骗意图的行为，而不必声明并证明被告人欺骗的任何特定对象，也不必提及所涉财产的所有人或公布任何欺骗的细节。

第 104 条　针对有争议事项的指控不必提及参考书目

针对印刷、出版、制作或生产亵渎神明、煽动性、淫秽或诽谤名誉的物品，或分销、展示、展览、贩卖、标价出售或留存待卖任何淫秽书籍、小册子、报纸、其他印刷品或手抄本的指控，不应被公开以免引起争议，也不能因为指控中未列出有关词句而被认为指控理由不充分。但法院可以命令检察官提供详情，说明支持其指控的相关书籍、手册、报纸、印刷品或手写物中具体段落。

第十九章　在治安法院答辩，在高等法院审判
（第 119—122 条）

第 120 条　指控书和记录证据

诉讼程序应由向相关法院书记官提出指控书而启动，第 76 条第 2 款和第 3 款的规定大体上适应指控书及诉讼程序的记录。

第十九章之一　在治安法院答辩，在地区法院判决
（第 122A—122D 条）

［第十九章之一及标题由 1979 年第 56 号法第 7 条增加］

第 122B 条　指控书和记录证据

第 120 条的规定大体上适用于第 122A 条下的诉讼程序以及诉讼程序的记录。

［第 122B 条由 1979 年第 56 号法第 7 条增加］

尼日利亚

刑事诉讼法[*]

1990 年尼日利亚联邦法律第 80 章[①]

第二章　刑事审判和调查的一般规定

第十节　州　程　序

总检察长的权力

第 72 条　（1）尽管本法有相关规定，但每个州的总检察长仍然可以任何目的向高等法院呈交刑事起诉书，如同英格兰总检察长可以向英格兰高等刑事法院呈交刑事起诉书一样。

（2）在与英格兰总检察长提起的诉讼相类似的案件中，可以结合案件情况依据上述刑事起诉书合法地提起诉讼，并且，高等法院的惯例和诉讼程序将对此予以承认。

刑事诉讼中的州控制

第 73 条　（1）在任何刑事诉讼中，对于违反州法律的罪行，在其判决前的任何阶段，州总检察长可以通过庭上陈述或书面通知法庭的方式提出撤诉，说明本州不打算继续诉讼程序，并且应当因此对被撤销指控或撤销起诉的被告人立即予以释放。

（2）如果被告人已经被押交监狱应当将其释放，或者如果其被保释应当

---

[*]　本法于 1945 年 6 月 1 日由国民议会颁布实施，本译本根据尼日利亚法律网（http://www.nigeria-law.org）提供的英语文本翻译。

[①]　在尼日利亚联邦整合的所有法律中，《刑事诉讼法》排在第 80 章。——译者注

免除具结，并且，如果提出撤诉时被告人没有出庭，登记官或法院其他适当的官员应当立即将该撤诉登记以书面方式通知被告人可能被羁押的监狱或其他地方的负责人，该通知对于释放被告人而言具有充分效力，或者如果被告人没有被羁押，应当立即书面通知被告人及其保证人，无论发生何种情况，均应当将类似书面通知送交具结在诉讼中出庭的任何证人。

（3）一旦依照本条规定提出撤诉，释放被告人不应当对随后依据同样事实对其提起的诉讼构成妨碍。

第74条 （1）在对违反州法律由治安法官处理的罪行所作的调查中，在作出押交令之前的任何阶段，州总检察长可以通过庭上陈述或书面通知治安法官的方式提出撤诉申请，说明本州不打算继续诉讼程序，并且应当因此对被撤销指控的被告人立即予以释放。

（2）如果根据治安法官的调查，被告人被提交审判，州总检察长可以在被告人被押交后审判前的任何时间提出撤诉，以书面的方式通知被告人被交付审判的法院本州不打算继续诉讼程序，并且应当因此对被撤销指控的被告人立即予以释放。

（3）一旦依照本条提出撤诉，应当适用本法第73条第2款的规定，法院应当采取适当的行动。

（4）一旦依照本条规定提出撤诉，释放被告人不应当对随后依据同样事实对其提起的诉讼构成妨碍。

第75条 （1）在治安法院进行的审判或调查中，公诉人经过法院的同意，或者根据州总检察长在关于违反本州法律的罪行的案件中作出的撤诉指示，可以在宣布判决或作出押交令之前随时撤回对任何人的起诉，既可以对犯罪人被指控的罪行全部撤回起诉，也可以对犯罪人被指控的一个或多个罪行撤回起诉，对于该撤诉——

（a）如果是在调查过程中作出的，应当将涉及该罪行的被告人予以释放。

（b）如果是在审判的过程中作出的——

（i）在要求被告人作出辩护之前，应当将涉及该罪行的被告人予以释放；

（ii）在要求被告人作出辩护之后，应当对涉及该罪行的被告人宣告无罪：

在治安法官审判的案件中，如果公诉人在涉及该罪行的被告人被要求作出辩护之前撤回起诉，治安法官认为根据案件的是非曲直对被告人作出宣告无罪的决定是适宜的，可以酌情作出此决定，当治安法官作出任何宣告无罪的决定时，应当对作出此决定的原因进行批注并记录在案。

（2）当自诉人依照本条规定撤回对犯罪的起诉时，治安法官可以酌情在费用方面作出对该自诉人不利的裁决。

（3）依照本条规定释放被告人不应当对随后依据同样事实对其提起的诉讼构成妨碍。

第十一节　一般诉讼程序

提起诉讼

第 77 条　在符合其他制定法的规定的情况下，可以依照本法的规定提起刑事诉讼：

（a）在治安法院，依据经宣誓的控告或无宣誓的控告而提起诉讼。

（b）在高等法院提起诉讼——

（i）依照本法第 72 条的规定，由州总检察长通过刑事起诉书提起诉讼；

（ii）在法官或治安法官依照本法第 31 节的规定简易裁决被告人犯有伪证罪后，通过在法院呈交的刑事起诉书提起诉讼；

（iii）在治安法官依照本法第 36 节的规定将被告人交付审判后，通过在法院呈交的刑事起诉书提起诉讼；

（iv）依据经宣誓的控告或者无宣誓的控告提起诉讼。

第 78 条　可以下列方式在治安法院提起诉讼——

（a）向法院提交控告书，无论是否经过宣誓，控告该治安法官有权强制到庭的某人实施了某项犯罪，并以下文规定的方式向该治安法官提交申请签发对此人的传票或逮捕令的申请书；

（b）依据指控书中包含的一个指控而将无证逮捕之人带至法院，指控书应当详细说明被指控人的姓名、职业、指控事项以及被指控犯罪实施的时间和地点；并且指控书应当由负责案件的警察签名。

第十八节　指　　控

罪行合并和人合并之格式文件

第 150 条　可以参照本法附件二中列明的格式文件提出指控，在必要的情况下可以对一些方面进行修改以使指控适应每一起案件特定情况的需要。

第 151 条　（1）每一个指控都应当说明被告人被指控的罪行，如果创设该罪行的成文法针对该罪行规定了特定的罪名，指控中只可以该罪名描述该罪行。

（2）如果创设该罪行的成文法未针对该罪行规定具体的罪名，应当对该罪行的定义进行说明以通知被告人其被指控的事由。

（3）应当在指控中阐明上述已经实施的犯罪所违反的成文法及其条款。

（4）提出指控的事实相当于声明该被指控罪行已经满足了法律规定的特定情况下的每一个构成要件。

（5）如果被告人先前已经被定罪，为了影响法院可能判定的刑罚而意欲证明此前科时，应当先指控后续罪行，并且如果前科犯罪是一个依照任何成文法的规定均可以受到指控的罪行，应当附加一份包含前科犯罪事实、日期和地点的声明。

如果由法官和陪审团审判或者由法官和参审员进行审判，除非符合本法第216条规定的情形，否则不应当对此前科犯罪的声明进行宣读或指控。

第152条　（1）指控应当包含犯罪的时间和地点的详细说明，并且包含受到犯罪侵害的人或与犯罪相关的物的详细说明，如果有的话，给被告人关于其被指控事由的充分合理的告知。

（2）如果被告人被指控犯有背信犯罪、欺诈性挪用财产、欺诈性伪造账目或欺诈性侵占，应当充分说明已经实施的被指控犯罪涉及的总额和期间，不必说明犯罪涉及的特定物品和确切日期，如此拟定的指控应当视为本法第156条意义上的犯罪指控。

（3）对指控中的细节应当以日常用语作出简要描述，尽可能地避免使用技术术语。

（4）当犯罪系这样一种性质：依本法第151条和本条第1款至第3款要求的详细说明也无法充分告知被告人其被指控的事由时，则该指控还应当包含犯罪实施方式的详细说明，以使得被告人可以被充分告知。

第153条　（1）在每一个指控中，用于描述某个罪行的用语应当被视为与创设该罪行的成文法中该用语的含义相同。

（2）图形和缩写可以被用于表达以此为常见表达方式的任何事物。

第154条　（1）对指控中的财产应当以日常用语进行描述，以合理清晰地表明指控中提及的财产，如果对指控财产作出如上描述，除非为描述财产的特殊股权或者特殊价值所需，否则不必指明财产的所有人或者财产的价值。

（2）如果财产被授予一人以上，并且指控中提及财产的所有人，则依照本法第146条相关条款的规定，这个财产可以被表述为"有主"。

（3）硬币、钞票或通货券可以被描述为货币，任何关于货币的主张，以及关于财产的说明，应当通过证明硬币、钞票或通货券的金额的方式加以证实，尽管不需证明构成此金额的纸币的特定种类或者钞票、通货券的特定性质，并且，在盗窃或诈骗案中，应当通过证明被告人不诚实地挪用或获取硬币、钞票或通货券，或者其价值的任何部分的方式加以证实，如果被告人只打算转移该硬币、钞票或通货券中的一部分，剩余部分应当退还给送交人或转交给其他人，并且应当已经退还或转交完毕。

（4）当依照本法第 146 条 b 款的规定将任何财产的所有权描述为合股公司、企业、社团、俱乐部或者注册名称的团体的财产时，不需要提供公司、社团、俱乐部或团体的注册证明，除非法院裁决应当提供这样的证明，在此类案件中法院可以为此目的延期审理，或者通过用某一人或某些人的名字代替注册名称的方式酌情修改诉讼程序。

（5）（a）当一个成文法中的某个犯罪构成表明：该犯罪是以不作为的方式实施的数个选择性行为中的一个构成，或者以作为或不作为的方式实施的并符合数个选择性行为能力中的一个，或者符合数个选择性意图中的一个，或者某个犯罪构成表明构成犯罪的行为内容是可选择的时候，则该作为、不作为、行为能力或意图及成文法中其他可选择性的内容可以在指挥中选择性地予以描述。

（b）如果某罪为成文法所设定，任何针对该罪的指控均不需要对创设该罪名的成文法的任何例外、豁免或法律效力予以否定。

（6）对指控中的被告人或其中被提及的任何其他人的身份或名称的描述，可以以本法第 147 条陈列的方式进行。

（7）如果有必要在指控中指明任何文书或票据，以其众所周知的名字、名称或者以其主旨就足以对其进行描述的，则不必陈列其任何副本。

（8）依据本法的任何其他规定，如果在任何指控中均须表明地点、时间、事件、争议事实、作为或不作为，则用日常用语以能够合理清晰表明上述内容的方式实现对上述内容的描述即可。

（9）在陈述欺诈或伤害的主观意图时，如果创设某一罪行的成文法没有规定对特定人的欺诈或伤害是构成该罪行的必要条件，不必对欺诈或伤害任何特定人的意图作出说明。

第 155 条 当不止一人被指控犯有同一罪行或者在同一事项中犯有不同罪行，或者当一个人被指控实施了一种罪行，另一个人被指控为教唆犯、从犯或被指控正在企图实施该犯罪，或者当一个人被指控犯有盗窃罪、侵占罪、背信犯罪，另一个人被指控收受、保留或帮助处置或隐瞒该犯罪的标的物时，法院可以按照其认为适宜的方式对他们合并或者单独指控和审理。

第 156 条 对于任何人被指控犯有的不同罪行应当分别指控，除非符合本法第 157 条至第 161 条规定的情形，否则这样的指控均应单独审理。

第 157 条 （1）当一个人被指控犯有不止一项罪行，从第一项罪行到最后一项罪行的实施系在 12 个月内完成时，无论犯罪是否涉及同一个人或同一起事件，其可以在一个审判中被指控和审理，但是，被指控的罪行不得超过三项。

（2）当企图实施犯罪本身即构成犯罪时，任何犯罪与企图实施该犯罪本身均应当被视为同一种犯罪。

第 158 条 在一系列作为或不作为彼此关联构成同一事项、构成系列犯罪或者构成系列犯罪中具有相同或相似性质的部分的情况下，如果同一个人被指控实施不止一项犯罪，无论是重罪、轻罪或是简单的罪行，这些罪行可以被合并审判，被指控人可以因此在一个审判中被审理。

第 159 条 如果构成一项犯罪的多个作为或多个不作为符合目前定义和惩罚犯罪的生效成文法中的两个或多个独立的定义，则被指控犯罪的人可以因这些罪行中的每一项在一个审判中被指控和审理。

第 160 条 如果一个或者一个以上的作为或不作为本身即构成某种犯罪，当它们结合在一起构成一个不同的犯罪时，被指控犯罪的人可以因为这些作为或不作为结合在一起时构成的犯罪或者因为任意一个或多个作为或不作为构成的犯罪而在一个审判中被指控和审理。

第 161 条 如果某一作为或不作为，或者某一系列的作为或不作为，不能确定地证明其能够证实的事实将构成几个罪行中的哪一个，则可以指控被告人已经实施了所有罪行或者罪行中的任何一种罪行，任何数目的此类指控可以被同时审理，或者可以选择指控被告人已经实施了上述罪行中的某种罪行。

变更指控

第 162 条 任何人因一个有缺陷或错误的指控而被传讯受审，法院可以准许或指令拟定一个新的指控，或者增加或变更原来的指控。

第 163 条 任何法院在作出判决或者陪审团作出裁断之前可以随时变更或增加任何指控，每一个这样的变更或增加都应当向被告人宣读并说明原因。

第 164 条 （1）如果依照本法第 162 条或第 163 条的规定拟定一个新的指控或者变更原来的指控，法院应当立即要求被告人到庭答辩，并且要求其说明是否准备好基于新的指控或变更后的指控而受到审判。

（2）如果被告人表明其没有准备好（基于新的指控或变更后的指控而受到审判），法院应当斟酌考量其可能给出的理由，如果法院认为立即启动审判程序不会侵害被告人的辩护或者检察官对案件的处理，其可以进行审判，即这个新的指控或变更后的指控如同原来的指控一样。

（3）如果法院认为依据新的指控或变更后的指控而立即启动的审判程序很可能侵害被告人的辩护或者检察官对案件的处理，法院可以指令重新审理或者延期审理，延长的期限为法院认为必要的时间。

（4）当对指控作出上述修改时，应当在指控上批注修改决定的简要记录，为了与之相关的诉讼程序的目的，该修改后的指控应当被视为已经提起的指控。

第165条　当在法院审判开始之后变更指控时，检察官和被告人应当被允许再次传唤或重新传讯已经被询问的任何证人，并且应当被允许其根据指控的变更部分询问或交叉询问此证人。

第166条　在指控中对任何罪行或要求表述的细节的表述错误，以及对任何罪行或细节的表述遗漏，在案件的任何阶段，均不应被视为是具有实质性的（错误或遗漏），除非被告人事实上被这样的错误或遗漏所误导。

第167条　因其表面上的任何形式上的缺陷而对指控的任何异议，应当在向被告人宣读指控之后立即提出，而不是在之后提出。

第168条　当某异议满足下述条件时，该异议不得成为中止执行判决或撤销判决的理由，该条件是指：该异议若在向被告人宣读指控后或者在审判过程中提出，法庭可能已经予以纠正完毕。下列原因也不得成为中止执行判决或撤销判决的理由——

（a）因为在传唤或使陪审团、参审员或者其中的任何人宣誓的过程中所犯的错误；

（b）因为担任陪审团成员或者参审人员的人不适宜担任陪审员或参审员；

（c）因为基于对陪审员的质疑而可能提出的任何异议，或者使陪审员、证人或其中的任何人宣誓时不符合法定形式；

（d）因为指控或与其相关的任何诉讼程序与为支持指控而提出的证据存在任何的不一致，该不一致是就控告原因出现的时间而言的，并且已经证实该指控，如果法律有规定，是在法律限定的时间内提起的；

（e）因为指控或与其相关的任何诉讼程序与为支持指控而提出的证据存在任何的不一致，该不一致是就控告原因出现的地点而言的；

（f）因为在任何控告、令状或与指控相关的其他诉讼程序与就指控而提出的证据之间存在任何所谓的实质上或形式上的缺陷。

剩余指控的撤回

第 180 条 （1）当对一个人作出了一项以上的指控并且对其中一项或多项指控已经定罪时，公诉人可以经过法庭的允许，撤回剩余的一项或多项指控，或者法庭可以自行动议对上述指控中止审判。

（2）该撤回应当具有对撤回的一项或多项指控宣告无罪的效果，除非已经定罪的裁判被撤销，此时，依据撤销定罪裁判的法庭的命令，撤回指控的法庭可以应公诉人的请求，继续审理该被撤回的一项或多项指控。

第四章①

第三十三节　简易审判

控告听证

第 284 条 在依据本章审理的案件中，如果控告人在最终命令作出之前的任何时间使法庭确信有充分的理由允许其撤回指控，法庭可以允许其撤回指控并且因此将被告人无罪释放，除非法庭指令应当对被告人予以释放而不是无罪释放。

第 296 条 当一个或多个当事人对另一个或多个当事人提出控告，并且在该前述提到的案件中的一个或多个被告人自己或与案外的其他一个或多个人一起，对该前述提到的案件中的一个或多个控告人或者对控告人与案外人一起，提出反诉，且这些反诉均涉及同一事项时，如果法庭认为适宜，可以对该控告一并进行听证并裁决。

第 297 条 当一个或多个当事人对另一个或多个当事人提起两个或更多的控告，并且这些控告指向同一事项时，如果法庭认为适宜，可以对这些控告一并进行听证并裁决。

---

① 原文本即如此。——译者注

第六章 被告人被治安法官交付给高等法院审判之后的程序

第三十七节①

检察官起诉书

第 337 条　所有检察官起诉书时均应载明当日的日期，连同为适应个案情况对起诉书作出的必要的修改，起诉书可以下列形式开头——

在州高等法院

司法审判区

19 日

在 19 日开庭时，代表州的总检察长向法庭起诉 C. D. 犯有如下罪行（或多项罪行）。

第 338 条　（1）当依据本法规定将检察官起诉书提交高等法院时——

（a）一份该检察官起诉书中所指控犯罪的描述，或者当多于一项犯罪受到指控时，每个所指控犯罪的描述，应当在起诉书中以独立的段落呈现，称为罪项；

（b）检察官起诉书中的罪项应当以被指控的罪行陈述开始，称为罪行陈述；

（c）罪行陈述应当以日常用语简要描述，尽可能避免使用术语，且不需要陈述犯罪的所有构成要件，并且，如果被指控的犯罪是由成文法创设的，应当包含对该成文法的引用；

（d）在罪行陈述之后，应当以日常用语对罪行细节进行陈述：

当任何成文法对起诉书中要求的罪行细节作出限制时，本项中关于罪行细节的规定不能超出该成文法的规定；

（e）当检察官起诉书中包含多项罪项时，罪项应当被连续编号。

（2）本法附件三罗列的表格，或者尽可能与其一致的表格应当被用于可以适用的案件中，同时，在其他案件中达到相似效果或者尽可能与其一致的表格也应当被适用，其中罪行陈述和罪行细节随着每个案件的情况不同而变化。

第 339 条　本法第 151 条至第 180 条的规定应当适用于检察官起诉书中的罪项，但可在细节上作必要的变更。

---

① 原文本即如此。——译者注

审前程序

第 340 条　（1）依据本条规定，当任何人向高等法院起诉某人犯有可公诉罪刑，且此人因该罪行可以被合法起诉时，指控此人犯有可公诉罪刑的起诉书可能会被提起，并且无论起诉书在何地被提起，如果登记官确信符合本法第 341 条的规定，应当提交起诉书并且因此继续进行诉讼。

若登记官拒绝提交起诉书，如果法官确信符合上述要求，可以依检察官申请或者法官自行决议，指示登记官提交该起诉书，该起诉书应当因此被提交。

（2）依据下文的规定，指控任何人犯有可公诉罪刑的起诉书不应被提起，除非该起诉书系依据本法第三十一节作出的以起诉被指控犯有伪证罪的人的命令而提起。

对该人有犯罪前科的指控，或是对该人是惯犯的指控，或是对该人是酒徒的指控，尽管该指控未被包含在前述的指示中，也可以被包含在起诉书中。

（3）如果提出的起诉书不符合上款的规定，并且已经被登记官提交的，该起诉书应当被撤销：

如果——

（a）该起诉书中包含多项罪项，就其中一项或多项罪项而言，上述条文规定已经获得遵守，则仅应当将依据本条被错误地包含进来的罪项撤销；

（b）当一个被交付审判的人被依据起诉书或依据起诉书中的任何罪项定罪时，依据本条规定，该起诉书或罪项在上诉的任何程序中均不应当被撤销，除非在审判中申请将其撤销。

第 341 条　（1）依据本条第 2 款和本法第 342 条的规定，所有的检察官起诉书均应由检察官签字。

（2）当州长因公共便利认为适宜时，起诉书可以由其他公职人员或者州长指定的人员签字。

第 342 条　如果满足下列条件，登记官应当接收来自个人的起诉书——

（a）在起诉书上背书有检察官的证明，大意是其已经看过该起诉书并且拒绝在公开诉讼中对起诉书中陈述的罪行提起公诉；

（b）该个人已经具结，以 100 奈拉的金额连同登记官批准的以相同金额具结的保证人，保证从提起该起诉书直至案件审结期间被告人按要求出庭并支付法庭可能命令支付的费用，或者该个人可以不具结，而是向法院存放 100 奈拉，以保证其遵守相同的条件。

第 343 条　任何人在已经遵守本法第 342 条规定的情形下，起诉书应当由该个人签字而不是由检察官或者前述州长指定的其他人签字，此人应当有权通过该起诉书起诉。

突 尼 斯

刑事诉讼法 *

（1968 年第 23 号法）

刑事诉讼法关于公诉与民事诉讼的审前程序

第 1 条 公诉针对每一种犯罪行为，目的是对犯罪行为实施处罚，同时，当发生危害时还可对犯罪行为提起民事诉讼以要求损害赔偿。

第 2 条 公诉由负有责任的相关法院职员提起并实施。被害人也可根据该法的规定提起公诉。

第 3 条 除法律规定的以上形式外，提起公诉的主体不限于以存在纠纷为前提，也不必要以提起控告或民事诉讼为前提。

第 4 条 公诉的终止有以下几种情形：

（1）被告人死亡的；

（2）已过追诉时效期限的；

（3）国家实行大赦的；

（4）罪名已被刑法取消的；

（5）案件已经予以裁判的；

（6）根据法律规定予以和解的；

（7）如果没有必要进行追诉，则应撤销控告。对某一被告人的控告撤销，意味着对其余被告人的控告也一并撤销。

---

* 本法于 1968 年 7 月 17 日由突尼斯共和国全国委员会通过，1968 年 7 月 24 日颁布实施。本译本根据突尼斯共和国官方公报 1968 年 7 月 26 日和 1968 年 7 月 31 日第 31 期提供的阿拉伯语文本翻译。

第一编 提起公诉和直接立案（正式）侦查

第一章 司法警察

第二节 检察总署

第 20 条 检察总署负责提起并进行公诉，负责执行法律及裁判。

第 21 条 检察总署应根据第 23 条的规定向共和国总检察长提交书面申请，并根据司法利益发表口头意见。

第三节 共和国总检察长的职责及公诉人

第 22 条 共和国总检察长①的职责是在国家司法部长助理的监督下确保刑事诉讼法在全国范围内得以实施。

他可以亲自代表上诉法院的检察总署，指挥检察总署的其他代表人。

同时，他在履职期间可以请求公共力量的援助。

在遇到紧急情况时，国家司法部长助理有权任命公诉人代表共和国总检察长。

第 23 条 国家司法部长助理应当向共和国总检察长告知他所知道的罪行，并有权亲自或通过他所任命的人进行案件监督，有权向专门法庭提供其认为合适的书面意见。

第 24 条 公诉人自己或助理公诉人代表的是上诉法院的检察总署。

他负责确保刑事诉讼法在上诉法院所辖司法区内得以执行。

他指挥上诉法院检察总署的其他代表。

他在任职期间有权直接请求公共力量的援助。

---

① 根据 1987 年 12 月 29 日第 80 号法，共和国总检察长的职位被删除，该法对其进行了如下规定：第 1 条："共和国总检察长的职位被删除，将该项司法属性赋予上诉法院的检察官，他们在国家司法部长助理的管理下直接行使其司法区内的司法属性。国家司法部长助理应当向共和国总检察长告知他所知道的罪行，允许其亲自或通过被任命的公益诉讼记录人员进行案件跟进，允许其向专门法庭提供国家司法部长助理认为合适的书面意见。"第 2 条："有违该法的先前所有规定都被取消，特别是 1986 年 8 月 18 日第 1 号法关于共和国总检察长职位的规定。"

第四节　共和国检察官的职责

第 25 条　共和国检察官自己或通过其助理可以代表预审庭的检察总署。

第 26 条　共和国检察官负责侦查犯罪案件，受理公共职员或个人的犯罪案件，接受对他们的控告。

除非是重罪或轻罪现行犯罪，共和国检察官不得采取预审措施，但他可以进行初步调查，为收集犯罪证据作指导。他还可以在此类案件中大概盘问犯罪嫌疑人，并接受犯罪嫌疑人陈述，整理记录。

即使是重罪和轻罪现行犯，他也可以任命一位司法警察负责其职责内的工作。

第 27 条　犯罪行为发生地的检察官或犯罪嫌疑人经常居住地的检察官或犯罪嫌疑人最后居住地的检察官或犯罪嫌疑人被抓获地点的检察官，负责案件的侦查。

第 28 条　对于重罪现行犯，共和国检察官应立即告知共和国总检察长和专职公诉人，并应立即要求当地的预审法官进行预审。

第 29 条　公职人员应当向共和国检察官告知他们任职期间所查清的犯罪事实以及对此案的建议、讯问记录和相关文件。

如未证实他们有不良动机，不得根据本条规定对其追究诬告罪或处以罚金。

第 30 条　共和国检察官负责决定受理或终止控告及报案。

第 31 条　共和国检察官对没有足够证据支持的控告，应通过预审法官对未知情况进行临时性调查，以进行控告或在必要时针对某个人作出要求。

第 32 条　控告人除维护个人权利外，还可要求归还被拿走的财物。

美 洲

阿 根 廷

刑事诉讼法典[*]

第 23984 号法令：国家刑事诉讼法典

第一编 总 则

第二章 因涉嫌犯罪提起的诉讼

第一节 刑事诉讼

第 5 条 公诉

由检察院对不属于自诉的案件依其职权提起公诉。除法律明确规定的情况外，检察院不得中止、中断和终止办理公诉案件。

第 6 条 当事人提起的附带事项诉讼

依据《国家刑法典》授权的当事人未向相关当局提起控告的，不得行使提起附带事项诉讼的权利。

第 7 条 自诉

自诉依照本法典规定的特殊形式通过告诉提出。

第 8 条 进行刑事诉讼的障碍

刑事诉讼活动涉及政治审判、剥夺豁免权和特别审判的，应当依照本法典第 189 条及其后各条的规定进行。

第 9 条 不得审前裁决

除应当进行先期审理的事项外，由法院对诉讼过程中出现的其他所有问题

---

[*] 本法典于 1991 年 8 月 21 日由国会批准，后历经 20 余次修改，最近一次修正时间是 2012 年 12 月。本译本根据阿根廷《官方简报》提供的西班牙语文本翻译。

进行审理。

第 10 条　先期审理事项

依据法律规定，涉嫌犯罪的行为的存在与否取决于其他应当先期审理的事项的，无论公诉案件还是自诉案件，都应当对案件立即中止审理，直至对先期审理事项作出确定判决。

第 11 条　评议

尽管有前条规定，但法院可以对申请先期审理事项是否严谨、有据、可信进行评议。一旦发现提出先期审理事项的目的只在拖延诉讼时间，法院有权命令继续审理该案。

第 12 条　先期审理

先期审理由检察院提起。法官审理该案前，应当传唤利害关系方。

第 13 条　犯罪嫌疑人、被告人的释放　紧急审理

诉讼中止时应当释放犯罪嫌疑人、被告人，但预审中应当紧急审理的除外。

第四章　诉讼参与人、辩护人以及证人和被害人的权利

第一节　检　察　院

第 65 条　职权

检察院依法提起诉讼，行使刑事检控的权力。

第 66 条　申诉法院和上诉法院检察官的职权

除法律规定的一般职权以外，申诉法院和上诉法院的检察官根据关于公共部事务的组织法的规定依法向上诉法院、申诉法院和联邦法院提起公诉。

第 67 条　审理法院检察官的职权

除法律规定的一般职权以外，审理案件的法院的检察官参与法院对案件的审理，并在下列情形下可以传唤参与预审的检察官代表：

1. 在情节复杂的案件中，旨在让检察官代表向审理法院的检察官提供信息和协助。审理法院的检察官甚至可以在法庭辩论阶段对检察官代表进行传唤。

2. 审理法院的检察官不符合检察官要求的或者无法提起诉讼的，由检察官代表口头提起诉讼。

3. 根据本法典第 196 条的规定，委托检察官代表对刑事案件进行调查。

第 68 条　检察官代表的职权

检察官代表负责向预审法官和矫正法官提起公诉；审理法院的检察官需要

履行前条规定的职责，协助审理法院的检察官的工作。根据本法典第196条的规定，检察官代表负责相关公诉案件的调查，调查工作应当符合本《刑事诉讼法典》第二编第二章的规定。

第四节　自　诉　人

第82条　自诉人的权利

公诉案件中具有民事行为能力的受到侵害的被害人有权作为自诉人提起诉讼、提供证据并证明其证据有效，以及根据本法典的相关规定提起不服申请。

无行为能力的被害人，可以由其法定代理人代替行使上述权利。

刑事案件中的被害人死亡的，其健在的配偶、父母、子女或者最后的法定代理人有权行使上述权利。

自诉人同时也是附带民事诉讼原告人的，可以根据刑事诉讼的规定和民事诉讼的规定合并提起刑事案件的自诉和附带民事诉讼。

第82－1条　公益诉讼

依法注册成立的旨在捍卫人权的团体或者组织可以对伤害、反人类或者严重侵犯人权的刑事案件提起自诉。

该权利的行使不得妨碍本法典第82条涉及的人员行使自诉的权利。

（依据2009年11月18日颁布的26550号法令第1条增加，参见2009年11月27日《官方简报》）

第83条　提起的形式和内容

自诉人本人或者自诉人委托的特别代理人在律师的协助下通过提交刑事自诉书提起自诉。接受自诉请求的法院可以对自诉申请予以驳回。刑事自诉书应当包含以下内容：

1. 自诉人的姓名或者机构名称，自诉人的真实、合法住址。

2. 简要的案情陈述。

3. 自诉人知晓的犯罪嫌疑人和被告人的姓名和住址。有多名被告人的，应当逐一列出其姓名和住址。

4. 由特别代理人提起自诉的，应当随附特别代理人的身份证明文件。自诉人系团体或者组织的，应当随附依法成立该团体或者组织的证明文件的有效副本。

5. 由自诉人提起的自诉申请和署名。

（依据2009年11月18日颁布的26550号法令第2条修改，参见2009年11月27日《官方简报》）

第 84 条　期间

自诉人根据本法典第 90 条规定的期间提起自诉申请。法院在 3 日内通过裁定书或者决定书决定是否受理。自诉人对该意见不服的，可以提起上诉。

第 85 条　委托同一代表、责任和撤回

自诉人应当遵守本法典第 416 条、第 419 条和第 420 条的规定。非因自诉人申请，个人、团体或者组织间不得委托其中之一人代为提起自诉申请。

（依据 2009 年 11 月 18 日颁布的 26550 号法令第 3 条修改，参见 2009 年 11 月 27 日《官方简报》）

第 86 条　作证的义务

自诉人在诉讼过程中同样承担证人的作证义务。

第二编　预　　审

第四章　犯罪嫌疑人的处置

第五节　提起诉讼

第 306 条　期间和要求

自讯问之日起 10 日内，只要有足够证据证明有犯罪事实的，且犯罪嫌疑人作为案件参与人应当被处以刑罚的，法官可以命令对犯罪嫌疑人提起诉讼。

第 307 条　预先讯问

未经讯问或者未证明犯罪嫌疑人拒绝供述的，不得对犯罪嫌疑人提起诉讼，否则起诉无效。

第 308 条　形式和内容

通过起诉书提起诉讼，起诉书应当包含以下信息，否则无效：被起诉人的个人信息，对于尚未获得个人信息的，应当包含可以确定其身份的信息；援引有关法律规定简要阐述被起诉的案件事实，提起公诉的原因和案件事实法律定性的理由。

第 309 条　证据不足

在本法典第 306 条规定的期间内，法官认为证据尚不足以提起公诉，也不构成不予起诉的，应当作出说明这一状况的决定书，并且不影响对案件的继续调查。有被逮捕人的，法官应当命令释放被逮捕人，并且在释放以前作出对其实施监视居住的决定。

第 310 条　提起无须预防性羁押的诉讼

作出提起无须预防性羁押的决定书，但不满足本法典第 312 条规定的，可以临时性释放犯罪嫌疑人，法官可以命令犯罪嫌疑人不得离开特定地点、不得前往特定地点，或者应当在指定的日期向有关部门报到。有必要剥夺犯罪嫌疑人某项特殊权利的，可以命令犯罪嫌疑人不得行使该项权利。

《国家刑法典》第二编第一章、第二章、第三章、第五章、第六章和第五章第一节所述的案件的被害人与犯罪嫌疑人共同生活在同一家庭中，即使该家庭因事实婚姻关系组成，法官根据案件情节有理由推断上述行为可能再次发生时，也可以命令实施将被起诉的犯罪嫌疑人驱逐出家庭的预防性措施。如果该犯罪嫌疑人必须承担供养家庭的义务，将其从家庭中驱逐会造成由其供养的家庭成员生活困难的，法官应当命令未成年人专家介入，辅助上述家庭成员完成相应的家庭任务。

（依据 1994 年 12 月 7 日颁布的 24417 号法令第 8 条修改，参见 1995 年 1 月 3 日《官方简报》）

第 311 条　性质和不服

在预审阶段，可以由法官依其职权撤销上述决定，或者对其进行修改。

当事人对上述决定有异议的，应当立即提起上诉。由犯罪嫌疑人和公共部提出撤销申请；公共部和自诉人也可以对决定提出修改申请。

第 311 –1 条

在对《国家刑法典》第 84 条第 1 项和第 94 条所述的案件进行诉讼时，驾驶机动车辆造成他人受伤或者死亡后果的，法官可以在起诉书中暂时禁止被起诉人驾驶机动车辆，暂扣其驾驶执照，并将该裁决告知国家交通事务登记处。

该预防措施应当执行至少 3 个月，可以再延长至少 1 个月，直至作出判决。可以撤销执行和延长执行该预防措施的决定，对执行和延长执行该预防措施不服的，可以提出撤销或者上诉。

通过《交通与道路安全法》第 83 条第 4 项所述的培训课程的，培训时间可以计入上述预防措施的期间内。

（依据 1994 年 12 月 23 日颁布的 24449 号法令第 93 条修改，参见 1995 年 2 月 10 日《官方简报》）

第三编 审 判

第二章 特别程序

第三节 自诉案件的审理

第一分节 自 诉

第 415 条 自诉的权利

在自诉案件中受到侵害的所有具有民事行为能力的人都有权利向有关法院提起诉讼，并且有权同时提起刑事附带民事诉讼。

无民事行为能力人在自诉案件中受到侵害的，其法定代理人有权利向有关法院提起诉讼，并且有权同时提起刑事附带民事诉讼。

第 416 条 代表的统一

有多名自诉人并且自诉人的利害关系一致的，应当由一名代表提起诉讼。上述多名自诉人无法达成一致的，由官方指定一人作为自诉代表。

第 417 条 诉讼的合并

自诉案件的合并适用一般规则，但是自诉案件与公诉案件不能合并。

因互相侮辱而起诉的案件也应当合并。

第 418 条 自诉的形式和内容

自诉人本人或者自诉人的代理人通过递交起诉书提起自诉，按照被指控人的人数提交起诉书的副本。起诉书应当包含以下内容，否则自诉应当被驳回：

1. 自诉人的姓名和住址。

2. 被指控人的姓名和地址。不知道被指控人的姓名和地址的，起诉书应当包含任何可以用于确定被指控人身份的描述。

3. 对案件进行清楚、明确、详细的叙述。知道案件事实发生的地点、日期和时间的，应当指明案件事实发生的地点、日期和时间。

4. 列举所提供的证据，随附证人、鉴定人和翻译人员的名单，并且注明上述人员的住址和职业。

5. 提起刑事附带民事诉讼的，应当根据本法典第 93 条的规定写明附带民事诉讼的请求。

6. 自诉人本人提起诉讼的，自诉人应当在起诉书上签名。自诉人不会或者不能签名的，可以请求他人代为签名。代签人应当在书记员面前签名。

起诉书应当随附在起诉书中提及的文件，否则对自诉予以驳回。无法随附上述文件的，应当注明存放文件的地点。

第 419 条　自诉人的义务

在自诉案件的所有审理过程中，自诉人应当服从法院的管辖，并接受因此产生的一切法律后果。

第 420 条　撤回起诉

自诉人可以在诉讼的任何阶段撤诉，但是要承担对撤诉以前进行的审理产生的责任。

第 421 条　刑事附带民事诉讼的保留

撤回刑事诉讼时不可以提出附加条件，但是未与刑事诉讼一并提起的民事诉讼可以申请保留附加条件。

第 422 条　撤销起诉

自诉案件发生下列情形之一的，应当予以撤销：

1. 自诉人或者自诉人的代理人在 60 日内未参与诉讼的。

2. 自诉人或者其代理人无正当理由未出席法院调解或者法庭辩论的。有正当理由不出席法院调解或者法庭辩论的，应当尽可能在法院调解或者法庭辩论以前说明理由，或者在法院调解或者法庭辩论完毕后 5 日内说明理由。

3. 在对《国家刑法典》规定的诽谤和侮辱案件提起的诉讼中，自诉人死亡或者失去行为能力的，自其死亡或者失去行为能力之日起 60 日内自诉人的继承人或者代理人未到庭继续诉讼的。

第 423 条　撤诉的效力

刑事诉讼因自诉人撤诉而终结，停止审理的，法院判定由自诉人承担诉讼费用。但诉讼各当事人同意分担诉讼费用的除外。

撤诉产生对所有被指控人有利的效果。

巴 西

刑事诉讼法典 [*]

巴西联邦共和国

总统府

总统办公室

法律部副主任

1941 年 10 月 3 日第 3.689 号法令

第一卷 诉讼的一般规定

第三编 刑事诉讼

第 24 条 在公诉罪案件中，刑事诉讼由检察院通过检举提起，但当法律另有规定时，则取决于司法部长的要求，或被害人或有资格代表被害人的人的告诉。

第 1 段 如果被害人死亡，或经法院宣告为失踪人，则告诉权转移至其配偶、直系血亲尊亲属、直系血亲卑亲属或兄弟姐妹。（1993 年 8 月 27 日第 8.699 号法律重新编号的独一段）

第 2 段 无论任何罪行，如果对联邦、州、市的财产或利益造成损害，则刑事诉讼按照公诉罪案件处理。（经 1993 年 8 月 27 日第 8.699 号法律引入）

第 25 条 在提出检举后，告诉不可以撤回。

第 26 条 在轻微违反案件中，刑事诉讼通过现行犯拘禁笔录或司法当局或警察当局发出的命令状展开。

第 27 条 在公诉罪案件中，任何人都可以推动检察院提起刑事诉讼，通

---

[*] 本法典于 1941 年 10 月 3 日由总统颁布，并于次年 1 月 1 日起生效。本法典后经多次修订，本译本依据的是 2012 年 7 月 4 日的修正案。本译本根据巴西总统府官网（ht-tp：//www2. planalto. gov. br）提供的葡萄牙语文本翻译。

过书面方式向检察院提供与事实及行为人相关的资料，并指出事发时间、地点及其他心证之要素。

第 28 条　如果检察院机关不提出检举，申请将警务侦查或其他犯罪消息文件归档，但法官认为所提出的原因不成立时，则应当将侦查卷宗或犯罪消息文件移送给总检察长。如果总检察长认为应当提出检举，则指定检察院另一机关提出检举；如果坚持归档的请求，则法官应当接纳有关请求。

第 29 条　在公诉罪案件中，如果没有在法定期间内提出公诉，则允许自诉，而检察院有权附议自诉，拒绝接受自诉及提出替代性的检举，参与所有诉讼程序，提供证据资料，提起上诉，以及如果原告人有疏忽，可以在任何时候以主当事人身份参与诉讼。

第 30 条　自诉应当由被害人或有资格代表被害人的人提出。

第 31 条　如果被害人死亡，或经法院宣告为失踪人，则自诉权或继续诉讼的权利转移至其配偶、直系血亲尊亲属、直系血亲卑亲属或兄弟姐妹。

第 32 条　在自诉罪案件中，如果当事人证明其为贫困人士，则法官应其申请任命律师以推动刑事诉讼。

第 1 段　在不影响当事人本人或其家庭赖以维生的资源的情况下，没有能力负担诉讼费用者视为贫困。

第 2 段　被害人居住的警区的警察当局开具的证明书属于贫困的充分证据。

第 33 条　如果被害人未满 18 周岁、精神失常或智力迟缓，并且没有法定代理人，又或代理人的利益与被害人的利益相冲突，则自诉权可由特别保佐人行使。该特别保佐人由有管辖权的法官依职权或应检察院的申请委任。

第 34 条　如果被害人年龄已满 18 周岁但未满 21 周岁，则自诉权可由其本人或其法定代理人行使。

第 35 条　（经 1997 年 11 月 27 日第 9.520 号法律废止）

第 36 条　如果拥有自诉权的人多于 1 人，则配偶优先，之后按照第 31 条的排序由最近的血亲行使。如果原告人撤回或弃置诉讼，他们当中任一人均可以继续诉讼。

第 37 条　依法成立的财团、社团或公司可实行刑事诉讼，且应当由其合同或章程指定的人作为代表；如果无指定时，则应当由其领导人或股东经理作为代表。

第 38 条　如果被害人或其法定代理人没有自知悉犯罪行为人身份之日起计的 6 个月期间内行使自诉权或告诉权，又或在第 29 条规定的情况下，没有自提出检举的期间届满之日起计的 6 个月期间内行使自诉权或告诉权，则自诉权或告诉权失效，但法律另有规定者除外。

独一段　如果属第 24 条的独一段①和第 31 条规定的情况，自诉权或告诉权在经过相同的期间后失效。

第 39 条　告诉权可以由权利人本人或拥有特别权力的受权人，以向法官、检察院机关或警察当局作出书面或口头声明的方式行使。

第 1 段　如果作出口头或书面告诉，但被害人、其法定代理人或受权人的签名未经过当地认定，则告诉应当在法官或警察当局面前制作成书录，如果告诉是向检察院机关作出，检察院机关亦应当在场。

第 2 段　告诉应当包含所有有助于查明事实和行为人的资料。

第 3 段　作出告诉或将告诉制作成书录后，警察当局应当展开侦查；如果不具有管辖权，则将之移送给具有管辖权的当局处理。

第 4 段　如果告诉是向法官作出或在法官面前制作成书录，则应当移送给警察当局以便进行侦查。

第 5 段　如果告诉提供的资料足以让检察院机关具备条件推动刑事诉讼，则检察院机关应当豁免侦查，并在 15 日内作出检举。

第 40 条　如果法官或法院在其审理的卷宗或文件中发现存在公诉罪，则应当将作出检举所需的复印件及文件移送给检察院。

第 41 条　检举或自诉应当包含犯罪事实和所有犯罪情节的阐述、被控诉人的身份资料或可证明被控诉人身份的说明、犯罪类别，如果有需要，则应当列出证人名单。

第 42 条　检察院不可放弃刑事诉讼。

第 43 条　（经 2008 年第 11.719 号法律废止）

第 44 条　自诉可由拥有特别权力的受权人作出，委任文件应当包含原告人的姓名及对犯罪事实的描述，但有关说明须取决于事先应当向刑事法庭申请的措施者除外。

第 45 条　检察院可附议自诉，并有权参与随后的所有诉讼程序，即使刑事诉讼专属于被害人亦然。

第 46 条　如果被告人被拘禁，则作出检举的期间为 5 日，自检察院机关接收警务侦查卷宗之日起计；如果被告人处于自由状况或已保释，则作出检举的期间为 15 日。如果属于后者，而且侦查卷宗曾交还警察当局（第 16 条），则有关期间自检察院机关再次接收侦查卷宗之日起计。

第 1 段　如果检察院豁免警务侦查，则作出检举的期间自收到犯罪消息文件或告诉之日起计。

---

①　原文本即如此。——译者注

第 2 段　附议自诉的期间为 3 日，自检察院机关接收卷宗之日起计。如果检察院机关没有在 3 日内表明立场，则视为不附议自诉，余下的诉讼程序继续进行。

第 47 条　如果检察院认为需要作出进一步澄清、补充文件或新的心证数据时，则应当直接向任何应当或可以提供有关资料的机关或人员索取。

第 48 条　针对犯罪任一行为人作出的自诉将使程序延伸至犯罪的所有行为人，而检察院应当确保其不可分割性。

第 49 条　放弃对犯罪任一行为人行使自诉权，其效果延伸至犯罪的所有行为人。

第 50 条　明示放弃自诉权的声明书应当由被害人、其法定代理人或拥有特别权力的受权人签名。

独一段　如果被害人为年满 18 周岁的未成年人，即使其法定代理人放弃自诉权，被害人的自诉权并不会因此被剥夺；如果后者放弃自诉权，则前者的自诉权也不会因此被剥夺。

第 51 条　给予任一被告人的宽恕延伸至所有被告人，但拒绝接受宽恕者除外。

第 52 条　如果原告人的年龄已满 18 周岁但未满 21 周岁，宽恕权可由其本人或法定代理人行使，但是，如果遭另一方反对，则宽恕不产生效力。

第 53 条　如果被告人属精神失常或智力迟缓，并且没有法定代理人，又或代理人的利益与被告人的利益相冲突，接受宽恕的权利由法官指定的保佐人行使。

第 54 条　如果被告人年龄未满 21 周岁，对于接受宽恕的事宜适用第 52 条的规定。

第 55 条　宽恕可由拥有特别权力的受权人接受。

第 56 条　对于非诉讼的明示宽恕，适用第 50 条的规定。

第 57 条　对于默示放弃和默示宽恕，容许采用任何证据方法。

第 58 条　在卷宗内作出明示声明给予宽恕后，被告人应当被通知须在 3 日内表达是否接受宽恕，同时还应当被清楚告知沉默将被视为接受有关宽恕。

独一段　一旦接受宽恕，法官应当裁定行为的可处罚性消灭。

第 59 条　接受非诉讼的明示宽恕应当记载于由被告人、其法定代理人或具有特别权力的受权人签署的声明书。

第 60 条　在仅以自诉推动的案件中，刑事诉讼在以下情况被视为弃置：

1. 刑事诉讼开始后，原告人没有在连续的 30 日内推动刑事诉讼进行；

2. 如果因原告人死亡或嗣后无能力而任何有权继续诉讼的人都没有在 60 日的期间内到法庭推动诉讼程序，但第 36 条规定的情况除外；

3. 如果原告人在没有合理解释的情况下没有出席诉讼程序中任何一个其应该在场的环节，或者在最后的陈述中没有提出定罪请求；

4. 如果原告人是法人，但在其消灭后没有继受人。

第 61 条　在诉讼的任何阶段，如果法官认定行为的可处罚性消灭，则应当依职权宣告。

独一段　如果检察院、原告人或被告人作出申请，则法官应当分别处理，听取对立当事人的意见，如果认为合适，则应当给予 5 日的期间举证，并在 5 日内作出裁决，或者留在终局判决时审理有关事宜。

第 62 条　如果被控诉人死亡，则法官仅在查看死亡证明书及听取检察院的意见后，方可宣告行为的可处罚性消灭。

第八编　法官、检察院、被控诉人和辩护人、辅助人及司法辅助人员

第二章　检　察　院

第 257 条　检察院负责：（经 2008 年第 11.719 号法律修订）

1. 按照本法典规定的方式，行使专属权力推进刑事公诉；以及（经 2008 年第 11.719 号法律引入）

2. 监督法律的执行。（经 2008 年第 11.719 号法律引入）

第 258 条　如果检察院机关是法官或任何一方当事人的配偶或三亲等内的直系或旁系血亲或姻亲，则不能在有关诉讼中行使职能，且对其适用关于法官的申请回避和回避规定中倘适用的内容。

第二卷　诉讼种类

第一编　普通诉讼程序

第二章　属于陪审团法院管辖的诉讼程序

（经 2008 年第 11.689 号法律修订）

第二节　起诉、不起诉和简易无罪判决

（经 2008 年第 11.689 号法律修订）

第 413 条　如果法官相信事实的真实性和显示正犯或共同犯罪人的充分迹

象存在，则应当起诉被控诉人和说明理由。（经 2008 年第 11. 689 号法律修订）

第 1 段　起诉的理由说明仅限于指出事实的真实性和显示正犯或共同犯罪人的充分迹象存在，而法官应当声明其认为被控诉人触犯的法律规定，并指明构成加重犯的情节和加重刑罚的原因。（经 2008 年第 11. 689 号法律引入）

第 2 段　如果属于可担保的犯罪，则法官应当裁定给予保释或维持保释的担保金额。（经 2008 年第 11. 689 号法律引入）

第 3 段　对于是否维持、废止或替换先前进行的拘禁或剥夺自由的措施，法官应当作出具理据的决定；如果涉及处于自由状况的被控诉人，则法官对于是否命令拘禁或采用本法典第一卷第九编规定的任何措施，亦应当作出具理据的决定。（经 2008 年第 11. 689 号法律引入）

第 414 条　如果不相信事实的真实性或显示正犯或共同犯罪人的充分迹象存在，则法官应当不起诉被告人，并说明理由。（经 2008 年第 11. 689 号法律修订）

独一段　当可处罚性仍未消灭时，如果有新证据，则可以重新作出检举或自诉。（经 2008 年第 11. 689 号法律引入）

第 415 条　法官应当立即宣判被控诉人无罪，并说明理由，如果：（经 2008 年第 11. 689 号法律修订）

1. 证明事实不存在；（经 2008 年第 11. 689 号法律修订）

2. 证明被控诉人并不是行为的正犯或共同犯罪人；（经 2008 年第 11. 689 号法律修订）

3. 事实不构成刑事违法行为；（经 2008 年第 11. 689 号法律修订）

4. 证明了免除刑罚或阻却犯罪的理由。（经 2008 年第 11. 689 号法律修订）

独一段　本条正文第 4 款的规定并不适用于 1940 年 12 月 7 日第 2. 848 号法令——《刑法典》——第 26 条正文规定的不可归责情况，但当不可归责是惟一的辩护理据时除外。（经 2008 年第 11. 689 号法律引入）

第 416 条　针对不起诉判决或简易无罪判决，可以提起非狭义的上诉。（经 2008 年第 11. 689 号法律修订）

第 417 条　如果有迹象显示存在其他正犯或共同犯罪人但没有被包括在控诉书内，则法官在起诉或不起诉被控诉人时应当命令将卷宗送回检察院，以便在 15 日内按照本法典第 80 条的规定作出处理。（经 2008 年第 11. 689 号法律修订）

第 418 条　法官可以对事实作出与控诉书不同的法律定性，即使对被控诉人适用更重的刑罚亦然。（经 2008 年第 11. 689 号法律修订）

第 419 条　如果法官不同意控诉，认为存在与本法典第 74 条第 1 段所指不同的犯罪，并对有关犯罪没有管辖权时，则应当把卷宗移送有管辖权的法

官。（经 2008 年第 11.689 号法律修订）

独一段　在诉讼卷宗移送另一名法官后，被拘禁的被控诉人应当交由该法官处理。（经 2008 年第 11.689 号法律引入）

第 420 条　起诉裁判应当按照以下方式通知：（经 2008 年第 11.689 号法律修订）

1. 当面通知被控诉人，获委任的辩护人和检察院；（经 2008 年第 11.689 号法律引入）

2. 按照本法典第 370 条第 1 段规定的方式，通知受委托的辩护人、原告人和检察院辅助人。（经 2008 年第 11.689 号法律引入）

独一段　如果被控诉人处于自由状况且没有被找到，则应当进行公示通知。（经 2008 年第 11.689 号法律引入）

第 421 条　当起诉裁判在形式上确定后，应当将卷宗移送陪审团法院主席法官。（经 2008 年第 11.689 号法律修订）

第 1 段　即使起诉裁判在形式上已确定，但如果嗣后出现改变犯罪分类的情节，则法官应当命令将卷宗移送检察院。（经 2008 年第 11.689 号法律引入）

第 2 段　接着，应当将卷宗送交法官作裁判。（经 2008 年第 11.689 号法律引入）

秘　　鲁

刑事诉讼法典[*]

第一卷　总　　则

第一编　刑事指控

第 1 条　刑事指控
刑事指控具有公开性。

---

[*]　本法典于 2004 年 7 月 22 日由秘鲁国会批准，并于 2006 年逐步生效。本译本根据 2004 年 7 月 29 日官方公报《秘鲁人》提供的西班牙语文本翻译。

1. 检察院对涉嫌构成犯罪的行为提起公诉。刑事诉讼可以由检察院依其职权提起，也可以依案件被害人的申请提起，或者由任何自然人、法人通过公民诉讼的方式提起。

2. 自诉案件由刑事案件的直接被害人向具有管辖权的法院提起。自诉案件应当提出控告。

3. 在应当由刑事案件的直接被害人提出申请才能受理的案件中，检察院应当在有权提起控告的人提出申请后才能提起公诉。但检察院也可以依申请获得相关授权。

4. 当需要国会或者其他公共机关事先授权才能提起刑事诉讼的案件中，应当依据法律规定的程序开展诉讼。

第 2 条　起诉便宜原则

1. 下列任何情况，检察院可以依其职权或者应犯罪嫌疑人的申请同意不提起公诉。

（1）涉嫌因过失或者疏忽实施的犯罪造成严重后果，但可能判处的最高刑罚为不超过 4 年剥夺自由刑的，或者可以免予刑罚的。

（2）被指控行为未严重影响公共利益的，但可能判处的最低刑罚为超过两年剥夺自由刑或者公职人员涉嫌职务犯罪的除外。

（3）根据案件情节和犯罪嫌疑人的个人情况，检察院可以考虑适用《刑法典》第 14 条、第 15 条、第 16 条、第 21 条、第 22 条和第 25 条规定的减刑情节，且未对公共利益造成任何严重损害的，但可能被判处的最低刑罚为超过 4 年剥夺自由刑或者公职人员涉嫌职权犯罪的除外。

2. 执行本条第 1 项第 2 目和第 3 目的规定，应当由犯罪嫌疑人补偿其行为造成的伤害或者损失，或者犯罪嫌疑人和被害人就赔偿问题达成约定。

3. 检察官传唤犯罪嫌疑人和被害人，促其达成约定，并记录为文书。在被害人缺席的情况下，检察官可以决定相应民事赔偿金额。犯罪嫌疑人和被害人就该赔偿金的支付期限未达成一致的，检察官可以代为作出不超过 9 个月的期限。犯罪嫌疑人和被害人已达成一致，并通过公文或者经公证的私人文件作出证明的，无须本项规定的上述文书。

4. 本条前项规定的文书和民事赔偿完成后，检察官即作出不予起诉决定书。其他检察官就相同事实的报案或者命令进行刑事诉讼的，该决定书对其无效。存在赔偿金支付期限的，此决定延期至赔偿金支付完毕时生效。赔偿金未支付完毕的，作出进行刑事诉讼决定书，且不得对该决定书提出不服申请。

5. 检察官为维护诉讼中的公共利益，在与犯罪嫌疑人应当承担的刑事责任相适应的前提下，可以额外要求犯罪嫌疑人向社会机构或者国家机构作出检察官认为必要的赔偿，并要求犯罪嫌疑人执行《刑法典》第 64 条规定的行为规则。同时，向预审法官申请不予调查许可。该法官即可以召集当事人进行预审，并适用本法典第 5 条第 4 项的规定。

6. 除本条第 1 项所规定的情况外，还可以针对涉嫌《刑法典》第 122 条、第 185 条、第 187 条、第 189 – A 条、第 190 条、第 191 条、第 192 条、第 193 条、第 196 条、第 197 条、第 198 条、第 205 条和第 215 条所规定的案件和所有过失案件达成赔偿裁决。该规定不适用于多个被害人或者多项指控行为的情况，但在涉嫌构成多项指控行为中，刑事责任较轻或者行为仅针对法定财产的除外。检察官依其职权或者应犯罪嫌疑人或者被害人请求，可以提议达成赔偿协议。双方达成一致的，检察官不提起刑事诉讼。犯罪嫌疑人两次不依据传唤进行赔偿协商的，或者不知晓其住所或者居住地的，检察官对其提起刑事诉讼。本情况适用本条第 3 项的规定。

7. 刑事诉讼已经启动但尚未作出起诉意见书之前，预审法官可以在经犯罪嫌疑人同意且传唤被害人参加的情况下，依据或者不依据本条第 5 项的规定审理并裁决检察院申请作出的终止诉讼裁定。该项裁决不得被驳回，除非民事赔偿金的数额是在犯罪嫌疑人和被害人未能达成一致而由法官裁定的情况下，或者因处以的措施与涉嫌实施的行为不成比例而不合理地对犯罪嫌疑人的状况造成影响。

本条第 6 项规定的情况中，法官只需依据向其提交的公文或者经公证的私人文件证明的赔偿协议，即可以作出终止诉讼裁定。

第四编　检察院和其他当事人

第一章　检察院和国家警察

第一节　检　察　院

第 60 条　职能

1. 检察院是提起刑事诉讼的主体。负责依其职权、依被害人申请、依公民诉讼或者依警察通知进行刑事诉讼活动。

2. 检察官自始主导案件调查。为此，国家警察有义务在其职能范围内执行检察院的命令。

第 61 条　职权和义务

1. 检察官在刑事诉讼过程中有独立的评判标准。其行为应当严格遵守

《宪法》和法律规定的客观标准，同时不能违反国家检察长作出的总体命令和指示。

2. 主导预审。开展或者命令开展相应的调查行为，不仅调查证实指控的情况，还应当调查是否具有对犯罪嫌疑人、被告人不予刑事处分或者减轻处分的情节。同时，在必要时，向法官申请必要的措施。

3. 持续参与整个诉讼过程。有权依据法律规定的方式提出不服申请和反对。

4. 构成本法典第 53 条规定的自行回避的情况时，对调查或者案件的受理自行进行回避。

第四章　被　害　人

第三节　自　诉　人

第 107 条　自诉人的权利

自诉案件中，根据本法典第 1 条第 2 项的规定，直接被害人可以对其认为的犯罪嫌疑人向司法机关一并提起追究刑事责任和进行民事赔偿的要求。

第 108 条　提起自诉

1. 自诉人通过告诉提起诉讼。

2. 为避免被驳回，诉状应当包含：

（1）自诉人的身份，其实际住址和诉讼期间的联系地址，身份证件或者登记文件；其有代理人的，包括代理人的上述信息。

（2）案发经过，提起诉讼所基于的事实和法律理由，明确指出其诉讼所针对的对象。

（3）其主张的刑事处罚及民事主张及其理由。

（4）提供相应证据。

第 109 条　自诉人的权限

1. 自诉人可以参与所有诉讼活动，提出起诉罪名和民事赔偿的证据，对诉讼程序中的刑事或者民事决定提起不服申请，可以以任何形式为自己辩护，采取一切措施保护自己的权利。

2. 自诉人可以指定专门代理人参与诉讼。指定专门代理人并不免除自诉人在诉讼中作证陈述的义务。

第 110 条　自诉人撤诉

自诉人可以在诉讼任何阶段撤诉，但应当缴纳已经产生的诉讼费用。自诉人无正当理由不到庭，不提供证言，或者在庭审的结束阶段不作出控告结论的，以撤诉处理。自诉人无法到庭的，应当尽可能在开庭前说明正当理由，无法在开庭前说明的，应当在原定开庭时间的 48 小时内说明。

第三卷　普通程序

第二编　中间阶段

第一章　不予起诉

第 344 条　检察院的决定

1. 预审结束后，根据本法典第 343 条第 1 项的规定，只要存在足够基础支持起诉或者要求不予起诉，检察官应当在 15 日内决定是否起诉。

2. 在发生以下情况时不予起诉：

（1）案件事实不是犯罪嫌疑人所为或者不能归咎于犯罪嫌疑人；

（2）被指控的行为未被规定为犯罪，或者存在合法、无辜或者不予刑罚的原因；

（3）已过追诉时效；

（4）不存在合理地加入新调查资料的可能性，或者不存在足够的证据材料以提起对犯罪嫌疑人的起诉。

第 345 条　不予起诉申请的控制和对不予起诉进行监督的审理

1. 检察官向预审法官作出不予起诉申请，并附上检察官卷宗。法官在 10 日内将申请抄件给其他当事人。

2. 在规定时间内，当事人可以针对申请提出异议。异议应该具有依据，否则可以不予接受。可以申请开展附加调查行为，指出其对象和认为合理的调查方法。

3. 上述期间届满后，法官传唤检察院和其他当事人，召开预备审理讨论不予起诉申请的依据。听审时，法官依次听取各诉讼参与人的陈述，讨论检察官提出申请的依据，并于 3 日内作出裁决。

第 346 条　预审法官的公布

1. 法官在 15 日内对裁决进行公布。如果认为检察官的申请有根据，则作出终止诉讼的裁定。如果认为申请不合理，则作出裁定并上交至高级检察官，以使其批准或者修正省级检察官的申请。认为申请不合理的司法裁决应当指出其理由。

2. 高级检察官在 10 日内公布其意见。其作出决定意味着该程序的结束。

3. 如果高级检察官批准不予起诉申请，预审法官不需要任何程序，立即作出终止诉讼的裁定。

4. 如果高级检察官不同意省级检察官的申请，则命令由另一检察官起诉。

5. 在前条第 2 项规定的情况下，如果预审法官认为提出的异议可以接受且理由充足，则决定进行补充调查，指明检察官应该进行的调查和期间。该程序完毕后，不接受任何异议，也不得批准新的调查。

第 347 条　不予起诉裁定书

1. 案件不予起诉裁定书应当包括：

（1）犯罪嫌疑人的个人资料；

（2）预审对象对案件的陈述；

（3）案件的事实和法律依据；

（4）裁决部分，并明确指出不予起诉所产生的相应效力。

2. 不予起诉具有最终性，并具有既判力。对犯罪嫌疑人有利的案卷予以最终归档。通过此裁定书，取消之前作出的针对犯罪嫌疑人个人或者其财产的强制性措施。

3. 对不予起诉的裁定不服的，可以提起上诉。上诉不影响立即对原犯罪嫌疑人恢复自由。

第 348 条　完全和部分不予起诉

1. 完全不予起诉针对全部案件和所有犯罪嫌疑人；部分不予起诉仅针对某部分案件或者具体的犯罪嫌疑人。两种情况均应当制作预审结束决定书。

2. 如果涉及部分不予起诉，则应当继续审理未包含在内的其他案件或者犯罪嫌疑人。

3. 面对检察官提出的起诉和不予起诉的混合申请，法官首先应当对不予起诉申请作出判决。根据前列诸条完成该程序后，则可以开展关于检察官起诉的事宜。

第二章　起　　诉

第 349 条　内容

1. 检察官作出起诉必须理由充足并包括：

（1）被告人的身份资料。

（2）被告人的行为与其之前、并行和之后行为的清晰、准确关系。在包含多个独立案件时，需要分别提供各自细节。

（3）起诉所依据的证据材料。

（4）被告人被指控的案件中的参与部分。

（5）案件中涉及可以加重、减轻和免予刑事责任的情节之间的关系。

（6）关于被指控罪名的刑事法律规定，以及申请的刑罚。

（7）民事赔偿金额，以及为确保支付和领取民事赔偿而扣留或者扣押的被告人或者附带民事诉讼被告人的财产。

（8）供庭审使用的证据。在此情况下，应当提出证人和专家的列表，指明证人和专家的姓名和住址，以及各自陈述或者出示的要点。同时，应当对其他证据作出概述。

2. 即使不同被告人申请作出不同的法律定性，也只能针对预审结束决定书中包括的案件和被调查人提起诉讼。

3. 检察院已经针对被告人所指控的主要罪行提供的供法庭辩论的材料中尚未提及的，但有可能影响判处被告人其他刑罚的情节，检察院应当在起诉书中进行选择性或者补充性说明，以便被告人进行辩护。

4. 在起诉中，检察官应当指出在预审阶段作出的且依然存在的强制性措施，并根据情况申请修改已有措施或者作出其他措施。

第 350 条　起诉决定的通知和其他当事人的反对

1. 起诉决定应当通知其他当事人。在 10 日内，其他当事人可以：

（1）在发现检察官作出的起诉书中有形式瑕疵的，申请进行修正。

（2）提出尚未提出过的抗辩和其他辩护方法，或者基于新发现的事实提出抗辩和其他辩护方法。

（3）申请实施或者撤销某项强制措施，或者对根据本法典第 242 条和第 243 条规定的先期取得的证据进行审查。

（4）申请不予起诉。

（5）根据情况申请适用诉讼便宜原则。

（6）为审判提交证据，附上可以传唤参加法庭辩论的证人和专家列表，指出其姓名、职业、住址；指明在法庭辩论过程中可供审查的事实；提交之前未提交的文件或者指出所需文件的所在地。

（7）对民事赔偿提出反对、增加或者扩充，为此，应当提供庭审所需的合适证据。

（8）提出利于审判准备的任何问题。

2. 其他当事人可以提出其接受的或者法官将查验的事实，以便审判中审查证据。同时，可以提出与证据相关的协议以便确定事实。然而，法官可以通过陈述相应理由拒绝上述协议；相反，缺乏充分理由支撑其拒绝决定的，该拒绝的决定不产生效力。

第 351 条　先期审理

1. 提交当事人的文书和申请后或者前条规定期间届满后，预审法官应当在不少于 5 日且不超过 20 日的期间内指明召开预审审理的日期和时间。检察官和被告人的辩护人必须出席审理。除先期取得证据的程序和文书证据的提交外，不得进行调查或者特别证据的审理、解决前条包含的任何申请。

2. 审理应当由预审法官主持。在审理过程中，除了本项规定内容，不接受文书的提交。

3. 审理开始后，法官依次序给予短暂时间以便检察官陈词以及附带民事诉讼原告人、被告人、附带民事诉讼被告人进行辩护，并针对每个问题的依据或者可接受性，以及提出证据的合理性进行辩论。在审理中，检察官可以提交相关文书，对起诉内容的非实质部分进行修改、澄清或者整合；法官针对该行为将上述文书提交给其他参会的当事人以便当时作出裁决。

第 352 条　先期审理作出的决定

1. 先期审理结束后，法官立即对所有提交的问题作出决定，除非所需时间必须延长或者待解决事项十分复杂的情况下，可以延迟 48 小时作出决定，但不可以再次延期。延迟 48 小时作出决定的，只需将决定通知各当事方。

2. 起诉内容中的瑕疵需要检察院进行新的分析的，法官退回起诉并中止审理 5 日，以便检察院修正瑕疵，待修正后即可以重新进行审理。其他情况下，在其他参与审理当事人的参与下，检察官可以进行相应的修改、澄清或者弥补。如果没有进行说明的，则理解为检察官提起的起诉书无须修改、澄清或者弥补；反之，法官应当通过裁决作出决定。对上述裁决不服的，不得提起上诉。

3. 提起任何抗辩或者辩护时，法官在审理时则作出相应的裁决。对作出的裁决不服，可以提起上诉。上诉产生阻止诉讼程序的效力。

4. 当满足本法典第 344 条第 2 项的条件，只要理由充分并且不可能加入供听审的新证据时，法官可以依其职权或者在被告人或者其辩护人的申请下作出不予起诉的决定。不予起诉的决定应当遵守本法典第 347 条的规定，且不得对其提起不服申请。

5. 受理的证据被采纳需要满足：

（1）证据有明确可能对案件提供更好的认识性。

（2）提出证据的行为应该具有相关性、合适性和有用性。在这种情况下，应当采取各种可能的行为以便在审判中对证据进行适当的查证。针对证明文件或者专家意见提出查证请求，应当进行询问或者特殊解释，以及提供相关地址。针对受理证据的裁决不服的，不得提起上诉。

6. 根据本法典第 350 条第 2 项的规定，针对证据协议作出的裁决不服的，不可以提起上诉。在法院立案书中应当指出被证实的具体事实或者证明其属实的必要证据方法。

7. 针对先期取得的证据作出的决定不服的，不得提起上诉。如果决定进行查证，则根据本法典第 245 条的规定开展查证行为，但此行为不影响法院立案书的作出。由多名法官组成的刑事法庭审理案件的，由一名法官主导审理。

第五卷　特殊诉讼

第四编　自诉案件的程序

第 459 条　自诉

1. 在自诉案件中，被控告事实的直接被害人向由一名法官组成的刑事法庭提起自诉，也可以根据《民事诉讼法典》规定的特别权利委托其法定代理人代为提起自诉。

2. 被控告事实的直接被害人构成自诉人。提起自诉，应当遵守本法典第 109 条规定的条件，具体指出身份信息和被告人的住址。

3. 自诉书应当附上抄送每位被告人和相应机关的副本。

第 460 条　受理的管控

1. 法官认为自诉不够明确或者完整的，命令自诉人在 3 日内针对指出的要点进行澄清或者补充。自诉人未履行的，法官视为其未提起自诉，作出裁决并进行最终归档。

2. 一旦作出受理的裁决，不得针对同案件事实再次提起自诉。

3. 当案件事实明显不构成犯罪、追诉期间届满或者案件属于公诉范围时，法官通过理由充分的裁定可以直接拒绝自诉。

第 464 条　放弃和撤诉

1. 诉讼程序停滞 3 个月的，法官依其职权宣告放弃诉讼。

2. 在诉讼的任何阶段，自诉人可以撤诉或者达成和解。

3. 撤诉或者放弃诉讼的，自诉人不得申请继续进行。

哥伦比亚

刑事诉讼法典 *

第二编　证据的侦查和调查手段及证据体系

第五章　起诉便宜原则

第 321 条　起诉便宜原则与刑事政策

起诉便宜原则的适用应当与国家的刑事政策一致。

第 322 条　合法性

国家总检察院对具有犯罪特征的案件的实施者和参与者进行追查，但根据本法典规定的条款和条件可以适用起诉便宜原则的除外。

第 323 条　起诉便宜原则的适用

本法典规定的适用起诉便宜原则的，国家总检察院可以中止、中断或者放弃刑事指控。

（本条经 2009 年第 1312 号法令第 1 条修订。）

第 324 条　情形

起诉便宜原则适用于下列情形：

1. 对被处以不超过 6 年剥夺自由刑的犯罪行为，已对被害人进行全面赔偿且获得其认可，同时可以通过客观方式确定提出指控会造成国家利益丧失或者减少的。

2. 由于同一项犯罪行为被引渡的。

3. 由于同一项犯罪行为被移交至国际刑事法庭的。对于该犯罪嫌疑人的

---

* 本法典于 2004 年 8 月 31 日由共和国国会颁布，即日起实施，后经历次修订（参见译文中标注），最近一次修正为 2013 年颁布的第 1652 号法令。本译本根据 2004 年 9 月 1 日出版的哥伦比亚第 45658 号《官方公报》提供的西班牙语文本翻译，并根据该国国会网站翻译历次修正案。

其他犯罪，只能予以中止或者中断刑事指控。

4. 犯罪嫌疑人由于其他犯罪被引渡，且哥伦比亚法院作出的刑事指控可能处以的刑罚轻于国外法院对其处以的刑罚的。

（本项由宪法法院经 2007 年第 C－095－07 号判决宣布合宪。）

5. 犯罪嫌疑人进行有效合作，避免犯罪行为的继续，或者避免发生新的犯罪，或者提供重要信息促成有组织的犯罪团伙解散的。

（本项由宪法法院经 2007 年第 C－095－07 号判决宣布合宪。）

6. 犯罪嫌疑人是对其他诉讼参与人提供不利证据的主要证人，并且其作证使其他诉讼参与人免于全部或者部分刑事责任的。在这一情形下，被免于全部或者部分刑事责任的受益人未履行义务的，起诉便宜原则的适用应当予以撤销。

7. 由于过失犯罪造成犯罪嫌疑人遭受严重的身体或者精神伤害，使得实施制裁已不恰当，或者与惩罚性制裁的人道原则相抵触的。

8. 中断恢复性司法框架中的考验程序，履行考验程序附加条件的。

9. 诉讼程序的进行可能对国家的外部安全构成风险或者威胁的。

（本项由宪法法院经 2007 年第 C－095－07 号判决宣布合宪。）

10. 公共机关的法律利益或者司法机关的直接利益的滥用，对司法职能利益造成一定影响，但是对违反职能相关义务的行为已经处以或者正在处以恰当的惩处和纪律处分的。

（本项由宪法法院经 2006 年第 C－988－06 号判决宣布合宪。）

11. 案件性质针对经济财产并且对财产所有人造成极大损失，法律提供的常规保护会使刑事指控产生极大成本但获得利益极少的。

（本项由宪法法院经 2007 年第 C－095－07 号判决宣布合宪。）

12. 犯罪嫌疑人身份的确定过程本身具有过失，并且用以确定犯罪嫌疑人身份的因素表明该身份确定缺乏法律意义及社会意义的。

（本项由宪法法院经 2007 年第 C－095－07 号判决宣布合宪。）

13. 审判已居于次要地位，刑事制裁已经成为不必要和无用的争端解决方式的。

14. 对集体财产造成极小影响，已经进行全面赔偿，并且可以推断之后不会再实施类似犯罪的。

15. 对犯罪行为的刑事指控涉及更严重社会问题，并且对被害人的利益存在适当的替代方式进行解决的。任何情形下，不得免除犯罪行为的任何领导者、组织者、支持者和资助者的刑事责任。

（本项由宪法法院经 2007 年第 C－095－07 号判决宣布合宪。）

16. 对犯罪嫌疑人作为实施者或者参与者的案件审理，会使调查其他由该犯罪嫌疑人或者其他人实施的更相关或者对社会更重要的案件调查增加困难或者形成阻碍的。

（本项由宪法法院经 2005 年第 C –673 号判决宣布违宪。）

17. 因对犯罪嫌疑人实施犯罪时的实际状况和心理状况的考虑，使得把具有司法或者社会价值的原因用来解释该犯罪行为毫无意义的。

附注 1　在本条第 15 项和第 16 项所述的情形中，不得对犯罪行为的任何领导者、组织者、支持者和资助者适用起诉便宜原则。

附注 2　针对可能被判处超过 6 年剥夺自由刑的犯罪行为，应当由国家总检察长或者其委派的专门代表决定是否适用起诉便宜原则。

附注 3　案件涉及《罗马规约》中规定的有关严重违反国际人权的犯罪、反人类罪或者种族灭绝罪，以及贩毒和恐怖主义犯罪的，在任何情形下，检察官均不得对其适用起诉便宜原则。

（附注 3 经 2006 年第 1121 号法令第 25 条修订，后由宪法法院第 C –095 条判决宣布违宪。）

（本条经 2009 年第 1312 号法令第 2 条修订，并经 2011 年第 1474 号法令第 40 条修订。）

第 325 条　中断考验程序

犯罪嫌疑人可以口头申请中止考验程序，并在申请中指明拟进行的赔偿方案和完成赔偿须具备的条件。

在恢复性司法框架下，前述赔偿方案作为立即或者是在一定期限内与被害人进行刑事和解的内容部分，对被害人的损失进行全面或者象征性赔偿。

申请一经提交，按照本法典制定的恢复性司法原则，检察官应当与犯罪嫌疑人进行沟通并立即作出裁决。该裁决应当指定中断考验期的条件，并且通过或者修改提出的赔偿方案。

事后取消考验程序的，犯罪嫌疑人已经承认的事实不能用作归罪的证据。

附注　在决定放弃起诉前，检察官认为中断考验程序对达到起诉便宜原则的目的更为有利的，可以中止该考验程序。

（本条经 2009 年第 1312 号法令第 3 条修订。）

第 326 条　在考验期须履行的义务

检察官指定不超过 3 年的考验期，并且有权决定犯罪嫌疑人应当履行以下一项或者多项义务：

1. 居住于特定地点。变换地点的，应当向审理案件的法官报告。

2. 参与克服药物依赖或者酒精依赖的特殊治疗。

3. 对社会服务机构提供服务。

4. 接受医学治疗或者心理治疗。

5. 不持有或者携带火器。

6. 不驾驶汽车、船舶或者航空器。

7. 根据法律规定的机制全面赔偿被害人。

8. 进行帮助被害人康复的活动。

9. 在被害人同意的情形下，积极有效地协助被害人进行心理康复治疗。

10. 对其被确定为犯罪嫌疑人身份的犯罪事实公开道歉。

11. 遵守个人、家庭、社会行为规范的义务。

12. 放弃使用武器，并且明确表达不再参与犯罪活动。

13. 积极有效合作以避免其参与的或者其他犯罪行为的继续实施，瓦解犯罪帮派、贩毒网络或者非法团体，或者本法典第 324 条第 2 款列举的犯罪组织。

附注　考验期内，犯罪嫌疑人应当在不被损害尊严的前提下接受法官指定的监视。考验期结束并且确认已经履行规定的义务的，检察官有权命令不再提起诉讼，并对该案件进行存档。

（本条经 2009 年第 1312 号法令第 4 条修订。）

第 327 条　对适用起诉便宜原则的司法监督

因适用起诉便宜原则而不提起刑事诉讼的，在检察院作出适用决定起的 5 日之内，监督法官负责进行相应的合法性监督。

（"适用起诉便宜原则而不予刑事诉讼的"的表述由宪法法院通过 2005 年第 C－979 号判决宣布违宪。）

上述合法性监督应当通过特殊审理自动进行。在审理中，被害人和检察院可以针对国家总检察院援引的支持该起诉便宜原则适用的证据进行反驳。法官对该监督审理进行自由裁量，不得对法官的决定提起不服申请。

（"不得对法官的决定提起不服申请"的表述部分由宪法法院通过 2007 年第 C－209 号判决宣布违宪。）

起诉便宜原则的适用，以及犯罪嫌疑人和检察院之间可能达成的预先协议，不影响无罪推定。仅当存在最低限度的证据可以推断犯罪嫌疑人实施或者参与犯罪行为，以及可以对该犯罪行为进行定性的情形下适用起诉便宜原则和预先协议。

（本条经 2009 年第 1312 号法令第 5 条修订。）

第 328 条　被害人的参与

适用起诉便宜原则时，检察官应当考虑被害人的利益。因此，在确定适用起诉便宜原则时，被害人应当在场进行陈述。

第 329 条　适用起诉便宜原则的效果

放弃刑事指控的决定只针对相关的实施者或者参与者，产生取消对其提起刑事诉讼的有利结果。但基于刑事指控的国家利益，全面赔偿被害人后，适用起诉便宜原则的效果应当延伸至其他实施者或者参与者的除外。

第 330 条　规章

国家总检察长应当颁布规章制度，总体规定机关内部程序以保障实施起诉便宜原则，使起诉便宜原则的适用达到目的并符合宪法和法律的规定。

国家总检察院颁布的规章制度应当贯彻国家的犯罪政策方案。

第六章　不　起　诉

第 331 条　不起诉

不存在起诉依据的，自确定犯罪嫌疑人起的任何时刻，检察官可以向审理案件的法官申请不起诉。

（"自确定犯罪嫌疑人起"的表述由宪法法院通过 2005 年第 C – 591 号判决宣布违宪。）

第 332 条　原因

检察官有权在以下情形中申请不起诉：

1. 无法开始或者继续进行刑事诉讼的。

2. 根据《刑法典》的规定，免除刑事责任的。

3. 经调查，犯罪事实不存在的。

4. 经调查，犯罪事实无法核实的。

5. 经调查，无法确定犯罪嫌疑人参与案件的。

6. 根据无罪推定原则应当认为犯罪嫌疑人无罪的。

7. 根据本法典第 294 条第 2 项规定的时限到期的。

（本项由宪法法院经 2008 年第 C – 806 号判决宣布合宪。）

附注　在审理过程中，出现本条第 1 项和第 3 项规定的情形，检察官、检察院或者辩护方可以向审理案件的法官申请不起诉。

第 333 条　程序

在检察官申请提出后的 5 日内，法官对不起诉的申请进行审理。

审理时，法官批准检察官发言以阐述其申请，指明用以支持该申请的证据材料及物证，以及不起诉的依据。

被害人、检察院代表和犯罪嫌疑人的辩护人对检察官的申请存在异议的，之后进行发言。

（"被害人、检察院代表和犯罪嫌疑人的辩护人对检察官的申请存在异议的"的表述由宪法法院通过 2010 年第 C – 648 号判决宣布违宪。）

法官不再受理证据的采纳申请也不再对证据进行审查。

辩论结束后，法官可以命令进行不超过 1 小时的休庭，以准备口头宣布裁决。

（本条由宪法法院经 2007 年第 C – 209 号判决宣布附条件合宪。因为被害人有权补充、申请证据材料及物证以反对检察官不起诉的申请。）

第 334 条　不起诉的效力

不起诉的决定具有判决的效力，应当停止针对被告人的刑事指控。同样地，撤销所有已实施的预防措施。

第 335 条　驳回不起诉的申请

裁定驳回不起诉申请的，案件退回检察官，不起诉过程中持续的时间不予计算在诉讼时效内。

审理不起诉申请的法官不得对该案件进行审理。

（"审理不起诉申请的法官不得对该案件进行审理"的表述由宪法法院通过 2011 年第 C – 881 号判决宣布合宪。）

第三编　审　　判

第一章　起　　诉

第一节　形式要件

第 336 条　提交起诉书

证据材料、物证及合法获取的信息可以确定犯罪事实存在，并且犯罪嫌疑人即为其实施者或者参与者的，检察官向具有管辖权的法官提交起诉书以便后者进行审判。

第 337 条　起诉书的内容及附属文件

起诉书应当包含：

1. 被告人具体身份，包括姓名、可以用于验证身份的信息，以及传讯地址。

2. 用易于理解的语言简明扼要地罗列相关法律事实的清单。

3. 受委托律师的姓名及传唤地址，未委托律师的，提供由国家公共辩护律师系统指定的律师的姓名及传唤地址。

4. 以没收为目的的相关财产及资产的清单。

5. 证据的开示。针对这一内容，提交的附属文件应当包含：

（1）无须证据的事实。

（2）在审判中应当提交但无法再次查验的证据的描述。

（3）需要在审判中被申请提供证言的证人或者专家的姓名、住址及个人资料。

（4）文件、物品和其他需援引的材料，以及其相关证人的确认证明。

（5）无须参与审理的证人或者专家的意见，以及其姓名、地址和个人资料。

（6）由检察院提供的对被告人有利的其他材料。

（7）供词或者证言。

检察院仅以通知为目的，将起诉书副本抄送至被告人、检察院及被害人。

（"以通知为目的"的表述由宪法法院经 2007 年第 C－209 号判决宣布违宪。）

第二节　受理起诉的审理

第 338 条　传唤

自收到起诉书起的 3 日之内，法官指定日期、时间及地点就是否起诉进行审理。没有审理庭的，法官可以安排任意合适的公开场合进行审理。

第 339 条　程序

法官进行公开审理，命令向其他当事人抄送起诉书；批准检察院、检察院及辩护方就管辖权争议、自行回避、申请回避、审理无效的主张口头陈述其原因。起诉书不满足本法典第 337 条规定的要件的；口头陈述对起诉书的建议，以便检察官立即对起诉书进行澄清、补充或者更正。

完成上述澄清、补充或者更正的程序后，准许检察官发言以提出相应起诉。

法官主持整个审理过程，为保证审理的有效，要求检察官、辩护律师和被剥夺自由的被告人出席。被告人无出席意愿或者抵触出席的，不构成该审理的无效。

未被剥夺自由的被告人和其他诉讼参与人也可以出席，其不出席不影响该审理的效力。

（本条由宪法法院经 2007 年第 C－209 号判决宣布附条件合宪，被害人也可以参与受理起诉的审理以便对起诉书提出意见或者就管辖权争议、自行回避、申请回避、审理无效的原因提出意见。)

第 340 条　被害人

在该审理中，应当根据本法典第 132 条确定被害人身份。被害人有法定代理人的，应当承认其法定代理人的身份。存在多名被害人的，法官可以确定与被告人的辩护人数量相同的被害人代表参与庭审。

第 341 条　提出自行回避、回避申请及管辖权争议的程序

受理案件法官的上级法官受理自行回避、申请回避和管辖权争议的申请，在收到申请后的 3 日之内对申请事项作出自由裁量。

该上级法官支持自行回避、回避申请和管辖权争议的，将诉讼移送至具备管辖权的司法人员。不得对该裁定提出不服申请。

(本条经 2010 年第 1395 号法令第 87 条修订。)

第 342 条　保护措施

受理起诉后，法官认为需要对被害人或者证人给予全面保护的，可以经检察院申请作出如下命令：

1. 将检察院所在地作为其接收传唤和通知时的住所地。

2. 采取必要措施对被害人和证人提供有效保护，以避免由于其履行作证义务而引发的针对其自身或者其家庭的可能伤害。

(本条由宪法法院经 2007 年第 C－209 号判决宣布附条件合宪。因为被害人也可以直接向具有管辖权的法官申请相应的保护措施。)

第 343 条　预审日期

受理起诉的审理结束前，法官就下列事项作出裁定：

1. 对已宣读的起诉书进行修正。

2. 通过或者否决各方已达成的协议。

3. 根据相应情形附条件地中止对应程序。

在受理起诉的审理结论中，法官指定进行预审的日期、时间和审理庭。预审应当在上述指定日期之日起不少于 15 日且不多于 30 日的期限内进行。没有审理庭的，法官可以安排任何公开或者不公开场合进行预审。

第三节　证据材料及物证的开示

第 344 条　开示的开始

在受理起诉的审理中，应当完成相关的证据开示。在此方面，辩护方可以向法官申请，命令检察院或者相关部门对其获悉的某一具体证据材料和相关物证进行开示。法官认为申请合理的，可以命令对申请的证据材料和相关物证进行开示、展示或者提交副本，前述过程应当在 3 日内完成。

（"对其获悉的某一具体证据材料及相关物证进行开示"的表述由宪法法院经 2005 年第 C－1194 号判决宣布合宪。因为上述权利可以独立于《宪法》第 250 条实施。《宪法》第 250 条规定国家总检察院或者其代表在递交起诉书时"向审理案件的法官提供已掌握的所有证据和信息，包括有利被告人的内容"。）

检察院可以请求法官命令辩护方提交可采信材料的复印件、证言复印件和其他在审判中可能有价值的证明方式的复印件。同时，辩护方要进行不承担刑事责任辩护的，应当向检察院提交被告人接受检查后的专家报告。

法官负有监督责任，使得在受理起诉的审理过程中所开示的证据尽可能完整。

审理过程中一方发现某证据材料或者物证至关重要，需要被开示的，应当告知法官，法官在听取各方意见、评估该证据可能给辩护方权利造成的损害，并根据审理的全面性作出考量后，裁决是否可以破例采纳或者排除该证据。

（本条由宪法法院经 2007 年第 C－209 号判决宣布附条件合宪。因为被害人也可以向法官申请对某一具体证据材料或者某一具体物证进行开示。）

第 345 条　证据开示的限制

不得强制各方开示下列材料：

1. 法律规定可以私下交流的信息，如被告人与其律师的谈话等。

2. 与被起诉案情无关的信息，尤其是法规或者宪法性规定认为不能作为证据的相关信息。

3. 检察院或者辩护方在不是会见或者供述的准备工作中，完成的私人笔记、档案或者文件。

4. 对正在进行的调查或者后续调查将造成明显损害的信息。

5. 影响国家安全的信息。

附注　本条第 4 项和第 5 项规定的情形适用本法典第 383 条第 2 款规定，但允许对其所听到或者所争议的内容进行保留。

第 346 条　开示程序中对未履行信息揭示义务的制裁

前述诸条规定的证据材料及物证，无论是否有法官的具体命令，均应当被开示且不得隐瞒，否则不得在诉讼过程中被援引、被转换为证据，也不在审判中进行查证。法官应当对未开示的其他证据予以拒绝，由于不承担刑事责任的受该未开示证据影响的一方遗漏的证据除外。

第 347 条　提交程序

证据提交程序中，任何一方有权对任何被传唤至现场的证人的证言真实性进行质疑。

检察官认为对证据的调查有利于庭审准备工作的，国家总检察院可以听取已接受司法警察询问的证人的证言，并适用前款的规定。

为使所提交的经确认的事实证据在庭审阶段具有反驳其他证据的效力，应当在质证过程中进行宣读。未经控辩双方质证而验证的信息不得作为证据。

古　巴

刑事诉讼法[*]

第三编　刑事指控和确定犯罪性质

第一章　刑事指控

第 272 条　应当根据被指控的犯罪行为向具有管辖权的司法机关提起刑事指控，以便该司法机关受理该诉讼。

第 273 条　由检察院提起对涉嫌犯罪行为的公诉，但本法第 268 条规定的由被害人起诉的情形除外。

第 274 条　自诉案件只能由被害人本人提出指控。

第六编　特别程序

第五章　自诉案件的诉讼程序

第 420 条　对侮辱和诽谤提起的刑事诉讼，只能由受侮辱人和受诽谤人依其权利提出。

第 421 条　自诉书应当有律师的指导和签名，自诉书中应当包括：

---

[*]　本法于 1977 年 8 月 13 日由古巴共和国全国人民政权代表大会批准颁布，经 1991 年 6 月、1994 年 6 月和 2013 年 6 月三次修改。本译本根据 2013 年 6 月 25 日古巴《官方公报》第 18 号特别号提供的西班牙语文本翻译。

1. 文书的接收法院。

2. 自诉人的姓名和居民身份。

3. 被告人的姓名和居民身份；尚未得知的，则应当说明有助于对其进行身份识别的所有信息。

4. 所有与案件有关的情节，如案发地点、年月日、具体时间。

5. 通过陈述案件的侮辱、诽谤情节确定案件性质；被告人在该案中的参与情况，以及自诉人认为应当处以的刑事和民事措施。

6. 应当查证的证据与确定犯罪事实之间的关系。

7. 自诉申请得到批准后，对前项指出的证据进行查证，以及在最终裁决中处以所要求的惩处。

8. 自诉人签名；如果自诉人亲自出庭，但是自己不能签名，或委托律师出庭，该律师无权在自诉书上签名的，可经自诉人申请找人代签。

第 422 条 根据本法特别法条的规定，被告人属于某一法院管辖的，则应当向该法院提出自诉。

同样需要向前款提及的法院提出自诉的还包括：当多名被告人或多名自诉人中有人属于某法院管辖范围，但该法院尚未受理该案的情形。

第 423 条 在审理其案件时，自诉人应当服从管辖该案法官的安排，任何人不具有特权。

第 424 条 自诉人可以在判决前的任何时候撤诉。判决作出后，应当根据判决承担相应的责任。

自诉人自前一次参与审理后连续 10 日怠于履行其应当推进诉讼进展的义务的，视为撤诉。自诉人未按照诉讼各阶段规定的法定期间履行其义务的，同样视为撤诉。

自诉人死亡或丧失行为能力，且其继承人或法定代理人未出庭的，根据具体情况，该刑事诉讼自传唤令发出之日起 30 日内有效，逾期视为撤诉。

第 425 条 在自诉人缺席或无法出庭的情况下，仅在下列情形下可以开庭或继续审理：自诉人无法出庭时，其法定代理人代为出庭；自诉人死亡的，其鳏寡、长辈、晚辈、兄弟姐妹依序代为出庭。

该优先次序中，前一顺序的亲属不代其出庭并不妨碍后一顺序的亲属依其权利代其出庭。同一顺位中有多名亲属的，则应当通过指定 1 名代表来代其行使权利。但未履行法院要求需遵照本条规定的义务的利害关系人无代为出庭的资格。

第 426 条 如果因庭审过程中遭到侮辱和诽谤而提起诉讼申请，该申请必须在得到受理该刑事诉讼或刑事附带民事诉讼案件的法院批准后才有效。该批准不得作为处以刑罚的证明。

第 427 条　侮辱和诽谤以书面形式作出的，应当尽可能提交包含侮辱和诽谤内容的书证原件；无法提交原件的，可以附上存档资料、记录、文书或任何与此相关的资料的复印件。

第 428 条　按照上述程序提起自诉申请后，法院应当以书面作出受理决定。自诉书中包括已经得到法院批准的文件的复印件和被指控人的个人资料，无论被指控人有几个。

第 429 条　下列自诉不予受理：未满足上述诸条规定的；指控的情节不构成犯罪或明显虚假的；因超过诉讼时效而丧失自诉权利的；就同一案件已作出最后裁决的，则任何理由的自诉申请都应当被否决，认定其丧失就该事项提起自诉的权利。

但是，自诉由于向不具有管辖权的法院提出而被否决的，仍然可以向具有管辖权的法院提起。

第 430 条　自诉申请未被受理，对其不服的，可以向最高人民法院提起申诉，但不予受理的裁定是由最高人民法院审判委员会作出的除外。

第 431 条　法院受理自诉的，要求被告人提交资料副本，并在收到此要求的 5 日内委托律师担任其代理人和辩护人。逾期未完成委托的，由法院依职权为被告人指定。

第 432 条　确定辩护人后，应当在 10 日内将该自诉案件告知辩护人，由该辩护人主张其当事人的权利，并在同一期间内提出认为必要的证据。

在该期间的前 3 日，辩护人可以根据本法第 429 条的规定，对申诉不予受理提出异议，并在可能的情形下附上支持其主张的证据。该异议应当在 3 日内转交自诉人。在此之后的 3 日内，法院应当根据本法第 429 条的规定，对辩护人的异议作出决定。因所需材料非自诉人和被告人所有而无法及时提交时，应一方请求可中止该期间，为申请获得材料而消耗的时间可以不计入期间内。一旦收到上述材料，从收到材料后第 3 日开始继续计算期间，同时对之前提出的问题作出裁决。

不得对驳回附带问题的决定提起不服申请，但被告人可以重申对某诉讼理由的质疑，即该依据与当日庭审的最后裁决相抵触。

上述问题被驳回后，被告人可以在剩余期间内就指控的内容进行答辩，法院无须对其催促，也无须对此作出当庭裁决。

第 433 条　法院就自诉人和被告人出示的证据依照法定程序进行审理，指定庭审日期，并适用庭审的相关规定。

第 434 条　自诉人申请撤诉或放弃诉讼的，法院应当将准确无误的诉讼记录进行存档。但是，作出无罪判决的，即使自诉人提起不服判决申请的，该判决也为终审判决。

加拿大

刑事法典 *

关于刑事法典的法律

解　　释

定义

第 2 条　在本法中，

"起诉书"

"起诉书"包括：

（a）起诉书及其包含的罪状；

（b）被告人的答辩、原告对被告人答辩的驳复或其他辩解；

（c）任何记录。

"检察官"

"检察官"指总检察长，在总检察长不介入诉讼时指根据本法规定提起诉讼的人，包括作为其代理人的律师。

第十六章　强制被告人到庭和临时释放

控告书、传票和令状

法官可以接受控告书的情形

第 504 条　有合理根据怀疑他人犯可诉罪的，可以在治安法官面前经宣誓提交书面控告书，该法官在下列情形下可以接受控告书：

---

* 本法典于 1892 年颁布实施，后经不断修正，最新的一次修正案于 2014 年 9 月 19 日生效，并于 2014 年 10 月 27 日发布。本译本根据加拿大司法部官网（http：//laws - lois. justice. gc. ca/eng/acts/C - 46/20140919/P1TT3xt3. html#right - panel）提供的英语文本翻译。

（a）被告人在某地所犯可诉罪可以在法官任职的省受审的，并且被告人

（i）是或被认为是；或者

（ii）居住在或被认为居住在该法官辖区内的。

（b）无论被告人在何处，只要他在该法官的辖区内犯有可诉罪的；

（c）被告人在某地曾经非法接受过在该法官辖区内非法获取的物品的；或者

（d）被告人持有该法官辖区内的被盗窃的物品的。

特定情况下提交控告书的期间

第 505 条　具有下列情形之一的，针对被告人被指控实施的犯罪或者该犯罪包含的或与之相关的其他犯罪的控告书，应当在出庭通知书、出庭承诺书或具结书规定的期间届满之前，尽快提交治安法官：

（a）已经按照第 496 条规定向被告人签发出庭通知书的；或者

（b）已经按照第 497 条、第 498 条规定将被告人释放的。

格式

第 506 条　根据第 504 条、第 505 条之规定提交的控告书，可以依照格式 2 作出。

法官听取公诉案件控告人陈述和证人证言

第 507 条　（1）在适用第 523 条第（1.1）款的前提下，除被告人已被有证逮捕或无证逮捕外，接受除依第 505 条规定提交的控告书以外的控告书的法官，应当

（a）单方面听取并考虑

（i）被告人的陈述；以及

（ii）证人证言，在他认为适当或有必要时；并且

（b）该法官认为控告书的内容已经查明的，根据本条规定签发传票或逮捕证以强制被告人在该法官或同一辖区其他法官面前出庭，以便该被告人对犯罪指控作出答辩。

强制程序

（2）任何法官都不得仅因指控罪名是一项可以无证逮捕的犯罪而拒绝签发传票或逮捕证。

证人出庭的程序

（3）根据第（1）款规定听取证人证言的法官，应当

（a）采纳经宣誓的证据；并且

（b）尽可能使用第 504 条之规定保全证词。

除特定情况外的传票

（4）法官认为情况表明应当强制被告人到庭对指控作出答辩的，应当给被告人签发传票。除非控告人的陈述或者依第（3）款规定保全的证人证词表明有合理根据相信，为公共利益有必要对被告人签发逮捕证。

不得有空白传票

（5）法官不得签署空白的传票或令状。

法官在令状上背书

（6）法官根据本条、第 508 条或第 512 条之规定签发令状的，除第 522 条所述的犯罪外，可以根据第 499 条之规定，依照本法格式 29 对该令状作出背书，授权将被告人释放。

视为已确认的出庭承诺书或具结书

（7）根据第（6）款之规定，法官根据第 499 条授权释放被告人的，该被告人根据该条规定作出的出庭承诺书或具结书，为第 145 条第（5）款之目的，应当视为法官根据第 508 条之规定进行确认。

签发传票或令状

（8）基于对决定或管辖不服的上诉或复议而裁定重新审理或继续审理的，法官可以签发传票或逮捕证以便强制被告人出庭接受重新审理或继续审理。

自诉中的转移

第 507.1 条　（1）法官收到根据第 504 条规定作出的控告书的，除第 507 条第（1）款规定的控告书外，应当将该控告书移交给治安法官，在魁北克省移交给魁北克治安法官，或者移交给指定法官，以决定是否强制被告人到庭。

传票或令状

（2）法官或被指定的法官根据第（1）款被移交控告书，并且认为在该案中这样处理的，应当针对该被告人发出传票或逮捕令，以强制其在法官面前出庭，以便该被告人对犯罪指控作出答辩。

签发传票或令状的条件

（3）法官或被指定的法官认为存在以下事项的，可以签发传票或令状：

（a）已经聆讯并考虑过控告书中的指控以及证人证词；

（b）总检察长已经收到控告书副本；

（c）认为总检察长已经收到依据（a）项规定作出的聆讯的合理通知；并且

（d）已经给总检察长提供机会参加（a）项规定的聆讯，进行交叉询问、传唤证人并在聆讯时提交任何相关证据。

总检察长出庭

（4）在不视为干扰程序的情况下，总检察长可以出席第（3）款（a）项规定的聆讯。

控告书视为未提出

（5）法官或被指定的法官没有签发第（2）款项下的传票或令状的，应当背书该控告书以使其具有效力。但是在背书后6个月内，该控告人启动程序以迫使该法官或被指定的法官签发传票或令状的，该控告书被视为未提出。

控告书视为未提出的程序的启动

（6）第（5）款规定的程序被启动，并且传票或令状未因该程序而被签发的，该控告书被视为未提出。

新聆讯所需的新证据

（7）针对某项犯罪的聆讯已经根据第（3）款（a）项举行，并且该法官或被指定的法官尚未签发传票或令状的，除非提出用于支持召开该聆讯的主张的新证据，不得根据该条对该犯罪或其包含的犯罪举行聆讯。

适用第507条第（2）款至第（8）款

（8）第507条第（2）款至第（8）款适用于本条规定的程序。

不适用第810条和第810.1条项下的控告书

（9）第（1）款至第（8）款不适用根据第810条和第810.1条作出的控告书。

"被指定的法官"的定义

（10）本条中，"被指定的法官"是指为本条之目的，对该事项有管辖权的省法院首席法官指定的法官；在魁北克省被指定的法官，是指由魁北克省法院首席法官指定的法官。

"总检察长"的定义

（11）在本条中，"总检察长"包括在由加拿大政府启动的程序中由该政府指挥或代表该政府的加拿大总检察长，以及合法代表。

法官听取控告人陈述和证人证言

第508条 （1）根据第505条规定接受控告书的法官，应当

（a）单方面听取并考虑

（i）控告人的陈述；以及

（ii）证人证言，在他认为适当或有必要时。

（b）认为与出庭通知书、出庭承诺书或具结书上指控的犯罪、其包含的犯罪或与之有关的犯罪的信息表明案情需要时，

（i）根据情况分别确认出庭通知书、出庭承诺书或具结书并相应批准控告书；或者

（ⅱ）根据情况分别撤销出庭通知书、出庭承诺书或具结书，并根据第507条规定签发传票或逮捕证，以强制被告人在该法官或同一辖区的其他法官面前出庭，以便对指控罪名进行答辩，并在传票或逮捕证上背书，说明出庭通知书、出庭承诺书或具结书已经按照具体情况分别被撤销；并且

（c）认为案情表明不需要适用第（b）项规定时，依据具体情况分别撤销出庭通知书、出庭承诺书或具结书，并应当立即将撤销事宜通知被告人。

证人出庭程序

（2）法官根据第（1）款之规定听取证人证言的，应当

（a）采纳经过宣誓的证据；并且

（b）尽可能适用第504条之规定保全证词。

非个人亲自作出的控告书

第508.1条 （1）为第504条至第508条之目的，治安官可以通过能够制作书面文件的电子通讯工具作出控告书。

宣誓以外的方式

（2）治安官使用第（1）款所述的电子通讯工具的，无须进行口头宣誓，但应当作出书面陈述，表明根据该治安官所知，相信控告书中所述全部事项为真实，该陈述视为经过口头宣誓的陈述。

传票

第509条 （1）根据本章签发的传票应当

（a）针对该被告人作出；

（b）简要说明被告人被指控的罪名；并且

（c）要求被告人按照传票指定的时间和地点出庭，并在以后按法庭要求再次出庭，依法接受处理。

送达个人

（2）传票应当由一名治安官亲自送达收件人，如果该收件人不在场，应当将传票留在其最近或经常居住的住所，请与其同住的已满16岁的人转交。

（3）（已废止）

传票内容

（4）每张传票都应当写明第145条第（4）款和第510条规定的内容。

为《加拿大罪犯识别法》之目的出庭

（5）被告人因一项可诉罪被指控的，以及在根据《加拿大违规法》视为违规行为的犯罪案件中，该法规定的总检察长尚未根据该法第50条被选举的，传票可以要求被告人为《加拿大罪犯识别法》之目的在指定的时间和地点出庭。

未出庭

第 510 条　传票要求被告人为《加拿大罪犯识别法》之目的在指定时间和地点出庭而该被告人未出庭的，以及在根据《加拿大违规法》视为违规行为的犯罪案件中，该法规定的总检察长尚未根据该法第 50 条被选举的，法官可以签发令状将被告人以被控罪名逮捕。

逮捕证的内容

第 511 条　（1）根据本章规定签发的逮捕证应当

（*a*）写明被告人的姓名或描述被告人的体貌特征；

（*b*）简要说明被告人被指控的罪名；并且

（*c*）命令立即逮捕被告人，送交签发逮捕令的法官、同一地区有管辖权的其他法官或治安法官依法处理。

无回复日

（2）根据本章规定签发的逮捕令的有效期至执行逮捕时终止，不需要在任何特定的时间回复。

暂缓执行的自由裁量

（3）无论第（1）款（*c*）项如何规定，签发令状的法官或治安法官可以在该令状中注明一段期间，在该期间前该令状不应当被执行，从而允许被告人主动在对签发该令状的辖区有管辖权的法官或治安法官面前出庭。

视为执行令状

（4）被告人因被指控的犯罪主动出席针对该犯罪的庭审的，视为该令状被执行。

不排除签发令状的某些诉讼行为

第 512 条　（1）法官有合理根据认为，为了公共利益有必要对被告人签发传票或逮捕证的，即便有以下情形，仍然可以签发传票或逮捕证：

（*a*）出庭通知书、出庭承诺书或在主管官员面前所作的具结，已经按照第 508 条第（1）款之规定得到确认或被撤销；

（*b*）根据第 507 条第（4）款之规定曾经签发过传票；或者

（*c*）被告人已经被无条件释放，或者出于以传票方式强制到庭的目的予以释放。

因未到庭而签发令状

（2）有以下情形之一的，法官可以针对该被告人签发逮捕证：

（*a*）传票的送达已经得到证实，而被告人未按照传票要求到庭的；

（*b*）出庭通知书、被告人在主管官员面前作出的出庭承诺书或具结书，已经按照第 508 条第（1）款规定被确认，而被告人未按照要求到庭依法

接受处理的；或者

（c）显然因被告人躲避送达而使传票无法送达的。

逮捕证的手续

第513条　本章规定的令状，应当由法官、治安法官或法院签发给本辖区内的治安官。

执行逮捕证

第514条　（1）本章规定的逮捕证可以在下列情形中对被告人执行：

（a）在签发逮捕证的法官、治安法官或法院所在辖区内的任何地方发现被告人的；或者

（b）在现场追捕的情况下，在加拿大境内任何地方发现被告人的。

执行逮捕证的人

（2）根据本章签发的逮捕证，可以由被签发该证的治安官执行，无论逮捕证的执行地是否在该治安官行使职责的辖区内。

第二十七章　简　易　罪

解　　　释

定义

第785条　在本章中，

控告人

"控告人"指提起控告的人。

控告书

"控告书"包括：

（a）控告书中指控的罪状，和

（b）所控之罪是国会法或者根据议会法制定的法令的授权，可由法官作出裁定的罪行。

检察官

"检察官"指总检察长，或者总检察长不参加的情况下是指控告人，包括代表他们的律师或者代理人。

控　告　书

诉讼的提起

第788条　（1）本章规定的程序应当以格式2的控告书提起。

一名法官可在审判前实行的行为

（2）尽管法律规定应由两名或者两名以上的法官对控告进行审理，但一名法官可以：

（a）受理控告书；

（b）签发与控告书有关的传票或者令状；及

（c）进行审理前的准备工作。

控告书的形式

第789条 （1）在适用本章规定的程序中，控告书：

（a）应当以书面形式并附以宣誓；

（b）可以指控一个以上的罪名或者提出一个以上的控告事项，但对于指控多项罪名或提出多项控告事项的，根据案件具体情况，每一罪名或者控告事项应当分别列出。

不提及先前定罪

（2）控告书不能为使被告人判处较重刑罚而提及任何前科。

任何法官可以在审判前和审判后行使职权

第790条 （1）本法或者其他法律规定都应视为要在审判前或审判后提起本程序或签发传票或令状的法官应是主审法官或参与审理的法官中的一位。

两名或两位以上的法官

（2）两名或者两名以上的法官对一个简易罪程序有管辖权的，他们应一起出庭审理，但此后与该诉讼有关的事项可由一名法官根据职责或者职权单独进行。

第（3）款和第（4）款（已废止）

第791条 （已废止）

第792条 （已废止）

附表（第二十七章）

（第840条）

格式2

（第506条与第788条）

控 告 书

加拿大_____省，

（地区）

此为＿＿＿＿＿＿地区的＿＿＿＿＿＿＿＿，职业＿＿＿＿＿＿＿＿，以下
简称控告人，向我提交的控告书。

控告声称＿＿＿＿＿＿＿＿＿＿＿＿＿＿＿＿＿＿＿＿＿＿＿（如控告人非亲
自知悉的，则应说明其有正当理由相信，并说明罪行）。

于公元＿＿＿＿＿年＿＿＿＿＿月

＿＿＿＿＿＿日在＿＿＿＿＿＿

当面向我宣誓。

＿＿＿＿＿＿（地区）治安法官

（控告人签名）

注：控告书或起诉书可以提及被告人的出生日期。

格式 4

（第 566 条、第 566.1 条、第 589 条与第 591 条）

起诉书标题

加拿大＿＿＿＿＿＿＿＿＿＿省，

（地区）

在＿＿＿＿＿＿＿＿＿＿（法院名称）

女王

诉

（被告人的姓名）

（被告人姓名）受到下列指控：

(6) 其＿＿＿＿＿＿＿＿＿＿＿＿＿＿（说明罪行）。

(7) 其＿＿＿＿＿＿＿＿＿＿＿＿＿＿（说明罪行）。

公元＿＿＿＿＿＿年＿＿＿＿＿＿月＿＿＿＿＿＿日，于＿＿＿＿＿＿签发。

（签署官员、总检察长代表等签名）

注：控告书或起诉书中可以提及被告人的出生日期。

美 国

联邦刑事诉讼规则 *

（2013 年 12 月 1 日版）
（美国众议院司法委员会版）

第三章 大陪审团、大陪审团起诉书和检察官起诉书

第 7 条 大陪审团起诉书和检察官起诉书

（a）何时使用。

（1）重罪。以下罪行（除藐视法庭罪外）应当以大陪审团起诉书提起公诉：

（A）可能判处死刑；

（B）可能判处 1 年以上徒刑。

（2）轻罪。可能判处 1 年或 1 年以下徒刑的罪行可以根据本规则第 58 条（b）款（1）项规定提起控诉。

（b）放弃大陪审团起诉书。可能判处 1 年以上徒刑的罪行，如果被告人在了解指控性质和所享有的权利后，在法庭上公开放弃以大陪审团起诉书提起公诉，可以检察官起诉书提起控诉。

（c）性质和内容。

（1）一般规定。大陪审团起诉书或检察官起诉书应当是关于构成所指控罪行的基本事实的清楚、简要和明确的书面陈述，应当由检察官签署。起诉书中不需要有正式的引言和结论。在指控的一条罪状中提出的主张可以通过另一条罪状而具体化。可以在一条罪状中声称被告人犯罪的手段尚不清楚，或者说明被告人

---

* 本规则由联邦最高法院制定，于 1945 年 1 月 3 日经司法部长提交国会，于 1946 年 3 月 21 日生效。本译本根据康奈尔大学法学院官网（https：//www.law.cornell.edu/rules/frcrmp）提供的英语文本翻译。

通过一种或数种特定的手段犯罪。大陪审团起诉书或检察官起诉书应当就指控的每条罪状进行有关该行为违反的法律、法规、条例或其他法律规定的官方或习惯上的援引。就起诉书中涉及《美国法典》第十八编第 3282 条而言，被告人的身份不明，形容被告人为姓名未知的个人对起诉书来说是充分的，但每人都有一个特定的 DNA 图谱，该术语在第 3282 条定义。

（2）援引错误。除非被告被误解从而导致产生偏见，在援引法律条文时有错误或遗漏，否则不能构成撤销大陪审团起诉书、检察官起诉书或推翻定罪的理由。

（d）与案情无关的事由 根据被告人的申请，法庭可以从大陪审团起诉书或检察官起诉书中删除与案情无关的事由。

（e）修改检察官起诉书。在定罪或裁决前，如果不追加指控另外的或不同的罪行，不损害被告人实体权利，法庭可以允许对检察官起诉书进行修改。

（f）详情诉状。法庭可以指示政府提供详情诉状。被告人可以在传讯前申请，或者在传讯后 14 日内申请，或者在此后法庭允许的时间内申请详情诉状。政府在具备法律要求的条件时可以修改详情诉状。

［于 1966 年 2 月 28 日修订，1966 年 7 月 1 日生效；于 1972 年 4 月 24 日修订，1972 年 10 月 1 日生效；于 1979 年 4 月 30 日修订，1979 年 8 月 1 日生效；于 1987 年 3 月 9 日修订，1987 年 8 月 1 日生效；于 2000 年 4 月 17 日修订，2000 年 12 月 1 日生效；于 2002 年 4 月 29 日修订，2002 年 12 月 1 日生效；由 2003 年 4 月 30 日第 108 届国会第 21 项公法案第 6 卷第 610 条（b）款，暨《法律汇编》第 117 卷第 692 页修订；于 2009 年 3 月 26 日修订，2009 年 12 月 1 日生效。］

第 8 条 共同犯罪和共同被告

（a）共同犯罪。如果被指控的罪行，不管是重罪还是轻罪，或既有重罪又有轻罪，属于同一性质或类似性质，或者基于同一行为或同一交易，或者相互联系或构成一共同方案或者计划中的组成部分，那么在一份大陪审团起诉书或检察官起诉书中，可以对两个或两个以上的罪行逐项分别提出指控。

（b）共同被告。在一份大陪审团起诉书或检察官起诉书中，如果他们被指控参加同一行为或者同一交易，或者参加构成一项犯罪或数项犯罪的一系列行为或交易，可以对两个或两个以上的被告提出指控。这样的被告人可以在一条或数条罪状中共同或分别被指控。不需要在每份罪状中对所有被告都提出指控。

（于 2002 年 4 月 29 日修订，2002 年 12 月 1 日生效。）

第 9 条　根据大陪审团起诉书或检察官起诉书签发逮捕令或传票

（a）签发。以宣誓证明存在合理根据相信犯罪已经发生且由被告人所为，法庭应当对检察官起诉书上所列的各名被告或大陪审团起诉书上所列的各名被告签发逮捕令。根据政府请求，也可以签发传票。对于同一被告，可以签署一张以上的逮捕令或传票。如果被告人未按照传票出庭，法庭可以签发逮捕令；如果检察官提出请求，则应当签发逮捕令。法庭应当将逮捕令交付授权的官员去执行或者将传票交付授权的人员去送达。

（b）形式。

　　（1）逮捕令。逮捕令的形式应符合本规则第 4 条（b）款（1）项的规定，除应当由书记官签名的外，并且应描述大陪审团起诉书或检察官起诉书中指控的罪行。

　　（2）传票除了应当传唤被告人在指定的时间、地点到法庭前听审外，传票的格式应和逮捕令相同。

（c）执行或送达；回复；初次聆讯。

　　（1）执行或送达。

　　　　（A）逮捕令或传票应当按照本规则第 4 条（c）款（1）项、（2）项和（3）项的有关规定执行或送达。

　　　　（B）执行逮捕令的官员应当按照本规则第 5 条（a）款（1）项的有关规定进行。

　　（2）回呈。逮捕令或者传票应当按照本规则第 4 条（c）款（4）项的有关规定回呈。

　　（3）初次到庭。当根据逮捕令被捕的被告人或按照传票出庭的被告人在法官前初次到庭时，法官应当按照本规则第 5 条的有关规定进行。

（d）通过电话或其他手段而签发令状。根据本规则第 4.1 条的规定，治安法官可以基于通过电话或其他可靠的电子手段传递的信息而签发逮捕令或传票。

［于 1972 年 4 月 24 日修订，1972 年 10 月 1 日生效；于 1974 年 4 月 22 日修订，1975 年 12 月 1 日生效；由 1975 年 7 月 31 日第 94 届国会第 64 项公法案第 3 条（4）款，暨《法律汇编》第 89 卷第 806 页修订；于 1979 年 4 月 30 日修订，1979 年 8 月 1 日生效；于 1982 年 4 月 28 日修订，1982 年 8 月 1 日生效；于 1993 年 4 月 22 日修订，1993 年 12 月 1 日生效；于 2002 年 4 月 29 日修订，2002 年 12 月 1 日生效；于 2011 年 4 月 26 日修订，2011 年 12 月 1 日生效。］

第五章 审 判 地

第 18 条　起诉和审判地

除立法和本规则另外允许的外，起诉应当在犯罪地提起。法院应当在考虑便利被告人、被害人和证人参加诉讼和迅速审判的基础上，在该地区内确定审判地。

墨 西 哥

联邦刑事诉讼法典[*]

编 前 章

**第 1 条　**本刑事诉讼法典包括以下内容：

1. 侦查：指检察院从开始调查案件至向法院递交诉讼意见书这段时间，应当按规定进行必要的司法程序并据此判断是否提起刑事诉讼。

2. 初步审查：指根据现行刑事法律和案件侦查结果确定事实性质以及犯罪嫌疑人可能承担的法律责任的诉讼过程。因缺少必要证据无法对犯罪嫌疑人提起诉讼的，应当予以释放。

第二编　侦　　查

第三章　移送法院

**第 134 条　**侦查工作确定犯罪构成和犯罪嫌疑人后，应当根据本法典第 168 条的规定，由检察院向法院提起刑事诉讼，包括陈述起诉理由、指出犯罪嫌疑

---

[*]　本法典于 1934 年 8 月 30 日颁布，于 1934 年 10 月 1 日生效，后经历次修改。最近一次修正时间为 2014 年 6 月 13 日。本译本根据 2014 年 3 月 14 日出版的《合众国众议院公报》提供的西班牙语文本翻译。

人所实施行为和行为实施的方式、其主观动机以及法律要求陈述的其他内容。

根据《联邦刑法典》第 15 条第 2 项的规定，检察院可以依据前款的规定提起刑事诉讼。但对于缺乏主观故意的案件中，作为前款规定的例外，在颁布羁押令或者候审令后，法官应当重新分析案情，不得剥夺犯罪嫌疑人向检察院陈述自己无主观故意的权利。

法院可以根据《墨西哥合众国宪法》第 16 条第 2 款和本法典第 195 条的规定，宣布取消羁押令。

提起刑事诉讼时已羁押犯罪嫌疑人的，被移送的法院应当尽快处理该案件。根据《墨西哥合众国宪法》和其他相关法律的规定，检察院将犯罪嫌疑人置于羁押所或者康复中心，即意味着将其交付司法机关。检察院将犯罪嫌疑人移交司法机关这一事实记入文书，并将复印件交给羁押所或者康复中心负责人，羁押所或者康复中心签收文件并注明接收日期和时间。

当法官收到起诉意见书时获悉犯罪嫌疑人已被羁押的，应当立即分析羁押是否符合《墨西哥合众国政治宪法》的规定。对符合规定的，批准羁押；不符合的，应当予以释放，并依法对释放设立条件。

犯罪嫌疑人被羁押的时间超过上述《墨西哥合众国政治宪法》第 16 条规定的时间，则认为犯罪嫌疑人处于与外界隔绝的状态，犯罪嫌疑人在此期间对外界所作的陈述被认为无效。

在起诉意见书的扉页上，检察院应当简要列举出案件侦查期间所搜集的材料。根据《墨西哥合众国政治宪法》第 20 条第 1 项和本法典对于保释相关的规定，对犯罪嫌疑人采取的措施类别以及担保的金额应当基于上述材料决定。

第 135 条　检察院接到侦查报告后，如有拘留并认为羁押合理合法时，应当立即向法院递交符合本法典第 134 条第 1 款规定的起诉意见书。如果起诉意见书未满足本法典第 134 条的规定，则可以保留并修改使其符合本法典第 193 条、第 194 条和第 194 - 1 条的规定。如果羁押理由不充分，则要宣布释放被羁押人。

检察院可以根据本法典第 399 条的规定，下令释放犯罪嫌疑人，但要采取必要措施确保犯罪嫌疑人不逃避法律制裁和损失赔偿。由于驾驶车辆造成犯罪的，不允许其再次接触酒精类物品或者可以引发其类似症状的其他物品。如果所犯罪行可以适用替代刑或者不至于剥夺其人身自由，可以宣布释放，无须采用监控措施。

犯罪嫌疑人未处于羁押状态，检察院应当告知其随时听候传唤，配合调查。侦查阶段结束后，应当听从主审法官的传唤，对无正当理由不到案的，将其立即羁押，没收所缴保证金。

检察院在犯罪嫌疑人无正当理由不服从其指示时，可以没收其所缴纳保证金。

当检察院决定不提起刑事诉讼时，犯罪嫌疑人所缴纳的保证金应当撤销并由检察院归还给犯罪嫌疑人。但一旦向法院提起刑事诉讼，则所缴保证金的期间自动延长，由法官决定保证金的取消或者更改。

第 135 - 1 条 被判处的刑罚可能为不超过 3 年的剥夺自由刑的，且符合下列条件之一的，检察院和法院可以恢复犯罪嫌疑人自由，无须予以担保：

1. 不会逃避刑事指控的。

2. 在了解其案情的司法机构所在地有固定居所 1 年以上者。

3. 有合法工作。

4. 犯罪嫌疑人犯罪时无主观故意。

依据本法典认定为重大案件的，不适用本条规定。

第三编 指　　控

独立章① 刑事诉讼

第 136 条 检察院承担下述刑事诉讼的工作：

1. 着手刑事调查。

2. 按照司法程序申请出庭令和羁押令。

3. 对于造成财产损失的案件，提出财产保全措施的申请。

4. 提交证实犯罪事实存在的证据以及犯罪嫌疑人所应当承担法律责任的证据。

5. 提出实施相应惩罚的申请。

6. 总之，负责一切与案件有关的常规的诉讼程序。

第 137 条 属于下列情形之一的，检察院应当不提起刑事诉讼：

1. 根据刑事法律的典型性描述，所受理的事实或者行为不构成犯罪的。

2. 完全确定犯罪嫌疑人无犯罪行为或者未参与犯罪。

3. 即使行为或者事实有可能构成犯罪，但无法证实犯罪事实的存在。

4. 根据刑法典规定，刑事责任已因法定原因消灭。

5. 根据审理证实存在免予刑事责任的情节。

6. 法律规定的其他情形。

第 138 条 属于以下情形之一，检察院应当撤销案件并赋予被告人绝对自由：经过调查，犯罪嫌疑人的行为和事实根据刑事法律的典型描述不构成犯罪

---

① 原文即如此。——译者注

的；犯罪嫌疑人未参与所受理的案件；以及刑事责任已法定消失的，或者存在免除刑事责任的情节的。

以下情形也可以撤销案件：仅造成《联邦刑法典》第 289 条和第 290 条所述他人财产的损失和伤害，行为人可以赔偿损失且未逃避对受害者责任的，以及实施该行为时并未处于酒精类或者其他药物刺激状态。但根据《联邦刑法典》第 60 条的规定属于重大案件的，不可撤销案件审理。

第 139 条　对于前两条的情形作出的撤销案件审理的决议，产生不得提起刑事指控的效果。

第 140 条　前条规定的情形可以适用本法典第 294 条和第 295 条规定的程序。

乌　拉　圭

刑事诉讼法典[*]

第一编　一般规定

第二章　诉　　讼

第一节　刑事诉讼

第 10 条　法定原则
刑事诉讼由检察院提起，并依据法律规定的各项案件公开进行。
第 11 条　自诉
在法律明确规定的情形中，只有被害人请求时才可以提起诉讼。
第 12 条　法定代理
在前述情形中，未成年子女受到伤害的，由其父母单方或者双方代为提起

---

　　* 本法典于 1980 年 6 月 24 日由国务会议通过 15032 号法令颁布，并于 1981 年 1 月 1 日起生效，后经历次修正。本译本截至 2013 年 8 月 16 日的修正案。本译本根据乌拉圭参议院 2013 年 8 月 16 日在其公报上提供的西班牙语文本翻译。

诉讼；父母失去行为能力的，由成年子女代为提起诉讼；无行为能力的人，由其监护人代为提起诉讼；夫妻一方无行为能力或者无法提起诉讼的，由另一方代为提起诉讼。

第 13 条　撤回自诉

启动刑事案件自诉的，需要当事人一方提起诉讼。提起后又撤回的，应当由法官依其职权继续起诉。

第 14 条　自诉申请的方式

自诉申请可以由被害人亲自或者由专门行使该项权力的检察官，以书面或者口头的形式向司法机关或者警察机关提出；向警察机关提出的，必须提交书面申请。

第 15 条　自诉申请的签署

书面申请必须向有关机关当面签署。申请人不会或者不能签名的，可以应其要求由他人代签。申请人无法出示被该机关认可的身份证件的，由公证机关或者两名证人证明其在理智状况下进行署名。

第 16 条　口头申请

司法机关接受口头申请的，申请人应当根据前条规定履行署名。

第 17 条　申请材料的内容

在申请材料中，应当详细记载申请的时间、地点、申请人的姓名和详细信息，包括年龄、婚姻状况、职业、住址，可能的情况下还应当记载犯罪嫌疑人的人数、涉及事件、相关行为和其他可以证明犯罪构成的事实。

已知犯罪嫌疑人及其共犯或者包庇者的，还应当指明其可能的下落、家庭关系、职业及面部特征，并提供目击证人。

第 18 条　申请自诉的期限

申请自诉应当在犯罪行为实施终结，或者被害人或依法推定被害人得知该犯罪行为之日起 6 个月内提出。

第 19 条　特殊自诉案件的撤回

自诉人一旦提起诉讼，不得撤销诉讼请求，但在诽谤、侮辱类案件中，自诉人可以在判决宣告前撤诉。

第 20 条　接受撤诉

不接受撤诉申请的，法官应当在接到申请后 3 日内明确表示反对意见，否则视为接受。

第 21 条　撤诉的效果

已产生的与诉讼相关的费用由撤诉申请人承担，但司法机关已就费用支付作出规定的除外。

撤诉终止对被告人的刑事诉讼。共同犯罪中，对其中一人撤诉，对其胁从者、共谋者和包庇者的诉讼也撤销。

撤诉一方不得就同一事实再行起诉，也不得另行提起民事诉讼。

第 22 条

（依据 2005 年 12 月 29 日颁布的第 17938 号法令第 1 条废除。）

第 23 条　公诉

涉嫌构成绑架、侵害、故意伤害、腐败及强奸类犯罪，且满足以下情形的，依职权提起公诉：

1. 与另一应当提起公诉的案件相关联的；

2. 被害人不具有提起自诉能力且无法定代理人的；

3. 犯罪嫌疑人是其父母、监护人、保护人的，或者犯罪嫌疑人滥用家庭、监护、保护关系实施犯罪的；

4. 犯罪嫌疑人有义务照顾或者教育被害人的；

5. 在劳动关系中被害人受犯罪嫌疑人雇佣的；

6. 被害人未满 21 周岁或者隶属于某公立机构的。

（依据 2005 年 12 月 29 日颁布的第 17938 号法令第 1 条废除，并依据 2006 年 10 月 20 日颁布的第 18039 号法令第 1 条修订。）

第 24 条　诉讼行为缺乏依据

诉讼应当针对《宪法》和法律明文规定的行为，或者司法决议、行政决议确定的事项为依据。

第四章　诉讼主体

第一节　检　察　院

第 67 条①

检察院及最高法院检察官、刑事检察官和刑事检察官助理均可以在首都提起刑事诉讼。在首都之外的其他各省，由检察院和各省检察官提起。

此外，最高法院检察官对检察院的组成人员实施的被指控的行为提起诉讼。为达到此目的，在不损害相关组织规定的前提下，最高法院检察官应当根据本法典第 33 条第 4 款的规定通过行政渠道征询最高法院的意见，以决定是否对犯罪嫌疑人采取合理或者必要的措施。

---

① 原文无条名，下同。——译者注

第 68 条

检察院对犯罪行为和过失犯罪行为提起诉讼。

根据案件性质，检察院依法提起诉讼，或者根据本法典第 236 条的规定，提出终止审理的申请。

第二编　审　判

第二章　审　查

第一节　审查的开始和进行

第 125 条　起诉书

审查自具备管辖权的法官作出起诉决定起开始。

犯罪嫌疑人已经被羁押的，审查环节应当在自本法典第 118 条规定的逮捕之日起 48 小时内依据《共和国宪法》第 16 条的规定启动。

法官作出的审查文书应当基于事实，内容包括依据法律规定作出的情节的考量、涉嫌触犯法律的性质。

为了诉讼所需，有必要：

1. 证明存在的犯罪事实；

2. 有充分证据证明犯罪嫌疑人参与了该犯罪。

法官在 48 小时内作出是否构成犯罪的说明。起诉的期限自接到说明通知次日起开始计算。

（根据 2008 年 9 月 26 日颁布的第 18359 号法令增加最后一款。）

第 126 条　起诉的必需要件

不得在未讯问犯罪嫌疑人或者犯罪嫌疑人拒绝供述的情形下宣布提起诉讼。

犯罪嫌疑人要求其辩护人在场进行质询的，应当依照其要求。犯罪嫌疑人应当事先获知其具有委托辩护人的权利。为切实保障辩护人接受委托并参与诉讼，该程序可以中断 24 小时。

检察院和辩护人之间可以进行相互询问；为保证供述内容的可信度和准确性，可以申请对认为必要的部分进行确认。

第五章 庭 审

第一节 起诉与审判终止

第 233 条 向检察院呈递文书

自审查、庭前审查完成后 3 日内，法官应当将该材料送交至检察院，以便其决定是否进一步审理或者终止审理。

第 234 条 检察院的意见

检察官应当在收到材料之日起 30 日内提出书面意见，只能申请一次延期。延期申请由法官受理，认为理由充分的可以批准不超过 15 日的延期。不得对延期裁定提出不服申请。

期限届满或者延期届满，检察官未提交相应书面材料的，自动丧失继续参与案件的资格，并根据法律规定由其他人替代，替代人依照本法典规则参与诉讼。该事项应当记入文书并通报司法部门。

任何不具备参与案件诉讼资格的检察官，其行为一律无效。

第 235 条 案件终止审理请求

检察官申请终止全部或者部分诉讼的，法官可以直接书面批准该申请。确定终止审理裁定不可撤销地终止与申请内容相关的程序。

同样地，检察院也可以因后条规定的原因之一在诉讼的任何阶段申请终止审理。

第 236 条 终止审理的依据

满足下列特殊情形的，审判终止：

1. 行为不构成犯罪的；

2. 被告人未实施犯罪，或者不存在充分证据证明该犯罪是由被告人实施或参与的；

3. 基于正当理由且无可争议的免予刑罚、不承担刑事责任或者刑事诉讼消灭，或者无证据证明被告人实施犯罪的。

第 237 条 内容

检察院提出的终止审理申请应当包括以下内容：

1. 所确定的诉讼程序及其他便于识别被告人的必要信息；

2. 案情和其法律定性的清单；

3. 终止诉讼的原因及其法律依据；

4. 具体申请内容。

第 238 条　终止审理的结果

作出终止审理的裁定时，解除被告人的羁押措施。

第 239 条　起诉

检察院确定起诉的，除本法典第 237 条第 1 款规定的内容外，起诉书还应当包括：

1. 经证实的案情；
2. 上述案情的法律定性；
3. 刑事诉讼中各被告人所参与的犯罪事实，需分别记录的，应当分别记录；
4. 各被告人涉及的从轻或者从重情节；
5. 是否为累犯，对累犯是否有必要采取保安处分。

智　利

刑事诉讼法典 *

第一编　一般规定

第三章　刑事诉讼

第一节　诉讼的分类

第 53 条　刑事诉讼的分类

刑事诉讼分为公诉和自诉。

＊ 本法典由智利参议院于 2000 年 9 月 29 日批准，本法典在科金博地区和阿劳卡尼亚地区，自 2000 年 12 月 16 日起生效；在安托法加斯塔地区、阿塔卡马地区、马乌莱地区，自 2001 年 10 月 16 日起生效；在塔拉帕卡地区、卡洛斯·伊瓦涅斯将军的艾森地区、麦哲伦地区、智利属南极地区，自 2002 年 12 月 16 日起生效；在瓦尔帕来索地区、解放者贝纳尔多·奥希金斯将军地区、比奥比奥地区、洛斯拉格斯地区，自 2003 年 12 月 16 日起生效；在圣地亚哥首都大区，自 2005 年 7 月 16 日起生效。本法典后经历次修改（参见译文中标注）。最近一次修正时间是 2014 年 6 月 14 日。本译本根据智利国会图书馆网站 2015 年 1 月 24 日提供的西班牙语文本翻译。

检察官依其职权对所有未涉及特别法规定的罪行的案件提起公诉。根据本法典的规定，由法律决定的其他人员也可以提起公诉。针对未成年人实施犯罪的案件，应当提起公诉。

自诉只可以由被害人提起。

但部分公诉案件中被害人应当先行控告的除外。

第 54 条　应当由被害人先行控告的公诉案件

对于必须由被害人控告的公诉案件，被害人未向司法机关、检察院或者警察控告的，司法机关、检察院或者警察不得依其职权对案件提起公诉。

上述案件包括：

1.《刑法典》第 399 条和第 494 条第 5 款规定的伤害案件。

2. 家庭暴力案件。

3.《刑法典》第 231 条和第 247 条第 2 项规定的侵犯隐私案件。

4.《刑法典》第 296 条和第 297 条规定的恐吓案件。

5. 第 19039 号法律规定的适用于工业特权和工业产权保护的案件。

6. 对曾经所在或者供职的工商机构的机密进行欺诈性传播的案件。

7. 其他法律明确规定的案件。

被害人不控告的，本法典第 108 条第 2 款规定的人员可以依据该第 108 条的规定控告。

被害人无法自由控告的，或者其他可以控告的人不能控告的，或者出现阻碍控告事项的，检察院可以依其职权提起诉讼。

诉讼启动后，应当适用公诉案件的一般规定。

第 55 条　自诉案件

除被害人外，其他人不得对以下案件提起诉讼：

1. 诽谤案件和侮辱案件；

2. 违反《刑法典》第 496 条第 11 项规定的案件；

3. 挑衅、辱骂，或者对方不接受挑衅而对其公开羞辱的案件；

4. 未经法律规定的人员同意，并且未经公务人员授权，为未成年人缔结婚姻关系的案件。

第 56 条　撤回刑事诉讼

公诉案件不因被害人的撤回而终结。

自诉和任何形式的附带民事诉讼，可以因被害人的撤回而终结。

非因被害人控告不得提起公诉的案件中，被害人撤回控告的，终结刑事诉讼。但未成年人作为被害人的案件除外。

检察院不得撤回公诉。

第 57 条　撤回诉讼的效力

刑事诉讼的撤回只对撤回者以及其继承者有效，对诉讼中的其他参与人无效。

第 58 条　刑事责任

只能对案件的实施者提起公诉和自诉。

刑事责任只能由自然人承担。法人相关的刑事责任和由其产生的民事责任，由参与案件的行为人承担。

第四章　诉讼程序的主体

第二节　检　察　院

第 77 条　职权

检察官根据本法典的规定对公诉案件提起诉讼。因此，检察官应当开展任何保障调查顺利进行的司法活动，并严格按照《检察院组织法》规定的公正原则指导警察开展活动。

第六节　被　害　人

第 108 条　定义

本法典所称被害人，是指案件中被指控行为的受害者。

犯罪行为导致被害人死亡的，或者被害人存在无法行使本法典赋予其权利的其他情形的，被害人还包括前述被害人的：

1. 配偶和子女。

2. 尊亲属。

3. 与之共同生活的人。

4. 兄弟姐妹。

5. 领养人或者被领养人。

上述列举的人员在参与诉讼时存在优先顺序。按照本条列举的顺序确定上述人员参与诉讼的优先顺序。

第 109 条　被害人的权利

被害人可以根据本法典的规定参与刑事诉讼，并享有以下权利：

1. 申请保护措施以防止对其本人和家人的骚扰、威胁或者侵犯。

2. 提出控告。

3. 提起诉讼，追究产生的民事责任。

4. 在检察官申请或者裁定终止诉讼，或者提前终止诉讼之前，被害人提出申请的，应当听取其意见。

5. 在法院作出中止、确定终止或者其他终止审理的裁定之前，被害人提出申请的，应当听取其意见。

6. 即使不参与诉讼，也可以对中止、确定终止诉讼或者无罪判决提出抗议。

被害人是被追诉人的，不得行使上述权利，但不得损害其作为被追诉人的权利。

第七节 控 告 人

第 111 条 控告人

被害人、其法定代理人或者遗嘱继承人可以提出控告。

任何定居在省内并且有能力出庭的人员可以对在该省实施的犯罪报案，也可以对危害宪法权利或者公共廉洁的公职人员的行为进行举报。

公共机构或者服务部门只能在有关组织法明确授予其相应权力的情况下，方可以提出控告。

第 112 条 提出控告的阶段

检察官未宣布调查结束时，可以随时提出控告。

控告受理后，法官通知检察官和控告人可行使本法典第 261 条赋予的权利。

第 113 条 控告要求

对案件提出控告的，应当书面递交保障法官。控告书应当包含：

1. 受理法院的名称。

2. 控告人的姓名、职业或者工作，以及住址。

3. 被控告人的姓名、职业或者工作，以及住址。该信息无法得知的，也可以描述相关信息或通过其他途径提出控告，以便于调查并惩罚有罪之人。

4. 案件事实的详细说明。控告人知道地点、年、月、日和时间的，应当说明。

5. 对其向检察院申请的调查进行解释。

6. 控告人的签名。控告人不会或者不能签名的，可以由他人代签。

第 118 条 撤回控告

控告人可以在诉讼的任何阶段撤回控告，费用由控告人个人承担。费用的金额由终止诉讼程序的法院决定。

第 119 条　撤回控告时被控告人的权利

控告人撤回控告的，被控告人可以对该控告或者诬告提起刑事或者民事诉讼，并要求赔偿对其人身、财产造成的损失，主张应当支付的费用。

被控告人明确接受控告人撤回控告的除外。

第 120 条　放弃控告

控告人有下列情形之一的视为放弃控告：

1. 未递交控告书，或者未在应当控告时提起控告。

2. 无正当理由不出席预审的。

3. 未出席庭审，或者未经法院批准缺席庭审的。

对宣布放弃控告的裁定不服的，可以提起上诉，但不产生中止原程序的效果。对驳回放弃控告的裁定不服的，不得提起上诉。

第 121 条　放弃控告的后果

宣布放弃控告后，原控告人不得行使本法典赋予控告人的权利。

第二编　普通诉讼程序

第二章　预　　审

第一节　起　　诉

第 259 条　起诉内容

起诉应当明确包含以下内容：

1. 被告人及其辩护人的个人信息。

2. 被指控的行为及其司法鉴定的准确摘要。

3. 加重、减轻或者撤销刑事责任情节的摘要，作为主要诉状的补充。

4. 被告人在案件中的参与程度。

5. 适用法律规则的解释。

6. 指明检察院在审判中使用的证据手段。

7. 申请适用的刑罚。

8. 按照简易程序进行诉讼的申请。

检察官依据本条第 6 项中的规定提交证人证据的，应当提交名单、姓名、职业、住址或者地址的信息，但本法典第 307 条第 2 款规定的情形除外。在该文件中应当以同样的方式注明申请到庭的专家的职位和资格信息。

无论对其是否进行同样的法律定性，起诉只能针对完成调查的事实或者人员。

第四编　特别程序以及执行

第二章　自诉案件的程序

第 400 条　初步程序

自诉程序开始，仅能由自诉人向相关保障法官提出刑事诉讼。提起诉讼的书面文件应当满足本法典第 113 条以及第 261 条规定的条件，并且不得违反本章的规定。

自诉人应当为每位被告人制作一份诉讼副本，告知其指控的内容。

诉讼中，自诉人可以向法官申请对构成指控的犯罪行为的事实进行指定办理。办理完毕后，法院传唤本法典第 403 条涉及的各方参与审理。

第 401 条　撤诉

自诉人撤诉的，该案件将确定地终止审理。除非自诉人与被告人达成协议，否则由自诉人承担相关费用。

案件进入审判后，被告人反对撤诉的，不得撤回起诉。

第 402 条　放弃诉讼

自诉人缺席庭审的，或者 30 日以上未参与诉讼程序的，则视为其未尽到自诉人的职责，推定为放弃诉讼。在这种情形下，法院应当依其职权或者应请求宣布终止审理案件。

自诉人死亡或者丧失行为能力的，其继承人或者代表在发生上述情形之日起 90 日内未继续参与诉讼的，视为放弃诉讼。

大 洋 洲

澳大利亚

2011 年联邦法院规则[*]

（2011 年第 134 号特别法律文件）

第二章　初审管辖权——一般性规定

第 8 部分　提起诉讼

第 8.1 节　原始申请书

第 8.01 条　提起诉讼——申请

（1）意图在本院提起本院具有初审管辖权之诉讼的人应当提交采用格式 15 的原始申请书。

（2）原始申请书应当包含下列内容：

（a）申请人的姓名和地址；

（b）申请人的送达地址；

（c）申请人以代理人身份起诉的——有关代理的说明。

注释：原始申请书应当填写申请人的送达地址——参见第 11.01 条的规定。

（3）原始申请书说明申请人由律师代理的，视情况分别适用以下规定：

（a）该律师应当根据被告人的书面要求，以书面形式宣布其是否已经提交原始申请书；

（b）该律师以书面形式宣告其并未提交原始申请书的，被告人可以向本

---

　　*　本规则于 2011 年 7 月由澳大利亚联邦法院法官根据《1976 年澳大利亚联邦法院法》制定，2011 年 8 月 1 日实施。先后经过四次修正，最近一次修正时间是 2016 年 4 月 1 日。本译本根据澳大利亚联邦法院官网（http：//www.fedcourt.gov.au）提供的英语文本翻译。

院申请中止诉讼。

注释："提交"在词典中的定义是提交和送达。

第 8.02 条　申请人的真诚行动声明

（1）诉讼适用《民事纠纷解决法》第 2 部分规定的，申请人应当在提交原始申请时提交申请人采用格式 16 的真诚行动声明。

（2）申请人的真诚行动声明应当符合《民事纠纷解决法》第 6 条的规定。

注释 1：《民事纠纷解决法》的定义参见词典。

注释 2：意图提起诉讼的当事人应当在提起诉讼之前查阅《民事争端争议法》的规定，以判断《民事纠纷解决法》是否适用于其意图提起的诉讼。

注释 3：《民事纠纷解决法》适用于该诉讼的，律师应当遵守该法第 9 条的规定。

第 8.03 条　申请书应陈述所主张的救济

（1）原始申请书应当说明：

（a）所主张的救济；

（b）根据法律规定提出主张的，主张该救济所依据的法律名称和具体条款。

（2）原始申请书主张采取下表第 2 列所涉及的救济类型的，应当陈述该表第 3 列所要求的细节。

序号	所寻求的救济	细节
1	中间救济	所寻求的中间命令
2	禁制令	所寻求的命令
3	判决	所寻求的判决类型
4	惩罚性损害赔偿金	有关惩罚性损害赔偿金的主张

（3）原始申请书无须陈述诉讼费用主张。

第 8.04 条　提起移民诉讼的申请书应附证明书

（1）根据《1958 年移民法》第 486I 条规定，仅在原始申请书包含一份由律师签名的采用格式 15 的证明书时，该律师才能提交提起移民诉讼的原始申请书。

注释 1：参见《1958 年移民法》第 486I 条。

注释 2：对于不按照本款规定提供证明书的，本院将拒绝接受该原始申请书。

（2）在本条中：

"律师"的含义由《1958 年移民法》第 5 条规定。

注释："移民诉讼"的定义参见词典。

第 8.05 条　申请书应附诉状或宣誓书

（1）原始申请书应当附随下列文件之一：

（a）申请人寻求包括损害赔偿金在内的救济的——采用格式 17 的诉状；

（b）不适用（a）项规定的——诉状或宣誓书。

注释 1：提交原始申请书、诉状或附随的宣誓书时，登记官应当确定审理的出庭日和地点，并在申请书中注明这些信息。

注释 2：本院已经下令缩短该申请书的送达期间的，登记官应当在申请书中注明该命令的内容。

注释 3：对于第三章规定的一些情况下，本规则规定了应当附随原始申请书的文件类型。

（2）第（1）款（b）项规定的宣誓书应当说明申请人的主要事实根据，这对于公平告知被告人将在庭审时用于指控他的事实而言极为必要。

注释：第 16.1 节规定了诉状的内容。

第 8.06 条　起始令状的送达

申请人应当在登记官确定的出庭日的 5 日之前，直接将原始申请书和诉状或附随的宣誓书的副本送达原始申请书提到的所有被告人。

注释 1：本院可以延长或缩短送达期间——参见第 1.39 条。

注释 2：关于直接将文件送达个人、公司、协会、合伙人和商号的方式，适用第 10 部分的规定。

第 8.07 条　变更出庭日

（1）当事人可以向登记官申请变更出庭日。

（2）登记官变更尚未送达的申请书中注明的登记日的，申请人应当修改将要送达的申请书副本中注明的出庭日。

（3）对于适用《公司规则》的诉讼，《公司规则》或本院在诉讼中签发的命令要求采用公告或广告方式的，不适用本条规定。

第 8.08 条—第 8.10 条留白

第 8.2 节　宪法性问题的通知

第 8.11 条　宪法性问题的通知

（1）在本节中：

"宪法性问题"是指根据宪法规定产生或涉及宪法解释的问题，其含义参见《1903 年司法法》第 78B 条的规定。

（2）本院诉讼涉及宪法性问题的，提出该问题的当事人应当向合适的登记处提交采用格式 18 的通知书：

（a）简明扼要地说明该宪法性问题的性质；

（b）陈述证明该问题应当适用本条规定的事实依据。

第 8.12 条　通知书的送达

（1）提交通知书的当事人应当：

（a）将通知书副本送达：

（i）《1903 年司法法》第 78B 条规定的所有人；

（ii）所有其他当事人；

（b）在通知书送达后尽快提交送达证明书；

（c）在收到介入诉讼通知书后，尽快将在诉讼中提交（包括在通知之前和之后提交）的涉及该宪法性问题的所有文件副本提交给已经介入诉讼的检察长。

（2）该通知书的送达期间如下：

（a）该问题出现在原始申请书中的——在该申请书提交后 7 日内；

（b）该问题在诉状中的——在该诉状提交后 7 日内；

（c）该问题出现在规定的开庭日，且不适用（a）项或（b）项规定的——不迟于开庭日前 14 日；

（d）对于其他情形，在本院指示的期间内。

注释：本院在出现宪法性问题时的权力，参见《1903 年司法法》第 78B 条第（2）款和第（5）款规定。

第 8.13 条—第 8.20 条留白

第 8.3 节　原始申请书的修正

第 8.21 条　一般性修正

（1）申请人可以任何理由向本院申请修正原始申请书，包括：

（a）更正那些可能会妨碍本院就诉讼中提出的实体问题作出裁决的缺陷或错误；

（b）避免重复诉讼；

（c）更正诉讼当事人姓名错误；

（d）更正当事人的身份；

（e）变更该当事人在起诉时即拥有或起诉后获得的能力；

（f）代替他人担任诉讼当事人；

（g）增加或替换救济主张或救济主张的法律依据，新的主张和依据可以：

（i）源自申请人业已提交的用于支持既有救济主张的同一事实或基本相同的事实；

（ii）全部或部分源自提起诉讼后出现或产生的事实或问题。

注释：关于第（1）款（b）项和避免重复诉讼问题，参见本法第22条。

（2）即使申请人在起诉时效期间届满后才提交原始申请书，也可以向本院申请准许根据第（1）款（c）、（d）、（e）项或者（g）项（i）目的规定修正该申请书。

（3）法律法规规定的起诉期间已经届满的，申请人不得根据（g）项（ii）目的规定修正原始申请书。

注释1："申请人"、"主张"和"原始申请书"的定义参见词典。

注释2：关于本院制定修正文件的规则的权力，参见本法第59（2B）条的规定。

注释3：第9.05条对法院通过命令合并当事人作出了规定。

第8.22条　修正的生效日期

因原始申请书的修正致使另一人被替代成诉讼当事人的，对于该人，原始申请书的修正之日即为诉讼开始的日期。

第8.23条　修正的程序

（1）获准修正原始申请书的申请人应当：

（a）在原始申请书上进行变更；

（b）在原始申请书上注明下列信息：

（i）作出修正的日期；

（ii）准许进行修正的命令的签发日期。

（2）因修正内容过多或过长，致使原始申请书难以阅读的，申请人修正后提交的原始申请书应当符合下列要求：

（a）包含和突出修改的部分；

（b）标明第（1）款规定的信息。

第8.24条　根据本院命令修正原始申请书的期间

申请人未在下列期间根据准许申请人修正原始申请书的命令修正原始申请书的，该命令停止生效：

（a）命令规定的期间；

（b）命令未规定期间的——在准许修正的命令签发后14日内。

注释：本院准许申请人修正原始申请书的，也可以签发关于修正和送达该原始申请书的程序的命令。

第8.25条　修正原始申请书的送达

原始申请书在送达之后才进行修正的，作出修正的申请人应当在作出修正后尽快将已修正原始申请书的副本送达修正前送达过的当事人。

注释：本院可以下令免除已修正文件的送达。

第9部分　当事人和程序

第9.1节　当事人、参加诉讼人和诉因

第9.01条　多重诉因

在同一诉讼中，申请人可以其所具有的起诉被告人的众多诉因来主张救济，不论该申请人是否以同一身份正在主张救济。

第9.02条　当事人的合并——一般性规定

同时具有下列情形的，申请书可以由或者针对两人或两人以上提出：

（a）每人或者针对每人均可提起独立诉讼，且对这些诉讼进行裁决时会出现相同的法律或事实问题；

（b）在诉讼（无论是共同诉讼、可分诉讼还是选择性诉讼）中主张救济的所有权利，均产生于相同的业务、事件或者系列业务、事件。

第9.03条　有共同法定权利的申请人的合并

申请人主张其他人与其有共同法定权利的，救济时：

（a）所有享有共同法定权利的人均应合并为诉讼一方当事人；

（b）享有共同法定权利的人不同意合并的，应当列为该诉讼的被告人。

注释：对于诉讼涉及共同合同且合同一方已经破产的，适用《1996年破产法》第62条的规定。

第9.04条　共同责任人的合并

（1）针对与他人同时承担共同连带责任的被告人提出救济主张的，该他人不得列为该诉讼的被告人。

（2）两人或两人以上具有共同责任但无个别责任，且仅针对部分而非所有人提出救济主张的，被告人可以向本院申请诉讼中止，直至所有共同责任人均被列为该诉讼的被告人。

第9.05条　通过本院命令合并当事人

（1）具有下列情形之一的，当事人可以向本院申请关于追加某人为诉讼当事人的命令：

（a）该人本应已被列为该诉讼的一方当事人；

（b）该人具有下列情形之一：

（i）判决的执行可能需要该人的合作；

（ii）为确保该诉讼的所有争点均能得到审理和最终裁决，应当合并该人；

（iii）为了关联争议的裁决并最终避免重复诉讼，应当将该人列为当事人。

（2）未经本人同意，不得将其追加为申请人。

（3）某人被根据本条规定列为当事人的，对其而言，命令签发之日即为诉讼开始的日期。

（4）第（1）款规定的申请书无须送达未向其送达原始申请书副本的人。

注释：本院可以就下列事项签发命令：

（a）送达该命令和其他诉讼文件；

（b）修正的诉讼文件；

（c）当事人提交送达地址通知书。

第9.06条　申请单独审理——诉因或当事人不便合并

认为在诉讼中合并当事人或诉因可能出现下列情形之一的，当事人可以向本院申请下令单独审理：

（a）导致诉讼审理复杂化或延误；

（b）导致其他不便。

第9.07条　当事人的错误合并

仅在具有下列理由之一时，可宣告诉讼无效：

（a）将某人列为当事人不合适或不必要；

（b）应列为合适或必要当事人的人未被列入。

第9.08条　通过本院命令撤销当事人资格

对于被不恰当或不必要地列为当事人，或者已经不再是合适或必要当事人的人，其他当事人可以向法院申请命令停止其当事人资格。

注释：本院可以针对该诉讼未来的进程签发命令。

第9.09条　死亡、破产或权益移交

（1）当事人在诉讼过程中死亡或破产，但该诉讼的诉因仍然存在的，该诉讼不得仅因该当事人死亡或破产而被撤销。

（2）在诉讼过程中，一方当事人的权益或义务被以转让、移交或其他方式赋予他人的，该当事人或该他人可以向本院申请命令，要求将该人合并为一方当事人，或者停止该当事人的当事人资格。

（3）对于根据本条规定列为一方当事人的人，签发命令的日期即诉讼开始的日期。

注释：本院可以针对该诉讼未来的进程签发命令。

第9.10条 当事人死亡后无合并或替代人选

同时具有下列情形的,个人可以向本院申请命令,要求在诉讼所涉及的有诉因支持的救济的范围内,撤销该诉讼,在规定时间内签发替代性命令的除外:

(a)一方当事人在诉讼过程中死亡,且其死亡后该诉因仍然存在;

(b)在该当事人死亡后3个月内,未签发由另一当事人替代已死亡当事人的命令。

注释:本院可以下令将该命令送达所有与诉讼继续有利害关系的人。

第9.11条 当事人的替代

由一方当事人(新当事人)替代另一当事人(旧当事人)的:

(a)在替代之前的诉讼进程中所完成的所有事情或实施的所有行为,对旧当事人和新当事人具有同等效力;

(b)新当事人应当提交送达地址通知书。

第9.12条 参加诉讼人

(1)个人可以向本院申请介入诉讼,其权利、特免权和义务(包括支付费用的义务)由本院裁决。

(2)本院可以综合考虑:

(a)该参加诉讼人的介入是否有用,是否不同于诉讼各方当事人的作用;以及

(b)该参加诉讼人的介入是否会不合理地影响各方当事人按其预期进行诉讼的能力;

(c)本院认为有关的其他事项。

(3)当下令准许时,本院可以规定参加诉讼人提供帮助的形式和参加诉讼的方式,包括:

(a)参加诉讼人可以提交的事项;

(b)参加诉讼人以口头、书面还是同时使用这两种方式提交。

注释1:本院可以为其准许附加条件——参见第1.33条。

注释2:本院可以任命法官的顾问。

第9.13条—第9.20条留白

第9.2节 集体诉讼

第9.21条 代表当事人——一般性规定

(1)诉讼可以由或者针对一名或多名对该诉讼有相同权益的人提起,由

他或他们代表所有或部分有相同权益、本可成为该诉讼当事人的人。

（2）申请人可以向本院申请命令，要求指定一名或多名被告人或其他人代表该诉讼的所有或部分被告人。

（3）本院签发命令指定被告人之外的人的，该命令具有将该人追加为该诉讼被告人的效力。

（4）本条规定不适用于处置已接受信托或包括死者遗产的财产的诉讼。

注释：对于已接受信托或包括死者遗产的财产的诉讼，受益人的代表适用第9.23条规定。

第9.22条　为或针对代表当事人作出的命令的执行

（1）在诉讼中，为或针对代表当事人作出的命令对代表当事人所代表的所有人均有约束力。

（2）但仅当本院许可时，该命令才能针对不是当事人的人实施。

（3）申请第（2）款规定的许可的申请书，应当直接送达意图对其执行该命令的人。

（4）收到第（3）款规定的通知书的人，可以提出对其执行该通知书所涉及的命令的意见，理由是其有可获准免除义务的特殊事实和事项。

第9.23条　代表当事人——受益人

（1）处置已接受信托或包括死者遗产的财产的诉讼，未把对该信托或资产有受益权的人（受益人）列为一方当事人的，可以由或者针对受托人或遗产代理人提起。

（2）但个人可以申请本院下令将受益人列为该诉讼的一方当事人。

第9.24条　死者

（1）如果：

（a）死者生前或者死者遗产对诉讼中的争议或问题有利害关系；且

（b）死者没有遗产代理人的，一方当事人可以申请法院下令：

（i）在代表死者的人缺席的情形下继续进行诉讼；

（ii）以书面形式表示同意的人基于该诉讼之目的而代理死者遗产。

（2）死者的遗产代理人作为一方当事人参加诉讼的，该遗产受到约束。第（1）款规定的命令以及后续程序中签发的命令对死者遗产的约束，与死者的遗产代理人作为一方当事人参加诉讼具有同等效力。

注释：在根据本条规定签发命令之前，本院可以在认为合适的时候，要求将申请书送达与该遗产有利害关系的人。

第9.25条　特定当事人进行诉讼

个人可以向本院申请下令，整个或部分诉讼程序应由其或特定当事人处理。

第 9.26 条—第 9.30 条留白

第 9.3 节　本法第 IVA 部分规定的集体诉讼

第 9.31 条　对第 9.3 节的解释

本节使用的词或表述，与本法第 IVA 部分使用的该词或表述含义相同。

注释："集体成员"、"代表当事人"和"集体诉讼"的含义，参见本法第 IVA 部分第 33A 条的规定。本法第 IVA 部分规定了集体诉讼应当采用的程序。

第 9.32 条　集体诉讼的提起

意图提起本法第 IVA 部分规定的集体诉讼的人应当提交采用格式 19 的原始申请书。

注释：关于提起集体诉讼的申请书以及为支持该申请书而提交的文件的内容，适用本法第 33H 条的规定。

第 9.33 条　个人可以表示同意成为集体成员

本法第 33E 条第（2）款规定的个人可以表示同意成为集体成员，同意书采用格式 20。

第 9.34 条　退出通知书

本法第 33J 条第（2）款规定的退出通知书应当采用格式 21。

注释：集体成员可以根据本法第 33J 条的规定退出。

第 9.35 条　申请就集体诉讼应适用的程序下令

（1）当事人向本院申请本法第 33K、33W、33X 或 33ZA 条规定的命令的，申请书采用格式 22。

（2）申请第（1）款规定的命令的，申请书应当附随说明下列事项的宣誓书：

（a）集体成员的身份；

（b）集体成员的下落；

（c）通知书最有可能吸引集体成员注意的方式。

第 9.36 条—第 9.40 条留白

第 9.4 节　合　伙

第 9.41 条　由或针对代表合伙企业的合伙人提起的诉讼

（1）两名或多名合伙人可以代表该合伙企业提起诉讼。

（2）对两名或两名以上被主张应代表合伙企业承担合伙人责任的人，可以提起诉讼。

（3）合伙名称应当是诉因产生时的合伙名称。

（4）诉讼应当以合伙名称而非合伙人个人名义进行。

注释1："合伙名称"的定义参见词典。

注释2：针对合伙人代表合伙企业进行的诉讼的送达，适用第10.05条的规定。

注释3：针对合伙名称提起诉讼的，应当登记送达地址——参见第10.05条的规定。

第9.42条　合伙人姓名的披露

（1）一方当事人可以通过书面通知，要求作为诉讼当事人一方的合伙企业披露其在所主张之诉因产生时的所有合伙人的基本情况。

（2）该合伙企业在接到通知后未尽快将所要求的信息提供给该当事人的，该当事人可以向本院申请：

（a）命令该合伙企业向该当事人提供信息；

（b）合伙企业是诉讼申请人或反诉申请人的——命令在提供信息前中止诉讼。

注释1："基本情况"的定义参见词典。

注释2：关于送达，适用第10部分的规定。

第9.43条　合伙人之间的诉讼

（1）一个或多个合伙企业在澳大利亚从事商业活动的，本节规定适用于：

（a）合伙企业与其一名或多名成员之间的诉讼；

（b）拥有一个或多个共同成员的合伙企业之间的诉讼。

（2）但无本院许可，不得执行在适用第（1）款规定的诉讼中作出的命令。

注释：第41.2节对涉及合伙企业的执行程序作出了规定。

第9.44条　被当作合伙人的人的否认

（1）将某人（被告人）当作合伙人而对其提起诉讼的，该被告人可以在下列任一时间否认自己是合伙人：

（a）原始申请书中指定的日期；

（b）提起诉讼时。

（2）该被告人根据第（1）款规定作出否认的，应当在提交送达地址通知书的同时提交一份说明其否认的事实依据的宣誓书。

（3）该被告人也可以在稍后的诉讼阶段提出否认。

第9.45条　代表合伙企业进行答辩

（1）诉讼针对合伙企业提起的，即使符合第9.44条的规定，合伙人也不得以合伙人名义提交答辩意见。

（2）但合伙人可以代表合伙企业提交答辩意见。

（3）两名或两名以上合伙人根据第（2）款规定提交答辩意见，但答辩意见的答辩理由不同，且所有答辩理由都不能对申请人主张作出合适答辩的，该申请人仅能针对该合伙企业申请命令。

注释：关于答辩，参见第16.32条的规定。

第9.46条　命令的登记

为或针对合伙企业而签发的命令应当以合伙名称而非合伙人个人名义登记。

注释：关于针对合伙企业的判决的执行，适用第41.21条的规定。关于针对合伙人个人的判决的执行，适用第41.22条的规定。

第9.47条—第9.50条留白

第9.5节　以公司名称进行的诉讼

第9.51条　针对以公司名称从事商业活动的人提起的诉讼

同时具有下列情形的，应当针对个人或根据第9.4节规定提起诉讼：

（a）针对该人提起的该诉讼，涉及该人澳大利亚境内以公司名称进行的所有作为、不作为或其他商业活动；

（b）该公司名称登记于进行该商业活动的州或领地的登记处，并已披露该人的姓名和居住地址。

注释1："公司名称"和"基本情况"的定义参见词典。

注释2：针对代表其公司的人提起诉讼的，该人应以本人名义提交送达地址通知书——参见第11.03条的规定。

第9.52条　针对公司名称提起的诉讼

（1）同时具有下列情形的，可以针对公司名称提起诉讼：

（a）该诉讼涉及某人以公司名称进行的所有作为、不作为或其他商业活动；

（b）该人的姓名未在第9.51条第（1）款（b）项规定的任何登记处登记。

（2）根据第（1）款规定提起的诉讼，该公司名称在任何文件中都是该人的充分名称。

（3）该诉讼中作出的所有判决或命令均可针对该人实施。

第9.53条　根据本节或第9.4节规定进行的诉讼

同时具有下列情形的，当事人可以根据本节或第9.4节规定进行诉讼：

（a）已经针对代表其公司的人提起诉讼；

（b）该人根据第11.03条的规定提交送达地址通知书；

（c）在下列任一时间与送达地址通知书一同提交一份陈述，提供至少一名与该人共同代表公司从事商业活动的人的姓名：

（i）原始申请书指定的日期，也即诉因产生的日期；

（ii）诉讼提起时。

注释：第11.03条规定，提交针对公司名称的原始申请书的，该人应当提交个人的送达地址。

第9.54条　变更当事人

（1）申请人应当在提交针对代表其公司的人的原始申请书后尽快实施下列行为：

（a）采取各种合理措施查清该人的基本情况；

（b）向本院申请准许修正申请书及在诉讼中提交的其他文件，以保障该诉讼能够针对该人个人名义继续进行。

注释1："基本情况"的定义参见词典。

注释2：对原始申请书的修正适用第8.3节的规定，对诉状的修正适用第16.5节的规定。

（2）仅在第（1）款（b）项规定的修正已经作出或本院给予准许的，申请人在诉讼中可以采取措施（第（1）款（a）项规定的措施以及安排第（1）款（b）项规定的申请书副本的送达除外）。

注释：对无行为能力人的送达，适用第10.09条的规定。

（3）本条规定不限制当事人修正第16.51条或第16.53条规定的文件。

第9.55条　命令的变更

（1）对于针对代表其公司的人签发的命令，即使符合第41.31条的规定，个人也可以向本院申请变更，改为针对该人本人签发命令。

（2）变更第（1）款规定的命令的申请书，应当直接送达被下达命令的人。

（3）根据第（1）款规定变更的命令，应当针对被下达命令的人本人实施。

注释：第41.31条对针对公司名称的执行作出了规定。

第9.56条　命令披露——针对代表其公司的人的诉讼

（1）同时具有下列情形的，申请人可以向本院申请第（2）款规定的命令：

（a）申请人针对代表其公司的某人（被告人）提起诉讼；

（b）申请人让本院确信，另有他人：

（i）知道或可能知道被告人的基本情况；

（ii）控制、可能控制、曾经控制或者可能曾经控制有助于查清该被告人基本情况的文件。

（2）本院确信存在第（1）款（b）项规定的事项时，可以命令该他人：

（a）出庭就被告人的基本情况接受口头质询；

（b）在接受质询时向本院提交其控制的有关该被告人基本情况的所有文件或物品；

（c）向申请人披露正处于该他人控制之下且涉及该被告人基本情况的所有文件。

注释："基本情况"的定义参见词典。

（3）申请人应当向该他人提供足够证人酬金，供其出庭作证的往返交通。

注释："证人酬金"的定义参见词典。

第9.57条—第9.60条留白

第15部分　反诉和第三人请求

第15.1节　提起反诉

第15.01条　被告人的反诉

被告人可以在诉讼中针对下列人员提起反诉：

（a）申请人——被告人有权在独立程序中针对申请人提出任何救济请求；

（b）其他被告人或他人——提出与诉讼标的有关的任何救济请求，包括分摊或赔偿。

注释："反诉"、"反诉原告"和"反诉被告"的定义参见词典。

第15.02条　提起反诉

（1）被告人意图针对任何当事人或其他人提起反诉的，应当提交采用格式31的反诉通知书。

（2）反诉通知书应当包括下列内容：

（a）反诉原告的姓名和地址；

（b）与主诉一致的反诉原告送达地址；

（c）反诉原告以代理人资格起诉的——有关该事实的声明书。

注释1："主诉"的定义参见词典。

注释 2：提起反诉的被告人是反诉原告。反诉所针对的当事人或其他人是该反诉的被告。

注释 3：登记官应当确定审理的出庭日和地点，并在反诉通知书上注明这些信息。

第 15.03 条　反诉的名称和附随的文件

反诉中提交的所有文件都应当使用与提起反诉的反诉通知书相同的名称。

第 15.04 条　提起反诉的期间

反诉通知书应当在提交下列文件之一的同时提交：

（a）被告人的答辩意见；

（b）被告人在主诉中答复申请人宣誓书的宣誓书。

第 15.05 条　反诉提起期间的延长

（1）被告人意图提交反诉申请书，但未遵守第 15.04 条规定的，应当向本院申请准许提交反诉通知书。

（2）第（1）款规定的申请书应当附随下列文件：

（a）说明下述事项的宣誓书：

（i）该反诉性质及其与该诉讼标的之间关系的简洁描述；

（ii）未根据第 15.02 条规定提交反诉通知书的原因；

（b）符合第 15.02 条规定的反诉通知书草稿。

第 15.06 条　应附随反诉的反诉声明书或宣誓书

（1）反诉通知书应当附随下列文件之一：

（a）原始申请书附有起诉书的——反诉起诉书；

（b）原始申请书附随宣誓书的——宣誓书；

（c）已在主诉中决定根据诉状继续进行主诉审理的——反诉起诉书。

注释 1：对于第三章规定的一些情况下，本规则规定了原始申请书应附随的文件。

注释 2：反诉原告的反诉起诉书应当符合第 16.02 条的规定。

（2）第（1）款（b）项规定的宣誓书应当载明反诉原告所依据的主要事实，这对于公平告知对方当事人将在庭审时用于指控他的事实而言极为必要。

注释：第 16.1 节规定了起诉书的内容。

第 15.07 条　反诉应说明所请求的救济

（1）反诉通知书应当载明：

（a）所请求的救济；

（b）根据法律规定请求救济的——该法律和所请求救济的规范依据。

（2）寻求下表第 2 列呈现的救济类型的反诉通知书应当载明该表第 3 列

列出的细节。

序号	寻求的救济	细节
1	中间救济	寻求中间命令
2	禁制令	寻求该命令
3	声明书	寻求声明书
4	惩罚性损害赔偿	主张惩罚性损害赔偿金

（3）反诉通知书无须包括诉讼费用主张。

第 15.08 条　反诉通知书送达反诉被告

（1）反诉原告应当尽快将反诉通知书副本送达有送达地址的所有反诉被告。

（2）反诉被告未提交送达地址通知书的，反诉通知书应当直接送达该反诉被告。

（3）第 10.25 条规定不适用于反诉通知书的送达。

注释：第 10.25 条规定在特定情况下提交文件具有送达的效力。

第 15.09 条　诉状和文件的送达

（1）因反诉通知书的提交而成为诉讼中的反诉被告的人：

（a）应当提交送达地址通知书；

（b）可以提交采用格式 32 的通知书，要求反诉原告在提交反诉前送达诉讼中提交的诉状或文件的全部或一部分。

（2）反诉原告已经接收第（1）款规定的通知书的送达的，应当在送达后 3 日内将该通知书规定的诉状和文件送达发出该通知书的反诉被告。

第 15.10 条　提起反诉后的诉讼行为

（1）下列规定的适用，应控制在可行但不违背本节规定的限度之内：

（a）双方当事人应当以处理主诉相同的方式进行反诉；

（b）本规则同等适用于主诉和反诉；

（c）涉及原始申请书的审判或其他措施，同等适用于反诉的审判或其他措施。

（2）为落实本条规定：

（a）反诉原告应被当作申请人对待；

（b）反诉被告应被当作被告人对待。

第 15.11 条　作为独立程序的反诉

即便存在下列情形之一，也可以进行反诉：

（a）在主诉或该诉讼的其他反诉中已经签发并登记命令；

（b）主诉或其他反诉已经中止、撤销或终止。

第 15.12 条　请求财产分配或补偿的反诉

反诉原告就财产分配或补偿问题针对另一当事人或他人提起反诉，且已经就分配下达命令的，仅在为该申请人而针对该反诉原告作出的命令得到执行后，才得执行该有关分配的命令。

第 15.13 条　反诉的审理

反诉的一方当事人可以就下列事项之一向本院申请命令：

（a）对于反诉中产生的请求、问题或争议，应根据本院命令进行审理；

（b）准许反诉被告单独或与另一当事人一起对主诉或其他反诉中提出的请求进行答辩；

（c）准许反诉被告出席主诉或其他反诉的审理或本院认为合适的其他审理活动；

（d）在主诉或其他反诉中作出的命令或裁决，确定反诉原告和反诉被告彼此之间的义务；

（e）确定主诉和反诉的审理和裁决事宜；

（f）驳回反诉。

第 15.14 条　共同反诉被告

反诉原告针对两名或两名以上反诉被告提出救济请求，并要求任一反诉被告根据第 20 部分进行披露的，该反诉被告应当向该反诉原告和所有其他已经提交答辩意见的反诉被告送达该反诉被告的文件清单和宣誓书。

第 15.2 节　反诉的修正

第 15.15 条　修正的一般性规定

（1）反诉原告可以任何理由向本院申请准许修正反诉通知书，包括下列理由之一：

（a）更正那些可能妨碍本院就该反诉提出的事实问题作出裁决的缺陷或错误；

（b）避免重复诉讼；

（c）更正诉讼当事人姓名错误；

（d）更正诉讼当事人的身份；

（e）变更该当事人在起诉时即拥有或起诉后获得的身份；

（f）代替他人担任诉讼当事人；

（g）增加或替换救济主张或救济主张的法律依据，新的主张和依据可以：

（i）源自反诉原告业已提交用于支持既有救济主张的同一事实或基本相同的事实；

（ii）全部或部分源自提起诉讼后出现或产生的事实或问题。

注释：关于第（1）款（b）项和避免重复诉讼问题，参见本法第22条。

（2）即使反诉原告在起诉时效期间截止后才提交申请书，也可以向本院申请准许根据第（1）款（c）、（d）、（e）项或者（g）项（i）目的规定修正该反诉通知书。

（3）法律法规规定的起诉期间已经届满的，反诉原告不得根据（g）项（ii）目的规定修正反诉通知书。

注释1："反诉"和"反诉原告"的定义参见词典。

注释2：关于本院制定修正文件的规则的权力，参见本法第59（2B）条的规定。

注释3：第9.05条对法院通过命令合并当事人作出了规定。

第15.16条　修正的生效日期

因反诉通知书的修正致使另一人被替代成诉讼当事人的，对于该人，反诉通知书的修正之日即为诉讼开始的日期。

第15.17条　修正的程序

（1）获准修正反诉的反诉原告应当：

（a）在反诉通知书上进行变更；

（b）在反诉通知书上注明下列信息：

（i）作出修正的日期；

（ii）准许进行修正的命令的签发日期。

（2）因修正内容过多或过长，致使反诉通知书难以阅读的，反诉原告修正后提交的反诉通知书应当符合下列要求：

（a）包含和突出修改的部分；

（b）标明第（1）款规定的信息。

第15.18条　根据本院命令修正反诉通知书的期间

反诉原告未在下列期间根据准许反诉原告修正反诉通知书的命令修正反诉通知书的，该命令停止生效：

（a）命令规定的期间；

（b）命令未规定期间的——在准许修正的命令签发后14日内。

注释：本院准许反诉原告修正反诉通知书的，本院也可以签发关于修正和送达该反诉通知书的程序的命令。

第 15.19 条　修正反诉通知书的送达

反诉通知书在送达之后才进行修正的，作出修正的反诉原告应当在作出修正后尽快将已修正反诉通知书的副本送达修正前送达过的当事人。

注释：本院可以下令免除已修正文件的送达。

第 16 部分　诉　　状

第 16.1 节　一般性规定

第 16.01 条　诉状应包含制作者的姓名

诉状应当：

（a）说明诉状制作者的姓名；

（b）包括制作者关于其制作了该诉状的声明；

（c）由律师制作的，应当包含一份由该律师签名的说明书，说明该律师可获取的所有事实和法律材料为下列事项提供了恰当理由：

（i）诉状中的所有主张；

（ii）诉状中的所有反驳；

（iii）诉状中的所有不予承认。

第 16.02 条　诉状的内容——一般性规定

（1）诉状应当：

（a）分成连续编号的段落，尽可能每段处理一项独立的事项；

（b）案件性质允许的，尽可能简洁；

（c）确定该当事人意图让本院解决的争点；

（d）陈述当事人所依据的主要事实，这对于对方当事人清楚获悉针对其提起的诉讼非常必要，但它并非证明该主要事实的证据；

（e）说明所依据的法律法规条款；

（f）说明寻求或请求的救济。

（2）诉状不得：

（a）包含任何诽谤性内容；

（b）包含任何无意义的或恶意的内容；

（c）含糊其辞或模棱两可；

（d）可能在诉讼中造成偏见、窘境或延误；

（e）不披露合理的起诉或答辩理由，或其他合乎该诉状性质的案情；

（f）构成本院的其他程序滥用行为。

（3）诉状可以提出法律要点。

（4）当事人无权针对原始申请书中主张的救济寻求任何额外救济。

（5）当事人可以提出诉讼开始后出现或产生的事实或问题。

第 16.03 条　提出事实

（1）具有下列情形之一的，当事人应当提出事实：

（a）应当提出该事实，以对另一当事人提出的事实作出明确反驳；

（b）不提出该事实可能会让另一当事人在庭审时被"突袭"。

（2）但不承担事实证明责任的当事人无须提出该事实。

第 16.04 条　参考文件或口头表述

（1）参考了文件或口头表述的诉状仅需说明该文件或表述的作用，无须载明该文件的名称或该表述本身。

（2）该表述对诉状极为重要的，该诉状应当载明该表述。

第 16.05 条　先决条件

（1）当事人无须在诉状中说明，其起诉权利的先决条件已经满足。

（2）但意图否认先决条件已经满足的当事人应当及时提交该否认。

第 16.06 条　前后矛盾的主张或请求

当事人不得提交前后矛盾的事实主张或者前后矛盾的根据或请求，以后者替代前者的除外。

第 16.07 条　承认、否认以及视为承认

（1）对另一当事人诉状中的事实主张进行答辩的一方当事人，应当明确承认或否认该诉状中的每一事实主张。

（2）事实主张未被明确否认的，视为被承认。

（3）但当事人可以声明，他不知道该特定事实的存在，因而不可能承认。

（4）一方当事人作出第（3）款规定的声明的，该特定事实视为已被否认。

注释：本条规定要求一方当事人处理对方当事人在诉状中提出的所有主要事实。概括否认答辩或含糊其辞的回答不构成充分的答辩。

第 16.08 条　应当明确提出的事项

在起诉书之后的诉状中，当事人应当明确提出符合下列情形之一的事实问题或法律要点：

（a）用于提出之前诉状中未出现争点的事实问题或法律要点；

（b）未明确提出该事实问题或法律要点，而之后提出可能会让另一当事人在庭审时被"突袭"；

（c）该当事人提出的该事实问题或法律要点会使另一当事人的主张或答

辩不能维持。

第 16.09 条　在诉讼开始前对偿还义务的答辩

被告人不得在诉讼开始前提出对偿还义务的答辩，该被告人已经根据第 25 部分规定提出支付该资金要约的除外。

第 16.10 条　主张抵销的答辩

被告人以其一定金额的请求作为对申请人全部或部分主张的答辩的，无论是否对该资金提出反诉，该被告人都可以通过抵销该申请人主张的方式，将该请求纳入其答辩之中。

第 16.11 条　争点的确定

（1）未对答辩提交答复的，意味着涉及该答辩中的所有事实主张和应被视为否认的所有事实主张的争点已经确定。

（2）一方当事人在答复中承认或明确提出事实主张的，确定争点时应认为是对该诉状中其他事实主张的否认。

注释：争点的确定意味着诉状中主张的事实视为被否认。争点的确定仅涉及答辩之后的诉状。

第 16.12 条　结束诉答程序

（1）本规则为当事人之间（如同申请人与被告人之间）的答辩或答复或其他诉状的提交规定了期间，诉答程序在该期间最后时间结束。

（2）即便不符合为个别情形提出的申请或签发的命令，该诉答程序也应根据第（1）款的规定结束。

第 16.13 条—第 16.20 条留白

第 16.2 节　诉状的删除

第 16.21 条　申请删除诉状

（1）当事人可以根据下列理由之一向本院申请下令删除诉状的全部或部分内容：

（a）包含任何诽谤性内容；

（b）包含任何无意义的或恶意的内容；

（c）含糊其辞或模棱两可；

（d）可能在诉讼中造成偏见、窘境或延误；

（e）未披露合理的起诉或答辩理由，或其他合乎该诉状性质的案情；

（f）构成本院的其他程序滥用行为。

（2）当事人可以申请命令，要求从本院卷宗中去除包含有第（1）款

（a）、（b）或（c）项规定内容或者构成本院其他程序滥用行为的诉状。

第 16.22 条—第 16.30 条留白

第 16.3 节　诉状的进程

第 16.31 条　第 16.3 节的适用

通过起诉书支持的原始申请书起诉，或者本院已经下令根据诉状继续诉讼的，适用本节规定。

第 16.32 条　对申请书的答辩

被告人应当在起诉书送达后 28 日内提交符合格式 33 的答辩状。

第 16.33 条　答复

被告人提交答辩状而申请人意图提交第 16.08 条规定的那类事实问题或法律要点的，该申请人应当在送达该答辩状后 14 日内提交符合格式 34 的答复。

第 16.34 条—第 16.40 条留白

第 16.4 节　细　　节

第 16.41 条　一般性规定

（1）当事人应当在诉状或与该诉状一起提交和送达的文件中说明其提交的每一请求、答辩或其他事项的必要细节。

注释：参见第 16.45 条。

（2）第 16.42 条至第 16.45 条规定并无限制第（1）款规定之意图。

注释 1：要求提供细节的目的是为了通过以下途径限制该诉状的一般性：

（a）告知对方当事人其应当面对的案件的性质；

（b）预防对方当事人在庭审时被"突袭"；

（c）使对方当事人能够收集各种必要和可得的证据。

注释 2：细节的功能不是为了通过提供诉状中应当包含的主要事实来填补该诉状中的缺陷。

注释 3：一方当事人不得要求对方当事人提供细节。

注释 4：必要时，细节应当包含在诉状中，但对方当事人希望或本院有命令的，可以单独陈述。

第 16.42 条　欺诈、虚假陈述等

当事人质疑存在欺诈、错误表述、不合理行为、背信、故意缺席或不当影响的，应当在诉状中陈述其事实细节根据。

第 16.43 条　精神状态

（1）当事人就精神状态提出质疑的，应当在诉状中陈述其事实细节根据。

（2）当事人主张另一当事人应当已知某事的，应当提供能够说明该另一当事人应当已知的事实和情形的细节。

（3）在本条中：

当事人的精神状态，是指：

（a）知识；

（b）该当事人心理失序或障碍；

（c）该当事人的各种欺诈意图。

第 16.44 条　损害赔偿金和惩罚性损害赔款金

（1）当事人主张的损害赔偿金包含有其已经支付或应当支付的金额的，应当在诉状中说明其已经支付或应当支付的金额。

（2）当事人主张惩罚性损害赔偿金的，也应当在诉状中说明该主张所依据的事实细节。

第 16.45 条　申请命令以获取细节

（1）诉状未公平告知当事人庭审时将用来指控他的事实，并且因此导致该当事人可能因该诉讼的进行遭受损害的，该当事人可以向本院申请命令，要求提交该诉状的当事人向其送达下列文件之一：

（a）该诉状中载明的请求、答辩或其他事项的细节说明书；

（b）关于依据的案件性质的说明书；

（c）有损害赔偿金主张的，所主张的损害赔偿金的细节说明书。

（2）仅在同时具备下列条件时才能提出第（1）款规定的申请：

（a）诉状中的细节不够充分；

（b）如无新的细节，寻求该命令的当事人无法进行诉讼。

（3）被告人在提交答辩状之前向本院申请第（1）款规定的命令的，应当让本院确信该被告人提出该申请是必要的或值得的。

注释：诉状条款的目的是，当事人应当在最初提交时即将所有重要事实纳入诉状之中，避免因缺少细节而对另一当事人造成不公。该当事人不这么做的，本院可以在庭审时拒绝准许同意该当事人提交其诉状文本之外的案件事实。

第 16.46 条—第 16.50 条留白

第 16.5 节　诉状的修正

第 16.51 条　无须本院准许的修正

（1）当事人无须本院准许即可在诉答程序结束之前的任何时候修正该诉状一次。

（2）但该诉状之前已经根据法院准许修正过的，当事人不得再修正。

（3）其他所有当事人都同意修正的，该当事人无须本院准许即可在诉答程序结束之前的任何时候再次修正该诉状。

（4）可以通过修正来提交诉讼开始后出现或产生的事实或问题。

注释 1：本条的目的是确保所作出的所有必要修正能够有助于裁决当事人之间实体问题和避免重复诉讼。

注释 2：关于诉状的失效，参见第 16.12 条规定。

第 16.52 条　不准许修正诉状

（1）当事人根据第 16.51 条第（1）款修正诉状的，另一当事人可以向本院申请下令不准许修正。

（2）当事人意图不经另一当事人同意即对诉状作出第 16.51 条第（3）款规定的修正的，任一其他当事人均可向本院申请下令不准许修正。

（3）当事人申请第（1）款或第（2）款规定的命令的，应当在已修正诉状送达该当事人后 14 日内通过中间申请方式提出申请。

注释：本院确信在作出修正当日本院不会准许修正的，应当不准许修正。

第 16.53 条　申请准许修正

不适用第 16.51 条规定的，当事人修正诉状应当申请本院准许。

第 16.54 条　修正的生效日期

根据第 16.51 条规定修正的诉状，修正部分自修正当日起生效。

第 16.55 条　答辩状的相应修正

（1）同时具有下列情形的，被告人可以修正答辩状：

（a）申请人修正起诉书；

（b）被告人在已修正起诉书送达之前已经提交答辩状。

（2）修正的答辩状应当明确其对应的起诉书。

（3）根据第（1）款规定修正答辩状的权利，是对第 16.51 条规定的修正诉状权利的补充。

（4）被告人应当在已修正起诉书副本送达后 28 日内提交修正的答辩状。

第 16.56 条　答复的相应修正

（1）同时具有下列情形的，申请人可以修正答复：

（a）被告人修正答辩状；

（b）申请人在已修正答辩状送达之前已经提交答复。

（2）修正的答复应当明确其对应的答辩状。

（3）根据第（1）款规定修正答复的权利，是对第 16.51 条规定的修正诉状权利的补充。

（4）申请人应当在已修正起诉书副本送达后 28 日内提交修正的答复。

注释：关于修正的答复应当何时提交，适用第 16.58 条的规定。

第 16.57 条　修正后的争点默认

（1）当事人有权根据第 16.55 条或第 16.56 条规定修正答辩状或答复但未修正的，以其现有答辩状或答复作为对另一当事人已修正诉状的答复诉状。

（2）第 16.11 条规定不适用于该诉状，但当事人之间未提交新的诉状的，在诉答程序结束时，应视为是对第二份诉状有关的争点的默示确定。

第 16.58 条　根据本院命令修正诉状的期间

当事人未在下列期间根据准许其修正诉状的命令修正该诉状的，该命令失效：

（a）该命令规定的期间；

（b）该命令没有规定期间的——在命令签发后 14 日内。

注释：本院准许当事人修正诉状的，也可以签发有关修正诉状和送达已修正诉状的程序的命令。

第 16.59 条　修正诉状的程序

（1）有权不经本院准许修正诉状的当事人或者获准修正诉状的人应当：

（a）在该诉状上进行变更；

（b）在该诉状上注明下列信息：

（i）作出修正的日期；

（ii）准许进行修正的命令的签发日期。

（2）因修正内容过多或过长，致使该诉状难以阅读的，申请人修正后提交的诉状应当符合下列要求：

（a）包含和突出修改的部分；

（b）标明第（1）款规定的信息。

第 16.60 条　修正诉状的送达

诉状在送达之后才进行修正的，作出修正的当事人应当在作出修正后尽快将已修正诉状的副本送达修正前送达过的当事人。

第 17 部分 中间申请

第 17.01 条 中间申请

（1）当事人意图在已经开始的诉讼中申请命令的，应当提交采用格式 35 的中间申请书，申请书：

（a）应当简明扼要地说明寻求的每一命令；

（b）合适时应当附随宣誓书。

（2）提交该中间申请书的当事人应当在不迟于已确定审理日期的 3 日之前将中间申请书及附随的宣誓书送达其他当事人。

（3）但当事人也可以在审理时口头申请中间命令。

示例：

当事人以未披露诉因为由申请撤销诉讼的，应当采取中间申请方式。

注释 1："中间申请"的定义参见词典。

注释 2："提交"在词典中的定义是提交和送达。

注释 3：在申请人提交中间申请书时，登记官应当确定审理的出庭日和地点，并在用于送达的中间申请书上注明这些信息。

第 17.02 条 以信件或无异议文件为根据

（1）当事人（第一当事人）意图以其真实性没有争议的信件或其他文件为根据的，中间申请书无须附随宣誓书。

（2）但是：

（a）第一当事人应当向所有其他当事人提供该信件或其他文件的清单；

（b）所有其他当事人都应当告知第一当事人应当在清单中增列哪些新的文件；

（c）第一当事人应当提交（a）项和（b）项规定的文件；

（d）（a）项和（b）项规定的文件的数量超过 6 个的，应当编制索引和标明页数。

第 17.03 条 对其他人的送达

当事人可以向本院申请命令将中间申请书送达：

（a）尚未提交送达地址通知书的当事人；

（b）当时还不是当事人的人。

第 17.04 条 当事人缺席时中间申请的审理和裁决

具有下列情形之一的，可以在一方当事人缺席时审理和裁决中间申请书：

（a）无须将中间申请书送达该当事人；

（b）已经完成送达但该当事人不出庭；

（c）本院已经免除中间申请书送达。

第 18 部分　确定竞合权利的诉讼

第 18.1 节　争议财产保管人提出的确定竞合权利诉讼

第 18.01 条　申请通过确定竞合权利诉讼寻求救济

同时符合下列条件的人（争议财产保管人）可以向本院申请通过确定竞合权利诉讼寻求救济：

（a）该争议财产保管人对占有财产（争议财产）中的债务或个人财产负有责任；

（b）该争议财产保管人具有下列情形之一：

（i）不知道该争议财产所有权人的身份；

（ii）已经收到关于该争议财产的竞争性请求；

（iii）预料会因该争议财产被两个或两个以上提出相反请求的人诉至本院。

注释：确定竞合权利诉讼是某人因同一债务或个人财产而面对两个或两个以上请求时适用的特殊程序。这种诉讼使竞争性原告得以将其异议提交法院，并让争议财产保管人服从诉讼结果。

第 18.02 条　提出申请的方式

（1）通过确定竞合权利诉讼申请救济的，应当采用下列方式之一：

（a）已经就争议财产对争议财产保管人提起诉讼的——通过在该诉讼中提交中间申请；

（b）不适用（a）项规定的——通过提交原始申请书，将每位权利主张者追加为被告人。

（2）根据第（1）款（a）项规定提出申请的，中间申请书应当：

（a）送达该诉讼中对该争议财产主张权益的所有当事人；

（b）直接送达并非该诉讼当事人的所有请求权人。

第 18.03 条　可以寻求的命令

（1）争议财产保管人在通过确定竞合权利诉讼申请救济时可以：

（a）已经就争议财产对争议财产保管人提起诉讼的——申请命令将所有请求权人追加为该诉讼的被告人，以补充或替代该争议财产保管人；

（b）申请命令该争议财产保管人将该争议财产的全部或部分支付或转交

给本院，或者命令以其他方式处理该争议财产的全部或部分；

（c）申请下令出售该争议财产的全部或部分以及分配出售收益。

（2）当事人可以向本院申请下令确定在该申请中产生的与该当事人有利害关系的所有事实或法律问题。

第 18.04 条　原告缺席

（1）具有下列情形之一的，争议财产保管人可以向本院申请下令，禁止原告和代表原告的人针对该争议财产保管人和代表该争议财产保管人提起或继续进行诉讼：

（a）原告已经接收通过确定竞合权利诉讼进行救济的申请书的送达，但没有出庭；

（b）原告没有遵守根据该申请书签发的命令。

（2）第（1）款规定的命令不影响原告在他们相互之间的权利。

第 18.05 条　争议财产保管人的中立性

争议财产管理人通过确定竞合权利诉讼申请救济的，本院应当驳回该申请书，除非本院确信同时存在下列情形：

（a）除了佣金或诉讼费用外，该争议财产管理人对该争议财产没有任何利益主张；

（b）该争议财产管理人没有与原告勾结。

注释：本条规定不影响本院因其他原因而驳回该申请或作出针对该争议财产管理人的判决的权力。

第 18.06 条　数个诉讼中的命令

（1）同时具备下列情形的，争议财产管理人可以在任何或所有程序中向本院申请命令：

（a）已经提交通过确定竞合权利诉讼进行救济的申请；

（b）本院有两个或两个以上涉及该争议财产之全部或部分的诉讼待决。

（2）第（1）款规定的命令对其所处诉讼中的所有当事人均有拘束力。

第 18.07 条—第 18.10 条留白

第 18.2 节　司法行政官的确定竞合权利诉讼

注释：司法行政官负责本院对其下达的所有令状的送达和执行——参见本法第 18P 条。

第 18.11 条　请求损害赔偿的通知

（1）执行令状的司法行政官在执行时取走或意图取走个人财产的，对该财产或其收益或价值提出请求权的人可以向该司法行政官提交采用格式 36 的请求损害赔偿通知书。

（2）根据本条规定提交的请求损害赔偿通知书应当：

（a）说明该请求权人的基本情况；

（b）具体说明请求内容；

（c）提供送达地址。

注释："基本情况"的定义参见词典。

（3）有权提交第（1）款规定的请求损害赔偿通知书的人应当在获悉该事实后尽快提交通知书。

（4）但该司法行政官可以向本院申请下令，禁止个人在任何法院就该司法行政官在执行令状过程中实施的行为或所做的事情针对该司法行政官提起诉讼或继续进行诉讼。

（5）第（4）款规定的申请书应当通过下列方式提交：

（a）在本院针对该司法行政官提起的诉讼已经启动的，通过在该诉讼中提交中间申请的方式；

（b）不适用（a）项规定的，通过在签发该令状的诉讼中提交中间申请的方式。

（6）司法行政官应当将该申请书的副本直接送达寻求的命令所针对的人。

第 18.12 条　向申请执行的债权人送达请求损害赔偿通知书

司法行政官接到请求损害赔偿通知书的，应当将该通知书副本送达申请执行的债权人。

第 18.13 条　申请执行的债权人对请求的承认

（1）申请执行的债权人收到请求损害赔偿通知书后意图承认该请求的，应当将符合格式 37 的承认通知书送达司法行政官。

（2）送达承认通知书的申请执行债权人不对执行令状的司法行政官在该通知送达后产生的任何费用或开支负责。

（3）该司法行政官应当在收到承认通知书时撤回其对被请求财产的占有。

（4）但该司法行政官可以向本院申请下令，禁止其主张已获承认的人在任何法院就该司法行政官在执行令状过程中实施的行为或所做的事情针对该司法行政官提起诉讼或继续进行诉讼。

（5）第（4）款规定的申请书应当通过下列方式之一提交：

（a）在本院针对该司法行政官提起的诉讼已经启动的，通过在该诉讼中提交中间申请的方式；

（b）不适用（a）项规定的，通过在签发该令状的诉讼中提交中间申请的方式。

第 18.14 条　司法行政官为确定竞合权利诉讼提出的申请

（1）同时具备下列情形的，司法行政官可以向本院申请通过确定竞合权利诉讼寻求救济：

（a）该司法行政官已经将请求损害赔偿通知书的副本送达申请执行的债权人；

（b）申请执行的债权人未在该通知书送达后 4 日内向该司法行政官送达承认通知书；

（c）该请求还没有撤回。

（2）该司法行政官应当通过在签发该令状的诉讼中提交中间申请的方式提交本条规定的申请。

（3）该司法行政官应当将该中间申请书送达所有请求权人和在该诉讼中对该争议财产主张权益的所有当事人。

注释：本院可以要求该司法行政官使本院确信：

（a）除了佣金或诉讼费用外，该司法行政官对该争议财产无任何利益主张；

（b）该司法行政官没有与原告勾结。

联邦起诉政策[*]

作出起诉决定的指南

尊敬的罗伯特·麦克莱兰　下议院议员

议会大厦　堪培拉 2600 号法令

前　言

1986 年 2 月，当时的检察总长向议会提交了一份由联邦检察总署（the Office of the Director of Public Prosecutions）准备的声明，该声明规定了就联邦

---

* 本起诉政策于 1986 年 2 月经澳大利亚联邦检察总长 Robert Mcclelland（Attorney - General of Australia）签字批准开始实施，1990 年作了一次修改，附录 B 于 2014 年 8 月经联邦检察长 Robert Bromwich SC（Commonwealth Director of Public Prosecutions）签字开始实施，附录 D 于 2016 年 2 月开始实施。本译本根据澳大利亚联邦检察总署官网（http://www.cdpp.gov.au）提供的英语文本翻译。

犯罪作出起诉决定时应遵循的指南。这一指南，即《联邦起诉政策》，反映了自《1983 年检察长法》（the Director of Public Prosecutions Act 1983）实施以来联邦起诉程序中的重大变化。《联邦起诉政策》于 1990 年作了修改，最近又对它作了审查与修改。

尽管《联邦起诉政策》这一版本在修改时，涉及到一些新的领域，包括被害人问题、被指控罪犯的心理健康问题以及控方的证据开示问题，但多数内容只是对 1986 年和 1990 年声明内容的细化。

《联邦起诉政策》规定的决定起诉或继续诉讼的检验标准一直没变，这一检验标准也是澳大利亚各州和地区的起诉政策中所规定的标准。

《联邦起诉政策》将继续实现两大主要目的。第一是促进机构在作出各种决定过程中以及决定进行起诉时保持一致性。第二是告知公众联邦检察总署在履行其法定职能时应遵循的原则。

罗伯特·麦克莱兰（签名）

联邦检察总长

目　　录

审判模式

指控协商

预审后拒绝继续进行诉讼

当然的起诉

对量刑提起上诉

7. 被指控罪犯的心理健康问题

8. 控方的证据开示

附　录

总　　则

联邦起诉政策（the Prosecution Policy of the Commonwealth）为在起诉过程中如何作出决定提供指导。

本政策以澳大利亚联邦检察总署（简称 DPP，检察总署）在起诉违反联邦法律的犯罪过程中所追求的公正性、公开性、一致性、负责性和高效性原则为基础制定的，是一份公开的文件。

本政策并不试图涵盖在起诉过程中以及检察官在作出决定中发挥作用时可能出现的所有问题。足以宣称的是，通过起诉，检察官必须确保自己的行为能够维护、促进和保障公正的利益。从最终的结果来分析，检察官既不是政府的奴仆，也不是个人的奴仆，他或她应是公正的奴仆。

在对抗式审判过程中，不能忽视检察官履行职责并追求起诉案件的可持续性这一事实，这一点也是重要的。因此，无论何时，案件必须公平地、公正地提交给法院，公众有权期待案件由无所畏惧的、精力充沛的且经验丰富的检察官来处理。

本政策会不时地受到审查，而且任何修改都会公布于众。

1. 介　　绍

1.1　《1983 年检察长法》（以下简称《检察长法》）于 1984 年 3 月 5 日

实施。它建立了检察总署（DPP），该署实行检察长负责制。①

    1.2   《检察长法》给联邦的起诉程序带来了许多重要变化。也许最重要的变化是有效地消除了政治因素对起诉过程的影响，在这一过程中，赋予检察长以独立的地位。总检察长，作为法律官员的一把手，对联邦刑事司法系统负责，并就起诉过程中作出的决定对议会负责，尽管无论是根据准则的规定，还是总检察长根据《检察长法》第 8 章的规定作出的指示，这些决定，目前事实上是由检察长和检察总署的律师们作出的。此类准则或指示只有在与检察长商量后才可以发布，且必须在公报上发表，并在议会的两院中予以列表。尽管根据第 8 章的规定，这一权力可以在特定的个案中行使，那时的总检察长、议员埃文斯（女皇法律顾问），在关于《检察长议案》的第二次书面讲话中，表明这种权力的行使极少会用在特定的个案中。第 8 章规定的指令几乎没有发生过，也没有适用在特定的个案中。

    1.3   《检察长法》也确保了在联邦刑事司法系统中，侦查功能与起诉功能的分离。起诉决定的作出独立于负责侦查的那些人。如果起诉是以逮捕和指控开始的，一旦移送到检察总署，是否继续进行诉讼的决定就由检察总署作出。

    1.4   在起诉违反联邦法律的犯罪过程中，检察总署追求的标准是公正性、公开性、一致性、负责性和高效性，在实现这些标准的过程中，维护其所服务的公众的信任。

    1.5   检察总署在新南威尔士州、维多利亚州、昆士兰州、西澳大利亚、南澳大利亚、塔斯马尼亚和北部地区设有地方办公室（Regional Offices）。在澳大利亚首都地区违反联邦法律的犯罪，由检察总署的总部负责起诉。

2. 决定起诉

关于决定起诉的标准

    2.1   并不是所有的刑事犯罪都必须自然而然地要以刑事起诉而告终，达成这一共识经历了很长时间。可用于起诉活动的资源是有限的，不应浪费在不

---

①   在本起诉政策中，他们将 the Office of the Director of Public Prosecutions 简称为 DPP，本文将其翻译为澳大利亚联邦检察总署，因其在全澳各州和地区还设立了一个个起诉办公室（检察院）；而 "the Director of Public Prosecutions"，他们简称为 the Director，本文就翻译为"检察长"；"Attorney‐General of Australia" 则翻译为"联邦检察总长"。——译者注

合适的案件上，其必然的结果是要将可获得的资源毫不犹豫地用在那些合适的、有价值的值得起诉的案件上。

2.2　在起诉过程中，决定是否起诉是最为重要的一步。在每一起案件中，必须对被害人、犯罪嫌疑人和公众的利益给予极大的关注，以最大限度地确保所作出的决定的正确性。无论是作出起诉的错误决定，还是作出不起诉的错误决定，都会损害公众对刑事司法系统的信任。

2.3　如前面所说的目标——特别是公正性和一致性，尤其重要。但是，公正性并不意味着软弱，一致性也不意味着僵化。这种自由裁量权的行使标准不能简化为与某种数学公式相类似。事实上，试图这么做也是难如人愿的。在行使自由裁量权时应考虑案件的全部事实，公正地予以分辨并将普遍原则适用于个案。

2.4　在行使自由裁量权决定起诉还是不起诉时，首先要考虑的是是否有足够的证据证明启动起诉或继续诉讼是合理的。除非有可采纳的、充足的、可靠的证据表明被指控罪犯已经实施了违反法律的犯罪，否则起诉就不应启动或继续进行。

2.5　在决定是否有足够的证据证明启动起诉或继续诉讼是合理的时候，仅仅有证据初步确凿的案件的存在是不足以判断起诉的合理性的。一旦确定有证据初步确凿的案件，随后就有必要考虑其认罪的可能性。如果合理的认罪的可能性得不到保障，诉讼就不应该继续进行。在可起诉案件中，这一检验标准是假设陪审团会根据其得到的指导公正地作出判断。如果一个案件，显而易见，其结果被判有罪的可能性更大，这一检验标准就不适用。

2.6　当案件被提交给法院时，决定是否有合理的认罪可能性时应对案件的证据强弱进行评估。必须考虑这些问题，如证据的可得性、证据能力、证人的可信性以及他们给事实裁判者可能留下的印象，还有任何声称的认罪的可采纳性以及其他证据等。检察官还应考虑辩护的各种可能性，不管是清楚地表明的，还是已经暗示的，还有被指控罪犯以及在检察官看来可能会影响定罪或不能定罪的可能性的一切其他因素。这种评估可能是很难作出的，而且当然从来也不能确保起诉的成功。事实上，有些起诉会失败是不可避免的。但是，一个人在恰当地思考之后，经过对可获得的证据的评估，理智地适用这一检验标准是寻求避免冒险地起诉一个无辜者以及无谓地浪费公共资金的最佳方法。

2.7　在评估证据时，应考虑以下这些问题：

（a）根据普通法和制定法中有关的可采性原则，记住是否有合理的理由认为该证据有可能会被排除？比如，检察官希望自己彻底弄明白认罪证据是恰当地获得的。但任何证据都有可能会被排除的可能性应加以考虑，如果这一证据对案件来说是至关重要的，这可能会实质性地影响起诉与否或者是否继续诉讼的决定。

（b）如果案件部分地依靠被告人的认罪，在考虑到被告人的年龄、智力以及其显而易见的理解力时，是否有合理的理由认为它们的可靠性值得怀疑？

（c）证人是否显得夸大其词，或者他或她的记忆是错误的，或者证人对被告人怀有敌视的或友好的态度，抑或甚至是不可靠的？

（d）证人是否存有动机不想说出全部的真相？

（e）证人所说的某些事情是否恰好可能被被告方用来攻击他或她的可信性？

（f）证人可能会给事实裁判者留下什么印象？证人可能会怎样面对交叉询问？证人是否在身体上或心理上存在某种不稳定性而可能影响他或她的可信性？

（g）如果在亲眼所见的证人们之间存在冲突，这是否会超出人们的期待，因此而大大地削弱案件？

（h）如果亲眼所见的证人们之间没有冲突，是否有什么事引起怀疑，那虚假的故事可能是编造的？

（i）是否所有的证人都能出庭并有能力作证，包括可能在国外的证人？

（j）要是涉及儿童证人，他们是否有可能提供宣誓证据？

（k）如果身份是一个问题，那些声称能辨别被告人身份的证据是否富有说服力并且可靠？

（l）要是有两位或更多的被告人一起受到指控，是否有合理的可能性将诉讼程序分开？如果是，每位被告人是否应安排独立的审判且每一个案件都能得到充分的证明？

这条罗列的单子并没有穷尽一切情况，当然，考虑问题时还要根据个案的具体情况，但通过这一介绍表明，尤其是在界线模糊的案件中，检察官必须透过陈述的表面来看清其本质。

2.8 在检察官满意地认为有充足的证据可以判断起诉或继续起诉是合理的时候，他或她随后必须考虑的是，根据可证明的事实以及案件的所有相关情节，公共利益是否要求进行起诉。其规则是并不是所有引起当局注意的案件都必须予以起诉。

2.9 在决定公共利益是否要求起诉时，需要恰当地予以考虑的那些因素会因具体案件的不同而不同。但许多公共利益因素会对继续诉讼的决定产生影响，也有一些公共利益因素的运行有利于诉讼的进行（例如，犯罪的严重性、威慑的需要）。从这一点来看，通常来说，犯罪越严重，公共利益要求其不予起诉的可能性就越小。

2.10 在考虑公共利益是否要求起诉的因素中，包括以下内容，但并非全部：

（a）严重性，或者相反，所谓的犯罪① （the alleged offence）相当轻微或者只是"程序性"的；

（b）减轻或者加重情节，影响起诉的合适性或者相反；

（c）被指控的犯罪人、证人或被害人的年龄、智力、身体健康状况、心理状况或者特殊的弱点等；

（d）被指控的犯罪人的前科及其背景；

（e）在考虑所谓的犯罪情节时，犯罪后的时间跨度以及犯罪是什么时候被发现的；

（f）与犯罪相连，被指控罪犯的可责备程度；

（g）在执行司法中，对社区和谐和公众信任度的影响；

（h）法律的过时或模糊问题；

（i）起诉是否将会产生反作用，如给法律带来坏名声；

（j）起诉可替换措施的可得性及其功效；

（k）所谓的犯罪的普遍性及威慑的需要，包括个人的和公众的；

（l）定罪的任何结果，其后果是不是太过严厉而不公平；

（m）所谓的犯罪是否引起公众的极大关注；

（n）如果起诉行为已经启动，就要考虑联邦或其他人或其身体在刑事赔偿、恢复或者没收方面的任何权利；

（o）所谓的犯罪的被害人对起诉的态度；

（p）对个人来说，实在的或潜在的危害；

（q）审判可能要花费的时间和费用；

（r）被指控罪犯是否愿意在侦查或起诉中与其他人合作，或者被指控罪犯在这方面的合作程度；

（s）如果裁判是有罪的，法院可以选择的刑罚种类，其可能的结果是什么；

---

① 在本起诉政策中，多次出现"alleged"这一单词，其含义有"声称的、所谓的、被断言的、可疑的、靠不住的"等，结合上下文，本文将"the alleged offence"翻译成"所谓的犯罪"，因这一"犯罪"可能不构成犯罪，或者虽构成犯罪，但经考虑各种因素后最终不被起诉；而文中的"the alleged offender"则翻译成"被指控的罪犯"，因只有受到指控时才需要考虑解决心理健康问题。——译者注

（t）所谓的犯罪是否只能以起诉书的形式才可审判；

（u）在法治社会中以及通过民主政府的各个机构，包括议会和法院在执行司法中维护公众信任的必要；

（v）实行调整性（regulatory）或惩罚性规则的必要；

（w）功效、作为起诉的替换措施、针对被指控罪犯已经适用的任何训诫性程序在多大程度上涵盖了所谓的犯罪；以及

（x）实现调整性或惩罚性规则的充分性，相关的民事处罚程序；不管是未决的还是已决的，这些程序是否可能会导致或者已经导致经济上的强制性处罚；

上述这些因素以及其他因素的适用及分量，都要视每个案件中的具体情节而定。

2.11 在司法实践中，事实上，在许多案件中，如果可获得的证据能充分地证明起诉是合理的，合适的决定就是继续进行诉讼。

尽管在某一特定案件中可能会存在减轻因素，通常的做法是继续进行诉讼，将那些减轻因素提交给法院在量刑时予以减轻。尽管如此，当所谓的犯罪，显而易见没有那么严重要求起诉时，检察官应当时刻牢记公共利益是否要求追诉。

2.12 针对某些犯罪，立法规定了替换起诉的执行办法。例如，《1901年海关法》规定的海关起诉程序以及各种税法规定的可以扣押的行政处罚。事实是可以采取这种办法并不必然意味着刑事诉讼就不应该提起。所谓的犯罪有可能是如此严重，合适的做法就是提起诉讼。

但是，根据上述2.10（j）的规定，替换执行办法的可得性是考虑决定公共利益是否要求起诉的一个相关因素。

2.13 决定是否起诉必须绝对不受以下因素的影响：

（a）被指控罪犯或相关的任何其他人的种族、宗教、性别、国籍或者政治团体、活动或信仰；

（b）与被指控罪犯或被害人的个人情感；

（c）政府或任何政治集团或党派可能存在的政治优势、劣势或困境；或者

（d）负责起诉决定的个人或者其执业环境对决定可能产生的影响。

2.14 起诉应当只根据本政策进行。如果案件没有达到这些要求，比如，案件符合法律的规定，但没有合理的定罪可能性，就不应该继续起诉。

对青少年的起诉

2.15 当所谓的犯罪是由青少年实施的，在行使起诉裁量权时，必须考虑青少年的健康问题。应毫无例外地认为起诉一位青少年是严肃的，一般说来，相当严重的案件，如果不符合起诉的要求，就可以采用其他方法来处理，除非所谓的犯罪的严重性或相关青少年的客观环境完全相反。从这一点来看，通常情况下，当所谓的犯罪的情节并不严重时，公共利益并不要求起诉一位初次犯罪的青少年。

2.16 在决定公共利益是否有必要起诉一位青少年时，除了应考虑 2.10 中所规定的那些相关素外，还应特别考虑：

(a) 所谓的犯罪的严重性；

(b) 青少年的年龄、表现出来的成熟程度以及心理能力；

(c) 可采用的起诉的替换措施，比如警告，以及它们的功效；

(d) 如果案件已被起诉，与儿童法庭相关的可采用的刑罚方法；

(e) 青少年的家庭环境，尤其是该少年的父母是否显得能干，并准备采取有效的管束方法且能控制住该少年；

(f) 青少年的前科情况，包括该少年以前可能受到过的任何警告情况，以及那些情况是否表明对目前案件的不太正式的处理是不恰当的；以及

(g) 考虑到该少年的弱点以及他或她的家庭情况，起诉是否可能会给该少年造成不恰当的严重后果或者是不合适的。

2.17 起诉一位青少年，无论如何应确保其能得到法庭权力的福利保护。

2.18 在检察总署的司法实践中，任何与青少年有关的继续进行诉讼的决定必须由一位资深律师作出。

指控的选择

2.19 在许多案件中，证据会表明某一犯罪同时违反了数部不同法律的规定。

因此，必须仔细地考虑选择一个或数个指控并能充分地反映证据所揭示的犯罪行为的本质及危害程度，这将给法院在量刑时提供合适的依据。

2.20 在通常情况下，所提出的或继续进行的一个或数个指控是证据揭示的最为严重的犯罪行为。但是，在考虑到可获得证据的说服力、辩护方对某一特定指控可能提出的辩护意见以及本政策随后在审判模式中规定的注意事项等

问题，提出或继续进行的指控不是证据所揭示的最为严重的犯罪行为可能是合适的。

2.21 无论如何，提出的指控应当与随后打算提供的指控协商范围相一致。

2.22 有关指控选择的决定可能会出现，可获得的证据既支持符合特别法规定的某一指控，又符合普通法规定的某一犯罪这一情况，比如根据《刑法典》的规定。在这种情况下，与此类犯罪有关的指控决定应根据 2.19 和 2.20 的规定作出。

2.23 许多判决曾强调对共同指控进行限制的必要。只要有可能，应当提出实质性的指控。但是，会出现对共同指控是可获得的证据能够证明的唯一充足而合适的指控的时候。当提议对共同犯罪的许多被告人提起或继续进行共同指控时，作出必要的决定时必须避免这样的风险，即共同审判所造成的不合适的复杂化或者延长审判时间，或者给被告人带来不公平的后果。

同意起诉

2.24 有一小部分联邦法律规定，根据法律的规定，不能启动某一犯罪的起诉，或者如果启动了，不能继续进行，除非得到负责的部长或某一特定官员的同意。在立法中规定这一同意的要求出于多方面的原因，但是，所有的理由在本质上都是为了确保起诉不会在不合适的情境下提起。

2.25 根据一些法律的规定，检察长已被授权同意对某些犯罪的起诉。在合适的情况下，这一同意的权力可以委托检察总署内资深的律师来行使，只要这一做法是可行的。

2.26 要求同意的理由常常是在考虑决定是否起诉时一个常见的因素。例如，同意可能要求确保将减轻因素考虑在内或者在无关紧要的事情上阻止起诉。在这种情况下，同意的问题确实与是否起诉的决定密切相关。在某些情况下，同意的规定将包括在内，因法律不可能将犯罪规定描述得那么准确而涵盖可能带来的所有危害，且毫无遗漏。其他情况，可能会涉及刑法在那些敏感或者有争议领域中的适用，或者考虑到公共政策的重要事项。在某些合适的情况下，是否同意起诉的决定会在经与相关的部门或机构商量后作出。

2.27 应当注意的是，除了检察长或者检察总署的律师外，予以同意才能起诉的人可能是某一部长或特定官员。尽管出于公共利益的考虑，得到授权的个人与检察总署之间在作出是否同意要求起诉这一问题上不可能会产生什么不同的观点，显而易见，理想的做法是一旦出现事实或所涉法律方面的难题，应先与检察总署协商。

3. 联邦起诉的提起与进行

3.1 作为一条基本原则,普通法规定任何人都有权利对违反刑法的行为提起诉讼。这一权利规定在《1914 年犯罪法》(联邦)第 13 章中。但是,这只是法律上的规定,在司法实践中,只有一小部分的联邦起诉是由联邦官员提起的。

3.2 启动侦查行为的决定与可能的或者所谓的犯罪行为有关,通常取决于负责实施相关法律的部门或机构。检察总署通常不介入这样的决定,尽管可能会因要求而提供法律建议。检察总署可能会与之进行商讨,比如,当所谓的不当行为是否构成违反联邦法律等。

3.3 检察总署不侦查已经实施的所谓的犯罪。犯罪的侦查由澳大利亚联邦警察局(AFP)或者另一政府侦查机构或者有侦查能力的机构(侦查机构)实施。检察总署可以为侦查机构就侦查过程中出现的法律问题提供建议。

3.4 如果侦查的结果表明已经实施了犯罪,司法实践中的做法是(除了本章下面 3.5 和 3.6 规定的例外情况外)将证据提交给检察总署,由检察总署审查决定是否应当提起诉讼,如果是,就提出什么指控或哪些指控。尽管联邦警察局的警官或其他联邦官员有权作出最初的起诉决定,但检察长有职责根据法律的规定决定是否起诉,如果已经启动,就决定是否应当继续进行。因此,通常情况下,合适的做法是在提起诉讼前,将案件提交给检察总署既是可行的,也是可取的做法。

3.5 不可避免的情况总会发生,即诉讼以逮捕的方式启动,而指控却没有机会与检察总署进行协商,这种情况是不可避免的,也是恰当的。但是,当出现事实或法律方面的难题时,最为理想的做法是只要危急的情况允许,在逮捕前应就这些问题进行协商。逮捕的决定是由侦查官员作出的。

3.6 大多数的联邦起诉由检察总署进行。但是,在一些领域,那些简单的制定法的犯罪,根据检察总署的安排,由联邦机构进行简易起诉。那些机构在提起此类诉讼时应遵循本政策的规定,当出现事实或法律方面的难题时,会与检察总署进行协商。

3.7 如果侦查已表明有充足的证据提起诉讼,但相关的部门或机构认为公共利益不要求起诉,或者采取其他行动而不是起诉,仍应就所谓的犯罪所涉及的问题,特别是严重性问题,与检察总署进行协商。无论何时,就公共利益而言,当某部门或机构对采取哪一种行动是最合适的产生疑问时,检察总署也应当与之协商。涉及起诉的决定是侦查机构要关心的事情。

3.8 在决定是否提起诉讼或继续进行诉讼时，如果是，要提出哪一指控或哪些指控，联邦警察局提出的任何观点，或者负责执行司法的部门或机构提出问题，都会得到细致的考虑。但是，有关先前提出的各项内容，最终都是由检察总署来作出决定。

3.9 根据《检察长法》第6条（1）的规定，检察长既可以以检察长自己的名义提起简易程序或者预审程序，或者继续进行由他人提起的此类程序。从本质上说，检察总署继续进行诉讼的所有案件，都是由联邦警察局的警察或其他联邦官员作为案件的侦查者或者起诉者的。唯一例外的情况是，以检察长自己的名义提起的简易诉讼或者预审程序。

3.10 事实上，《检察长法》并不要求起诉，一旦启动，必须由检察长继续进行。因此，起诉由联邦警察局或其他联邦机构的官员提起是极不寻常的，也不会发生，除了上述提到的几种有限情况外。检察长拥有足够的制定法上的权力来控制由其他人进行的诉讼。

3.11 应当注意的是，违反联邦法的犯罪由州或地区的官员提出起诉的情况。通常情况下，联邦的起诉，如果必要，应当由检察长继续进行或者接管，但也存在一些例外情况。如果一个人同时被指控犯了州/地区和联邦的犯罪，案件留在州/地区当局处理是合适的。这要求考虑以下事项：

（a）州/地区和联邦指控的相对严重性问题；

（b）如果起诉分开，不方便的程度、对被告人或诉讼的歧视程度；以及

（c）如果起诉是以起诉书的方式进行，在检察长和相关的州/地区当局之间作出安排，决定根据起诉书中所包括的联邦和州/地区提出的罪状进行共同审判。

这样的情况也会出现，出于平衡方便的考虑，联邦犯罪的起诉应由州/地区当局进行，尽管并不涉及州/地区的指控，例如，发生在一个偏远地区的轻微的联邦犯罪，要由检察总署的律师来提出起诉就是不切实际的。

4. 对联邦犯罪起诉的控制

介 绍

4.1 根据《检察长法》的规定，检察长对违反联邦法律的犯罪的起诉享有监督作用，有权在任何阶段介入由他人对联邦犯罪提起的诉讼。特别是，根据《检察长法》第9章9（5）的规定，检察长可以接管另一个人为简易程序

或预审程序提起的诉讼。接管后，检察长可以作为起诉者继续进行诉讼或者拒绝继续下去。以制定法的形式作出这一概括性规定的主要目的之一是建立检察总署——是否要起诉以及如何起诉的决定应由检察总署独立于侦查的负责者作出。

中止由联邦官员提出的起诉

4.2 这一章涉及诉讼中止问题，不管提起的是简易程序，还是预审程序。由起诉书提起的诉讼中止问题随后会在本政策中涉及。

4.3 检察总署享有是否继续进行诉讼的最终决定权。与所追寻的目标相一致，只有合适的、恰当的案件才会提交给法院，如果合适，检察总署会中止某一诉讼。

4.4 在起诉是由联邦警察局的警察或其他联邦官员启动的情况下，事先又没有与检察总署协商，在案件移交给检察总署后，该决定的可行性问题应受到审查。

4.5 但是，案件应受到不间断的审查，不管其在启动起诉前是否与检察总署进行过协商，这一点是十分重要的。可以获得的新证据或者新信息可能会使继续进行诉讼变得不恰当。

4.6 无论何时，检察总署在考虑中止诉讼时，司法实践中的做法是，检察总署先要与联邦警察局或负责的部门或机构协商。在诉讼过程中，检察总署的独立性并不意味着负责侦查案件的人应被排除在作出决定的程序之外。事实上，检察总署在考虑中止诉讼时，密切的联系对保持检察总署与相关的联邦机构之间的和谐关系是至关重要的。当然，这种协商的程度视具体案件中存在问题的情况而定，尤其是检察总署在考虑中止诉讼的理由时。如果认为可获得的证据不够充分，就可以期待联邦警察局或负责的部门或机构接受检察总署对证据的评估。另一方面，如果因考虑公共利益的原因而中止，联邦警察局或者负责的部门或机构可以合法地要求其观点予以考虑。所涉及的各方面的因素越需要得到细致地平衡，就越需要讨论。在决定公共利益时，如果可以得到被害人的观点，如果对这些观点进行考虑是合适的，这些观点也可以考虑在内。

介入私诉

4.7 从正式意义上来说，在简易审判庭审理的所有起诉都是私诉，即使起诉者拥有官方的职位。在下文中所提到的私诉，其含义为起诉者是个人，以便与警察或其他官员在诉讼过程中代表政府部门或职责相区别。

4.8　个人拥有对违反法律提起诉讼的权利曾被认为是"反对当局的惯性或偏见的一项有价值的宪法保障。"（Lord Wilberforce in Gouriet － v － Union of Post Office Workers ［1978］AC435 第 477 页）。然而，权利可能被滥用，或掺杂了不恰当的个人或其他动机。另外，可能出于公共政策方面的考虑，私诉不应继续进行，或者至少不应允许其留在私人手里，尽管其启动是出于善意的。因此，《检察长法》第 9 章 9（5）所规定的权力为反对行使这一权利提供了重要保障，这可能被广泛地描述为不恰当的情况。

4.9　问题是是否应该行使第 9 章 9（5）所规定的权力以接管私诉，在当事人的一方或另一方提起诉讼时常会产生这样的问题，尽管检察长可以出于自己的意愿明确地决定不应允许进行私诉。作为选择，某一公共机构，比如某一政府部门或机构，可能考虑的是继续进行诉讼将会与公共利益相冲突，并将此案提交给检察长。

4.10　当出现是否应该行使第 9 章 9（5）所规定的权力以介入私诉这一问题时，私人起诉者表明他或她会接受这样的案件，私人起诉者被允许继续进行起诉行为，除非出现一种或数种下列情况：

（a）没有充足的证据认为继续诉讼是合理的，也就是说，已获得的证据不能确保有定罪的合理可能性；

（b）有合理的理由怀疑决定起诉是受不恰当的个人或其他动机促成的，或者相反，已构成滥用诉讼程序，如果是这样，即使诉讼继续进行，允许其留在私人起诉者手里是不合适的；

（c）继续进行诉讼与公共利益背道而驰——执行法律必需是一个自由裁量的过程，有时，考虑公共政策的主观事项优先于严格地执行法律是合适的，比如维护秩序或者维持国际关系；

（d）所谓的犯罪的性质，或需要决定的问题，是这样的事情，即使诉讼要继续进行下去，但将其留在私人手里是不符合公正的利益的；

（e）指控的性质不能体现联邦法律规定的犯罪；

（f）私人起诉者已向法院提起的诉讼，该法院没有管辖权。

4.11　个人可以提起诉讼，在他或她不同意检察总署先前的决定的情况下。如果，在审查案件后，在任何情况下，认为不继续进行诉讼的决定都是正确的，合适的做法可能是接管私诉，并予以中止。

4.12　在某些情况下，介入私诉的理由将必然地导致私诉的中止，一旦检察长认为有责任这么做。在这一点上，一旦作出决定要接管私诉，其所适用的标准，在诉讼的任何阶段，都应与检察总署进行的任何其他诉讼一样。

4.13 如果认为介入私诉可能是合适的，在最终作出是否需要这么做的决定前，检察总署可能有必要向警察提出咨询帮助，如果是这样，还要决定是否需要继续诉讼。而且，根据《检察长法》第 12 章的规定，可以要求提起私诉或者继续进行私诉的那个人向检察长提供整个案件情况的全文报告，包括诉讼的主题以及相关的其他信息和资料。

5. 犯罪的被害人

5.1 在所有诉讼活动中，重要的一点是要尊重被害人、维护其尊严。

5.2 根据本政策的上下文，犯罪的被害人是指作为违反联邦法律或者受到联邦当局起诉的某一犯罪或数个犯罪的直接后果而遭受伤害的身份确定的个人。"伤害"包括身体上或心理上的损害、感情上的痛苦或经济损失。

5.3 本政策规定了被害人的观点，如果这些观点是可以得到的，只要是恰当的，在考虑决定公共政策问题时应予以考虑在内：

（a）开始起诉时；

（b）中止诉讼时；

（c）同意指控协商时；或者

（d）在预审后，拒绝继续进行诉讼时。

5.4 在处理被害人问题时，检察总署也遵守《检察总署犯罪政策的被害人》（the DPP's Victims of Crime Policy）的规定。

6. 在起诉过程中，一些其他决定

《检察长法》第 9 章 9（6）、9（6B）、9（6D）规定的承诺

6.1 本章涉及在决定是否需要给同案犯以《检察长法》规定的承诺，以保障其在起诉过程中予以作证而涉及的各种事项。

6.2 根据能获得的所有证据，进行细致判断，决定是否需要同案犯为起诉提供证据时，经常会出现冲突问题。但是，不可避免的是，总会出现起诉证据存在弱点的情形，如果这位同案犯好像是能够增强弱点的唯一可获得的证据来源，就会期望，或者是迫切的，他为起诉提供证据。

6.3 与是否要同案犯作证的问题相关的问题是，是否要对该同案犯进行起诉。在这一点上，除非同案犯在针对被告人指控的主罪上，就他或她自己参与犯罪活动的行为，已经受到处理，当诉讼希望引出证据时，关于这一案件，

他或她可以声明反对自证其罪来保护自己。但是，依据《检察长法》的规定，已经给同案犯以承诺的，那该承诺将会优先于正当的特权声明。

6.4 一般情况下，同案犯应受到起诉，不管他或她是否被要求充当证人，当然是在证据和公共利益方面都是具有说服力的。在有罪答辩时，该同案犯打算与另一个案件的起诉合作，就可以在将要作出的合适的量刑上予以减轻。这种减轻可能是实质性的。但是，这种做法并不是在所有的案件中都是切实可行的。

6.5 原则上，理想的做法是，为了在起诉其他人时可以收集证据，刑事司法系统应当在无须给那些参加了所谓的犯罪的人以任何让步（例如，给他们以免除起诉）下运作。但是，在某些情况下，免除起诉对公正的利益来说可能是合适的，这一点是经过长期的司法实践才达成共识的。

6.6 《检察长法》中规定的承诺，只能在满足以下条件时才可以作出：

（a）对确保被告人的定罪来说，同案犯能够提供的证据被认为对确保将告人定罪是必不可少的，或者对全面揭露犯罪的性质和范围是至关重要的，而且这一证据无法从其他途径得到。就这一点来看，在没有同案犯提供证据的情况下，案件的证据越充足，给同案犯以承诺就越不合适；而且

（b）可以合理地认为同案犯的罪行远轻于被告人。

6.7 在决定是否给同案犯以《检察长法》中规定的承诺时，核心问题是，从公正利益的总体来看，由于同案犯参与犯罪的问题仍在考虑之中，为了确保在起诉另一人时能获得他或她的证言，对其进行起诉的机会应先放弃。在决定其中的平衡问题时，应考虑以下几种情况：

（a）与被告人相比，同案犯在仍在考虑之中的犯罪活动中参与犯罪的程度；

（b）要是没有期待中那同案犯可以提供的证据，针对被告人的起诉证据的说服力；如果没有同案犯提供的证据，针对被告人的某项或某些指控能够成立，这些指控在多大程度上能反映被告人犯罪的严重性；

（c）如果同案犯予以作证，起诉的证据可能会强化多少——除了考虑可获得的确凿的证据、事实裁判者可能会给同案犯证言的分量外，如果同案犯不出庭作证，还有必要考虑起诉案件可能出现的结果；

（d）如果同案犯予以作证，需要对起诉证据可能会得到的加强进行评估，这要求起诉方考虑一系列的因素，包括对确凿证据的审查；事实发现者对证据分量的评估；还有对证据本身是否具有说服力、是否完整及真实的评估；

（e）已得到加强的起诉案件可能存在的弱点，而不是依赖同案犯能够提供的证据（例如，进一步侦查找出充足的独立的证据以弥补弱点的可能性）；

（f）是否存在或可能存在充足的可采纳的证据来支持对同案犯的指控，要不是他或她准备为起诉进行作证，如果依据《检察长法》的规定给予承诺，而对同案犯进行起诉，是否符合公共利益的要求；

（g）如果同案犯被起诉，随后又予以作证，在服刑期间，是否有真正的理由相信他或她的人身安全会有危险。

6.8 当同案犯从控方得到减刑以确保他或她的证据时，比如，对指控的选择或者依据《检察长法》所作出的对承诺的允许、在控方和同案犯之间签订的协议或互相间的理解，是否应当披露给法庭或者被告方。

6.9 在侦查过程中，侦查机构在侦查时可能会认为将刑事活动的某一参与者当作控方的证人比当作被告人可能更有价值。因此，期望以这个人将提供的证据为依据，侦查可能转变方向，对其余的参与者进行立案。除非出于某种理由，这样做是不切实际的，侦查机构应毫无例外地就这一做法的恰当性向检察总署寻求建议。这将会减少值得称赞的起诉被取消的可能性，这种取消是检察长认为允许给同案犯以《检察长法》规定的承诺来确保他或她的证言是不符合公正利益的。

6.10 本政策的附录 B 以及澳大利亚竞争与消费者委员会与检察总署之间签订的《谅解备忘录》中规定，出现《1974 年贸易实践法》第 44 章44ZZRF 和 44ZZRG 中规定的相关犯罪情况（包括相关的从属的债务犯罪）时，检察总署将适用免除处罚。附录 B 和《谅解备忘录》所处理的免除处罚，适用于第一次参加卡特尔活动以寻求免除处罚的人。随后申请免除处罚的将根据本政策来处理。

审判模式

6.11 可起诉犯罪可能由简易审法庭来审理，控方在决定审判模式时会发挥主要作用，根据一些法律的规定，控方所提出的要求或同意是简易审理的前提条件。

6.12 在决定一个案件是否以起诉书的形式进行审理时，应考虑以下情况：

（a）案件的性质，以及是否有情节使所谓的犯罪具有严重的特征；

（b）某一特定审判模式在立法上隐含的任何优先权；

（c）如果案件被即时审结，刑罚种类及可处罚的充足性；

（d）以起诉书的形式进行审理可能造成的任何迟延、花费以及证人所产生的反作用；

（e）在某一特定类型的犯罪活动具有普遍性的情况下，为了阻止类似犯罪的发生，理想的做法是通过简易程序来快速处理这些诉讼；

（f）知名度越高，相应地，通过起诉书的形式审判获得定罪，所产生的遏制效果就越好。

与此同时，与决定是否起诉相关的此类标准就显得十分重要。

6.13　控方对待审判模式问题的态度应当尽可能在最早的阶段作出并告知被告人和法庭。

指控协商

6.14　指控协商是指在辩护方与控方之间就继续诉讼的指控所涉及的协商。这种协商可能导致被告人对少于他或她所面临的指控，或者更轻的指控或者更少的指控进行有罪答辩，剩下的指控或者不再继续进行，或者不考虑在定罪程序之内。

6.15　与指控协商相关的本节所涉及的各项规定应与第 2 章 2.21 所规定的“无论如何，提出的指控应当与随后打算提供的指控协商范围相一致”这一基本原则一起解读。

6.16　指控协商，与审判法官就其可能会判处的刑罚问题所进行的私下协商完全不同。这种协商，维多利亚州最高法院合议庭①在 R – v – Marshall ［1981］VR 725，在第 732 页上说道：

在法官和辩护律师之间就有罪答辩或要判处的刑罚问题所作的任何私下协商的建议必须刻意予以避免。这是令人反感的，因为这不是公开进行的，它排除了最为重要的相关人，即被告人，这对政府来说是令人尴尬的，并将法官置于错误的位置，在司法执行中，这可能只会削弱公众的信任度。

6.17　在辩护方和控方之间的协商应受到鼓励，可以发生在案件起诉到法院过程中的任何阶段，且可以由控方提出。在辩护方和控方之间就某一指控或数项指控所进行的协商，其有罪答辩可能与公正的要求相一致，如果遵守以下的限制条件：

（i）继续进行的指控与被告人的犯罪行为在性质上应有合理的联系；

（ii）从案件的所有情节来看，那些指控为合适的量刑提供了充足的依据；

（iii）有证据支持指控。

---

① 原文为：the Full Court of the Supreme Court of Victoria，the Full Court 是 Victoria 州最高法院中设立的一个受理上诉案件的法庭。——译者注

6.18 任何是否同意指控建议的决定必须考虑案件的所有情节以及其他相关事项，包括：

（a）被告人是否愿意在侦查中或者起诉其他人中予以合作，或者被告人合作的程度；

（b）根据建议，如果指控有所变化（考虑到被告人是否已服了一段时间刑期这类事情），对所涉及的犯罪行为来说，可能判处的刑罚是否合适；

（c）案件得到立即、迅速处理的满意度；

（d）被告人的前科；

（e）起诉案件的说服力；

（f）证人出现相反后果的可能性；

（g）是否有可能挽救证人，特别是被害人或其他在审判作证时感到压力的弱势证人；

（h）在那些已经对联邦或某人造成经济损失的案件中，被告人是否已予以赔偿或安排赔偿；

（i）为了避免给其他悬而未决的案件造成迟延的需要；

（j）审判中所涉及的时间和花费，以及任何上诉程序；

（k）相关部门或机构的观点；以及

（l）被害人的观点，当这些观点可以获得时，而且如果将这些观点考虑在内是合适的。

6.19 控方不应同意由辩护方提出的指控协商建议，如果被告人继续声称他或她对其已打算进行有罪答辩的某一指控或数项指控是无罪的。

6.20 当相关的立法允许可起诉犯罪以简易的方式处理时，辩护方提出通过有罪答辩得到较少的指控或较轻的一项或数项指控的建议可能涉及一个要求，即所建议的指控将以简易方式处理，而控方也同意或不反对（根据立法的要求）以简易的方式处理这一案件。或者，辩护方可能会表明被告人将对现有的一项指控或数项指控作有罪答辩以换取案件以简易方式审理。控方在作出有关这一要求的决定时，应当对上述事项予以考虑，同时还应考虑先前依据审判模式确定的事项。

6.21 辩护方提出通过有罪答辩得到较少的指控或较轻的一项或数项指控的建议可能包括这一要求，即控方不反对将量刑在所提议的范围内处罚这一辩护意见提交给法庭。或者，辩护方可能会表示被告人将对现有的一项或数项指控进行有罪答辩，如果控方不反对这一意见。控方可以考虑同意这一要求，只要认为所提议的量刑范围或处罚是在恰当地行使量刑自由裁量权时可接受的范围内。

预审后拒绝继续进行诉讼

6.22　在被告人被预审后，可能会出现这样的问题，即被告人是否应受到起诉，或者，如果已提交起诉书，以起诉书为依据的审判是否应继续进行，这些问题既有可能是检察总署的律师就起诉作出的提议，也有可能是辩护方申请的结果。

6.23　尽管已得到审判的命令，在开始审判后，所发生的事件会使继续进行诉讼变得不再合适。或者，在审判过程中，起诉案件的证据的说服力可能不得不重新加以评估。但在行使第 9 章 9（4）规定的权力时，应以本政策前面规定的决定起诉的标准为依据。通常情况下，作出任何决定前，检察总署会与联邦警察局或相关的部门或机构进行协商。在考虑公共利益问题时，如果可以得到被害人的观点，且如果将这些观点考虑在内是合适的，应考虑被害人的观点。

6.24　检察长拒绝继续进行诉讼的辩护方的申请，可能以指控的犯罪事实相对较轻或者不能保证以起诉书方式提起的审判的时间和花费为依据。

这一申请极有可能会得到有利的考虑，如果所谓的犯罪已得到简易程序的审理，但是被告人拒绝同意此案以这种方式加以审理。

6.25　一旦决定案件不以起诉书的方式继续进行审理，该决定不能被推翻，除非：

（a）出现了重要的新证据，该证据先前没有得到考虑；

（b）决定是以欺骗的方式获得的；或者

（c）决定是以错误的事实为依据作出的；

而且，在任何情况下，只有出于公正的利益，决定才能被推翻。

6.26　当审判的结果与陪审团的决定不相一致时，就应考虑是否要求重审，第二个陪审团是否有可能更有利于作出判决。同时，还应考虑所谓的犯罪的严重性、公众的花费以及被告人的情况。如果决定再审，第二个陪审团还是不同意，要求被告人进行第三次审判的情况极为少见而且属于例外情况。

6.27　需要特别指出的是，从没有向总检察长提出过任何议案申请。在检察总署成立不久，那时的总检察长就表明这样的申请应由检察长作出，同时还进一步表明，只有在检察长先作出拒绝这一例外情况后，且在与检察长协商以后，他才会考虑提交给他的此类申请。司法实践中，向来遵守这一做法。

当然的起诉

6.28　根据《检察长法》第 6 章 6（2D）的规定，检察长"可以对某人违反联邦法的可起诉犯罪提起诉讼，如果此人没有受到调查或审判"。

6.29　举行预审程序以及对被告人的审判进行预审，不是法律规定的起诉可起诉犯罪的必经程序。例如，在塔斯马尼亚和西澳大利亚不再举行预审听证，尽管在这些州的起诉要严格履行审前开示义务。在其他管辖区，预审更多地是以文件的形式而非实质性的。然而，在司法实践中，几乎所有以起诉书形式提起的起诉都要先对被告人的审判进行预审。下面几条规定了检察总署认为特定案件的情况应区别于普通程序（the usual course）是否合理时应适用的标准。

6.30　以起诉书的形式进行起诉的决定，只有在没有先前的预审程序时，才被认为是合理的，如果对被告人的任何不利因素可能因此而得到考虑且不会因此类事情而让被告人得不到公正的审判。而且，只有具备充足的理由这么做时，该决定才被认为是合理的。没有必要说，在缺乏预审程序的情况下，只有在常规证据和公共利益两方面的考虑都得到满足时才可适用当然的起诉程序。

6.31　应当注意的是，根据《起诉开示声明》应为被告人提供证据开示而没有预审程序时，才适用当然的起诉程序。

6.32　另一方面，虽然被告在预审程序中没有受到指控，以起诉书形式进行起诉的决定并不带来与可接受现实之间的巨大差别。预审程序的结果从来不被认为对有权进行起诉的人产生约束力。治安法官可能会错误地决定不指控被告人，在这样的案件中，当然的起诉决定可能是纠正这一错误的唯一可行的办法。因此，在预审程序中没有受到指控后，以起诉书形式进行起诉的决定从来不应受到轻视。在这些案件中，当然的起诉不应适用，除非可以自信地断言治安法官在拒绝起诉时犯了错误，或者新的证据已可获得，而且可以自信地断言，如果在预审程序时那一证据已经获得，治安法官就会对被告人进行审理。

对量刑提起上诉

6.33　控方对量刑的上诉权在行使时应受到恰当的限制。在决定是否上诉时，应考虑上诉成功是否有合理的可能性。需要考虑的因素包括：

（a）量刑是否明显不足；

（b）量刑是否与量刑标准不相一致；

（c）量刑是否以错误的法律资料或事实为依据作出的，需要以上诉来予以纠正；

（d）量刑是否没有必要在实质上与其他相关的刑罚不相一致；

（e）向上诉法院提出的上诉是否可能促使法院为管理和指导量刑规定一些基本原则；

（f）上诉是否能够让法院为处罚犯罪确立并维护充足的标准；

（g）上诉能否就所涉及的主要内容，确保量刑的一致性；以及

（h）上诉是否能促使上诉法院纠正法律原则上的错误。

6.34 控方对量刑的上诉也应立即提出，尽管相关的立法并没有在时间上作出限制。控方在提起上诉时不恰当的迟延可能会导致新增加的量刑在替换措施方面的不公平，上诉法院曾无数次地表明在这种情况下他们也不会予以干涉，尽管除此之外，控方的上诉是值得赞许的。

7. 被指控罪犯的心理健康问题

7.1 在考虑启动和进行起诉时，可能会出现被指控罪犯的心理健康方面的问题。本政策规定在决定公共利益是否要求起诉时，需要考虑的因素应包括被指控罪犯的智力、心理健康或特殊的弱点。在决定公共利益是否要求起诉时，除了考虑这些因素外，还有其他因素也可能需要考虑，包括所谓的犯罪的严重性或相关的琐事，一般的以及/或者特定的威慑的需要以及所谓的犯罪是否引起公众的广泛关注。

7.2 在法庭上，辩护方通常会提出审判的不恰当性问题。但是，这个问题也可能由被告人本人或控方提出。在极为少见的情况下，明显的恰当性问题，要是辩护方没有提出，就应当由控方提出。

8. 控方的证据开示

8.1 《控方证据开示声明》是一份由检察总署发布的可以公开获得的文件，它涉及控方的证据开示问题。检察总署在由其进行的诉讼中，根据起诉联邦犯罪可适用的法律，与侦查机构一起共同达到《控方证据开示声明》中所规定的要求。

附　　录

附录 A：根据《刑法典》第 70 节的规定，注释是关于起诉外国政府官员受贿罪的①

《联邦起诉政策》2.13 规定：决定是否起诉必须绝对不受以下因素的影响：

（a）被指控罪犯或相关的任何其他人的种族、宗教、性别、国籍或者政治团体、活动或信仰；

（b）与被指控罪犯或被害人的个人情感；

（c）政府或任何政治集团或党派可能存在的政治优势、劣势或困境；或者

（d）负责起诉决定的个人或者其执业环境对决定可能产生的影响。

检察长向检察官们颁发了以下规定，以明确对外国受贿罪的起诉：

1. 在起诉涉及外国受贿罪时，应评估与《刑法典》第 70.2 条规定相反的事项。

根据《刑法典》第 70 节的规定，在决定是否起诉向外国政府官员行贿之人时，检察官必须不受以下因素的影响：

· 对本国经济利益的考虑

· 对另一国关系的潜在作用

· 所涉自然人或法人的身份

这是因为《经合组织打击国际商业交易中外国政府官员贿赂公约》（the OECD Convention on Combating Bribery of Foreign Public Officials in International Business Transactions，澳大利亚于 1999 年开始实施）第 5 条规定：

"第五条——实施

调查和起诉外国政府官员贿赂罪应适用各成员国的规则及原则。它们不应受到对本国经济利益的考虑、对另一国家关系的潜在作用或者所涉自然人或法人的地位的影响。"

---

① 在英文版的《联邦起诉政策》正文后，还有附录 A、B、C 和 D，本译文根据其内容选择翻译了与刑事起诉工作密切相关的附录 A、B 和 D。——译者注

附录 B：严重卡特尔犯罪中的免予起诉

1. 前　　言

1.1　本文件概述了联邦检察总署对牵涉到严重卡特尔犯罪的当事人适用免予起诉问题，若其达到 2014 年 8 月《澳大利亚竞争和消费委员会豁免与合作政策》①（简称《豁免与合作政策》）规定的附条件免予起诉的标准。严重的卡特尔犯罪是指《2010 年竞争与消费法》（简称 CCA，《竞争与消费法》）第 44ZZRF 和第 44ZZRG 中规定的犯罪以及州和地区竞争法典中规定的相应犯罪。

1.2　在涉及严重的卡特尔犯罪方面，本政策以政府的奖励为基础，出于公共利益的目的，为当事人提供起诉豁免权，若其愿意第一个披露非法行为并与其他卡特尔参与者反目，且愿意与澳大利亚竞争和消费委员会以及澳大利亚联邦总署通力合作。

1.3　根据 ACCC 的建议，联邦检察总署会适用 ACCC 的《豁免与合作政策》中规定的同一标准来决定是否同意起诉豁免。根据 ACCC 是否同意给予附条件豁免的决定，联邦检察总署在决定是否同意给予豁免时，通常会与申请人沟通。

1.4　根据本附录规定的标准，在考虑申请者是否达到这一标准时，联邦检察总署在启动犯罪指控前，第一步，总署通常会给申请者写一封安慰信，并根据《1983 年检察长法》（简称《检察长法》）第 9 条（6D）的规定，检察长会就披露卡特尔行为可以允许刑事豁免提供一份书面承诺。安慰信和随后的任何承诺都将以 ACCC 调查过程中，申请人所具备的条件和进展中的义务为前提，直至针对其他卡特尔参与者的任何刑事诉讼程序结束。

1.5　有关严重的卡特尔行为问题，应将本政策与联邦检察总署与澳大利亚竞争和消费委员会之间签订的《谅解备忘录》（Memorandum of Understanding）一起解读。

---

　　①　ACCC 为 Australian Competition & Consumer Commission 的缩写，翻译为：澳大利亚竞争和消费委员会，因其名称太长，在译文中就以 ACCC 代替；DPP 为 the office of the Commonwealth Director of Public Prosecutions 的缩写，翻译为：联邦检察总署。——译者注

2. ACCC 与联邦检察总署的作用

2.1 联邦检察总署是根据《检察长法》成立的独立的法定机构，负责起诉违反联邦法的犯罪。

2.2 联邦检察总署不是一家侦查机构，它不能侦查刑事犯罪。决定侦查《竞争与消费法》规定的所谓的犯罪并将其移送给联邦检察总署，这是 ACCC 的职责。但是，在侦查过程中，联邦检察总署可以就法律或相关问题向 ACCC 提出建议。

2.3 ACCC 是根据《竞争与消费法》成立的独立的联邦法定机构。ACCC 负责调查《竞争与消费法》规定的所谓的违法犯罪行为，包括严重的卡特尔犯罪行为（including contraventions of the serious cartel provisions）。若当事人违反了《竞争与消费法》中的民事规定，ACCC 也负责决定是否启动法院的诉讼程序。

2.4 申请豁免应向 ACCC 提出。根据下列 3.1 款中规定的条件，在涉及严重的卡特尔犯罪中，若根据 ACCC 的《豁免与合作政策》的规定，若当事人达到附条件免予起诉的标准，ACCC 可以建议联邦检察总署给予其起诉豁免。

2.5 只有检察长才能同意给予当事人以起诉豁免。联邦检察总署签发的安慰信或依据《检察长法》第 9 条（6D）的规定由检察长提供的承诺只能根据其含义及《检察长法》的规定才能适用。

3. 获得豁免

ACCC 的附条件豁免标准

3.1 ACCC 的《豁免与合作政策》罗列了一系列强制性条件，也就是说，在给予附条件豁免前，必须先满足这些条件：

3.1.1 公司或个人寻求豁免：

（i）是或曾经是卡特尔的成员，不管是主要的违法者还是只起辅助作用；

（ii）承认其与卡特尔有关的行为可能构成《竞争与消费法》规定的一项或多项犯罪；

（iii）根据 ACCC 的《豁免与合作政策》的规定，是第一位申请与卡尔特有关的豁免的；

（iv）没有强迫过其他人参加卡特尔；

（v）已停止参加卡特尔的活动或者向 ACCC 暗示他们将停止参加卡特尔的活动；

（vi）（只对公司）其认罪确实是公司的行为（与单独的个人代表认罪相比较而言）；

（vii）在申请时，曾披露了完全的、坦率的、真实的信息，并作了通力而高效的合作，还承诺在 ACCC 整个调查过程中以及任何确保法院诉讼程序顺利进行中将继续这么做；以及

3.1.2　在 ACCC 收到申请书时，它还没有收到其与卡特尔有关的行为中至少有一项是《竞争与消费法》规定的犯罪，并有足够的证据来启动这一诉讼程序的书面法律建议书。

3.2　寻求豁免的当事人必须满足上述附条件豁免所规定的各种条件并维持原状，才有资格获得最终的豁免。

联邦检察总署同意免予起诉的标准

3.3　若 ACCC 认为当事人满足了附条件豁免的各种条件，它可以建议联邦检察总署给予该当事人以起诉豁免。这一建议所涉及的相关信息在 3.1 条所列标准中已尽可能作了规定。

3.4　在考虑 ACCC 的建议时，联邦检察总署享有独立的自由裁量权。

3.5　当联邦检察总署认为当事人已达到了 ACCC 的《豁免与合作政策》中规定的附条件免于起诉的标准时，就会在程序上分两步走。第一步，联邦检察总署会给申请者签发一封安慰信。安慰信的目的是告诉当事人，因其披露了与卡特尔行为有关的信息，检察长打算给他以刑事豁免，同时表明在这一事件中，任何与卡特尔有关的人都将受到指控。第二步，在启动任何指控前，根据《检察长法》第 9 条（6D）的规定，检察长会就披露卡特尔行为可以允许刑事豁免提供一份书面承诺。

3.6　安慰信以及任何根据《检察长法》提供的随后的承诺都将以 ACCC 调查过程中，申请人遵守各种条件为前提，直至针对其他卡特尔参与者的任何刑事诉讼程序结束。这些条件包括：

3.6.1　在 ACCC 调查中，当事人予以全方位的合作；以及

就个人而言：

3.6.2　在起诉中以及指控其他卡特尔参与者的任何程序中若要求有证人的，他们将出庭作证；以及

3.6.3　需他们提供的任何证据必须是真实的、准确的，且相关的内容是

毫无保留的。

3.7 在ACCC决定是否给予附条件豁免时，通常情况下，联邦检察总署也会就是否签发安慰信的决定与当事人交流沟通。

3.8 检察长根据《检察长法》第9条（6D）的规定提供的任何承诺会继续有效，除非被撤销，因而也就不要求给予最后豁免的承诺。

4. 附带豁免（derivative immunity）

4.1 ACCC的《豁免与合作政策》规定了公司当事人（a corporate party）获得附条件豁免的资格，ACCC认为其符合条件。这可以寻求附带豁免，即以相同的形式将附条件豁免惠及要求豁免的所有相关的法人团体以及/或现任的和前任的领导、官员及员工，只要他们承认自己与卡特尔行为有关的活动，并承诺与ACCC合作予以全面披露。

4.2 相类似的，如果联邦检察总署认为公司当事人符合起诉豁免的资格，它也可以寻求附带豁免，即以相同的形式将附条件豁免惠及要求豁免的所有相关的法人团体以及/或现任的和前任的领导、官员及员工，只要他们承认自己与卡特尔行为有关的活动，并承诺与ACCC和联邦检察总署合作予以全面披露。

4.3 当ACCC向联邦检察总署建议给予公司当事人以起诉豁免时，ACCC也会向联邦检察总署建议将起诉豁免给予符合ACCC的《豁免与合作政策》规定的附带豁免标准的其他当事人。这一建议将列出需要给予豁免的这些当事人的所有相关信息。根据附带豁免标准，在决定是否给予豁免时，联邦检察总署享有独立的自由裁量权。

4.4 当联邦检察总署考虑当事人是否符合ACCC的《豁免与合作政策》所规定的附带豁免标准时，第一步，联邦检察总署会给当事人发一封安慰信。在启动任何指控前，根据《检察长法》第9条（6D）的规定，检察长会依据进展中的义务和条件的完成情况就允许刑事豁免提供一份书面承诺。

4.5 在ACCC决定是否给予附条件豁免时，通常情况下，联邦检察总署也会就是否签发安慰信的决定与当事人交流沟通。

5. 豁免的撤回

5.1 在调查过程中的任何时候，以及在刑事诉讼结束前，联邦检察总署可能会撤回安慰信，或者检察长可能会根据《检察长法》第9条（6D）的规定收回书面承诺，如果：

5.1.2① ACCC 建议撤回安慰信或收回承诺，联邦检察总署或检察长通过行使独立的自由裁量权，同意这一建议的；或者

5.1.3 联邦检察总署或检察长有合理的理由认为：

（i）安慰信或承诺的接收人向联邦检察总署提供的信息是错误的或者在相关事项中是误导的；以及/或者

（ii）安慰信或承诺的接收人并没有履行安慰信或承诺中所提到的义务。

5.2 如果撤回安慰信或收回承诺，联邦检察总署会书面告知接收人，而且会给接收人提供一次合适的机会进行陈述。

6. 开示问题

6.1 关于控方有义务向被告人披露相关资料问题，联邦检察总署有公开发表的政策。该政策中编有参考资料。

6.2 若给予当事人以起诉豁免，根据《联邦开示政策》（the Disclosure Policy of the Commonwealth）的规定，联邦检察总署与当事人之间的承诺内容将向法庭披露。

7. 联邦起诉政策

7.1 本附录第 1 条至第 6 条的规定仅适用于首次披露卡特尔行为的当事人（也就是先进门的申请者），在所有其他方面，他们都符合 ACCC 的《豁免与合作政策》中规定的附条件豁免标准。不符合 ACCC 的《豁免与合作政策》中规定的附条件豁免资格的当事人（例如，根据 ACCC 的《豁免与合作政策》第 H 条规定的合作），可以根据《检察长法》第 9 条（6D）的规定申请一份承诺，但该申请由检察长根据《联邦起诉政策》第 6 章的规定作出决定。

罗伯特·布拉米奇（Robert Bromwich SC）

联邦检察总署检察长

2014 年 8 月

---

① 原文序号即如此。——译者注

附录 D：关于《检察长法》第 9（6）、9（6B）或 9（6D）有关承诺的注释

《联邦起诉政策》6.1 表明《联邦起诉政策》第 6 条在根据《检察长法》的规定是否给予同案犯以承诺来确保起诉时该人出庭作证时给予了广泛考虑。6.3 规定了是否要同案犯作证这一问题相关的问题是，是否要对该同案犯进行起诉。

6.6　规定了只有在满足两个条件时，才能作出承诺。第一个条件是，6.6（a）规定同案犯能够提供的证据被认为对确保将告人定罪是必不可少的，或者对全面揭露犯罪的性质和范围是至关重要的，而且这一证据无法从其他途径得到。出于这一考虑，若没有同案犯提供这一证据，案件本身越强，给予同案犯以承诺的合适度就越低。第二个条件是 6.6（b）规定的，即根据《检察长法》的规定，只有在可以合理地认为同案犯的罪行远轻于被告人的时，才能给予承诺。

6.7　规定在决定是否给同案犯以《检察长法》中规定的承诺时的核心问题是，从公共利益的总体来看，由于同案犯涉及的犯罪问题仍在考虑中，为了确保在起诉另一人时能获得他或她的证言，对其起诉的机会应先放弃。

联邦检察长签发这一附录的目的是为了澄清给同案犯以承诺的规定，同案犯提供的证据是用来指控已经被起诉的共同犯罪人的。这一情况在《联邦起诉政策》没有予以说明。

在这种情况下，在为相关的犯罪提供证据时，他或她会自证其罪，但对此，他或她没有被起诉，而且也没打算要起诉此人，这可能就允许提出享有特权的要求。这样的人，可能不能合理地认为其罪行远轻于被指控的犯罪人，并且在这种情况下，出于公正利益的总体考虑，需要考虑的核心问题是是否应该作出承诺。全盘考虑案件所涉的情况以及 6.7 所规定的诸多事项，出于公正利益的总体考虑，在这种情况有关承诺的规定，《联邦起诉政策》6.6（b）没有考虑到。

《统一证据法》（或者相同的制定法）第 128 条规定了法庭可适用的程序，当证人以自证其罪为理由拒绝作证或者拒绝就某一特定问题作证时，允许治安法官/法官给证人开具证明。事实上，这一证明要求证人作证，但确保在刑事起诉中，该证据不能用来指控他们。如果法庭认为其拒绝有足够的理由，法庭必须告知证人，他不必作证除非法庭要求这么做，而且如果他们愿意作证或者是法庭要求证人作证，法庭就会给证人提供证明。

在证人作证时，证人证言引起了与自证其罪有关的潜在问题，就必须根据《检察长法》的规定考虑是否给予承诺而不是依赖法庭根据第 128 条（或相同的制定法）的规定给予证明。适用《统一证据法》第 128 条或另一立法的规定，能够让法庭为证人已被迫回答某一自证其罪问题时出具证明，但这种使用通常应限制反对自证其罪的特权出乎意料地出现的案件中。

注释：附录 D 于 2016 年 2 月签发。

巴布亚新几内亚

1963 年地区法院权力法[*]

第一章　初步措施

第 1 条　解释

在这个法案中，除非有截然相反的意图出现，按以下解释：

"控告一个可控诉的犯罪"是指控告一个可控诉的犯罪并且是为了使该犯罪进入审判程序。

第四章　程序的启动

第一部分　普通程序

第 28 条　控告和起诉

法庭程序应该被启动：

①通过原告人、他的法定代理人或者其他有诉权的人的控告或者起诉；

②通过交通侵权传唤。

＊ 本法由巴布亚新几内亚独立国国民议会批准，1966 年 1 月 4 日实施。本译本根据太平洋岛法律信息研究所官方网站（http：//www. paclii. org）提供的英语文本翻译。

第二部分　控　　告

第 29 条　仅对一个诉因的控告

一个控告只能针对一个诉因，除非：

①在可公诉的犯罪中，如果一个控告满足这个条件，那么他只能在一个公诉程序中被控告；

②在其他案件中，如果控告理由实质源于一个行为或者源于共同被告人中的一部分，那么这些诉因将被合并到同一个控告中。

第 30 条　对人、财产、罪行的描述

（1）如果对人和事的描述在起诉书中认为是充分的，那么在控告中也是充分的。

（2）对犯罪的描述在语言上与法案、命令、指导中创制的犯罪相同或者相似应被认为是充分的。

第 31 条　详情

法院或者法官如果认为合理，可以将案件详情传送给被告人让其了解控告中所称的诉因，并推迟案件的审理。

第 32 条　控告中形式和变化的需要

不能因为所谓的控告形式或实质上的缺陷或者案件的变化或者证据的不足而拒绝在控告中签署逮捕被告人所用的传唤令或逮捕令，如果这些缺陷都能在法庭审理中通过法庭命令予以修正。

第 33 条　修正

如果第 32 条中详细列明的变化在法庭中出现并证明被告人是被欺骗和误导的，应被告人的要求法庭可以推迟本案的审理并择日开庭，同时释放被告人并具结保释保证他在下一次开庭的时间地点出庭。

第 34 条　修正的记录

改判的命令应该记入庭审程序和改判记录，如果需要还要送达对方当事人。

第 35 条　控告的形式

（1）在初审时要对被控告人签发逮捕令的场合，控告要以书面形式或经过检举人或其他人的宣誓。

（2）在初审中要签发传唤令而不是逮捕令时，控告不以书面形式或者宣誓，可以只通过口头方式免去宣誓，无论法律是否规定该项控告是否需要书面形式。

第 36 条　程序限制

（1）根据第 2 款，简单的犯罪案件，除非相关特别法律对控告时间有其他限制，否则该案只能在控告理由出现后被放置 6 个月。

（2）第 1 款中的时间限制不适应于 1974 年刑法典表 2 中所列的犯罪。

第三部分　起　诉

第 37 条　起诉可能因为一个以上原因

民事起诉可能因为一个以上的原因。

第 38 条　要求不能被分割

（1）原告人不能将一个行为分为两个以上起诉，但是如果原告人行为中的诉因超过本法的规定，那么原告人应该：

①通过陈述他的一系列请求放弃超过部分；

②在法院有管辖权的范围内对没有超过部分重新起诉。

（2）法庭对起诉的命令是放弃超过部分和放弃对相关部分所有要求的最终证据，法庭命令的顺序应该以此作出。

第 39 条　青少年可以起诉

（1）未满 21 岁的人可以在法院起诉依其年龄可以起诉的案件。

（2）16 岁以上的人可以在法院起诉依其年龄可以起诉的案件。

（3）不在第 1、2 款的范围内，但是出于利害关系和公正的考虑确有必要的，21 岁以下的人如果想起诉，那么他应该委托一个诉讼代理人或者由其监护人代为诉讼。

第 40 条　起诉书副本

被告人可以免费从负责本案的书记员处获得起诉书副本。

斐　济

2009 年刑事诉讼法 *

第一章　前　言

第 2 条　解释

在本法中，一个人因某一犯罪行为被起诉并被要求在特定法院出庭对指控进行答辩的正式通知为：

"起诉"是指已知或未知的某人实施了某种犯罪行为的主张，或者因某种犯罪行为而需承担刑事责任的主张。

"检察官起诉书"① 是指由政府制定的对抗被告人的一个书面指控形式，目的在于使被告人在高级法院接受审判。

"自诉"是指非由公诉人或者警察所提起或者执行的控诉。

"公诉人"是指任何由检察长或者斐济反腐败独立委员会的委员指派为控诉人或者控诉任何特定案件的人员。

第七章　诉讼程序的启动

第一节　以传讯或者令状的形式启动诉讼程序

第 56 条　起诉和指控

（1）刑事诉讼程序可以通过以下方式启动：

（a）根据本章的规定提出起诉；或者

---

* 本法于 2009 年 10 月 5 日由斐济共和国前副总统埃佩利·奈拉蒂考签署颁行。本译本根据斐济政府官网提供的英语文本翻译。

① 此处原文是 Information，并不包含"检察官"的含义，但为了与其他起诉方式区分开来，本书将之翻译为"检察官起诉书"。——译者注

（b）在无令状的情况下逮捕某人，并将该人带至治安法官处。

（2）任何人以合理的具有可能性的理由认为任何人已经实施了某一犯罪行为的，可以向治安法院提交起诉书。

（3）起诉可以根据本条规定以口头或者书面的形式提出。

（4）如果起诉是通过口头形式提出的，那么它就应当由治安法院归纳为书面形式，并且应当由原告和有权接受起诉的治安法官签名。

（5）当诉讼程序是由警察或者其他人员在执行合法职责时提起的，一份正式的由该警察或者其他人员签名的指控书可以被呈报到治安法院处，并且应当根据本法被认定为一份起诉书。

（6）在收到任何起诉之时（除非这样的起诉已经根据第（5）款的规定以正式的指控书的形式作出），治安法院应当：

（a）起草或者指令起草正式的指控书，以陈述被告人被指控的犯罪行为；并且

（b）根据首席治安法官所允许的诉讼程序签署该正式指控书。

（7）当被告人在没有令状的情况下被逮捕，并被带至治安法官面前时，提出指控的警察应当在正式的陈述被告人被指控的犯罪行为的指控书上签名，并将其呈报给治安法官。

第57条 传讯或者令状的签署

（1）在收到起诉书并且根据本法第56条的规定进行了签名时，治安法院应当签署传讯书或者令状，以强制被告人到有管辖权的治安法院接受对其涉嫌的犯罪行为的审判。

（2）除非发生以下情况，否则不能在初次聆讯时签署令状：

（a）原告或者一个或多个证人已经承诺提出起诉；并且

（b）一名治安法官已经授权签署该令状。

（3）与起诉或者指控有关的任何诉讼程序的有效性不应当受到以下情况的影响：

（a）该起诉或者指控中的任何错误；或者

（b）传讯书或者令状是在没有起诉或者指控的情况下签署的事实。

（4）任何传讯书或者令状都可以在星期日进行签署。

第二节 指控和检察官起诉

第58条 犯罪行为在指控书中详细说明或者检察官起诉书包含必要的细节

每个指控书或者检察官起诉书中应当包含：

（a）被告人被指控的一个或者多个特定犯罪行为的陈述；和

（b）有必要包含在合理的检察官起诉书中的、与所指控的犯罪行为有关的细节。

第59条 在一个指控书或者检察官起诉书中对多个罪状进行一并起诉

（1）任何犯罪行为可以在同一个指控书或者检察官起诉书中一并指控，如果这些被指控的犯罪行为是：

（a）建立在相同的事实或者形式上；或者

（b）是一系列相同或者类似性质的犯罪行为的组成部分。

（2）当同一指控书或者检察官起诉书指控超过一个犯罪行为时，该指控书或者检察官起诉书应当用不同段落分别对每个犯罪行为进行描述，并且每个段落应当被称为一个罪状。

（3）在审判之前或者审判的任何阶段，法院可以命令对该指控书或者检察官起诉书中的任何一个或者多个罪状进行分开审判，当法院认为具有下列情形之一：

（a）因为在同一份指控书或者检察官起诉书中被指控多于一个犯罪行为，被告人在辩护中可能受到侵害；或者

（b）因为其他任何原因，有必要指示对该人在同一个指控书或者检察官起诉书中任何一个或者多个犯罪行为进行分开审判。

第60条 在一个指控书或者检察官起诉书中对两个或者多个被告人进行一并起诉

以下人员可以在一个指控书或者检察官起诉书中被共同起诉，并可以被共同审判：

（a）在同一个事件过程中实施了相同犯罪行为的被告人；

（b）因一个犯罪行为被追诉的人和因以下行为被追诉的人：

（i）协助或者教唆实施犯罪行为；或者

（ii）预备实施犯罪行为；

（c）因不同犯罪行为被追诉的人，倘若所有犯罪行为都基于相同的事实或者形式，或者属于一系列具有相同或类似性质的犯罪行为的组成部分；以及

（d）因不同犯罪行为被追诉的人，这些犯罪行为是在同一个事件过程中实施的。

第61条　犯罪行为被指控的模式

（1）指控书或者检察官起诉书中的罪状应当从对被指控的犯罪行为的陈述开始，并且这应当被称为犯罪行为的陈述。

（2）每个犯罪行为的陈述应当以平实的语言对犯罪行为进行简要描述，尽可能避免使用技术性术语，并且没有必要将该犯罪行为的所有基本因素都予以陈述。

（3）指控书中应当包含规定该犯罪行为的法律条款的参考资料。

（4）在对犯罪行为进行陈述之后，应当以平实的语言对犯罪行为中的细节进行陈述，并且没有必要使用技术性的术语。

（5）当任何法律规则或者任何法律、法规或规章对一个犯罪行为在指控书或者检察官起诉书中应当包含的细节作出要求，本条的规定不应当要求作出任何比上述要求更多的细节。

（6）适用于本法的形式或者本法所允许的形式（或者与此尽可能类似的形式）应当在可供适用的案件中使用；并根据每个案件的情况对犯罪行为作出不同的陈述，以及规定不同的细节。

（7）当一份指控书或者检察官起诉书包含多个罪状，应当对这些罪状进行连续编码。

第62条　法定犯罪行为的规定

（1）在本法令中以替代性方式陈述出来的作为、不作为、能力或者动机或者其他事项可以在指控犯罪行为的罪状中以替代性方式进行陈述，当一个法规将某一犯罪行为规定为：

（a）正在作为或者不作为其中一种不同的替代性行为；或者

（b）以任何一种不同的能力或者以任何一种不同的动机，正在作为或者不作为任何行为；

（c）以替代性的方式陈述了犯罪行为的任何部分。

（2）如果规定某犯罪行为的法规中同时规定了例外规则、免责规定、附带条件或者限制条件的，那么不应当在任何指控该犯罪行为的罪状中否定这些内容。

第63条　对财产的描述

（1）在指控书或者检察官起诉书中对财产的描述应当：

（a）使用平实的语言；并且

（b）对相关财产的表述应当达到合理的、清晰的水平。

（2）除非对某一犯罪行为的描述必须说明财产的特殊所有权关系或者特定价值，否则没有必要指出该财产属于何人所有或者财产的价值。

（3）当该财产与多人有关，并且该财产的所有人被记录在指控书或者检察官起诉书中，那么有必要遵照如下规定对财产进行描述：

（a）运用"与其他人共有"的方式表明该财产属于上述多人中的其中之一所有；或者

（b）使用集合性名称而非指明任何个人的姓名，如果拥有财产的这些人是一个拥有集合性名称的群体，如公司或者"居民"、"受托人"、"委员"或者"俱乐部"，或者其他这样的名称。

（4）任何属于政府或公共单位、代理机构、服务系统或者部门所有的财产，或者供它们使用的财产可以被描述为国家的财产。

（5）硬币和现金钞票可以被描述为金钱，任何被认为与金钱等同的物品，只要是对财产的描述，都应当以硬币或者金钱的数额形式提供证明（尽管不应当证明构成这些数额的特定硬币数，或者银行券或现金钞票的特定性质）。

（6）在盗窃案件中，即进行盗窃或者以虚假的借口进行诈骗，任何被认为与金钱等同的物品都应当通过以下方式予以证明：被告人不诚实地占有或者获取任何硬币或者任何现金钞票（或者其价值中的任何部分），尽管这些硬币、银行券或现金钞票可能已经在被告人手中，以便于将其价值中的某些部分返还给诉讼一方（或者任何其他人），并且这部分价值应当已经进行了相应的返还。

第64条　对人的描述

（1）在指控书或者检察官起诉书中对被告人或者任何相关人员的描述或者指定都应当达到足以辨别该人的合理程度，没有必要表明其准确的姓名、住址、类型、学历或者职业。

（2）如果因为不知道该人的姓名或者基于其他任何原因，根据第（1）款的规定对其作出描述或者指定是不现实的，那么应当对其作出在这种情况下合乎实际的描述或者指定，或者此人可以被描述为"未知的某个人"。

（3）法院可以基于某人的安全或者公共安全的考虑，免除指出其姓名的要求，或者免除表明任何特定个人的要求。

第65条　对文件的描述

（1）当在指控书或检察官起诉书中有必要参考任何文件或者工具，应当使用其被熟知的姓名或者表述方式或者该文件或者工具的目的来对其进行描述。

（2）根据第（1）款的规定没有必要出示任何参考文件的副本。

第 66 条　描述的一般性规定

根据本节其他任何规定，当在任何指控书或者检察官起诉书中有必要涉及任何地点、时间、事物、事件、行为或者不作为等时，使用以下方式就足以对它们进行描述：

（a）使用平实的语言；并且

（b）对涉及的地点、时间、事物、时间、行为或者不作为的表述应当达到合理的、清晰的水平。

第 67 条　对动机的陈述

如果对犯罪行为进行规定的法规并没有将诈骗、欺骗或者伤害某特定个人的动机作为该犯罪行为的一个基本要素，那么就没有必要对诈骗、欺骗或者伤害任何特定个人的动机进行陈述。

第 68 条　对先前定罪裁判提出指控的模式

如果对一个犯罪行为的先前定罪裁判在指控书或者检察官起诉书中被指控，那么应当在指控书或者检察官起诉书的末尾以这样的方式提出指控，即陈述被告人曾经在特定的时间和地点以该犯罪行为被定罪，不需要陈述该犯罪行为的细节。

第 69 条　数字和缩略语的使用

数字和缩略语可以被用在表达一般以这种方式进行表达的事物。

第 70 条　在盗窃和性犯罪的特定案件中可以对全部金额和行为进行详细说明

（1）当一个人因为任何与盗窃或者其他非法占有财物有关的犯罪行为而被指控时，应当对涉案财产的金额总和进行详细说明，并且在没有具体说明特定时间或者准确日期的情况下对犯罪行为的实施期间进行详细说明。

（2）当一个人因为任何与盗窃、欺诈、贪污、滥用职权有关的犯罪行为被指控，并且证据指向很多与金钱、财产或者其他任何利益有关的不同行为时，应当对金额总和以及全部金额被提取或者接收的期间进行详细说明。

（3）当一个人因为任何与性犯罪有关的犯罪行为而被指控，并且证据指向多个不同的非法性行为时，应当对一个罪状下的多个行为发生的期间进行详细说明，并且控诉必须证明在此特定期间之内至少发生了一个性行为。在这样的案件中，指控书的犯罪行为陈述部分必须详细说明该罪状是一个典型的罪状。

第十三章　治安法院的审理程序

第一节　与案件的审理和裁判有关的规定

第 169 条　起诉的撤回

（1）在得到法庭允许的情况下，起诉人可以在最终命令作出之前的任何时候撤回起诉。

（2）根据第（1）款的规定撤回起诉时：

（a）如果该撤回是在被告人被传唤进行他或她的辩护之后作出的，那么法院应当判定被告人无罪；

（b）如果该撤回是在被告人被传唤进行他或她的辩护之前作出的，那么法院应当作出如下命令之一：

（i）判定被告人无罪；

（ii）释放被告人；或者

（iii）任何其他根据本法法院认为合适的命令。

（3）根据第（2）款（b）项（ii）目释放被告人的命令不应当阻止对被告人基于相同的事实进行后续的诉讼程序。

第三节　将被告人移送到高级法院

第 198 条　检察官起诉书的提交

（1）指控被告人并根据本法第 202 条起草的检察官起诉书应当由检察长提出或者由斐济反腐败独立委员会的委员或助理委员在移送命令作出后的 21 日内向高级法院的首席登记官提交，除非高级法院同意将时间延长超过 21 日。检察长提出检察官起诉书的权力可以以书面形式委托给一名公诉人。

（2）在该检察官起诉书中，检察长或者反腐败独立委员会的委员可以就任何犯罪行为指控被告人，以补充或者变更被告人被移送到高级法院进行审判的犯罪行为。

第 199 条　检察官起诉书的发出

（1）根据本法第 198 条提交的检察官起诉书应当尽快向被告人或者其律师发出，且应当至少在对追诉人进行初次聆讯之时。

（2）高级法院有权延长发出该检察官起诉书的时间。

第 200 条　检察官起诉书的形式

（1）根据本法第 198 条提交的检察官起诉书应当以检察长或者斐济反腐败独立委员会的委员或助理委员的名义作出，由他们签名或者代表他们签名。

（2）每个检察官起诉书都应当表明签名的时间，并且应当根据以下格式开始，并为了适应每个案件的情况而应当进行必要修改：

"国家诉 A. B.

在斐济苏瓦高级法院

由检察长或者斐济反腐败独立委员会委员提交的检察官起诉书

A. B. 因为下列犯罪行为被指控……"

第十四章　在高级法院进行的审判程序

第四节　提　　讯

第 213 条　对检察官起诉书进行答辩

（1）被告人根据检察官起诉书在高级法院接受审判的，应当被施以如下措施：

（a）被除去脚镣并安排在有阻拦的席位上，除非法院以命令的形式另作安排；

（b）对其宣读检察官起诉书；

（c）如果被告人提出解释要求的，向其解释检察官起诉书的内容（或者在必要的情况下，由法院的翻译人员为其翻译）；

（d）在宣读、解释或者翻译完毕之后，要求其对该检察官起诉书进行答辩。

（2）法院可以免去被告人根据第（1）款的规定对检察官起诉书进行答辩的权利，如果被告人原本有权收到检察官起诉书副本，由于被告人的反对，法院认为对被告人发出检察官起诉书的行为还没有生效。

（3）当作出第（2）款所规定的事实认定时，法院应当作出必要的命令，使对被告人发出检察官起诉书的行为生效。

（4）在包含法人团体的案件中，法人团体可以通过自己的代表人以书面形式提出答辩，并且如果存在下列情形，法院应当认为其提交了无罪答辩：

（a）法人团体的代表人没有出庭；或者

（b）尽管出庭了，但没有提交任何答辩。

（5）本条所规定的"代表人"无须根据该法人团体的印章而被指定，并且为了达到这样的效果，即在陈述书中署名的人已经被指定为该法人团体的代表人，一份由下列人员签名的书面陈述书，应当在没有进一步证明的情况下被采纳为初步证据，证明该人已经被指定为代表人：

（a）本法人团体的总经理；或者

（b）对本法人团体的事物具有管理权的任何一人或多人（不管其头衔是什么）。

第 214 条　修改检察官起诉书，分开审判和推迟审判的命令

（1）对任何检察官起诉书字面上的正式错误提出反对意见的，该反对意见应当在向被告人宣读该检察官起诉书之后立刻作出，而不得晚于此时间。

（2）在根据检察官起诉书进行审判之前（或者在该审判的任何阶段），当法院认为检察官起诉书存在错误时，法院应当作出命令，要求根据案件情况修改该检察官起诉书，除非所要求的修改可能引起与案件利益有关的不公正。

（3）根据本条所作出的所有修改都应当根据法院所决定的内容进行。

（4）当一个检察官起诉书被修改时，应当在该检察官起诉书上就修改命令进行背书，并且以该检察官起诉书修改之后的形式进行所有的诉讼程序，正如该检察官起诉书一开始就是以修改后的形式提交的。

（5）在根据检察官起诉书进行审判之前或者在该审判的任何阶段，当法院认为有下列情况，则法院可以命令对该检察官起诉书中的任何一个或多个罪状进行分开审判：

（a）由于在同一个检察官起诉书上指控多于一个犯罪行为，被告人的辩护行为可能受到侵害或者陷入困境；或者

（b）出于任何其他原因，有必要指示将被告人于同一个检察官起诉书中被指控的一个或多个犯罪行为进行分开审判。

（6）在根据检察官起诉书进行审判之前或者在审判的任何阶段，当法院认为，为了执行法院根据本法所具有的任何权力，有必要对被告人进行推迟审判的，法院应当命令进行必要的推迟审判。

（7）当法院根据本条规定作出分开审判或推迟审判的命令时：

（a）如果是在审判过程中作出这样的命令，那么法院可以命令将陪审员解散，这些陪审员无须就被推迟的审判中或者检察官起诉书上的一个或多个罪状提出看法；并且

（b）对一个罪状进行分开审判的程序在所有方面都应当与先前审判程序一致，正如该罪状原本就是由单独一个检察官起诉书指控的一样，并且推迟审理的程序在所有方面都应当如同该审判还未开始过一样；

（c）法院可以作出命令允许被告人进行保释，同时扩大保证书的范围或

者采取其他法院认为合适的措施。

（8）法院根据本条所具有的任何权力都应当与其他任何为了实现相同或类似目的的法院权力并行不悖，而不是对这些权力的减损。

（9）法院可以在起诉人提出申请时，允许以变更或者补充指控，或者其他方式修改检察官起诉书。

（10）在决定是否作出这样的允许时，法院可以考虑该修改是否可能使被告人的辩护行为陷入困境，以及这种困境能否通过延期审理的方式得到缓解。

第 215 条　检察官起诉书的撤回

（1）如果任何检察官起诉书没有说明且无法通过本法第 214 条所授权进行的修改说明被告人被通缉的任何犯罪行为，那么通过被告人答辩之前作出的动议或者在判决之前作出的动议，该检察官起诉书应当被撤回。

（2）动议的书面陈述书应当由被告人或者被告人的代表送交首席登记官或者本法院的其他公职人员，并且应当被收录到案卷中。

马绍尔群岛

刑事诉讼法 *

第五部分　初步事宜

§138　起诉的名义

所有刑事起诉应以"马绍尔群岛共和国"的名义进行。［TTC 1966 年，§486；12 TTC 1970 年，§201；12 TTC 1980 年，§201，经修改］

---

* 本法由马绍尔群岛共和国议会批准。本译本根据马绍尔群岛共和国议会官网提供的英语文本翻译。

密克罗尼西亚

刑事诉讼法典 *

第一章 总 则

101. 定义

本法典所涉及的专业术语解释如下：

（2）"检察官"是指从事高级专业事务的法律官员或者由高级专业人员任命的任何通过托管领地进行监督起诉的人员。

（4）"诉状"是指对任何定义或描述的一个或多个人构成刑事犯罪行为的一些基本事实的陈述。在法院或者执法者被授权发出逮捕证之前应当宣誓提出控告。它可以是书面或口头形式，但若法院或法官认为切实可行，诉状应当由原告签名后书面呈送，并且由主持宣誓的人员在誓词上签名。诉状适用于法典部分章节、法令，地方法令，本地习俗或其他被告人被控违反法律行为的法规，但其中任何错误或遗漏可以在判决前经征得法院准许进行纠正，如果该错误或遗漏并没有误导对被告人造成不利的判决，则错误或遗漏不可以作为推翻判决的理由。如果一项重罪没有被提起指控，法庭可能会接受一项控告来代替原来的控告。

（5）"地方检察官"是指高级专员任命的在任何托管领地的法院，以及在任何案件中，无论民事案件还是刑事案件，代表政府的所有人员。

102. 提起诉讼的理由

违反如下规定则应以密克罗尼西亚联邦的名义提起刑事诉讼：

（1）密克罗尼西亚联邦国会制定的法律；

（2）太平洋岛屿托管领地制定的、依据密克罗尼西亚联邦宪法第一节第15款依然持续有效的并且在密克罗尼西亚联邦政府管辖范围内的法律法规。

---

* 本法典于 1966 年由密克罗尼西亚国会批准、实施。本译本根据密克罗尼西亚国会官网（http：//cfsm. fm）提供的英语文本翻译。

第八章　撤回诉讼

801. 首席检察官或地方检察官撤回诉讼

首席检察官或地区检察官经法庭许可可以提出撤回控告或者撤回传票，起诉就随即终止。然而，未经被告人同意，该撤诉不得在审判过程中提出。

802. 法院驳回诉讼

如果将被告人带至审判存在不必要的迟延，则法庭可能会驳回控告或者解除传讯。

第十一章　未成年人

1104. 起诉程序

（1）有违法行为的儿童由高等法院审判庭审理，或者由对发生违法行为等情形的场所享有管辖权的地区法院审理。

（2）实施有法律意义上的谋杀或者强奸行为的，法律不能准确认定该行为实施者为无行为能力人的案件，一律由高等法院审判庭审理。

瑙　鲁

瑙鲁共和国 1972 年刑事诉讼法 *

1972 年第 21 号法察①

第一章　导　　言

第 2 条　释义

在本法中，除文意另有所指外——

"控告"指身份已获知悉或身份不详的某人犯了一项罪行或就一项罪行有罪的声言；

"检察官"指根据本法第 45 条规定任命的公职人员；

"自诉"指由公诉人以外的任何人提起或进行的刑事诉讼；

"公诉人"包括检察官以及根据本法第 48 条规定暂时担任公诉人的人；

第四章　关于刑事法律程序的规定

第 45 条　检察官的任命

总统应任命一名公职人员为检察官，该检察官应负责在刑事法律程序中代

＊　本法于 1972 年 11 月 24 日由瑙鲁共和国国会批准，1972 年 11 月 27 日实施。最近一次修正时间是 2012 年 12 月 21 日。本译本根据瑙鲁政府网站中的在线法律数据库提供的英语文本翻译。

①　本综合法案构成修订后的 1972 年第 21 号法案，并自 2012 年 12 月 21 日起施行（此日期为 2014 年 9 月 26 日汇编本综合版本时最新修订开始生效的日期）。

本综合法案结尾的注释包括每次修订作出所依据的法律。注释中的修订表列明单个条款的立法沿革。

本综合法案结尾的注释中列明的适用条款可影响已编入本综合法案文本的各修订的实施。

本综合法案由司法与边境管制部根据《2011 年立法公布法》汇编并在立法数据库中公布。

表共和国出庭。他为当然的公诉人。

第 46 条　检察官提出中止控诉的权力

（1）在任何刑事案件或事项中及在裁定或判决前的任何阶段（包括将被告人交付最高法院审判和在该法院内将公诉书存档之间的时期），检察官可将共和国拟中止诉讼程序一事藉在法庭上声明或书面通知法庭而提出中止控诉，而被告人随即应获撤销该项中止控诉所涉及的指控，他如已被押交监狱，应获释放，如他正在保释中，其担保应予撤销；但此项对被告人指控的撤销并不禁止其后根据相同的事实针对被告人提起法律程序。

（2）凡在提出中止控诉时被告人不在法庭前——

（a）如其被羁押在监狱，司法事务官或书记官（视属何情况而定）应随即将中止控诉一事，以书面方式通知监狱长。除非被告人因其他令状而受合法羁押，否则监狱长应立即释放被告人；及

（b）如其没有被羁押在监狱，司法事务官或书记官（视属何情况而定）将中止控诉一事，并以书面形式通知他及为其提供担保的担保人（如有的话）。

第 47 条　检察官权力的转授

检察官可以书面文契将本法第 46、180、181、182 条及第 185 条所赋予他的权力和权利或施加予他的义务的全部或任何部分授予司法部的公职人员代为行使或履行，由该人员以检察官名义行使的此等权力和权利及履行的此等义务，犹如它们由检察官行使或履行一样应予以执行；

但检察官可书面撤销由其依据本条所作的任何授权；

且检察官不得仅以他已依据本条将他的部分权力作出授权为由停止行使这些权力。

第 48 条　公诉人和由警务人员提起控诉

（1）检察官可书面任命有资格作为出庭律师兼事务律师执业的司法部公职人员为一般公诉人或特定案件的公诉人。

（2）检察官可书面任命出庭律师兼事务律师或讼辩人为任何特定案件的公诉人。

（3）警务人员可在地区法院出庭并进行由他自己或其他警务人员或公诉人所提起的控诉。

（4）每位公诉人及每位进行控诉的警务人员应接受检察官的明示命令。

第 49 条　公诉人的权力

公诉人可出庭并就其指控的正在预审、审判或上诉的案件在法庭前提出主张；如任何私人委托出庭律师兼事务律师或讼辩人在任何该等情况下提起控

诉，则该公诉人可进行控诉，且如此提起控诉的出庭律师兼事务律师或讼辩人在该控诉中应按公诉人的指示行事。

第 50 条　控诉的进行

任何人（公诉人除外）在任何刑事法律程序中进行控诉时可亲自进行或由出庭律师兼事务律师或讼辩人代为进行。

第 51 条　控告和指控

（1）法律程序可藉向治安法官提出控告或藉将被无证逮捕的人带到地区法院前而提起。

（2）任何人如有合理和可能根据相信任何人已犯了某罪行，可就该罪行向治安法官提出控告。

（3）控告可口头或书面提出，但如口头提出时，则应由治安法官转为文字记录；且不论何种情况，均应由该控告人和该治安法官签字；

但凡法律程序由警务人员或任何在履行职责过程中的公职人员提起，该人员适当签署的正式指控可向该治安法官提交，且就本法而言，该正式指控应视为控诉。

（4）该治安法官在收到任何此等控告时，除非该控告已依据第（3）款以正式指控的形式提出，否则应拟定或安排拟定并签署一份载有该被告人所被指控罪行的陈述的正式指控书。

（5）凡被无证逮捕的被告人被带到地区法院前，一份载有该被告人被指控罪行的陈述的正式指控书应由警务人员签署并提交。

第 90 条　罪行应在指控书或告发书内藉所需详情予以明确

每份指控书或告发书上应载有（且如载有则应是充分的）该特定罪行或被告人被指控罪行的陈述，包括就被指控罪行的性质发出合理通知所需的详情。

第 91 条　在指控书或告发书内合并罪项

（1）如任何被指控的罪行是根据同一事实或格式被指控的，或是具有相同或类似性质罪行的构成部分，或是一系列具有相同或类似性质罪行，则该罪行可在同一指控书或告发书内一并指控。

（2）凡指控书或告发书内多于一项罪行被指控，则每一项被如此指控的罪行的描述应在该指控书或告发书内被称为罪项的独立段落中列明。

（3）在审判前或在审判的任何阶段，如法庭认为被告人因在同一指控书或告发书受指控而在其辩护上有所困难，或认为因其他理由就指控书或告发书中被指控的任何一项或多项罪行对该人分别审判更为适宜，法庭可命令对该指控书或告发书内的任何一项或多项罪项分别进行审判。

第 92 条 在一项指控或告发内合并两名或多名被告人

(1) 以下的人可在一项指控或告发内予以合并，并可一并审判，即——

(a) 被指控在同一事件进行过程中犯同一罪行的人；

(b) 被指控犯一项罪行的人及被指控教唆犯罪或企图实施该罪行的各人；

(c) 被指控犯了超过一项相同种类罪行（亦即由他们在 12 个月内共同实施而依据《1899 年刑法典》或任何其他成文法同一条文可判处相同刑罚的罪行）的人；

(d) 被指控在同一事件进行过程中犯了不同罪行的人；

(e) 被指控犯了《1899 年刑法典》第三十四章至第四十四章所载罪行的人，及被指控获得或持有藉由首述的人实施的任何该等罪行而转交的物品的人，或被指控教唆实施任一此等罪行，或企图实施任一此等罪行的人。

(2) 凡法庭在审判前或在审判的任何阶段认为司法公正原则要求将一份指控书或告发书中包含的数名被告人中的一名或多名分开进行审判，则法庭可如此命令，但分别进行的审判应按命令要求进行。

第 93 条 拟定指控书和告发书的规则

以下规定应适用于所有指控书和告发书，且尽管任何法律规则或常规已有规定，除本法的条文另有规定外，如指控书或告发书是按本法规定的方式拟就，则不得就其格式或内容提出异议——

(a) 罪行被指控的方式——

(i) 指控或告发的罪行应以该被指控罪行的陈述（称为罪行陈述）开始；

(ii) 罪行陈述应以日常语言简述该罪行，尽量避免使用技术名词，且无须陈述该罪行的所有基本构成要素。如该被指控的罪行属由成文法定义的罪行，则应载有该成文法定义该罪行的条文的表述；

(iii) 在陈述该罪行后，该罪行的详情应以日常语言列明，而不必使用技术名词，

凡任何法律规则或任何成文法限制了被要求在指控书或告发书中予以列明的罪行详情，则本规定不要求列明多于被如此要求的详情；

(iv) 凡指控书或告发书载有多于一项的罪行，则罪行应依次编号。

(b) 有关法定罪行的规定——

(i) 凡定义某罪行的成文法述明该罪行是作出或不作出不同交替行为中的某项行为，或是以不同身份中的某种身份，或基于不同意图中的某项意图作出或不作出任何行为，或以交替形式述明该罪行的任何部分，则在该成文法中以交替形式述明的作为、不作为、身份或意图或其他事项，可在指控该罪行的罪项中述明；

(ⅱ) 在指控由成文法定义的某罪行的任何罪行中，无须从定义该罪行的成文法的适用中否定任何例外、但书，或否定定义该罪行的成文法的适用资格。

(c) 对财产的描述——

(ⅰ) 在指控书或告发书中对财产的描述应采用日常语言，且应能合理清晰地表明所提述的该项财产，如该项财产被如此描述，则除为描述某项取决于任何特殊的财产所有权或特殊的财产价值的罪行而有需要以外，无须列出该项财产所有人的名字或该项财产的价值；

(ⅱ) 凡该项财产属于多人所有，且该项财产的所有权人均在指控书或告发书内被提述，则只须列出其中一人姓名，描述此财产由该人与其他人所有即可；如拥有此财产的人是有集合名称的法人，如事务所或"居住者"、"受托人"、"俱乐部"或其他此等名称，则只须使用集合名称即可，而无须列明任何个人；

(ⅲ) 属于任何公共企业或公共部门所有或供任何公共企业或公共部门使用的财产可描述为共和国的财产；

(ⅳ) 瑙鲁或外国的钱币及钞票或纸币均可描述为金钱，但就描述财产而言，即使没有证明组成款额的个别钱币种类或钞票的个别性质，藉证明金钱（无论是钱币、钞票还是纸币）的款额等任何有关金钱的主张就足以成立，而在盗窃、挪用及以欺诈获取的案件中，即使任何钱币、钞票或纸币可能已向他交付用以向交出它的一方返还其价值的部分，且该部分已据此返还，藉证明被告人不当挪用或获得任何钱币、钞票或纸币，或其价值的任何部分等任何有关金钱的主张就足以成立。

(d) 对人的描述——

指控书或告发书内对被告人或其内所提及的任何其他人的描述或称谓，应合理地足以识别该人，而并非必须述明其正确姓名或其住所、称号、阶层或职业。而且如由于不知道某人的姓名或因任何其他理由，对该人作出描述或给予称谓属不切实可行的，则应对该人作出有关情况下属合理的切实可行的描述或给予在有关情况下属合理的切实可行的称谓，或可将该人描述为"身份不详的人"。

(e) 对文件的描述——

凡有需要在指控书或告发书内提及任何文件或工具，借任何名称或其获知晓的称号，或藉其用意对它进行描述即可，而无须列明其任何副本。

(f) 描述的一般规则——

在符合本条其他规定的条件下，以日常语言且以合理清晰地表明所提及的地方、时间、物件、物料、作为或不作为一样的方式描述在任何指控书或告发书内需要提及的任何地方、时间、物件、物料，作为或不作为，即为足够。

（g）犯罪意图的陈述——

凡定义某罪行的成文法没有把欺诈、欺骗或伤害特定人的意图规定为该罪行的关键构成要素，则无须述明任何欺诈、欺骗或伤害特定人的意图。

（h）指控以往定罪的方式——

凡控诉书或告发书中指称有以往定罪，则应在控诉书或告发书末端藉陈述书方式述明被告人以往在某时间和地点曾被定罪，但无须陈述该罪行的详情。

（i）图表和缩略词的使用——

图表和缩略词可用来表达任何通常可用图表和缩略词表达的物件。

（j）总款额可在某些盗窃案件中列明——

如被指控盗窃，明确指出被盗窃的财产总款额以及该盗窃被实施的期间即可，无须明确指出具体时间或准确的日期。

第六章　地区法院的审判程序

第153条　指控的撤回

（1）在任何案件依据本章最终命令作出前的任何时间经法庭同意，任何在地区法院审判的案件中的控诉人可撤回该指控。

（2）在前述的任何撤回中——

（a）如该撤回在被告人被传唤出庭进行辩护后作出，法庭应裁定被告人无罪。

（b）如该撤回在被告人被传唤出庭进行辩护前作出，则除本法第158条和第201条另有规定外，法庭应行使其自由裁量权作出下列命令中的一项——

（i）裁定被告人无罪的命令；

（ii）释放被告人的命令。

（3）依据第（2）款第（b）项第（ii）目所作出的释放被告人的命令并不禁止其后根据相同的事实针对被告人提起法律程序。

第七章　将被告人交付最高法院审判

第162条　地区法院进行预审

（1）凡就不可由地区法院审判的某罪行或地区法院认为应由最高法院审

判的某罪行针对任何人提起了指控，则应由地区法院根据下述有关规定进行预审。

（2）法庭在预审中使用的语言应为英语。

第 163 条　向被告人宣读指控

在展开预审时，法庭应向被告人宣读并解释获预审的该指控，并应向他解释如他意欲作出陈述，他在其后将有机会作出陈述，且应进一步向他解释，该法律程序的目的是决定是否有充分的证据将他交付最高法院审判。

第 185 条　检察官拟定的告发书

依据本法第 180 条所拟定的所有告发书，除本法第 47 条另有规定外，均应以检察官的名义拟定，并由检察官签署。

第 186 条　告发书的格式

每份告发书应注有签署当日的日期，而本法附表中规定的格式经作出为适应每个案件情况所需的此等变通后予以采用。

附表　有关告发书与指控书的表格

（第 93 条及第 182 条）

第一部分　名　　称

第一，在最高法院：

在璐鲁最高法院

共和国诉 A. B.（及 C. D.）

第二，在地区法院：

在璐鲁地区法院

共和国诉 A. B.（及 C. D.）

第二部分　告　发　书①

于＿＿＿＿＿［日期］＿＿＿＿＿在亚伦举行的开庭期内，璐鲁共和国检察官 Y. Z.（由检察官授权代表共和国行使控诉职能的公诉人 W. X.）向法庭告发 A. B.（及 C. D.）实施了以下罪行：

---

①　本条规定内容已被璐鲁议会在 2011 年 4 月 15 日通过的《2011 年成文法修正法》（2011 年第 8 号法案）所修订，译文为修订后的内容。——译者注

（陈述所指称的犯罪以及所触犯的成文法规定，或如适当，陈述其行为违反了普通法要求）

他（他们）于 _____ ［日期］ _____ 在瑙鲁（在瑙鲁领海）

实施了（列举根据本法第 93 条规定所指称的作为或不作为以构成该罪行）。

（签署）　　Y. Z.　　或　　W. X.
检察官　　公诉人

第三部分　控告书

A. B.（及 C. D.）被指控实施了以下犯罪：

（陈述所指称的犯罪以及所触犯的成文法规定，或如适当，陈述其行为违反了普通法要求）

他（他们）于 _____ ［日期］ _____ 在瑙鲁（在瑙鲁领海）

实施了（列举根据本法第 93 条规定所指称的作为或不作为以构成该罪行）。

S. T.
（国家级别的警务人员）
U. V.
治安法官

（签署）

所罗门群岛

刑事诉讼程序法典[*]

第一节　序　　言

第 2 条　解释

在本法典中，除非上下文另有要求：

"控诉"是指就已知或者未知的人实施的犯罪所作的指控；

"自诉"是指由个人而不是由公诉人或者公职人员以官方身份所提起和进行的指控；

"公诉人"是指根据第 71 条所任命的任何人，包括总检察长和任何其他法律官员、警察或者在总检察长的指导下进行活动的其他个人；

第四节　与所有刑事调查和诉讼相关的规定

第 68 条　检察长提起^①撤回诉讼的权力

1978 年第 46 号之一法律公告

（1）在刑事案件中以及在裁决或者判决之前的任何阶段，视情况而定，

---

　　* 本法典由所罗门群岛议会批准，于 1962 年 6 月 1 日实施。本译本根据太平洋岛法律信息研究所官方网站（http：//www.paclii.org）提供的英语文本翻译。

　　① Enter，翻译为"提起"。

检察长可以要求撤回诉讼，或者通过在法庭上陈述或者书面通知法庭、公诉人①不打算继续诉讼，被告人应当立刻被解除由于被要求撤回诉讼的相关指控，并且如果他已经被交付监禁则应当将其释放，或者处于保释状态则应当撤销他的具结；但对被告人的这种释放不应当成为基于同样事实反对他的后续诉讼的一个障碍。

（2）如果当要求撤回诉讼时被告人不能出庭，该法院的司法常务官或者书记员应当立即呈递要求这种撤回诉讼的书面通知给该被告人可能被拘留其中的监狱负责人，而且，如果被告人已经被交付审判，应当呈递给审理此案的地方法官，该地方法官应当立即发出类似的书面通知给具结起诉和出庭作证的证人以及保证人（如果有的话），在已经被允许保释时也应该通知该被告人和他的保证人。

第 69 条　总检察长的授权

1978 年第 46 号之一法律公告

总检察长可以书面命令，将根据第 68 条和第七节赋予他的全部或者任何权力暂时赋予其他从事公共服务的法律官员，并且该法律官员对这些权力的行使在当时应当像是由检察长自始至终所行使的那样。

第 70 条　撤销根据第 69 条所作出的命令的权力

1978 年第 46 号之一法律公告

检察长可以书面撤销由他依据前一条作出的命令。

第 71 条　任命公诉人的权力

1978 年第 46 号之一法律公告

检察长可以任命代理人或者警察成为一般的公诉人或者为一个特定案件②之目的的公诉人。

第 72 条　公诉人的权力

公诉人可以出庭或者无须任何书面授权而对其所指控的案件进行调查、审

---

① Crown 原意为佩戴在君王头上的象征权力和尊严的冠冕，但其含义多有延伸，根据不同上下及含义有所不同。"Crown Prosecutor" 是指公诉署长（Director Public Prosecutors）任命的作为刑事起诉署成员的事务律师或出庭律师。参见薛波主编：《元照英美法词典》，法律出版社 2003 年版，第 354—355 页。因此，"the Crown"，译者认为指的是代表公诉权力的王国政府，因为该国属于英联邦国家，如果译为"政府"或者"公诉机构"更确切些。如果就"Crown Prosutor"在英国则指由公诉署长（Director Public Prosecutions）往常的作为刑事起诉署成员的事务律师或出庭律师，即公诉人，检察官。该词又出现于第 147、235 条。

② a particular ease，可能是 a particular case。

判或者在上诉法院进行答辩；如果私人指示一个代理人起诉任何由公诉人可以进行起诉的案件，被如此指示的代理人应当根据其①指示行动。

第 73 条　警察可以在地方法院进行起诉

在地方法院的任何审判或者调查，如果诉讼已经由警察提起，任何警察可以出庭并进行起诉，尽管事实上他不是提起控诉或者控告的那个警察。

第 74 条　公诉人和警官服从总检察长的指导

1978 年第 46 号之一法律公告

每一个依据第 73 条的规定进行起诉的警察，和每一个公诉人，应当服从总检察长的明确指示。

第 75 条　起诉行为

进行起诉的任何人可以亲自进行或者通过代理人进行。

第 76 条　控诉和控告

（1）诉讼可以通过提起控诉或者把受到无证逮捕的人带到地方法官面前而提起。

（2）任何人有合理的和相当的理由认为一种犯罪行为已经由某人实施，可以向有管辖权的地方法官提出控诉，使该人被带到其面前。

（3）控诉可以以口头或者书面方式进行，但是，如果以口头方式进行，应当由地方法官速写记录下来，而且，在这两种情况下，应当由控告人和地方法官签署：

如果诉讼是由警察或者其他公务员在履行职责的过程中所启动的，一个由该官员妥善签署的正式控告可以被提交给法官，并且应当依据本法典的目的，被视为一个控诉。

（4）地方法官一旦收到此控诉，除非此类控诉已经依据前款以正式控告形式呈现外，应当起草或者被要求起草并且应当签署包含一份对被告人被指控罪行的声明的正式控告。

（5）当一个遭到无证逮捕的被指控人被带到地方法官面前时，包含一份对被告人被指控罪行声明的正式控告，应当由支持这一指控的警察签署和提交。

第 117 条　提供必要细节使被控告和起诉罪行特定化

每个控告或者起诉应当包含，并且应当充分包含，对被告人所被指控的特定犯罪的陈述，以及可能对就被指控犯罪的性质提供合理信息所必要的具体情况。

---

① His "其" 在这里根据本节意旨可能是指 "公诉人"。

第118条 在一个控告或者起诉中诉因的合并

（1）任何罪行，无论是重罪或者轻罪，可能在同一的控告或者起诉中一并被起诉，如果这些被指控的罪行都建立在相同的事实或者形式上，或者是相同或者类似特征的一系列罪行的一部分。

（2）在一个控告或者起诉中有超过一个被指控的罪行，每个被控罪行的描述应当被列在控告或者起诉中被称为诉因的一个单独的段落。

（3）在审判之前，或者在审判的任何阶段，法院认为一个被告人因为在同一的控告或者起诉中被指控不止一个犯罪可能在其辩护中①面临尴尬，或者由于任何其他理由，指示在一个控告或者起诉中的任何一个或者多个犯罪分别审理被告人是合理的，法院可以命令对该指控或者起诉中的一个或者数个诉因分别审理。

第119条 在一个控告或者起诉中的两个或者两个以上被告人的共同诉讼

下列人员可能会被加入进一个控告或者起诉，并且可以在一起受审，即——

（a）被控在同一犯罪过程中犯下同样的罪行的人；

（b）被控犯罪的人和被指控教唆或者企图犯下此罪行的人；

（c）被控在同一犯罪过程中犯下不同的罪行的人；

（d）被控不同犯罪的人，如果所有的犯罪都是建立在相同的事实上，形成或者作为相同的或者具有类似特征的一系列罪行的一部分。

第120条 提起控告和起诉的规则

以下规定适用于所有指控和起诉，不论任何法律规则或者实践，一个符合本法典规定的指控或者起诉不应当被允许有关其形式或者内容方面的异议，如果它是依照本法典的规定所进行的。

（a）（i）一个控告或者起诉的诉因应当开始于对所指控犯罪的陈述，被称为罪行陈述；

（ii）罪行陈述应当尽可能避免专业术语，使用日常语言来简短地描述罪行，并不必陈述罪行的所有基本要素，如果被指控的罪行是由法令创设的应当包含对创设罪行的法令的条文引用；

（iii）罪行陈述后，此类罪行之详情应当用日常语言表达，在其中专门术语应当没有必要使用：

如果任何法规或者法令限制了在控告或者起诉中所必需提交的一个罪行的细节，在本段中不应当要求提供比那些所必需的任何更多的细节；

---

① "iii his defence"，可能是 in his defence。

（iv）控告或者起诉包含不止一个诉因应连续编号；

（b）（i）一个创设了罪行的法令规定罪行表现为在行为上的作为或者不作为，或者是在能力方面、在意图方面的作为或者不作为，或者另外地规定罪行的一部分，这些作为、不作为、能力或者意图，或者在法令中另外地规定其他事项，可以在向法院指控罪行时相应地陈述；

（ii）在指控由法令所创设的罪行的诉因中，应当不必否定对创设罪行之法令的运行的任何例外或豁免，或者条件或资格；

（c）（i）在控告或者起诉之中的财产描述应当使用日常语言，到如此程序以致合理清晰地指示财产所指，并且如果财产确是如此描述，就应当不必写明财产所属人或者财产的价值（除非当依赖任何特殊的财产所有权或者特殊的价值属性以描述一种犯罪行为的目的所必需之时）；

（ii）财产在不止一个人名下，并且财产的所有权人在控告或者起诉书中被提及，应当写明财产由与其他人一起列明的那些人中的任一个人所有即可，如果财产所有人是一个有集体的名称的团体，比如股份公司或者"居民"、"受托人"，"委员会"，或者"俱乐部"或者其他名称，只要用集体名称而无须写明任何个人名称；

（iii）属于或者提供为任何公共企业单位、服务机构或者政府部门所使用的财产可以被描述为女王陛下的财产；

（iv）硬币和纸币可以被描述为货币，任何涉及货币的指控，到目前为止，对于财产的描述，应当通过硬币或纸币（尽管构成该数量之硬币的详细种类或纸币的详细性质，无须证明）的证明获得支持；在偷窃、贪污和以虚构手段欺诈的案件中，通过证明被告人不诚实地挪用或者获取硬币或者纸币，或者其中有价值的任何部分获得支持，尽管这些硬币或纸币当时可能已经交付给他，以便其中有价值的某些部分应当被返还给做此支付的当事人或者给其他人，并且该部分应当已经相应地被返还；①

（d）在对被告人的指控或者起诉中，或者对在其中被涉及的任何其他人的描述或者指示，应当如此合理地确信能识别他，不必说明他正确的姓名，或者他的住所、风格、学位或者职业；如果由于此人的名字未知，或者其他原因，做如此描述或者指称不可行，此描述或者指称应依情形合理可行地作出，或者此人可以被描述为"一个不明身份的人"；

（e）在一个控告和起诉之中必须提及的文档或者工具，以通常所知的名

---

① Although 引导的从句是虚拟语气，既表明了实际情况与此相反，又表明了被告人作为货币的经手人所应承担的义务。

称或者指称或者以其中的意指来描述即可，无须展示其副本；

（f）依据本条的其他规定，描述地点、时间、事物、事件、作为或者不作为等这些在控告或者起诉时所必须要提及的因素，使用日常语言以能够合理清晰地指示所涉及的地点、时间、事物、事件、作为或者不作为即可；

（g）在陈述任何意图诈骗、欺骗或者伤害中，不必陈述意图诈骗、欺骗或者伤害任何特定的人，当在创设罪行的法令不以意图诈骗、欺骗或者伤害一个特定的人作为犯罪的构成要素时；

（h）一个罪行的前科在控告或者起诉之中被指控，指控应当在控告或者起诉的末尾通过一份陈述的方式，说明他——被告人在一定时间和地点已经因违法行为被定罪，无须陈述罪行的细节；

（i）数字和缩写一般可以用于表达其通常所表达的内容；

（j）当一个人被控刑法典第259、273条或者第278条规定的罪行，列明涉及被控曾经所犯罪行的财产的总额，以及在被控曾经所犯下的罪行之间的日期即可，无须指明特定的次数或者确切的日期。

1963年第12号，一览表

1967年第19号，第5条

第26章

第六节　地方法院的审判程序

第190条　撤回起诉

（1）检察官可以经过法院的同意在作出最终命令之前的任何时间对依据本节的任何案件①撤回起诉。

（2）在任何上述的撤诉之中——

（a）当撤诉在被告人被要求作出他的辩护之前进行时，法院应当宣告被告无罪；

（b）当撤诉在被告人被要求作出他的辩护之前进行时，法院应当依照第197条的规定以其自由裁量权作出下列任一命令——

（i）一个宣告被告人无罪的命令；

（ii）一个释放被告人的命令。

（3）一个依据第2款第（b）项第（ii）目作出的释放被告人的命令，不得作为对被告人就诉因事实提起后续诉讼的障碍。

---

① in any ease 可能是 in any case。

第七节 有关呈交被告人到高等法院受审的规定

第233条 提起起诉书①

1967年第19号，第34条

1978年第46号之一法律公告

（1）如果在收到上述证人证词和宣誓证词的验证副本之后，总检察长认为，案件应该依据起诉书在高等法院前受审判，起诉书应当依照本法典的规定起草，在由总检察长签署的时候，应当被提交到高等法院登记处。

（2）在此类起诉书中，总检察长可以指控被告人任何犯罪行为，在他看来，据证词和宣誓证词所披露，增加或变更被告人已经被交付审判的罪行。

第238条 由总检察长提出的起诉书

1978年第46号之一法律公告

根据第233条起草的起诉书应当以总检察长的名义，（依从于第69条的规定）由总检察长签署，并且在签署时，应当尽可能在各方面有效力和有效果如同一份控诉书一样，该控诉书在英格兰依照1933年司法（其他规定）法案由合适的法院官员所签署。

第36章

第239条 起诉书的格式

1978年第46号之一法律公告

起诉书应当记明被签署的日期，以及在为适应每个案件的情况应当进行必要修改的情形下，可以以下列格式进行——

女王诉 A. B.

在所罗门群岛高等法院

总检察长起诉书

A. B. 被指控下列罪行（或者诸罪行）——

---

① Filling of an information 参考前面的目次推知其可能是 filing of an information。

汤　加

治安法院法[*]

加强和修正治安法官相关法律的法案

（1919.12.24）生效

第二部分　刑事案件中的简易审判权

第 26 条　交叉控告

如果相同的当事人就相同事项互为原被告人作出交叉控告时，治安法官在适当时可以合并审理控告。

瓦努阿图

瓦努阿图共和国刑事诉讼法典^{**}

第一部分　导　　言

第 1 条　说明

在本法典中，除非文本另有规定——

---

* 本法于 1918 年由汤加王国议会通过，后经过多次修订，当前版本为 1988 年修订本。本译本根据汤加王国政府官网提供的英语文本翻译。

** 本法典于 1981 年由瓦努阿图共和国总统和议会批准，1981 年 10 月 1 日实施。先后于 1984 年、1986 年、1988 年、1989 年、2003 年和 2006 年颁布了 6 次修正案，最后一次修正时间为 2006 年 7 月 17 日。本译本根据太平洋岛法律信息研究所官方网站（http：// www. paclii. org）提供的英语文本翻译。

"助理检察官"是指根据《检察官法》第 293 条第（21）款被任命的助理检察官；

"副检察官"是指依照《检察官法》第 293 条第（20）款任命的副检察官；

"自诉人"是指向检察官或警察指控他人的违法犯罪行为后以个人名义直接向法院提起诉讼的人（并非履职的检察官或警察）；

"公诉人"包括检察官、副检察官、助理检察官、国家检察官；

"国家检察官"是指依照《检察官法》第 293 条第（22）款任命的国家公诉人。

第三部分　起诉的相关条款

第二节　撤　诉

第 29 条　撤诉

（1）在任何刑事案件作出判决前的任何阶段，检察官可以通知法庭撤诉，而针对被告人的相关控诉将立即撤销。如果被告人已被判处监禁，也将被释放；此种撤诉将可用于对抗随后因相同事实而针对被告人所提起的诉讼并且他将在任何方面都可视作被无罪释放。

（2）如果被告人无法在撤诉时到庭，该法院的登记员应毫不延迟地将此项撤诉下发通知以交与被告人可能被拘留的监狱的主管。

第 30—32 条　（已废止）

第三节　由公职人员起诉

第 33 条　由公职人员起诉的特定罪行

对因触犯除了刑法外的其他法律而提起的诉讼，公诉人可允许对该项法律实施具有法定的或行政责任的公职人员提起控诉，尽管该公职人员并未被任命为国家检察官。

第四部分　关于刑事审判的进一步规定

第一节　控告和起诉

第 71 条　控告或起诉中所指控的罪名应当通过必要详细情节进行陈述

每一份控告或起诉的内容应当是充分的，其应当包含被告人被指控的一项或数项罪行的声明以及与所指控罪行性质相关的合理信息的必要详细情节陈述。

第72条　控告和起诉中的数罪合并指控

（1）如果多项罪行指控是基于同一事实或形式，或是各项罪行的某一部分有着相同或相似的特点，多项罪行可以放在同一份控诉状中。

（2）如果同一份控告或起诉中包含一项以上罪名，则每项罪行的说明，须在该控告或起诉中另起一段载列。

（3）无论是在审判前还是在审判的其他任何阶段，若法院认为一份控告或起诉中指控一项以上罪行不利于被告人的辩护，或者因为其他原因认为被告人更应单独地接受控诉状中的某一项罪行指控时，法院可以单独审理该控告或起诉中的一项或多项罪行。

第73条　在同一控告或起诉书中有两项或以上指控的共同诉讼

以下人员可以被合并至同一控告或起诉书中并被一起审理：

（a）在同一交易过程中被指控触犯相同罪行的人；

（b）一人被指控犯罪，另一人被指控为共犯，或有共犯的意图；

（c）被指控触犯同类罪行中一项以上的共同犯罪人（也就是说，可在刑法典或其他法律的同一条款下处罚并处以相同刑罚的罪行）；

（d）在同一交易过程中被指控触犯不同罪行的人；

（e）被指控涉及不诚信罪行以及协助、教唆或促使犯罪的人，或是有此种犯罪意图的人；

（f）被指控与伪造货币有关的罪行的人及其共犯或有任何此种犯罪意图的人。

第74条　构建控告和起诉书的规则

下面这些规则适用于所有的控告和起诉书，并且不与任何法律规则或实践相抵触。如果其构建与此法典的规定相一致，那么一项服从此法典的控告或起诉书就其形式和内容而言不存在被拒绝的可能性：

（a）一项控告或起诉书的诉因应当从被控告罪行的陈述开始，即罪行摘要；

（b）罪行摘要应当以平常的语言简短地描述该罪行，尽可能地避免使用术语，并且，如果被指控的罪行是通过法令创造的，那么应当包含创造该罪行条款的法令参考；

（c）罪行摘要之后，以普通语言陈述该犯罪详情，不必使用术语——

如果地方有法律规则限制了控告或起诉所要求给出的犯罪详情，则不必超出该要求给出本项中所要求的详情；

（d）在可以适用的地方应当使用被首席大法官批准的形式或者与其尽可能接近的形式，在其他案件中应当使用有类似效果或尽可能符合的形式，对罪行和具体情况的陈述依个案情况而不同；

（e）当一项控告或起诉状中包含一个以上的罪项时，应当对罪项连续编号。

第六部分　地方法院的审判程序

第 132 条　起诉

（1）所有经警方调查的犯罪均可以由副检察官、助理检察官或国家检察官起诉。

（2）如果副检察官、助理检察官或国家检察官未出庭以及犯罪案件尚未由警方调查，地方首席法官可以在没有检察官的协助下，依照适用于检察官的法定程序进行诉讼，由首席大法官承担责任。

第七部分　最高法院审判的犯罪

第二节　在最高法院起诉之初

第 151 条　起诉书

所有依照第 146 条第（3）款拟定的起诉书应以公诉人的名义并由公诉人或由副公诉人、助理公诉人或州公诉人代表公诉人签名。

第 152 条　起诉书格式

起诉书应附签署日期，并可做必要修改以使其适用于每个案件的情形，可以以下述形式开始：

"在瓦努阿图最高法院（区）

法庭经公诉人通知后知晓＿＿＿被指控犯有如下罪行（或数个罪行）＿＿＿"

新 西 兰

新西兰 2011 年刑事诉讼法 *

第二编 诉讼程序的启动与预备性步骤

第一章 提交指控文书

第 14 条 刑事诉讼程序的启动

（1）有关某犯罪的刑事诉讼程序通过向下述地区法院提交指控文书而启动：

（a）距离被指控犯罪发生地最近的法院；或

（b）距离提交指控文书者所认为的被告人可被发现的地点最近的法院。

（2）除上述第（1）款规定外，

（a）如果经过可能参与后续诉讼程序的所有诉讼主体同意，指控文书可被提交给其他地区法院；或

（b）如果存在针对同一被告人的两项或更多项指控，这些指控文书可被共同提交给对前述任何一项指控享有司法管辖权的地区法院。

（3）如果指控文书未依据本条规定提交给正确的地区法院，诉讼程序并不因此归于无效。

第 15 条 任何人均可启动诉讼程序

任何人均可启动诉讼程序。

第 16 条 指控文书

（1）指控文书应仅包括一项指控。

（2）指控文书应包含下述内容：

---

* 本法于 2011 年 10 月 11 日由新西兰议会批准。最近一次修正时间是 2013 年 6 月 6 日。本译本根据 2014 年 1 月 1 日新西兰议会官方网站（http：//www. legislation. govt. nz）提供的英语文本翻译。

（a）被告人的详细情况；以及

（b）启动诉讼程序者的详细情况；以及

（c）程序启动者作出的陈述，陈述中表明其基于适当的理由，怀疑被告人犯下了指控文书中所述的罪行；

（d）指控文书的内容应满足第17条的要求；以及

（e）除非指控是一个由私人启动的自诉，否则指控文书需包括：①

（i）检控组织的名称；以及

（ii）与检控方的适当联络人的详细情形；以及

（f）任何法院规则所要求的信息。

第 17 条　指控的内容

（1）一项指控应涉及一项犯罪。

（2）选择性指控应标明。

（3）合并性指控应标明。

（4）一项指控应提供充分的事实细节，从而充分地、公正地通知被告人其所被指控的犯罪的实质内容。

（5）除了本条第（4）款的要求之外，依据该款所提供的事实细节，应包括——

（a）被告人所涉嫌犯罪的实体制定法依据；以及

（b）如果指控是合并性指控的话，需叙明本条第（6）款所要求的信息。

（6）本条第（5）款第（b）项所涉及的信息如下：

（a）合并性指控所涉及各项犯罪的事实细节，包括但不限于，当犯罪行为所涉及的金钱数额或物品数量与指控内容相关的，应该在指控中说明特定行为构成犯罪所需满足的最低金钱数额或物品数量的要求；以及

（b）被告人所涉嫌的各项犯罪行为的发生日期。

（7）本条第（1）款需遵循第19条、第20条的相关规定。

第 18 条　法庭可命令提供更多指控细节

（1）出于公正审判的需求，法庭可命令控方就任何文件、人员、事物，或任何与推动指控有关的事宜，向法庭提供进一步的细节信息。

（2）本条第（1）款不限制法庭依据本法第133条所享有的权力。

第 19 条　选择性指控

如果相关的犯罪行为在制定法中系采取选择性的方式予以规定的话，那么

---

① 本条第（2）款第（e）项于2013年7月曾被替代，依据《2013年刑事诉讼法修订案》（2013 No25）第5条。

一项指控可能涉及数项不同的事件、行为或不作为。

第 20 条　合并性指控

（1）一项指控可能是合并性的，如果——

（a）多个同类型犯罪行为被指控；并且

（b）多个犯罪行为系在类似的情形下被实施，且均系发生于一个特定的期间内；并且

（c）多个犯罪行为的性质和具体情况决定了很难要求控方对各个犯罪行为发生日期或其他细节逐一列举。

（2）一项指控在下述情形下也可能是合并性的——

（a）多个同类型犯罪行为被指控；并且

（b）多个犯罪行为系在类似的情形下被实施，以至于很有可能发生下述情形：即使不同犯罪行为均被分别指控，被告人也有可能对各个犯罪行为作出相同的答辩；并且

（c）考虑到被告人所涉嫌犯罪行为的数量，如果不同犯罪行为系被分别指控但同时审理的话，对于各个独立指控的处理，会导致法庭（或陪审团审判程序中的陪审团）不适当的审理困难。

第 21 条　法庭可变更或拆分选择性指控或合并性指控

（1）法庭可依据任何一方诉讼主体的申请或依据自身的提议，本着对正义的追求——

（a）命令将选择性指控或合并性指控进行变更，或拆分为两个或两个以上的指控；或

（b）命令两个或两个以上的指控合并入一个合并性指控之中。

（2）本条不限制第 133 条的效力。

第 22 条　需要披露所控罪名的刑罚幅度与先前定罪的指控

（1）如果被告人所被指控的犯罪，由于先前曾被判决犯下的此类或他类犯罪，将被适用更重刑罚幅度，则适用本条规定。

（2）指控应披露——

（a）被指控的犯罪如果获得定罪判决，需要适用的刑罚幅度；以及

（b）如果先前定罪在获得被告人自认或控方证明时，将导致被告人承担更重的刑罚，那么需在指控中披露先前定罪的存在。

（3）为了避免疑问，如果一项指控依据本条披露了先前定罪，并且由于这一披露致使被指控的犯罪依据本法第 6 条第（3）款规定被界定为第 3 类犯罪，那么，本法第 50 条正常适用。

（4）一项指控不能仅因为违反本条第（2）款规定而被驳回。

（5）本条或本法第 142 条不影响法庭在量刑程序中将先前定罪因素纳入考量的权力。

第 23 条　因在指控文书中提供虚假性或误导性信息构成犯罪

（1）某人如果明知信息系虚假性或误导性信息，但却在指控文书中陈述这些信息，或指示他人在指控文书中陈述虚假性或误导性信息，构成犯罪。

（2）某人因本条第（1）款而构成犯罪的，其刑罚幅度为 3 年以下监禁刑。

第 24 条　有关人员对指控事宜肯认意见的签署

（1）本条适用于这种情形，即指控某人构成犯罪，需获得总检察长或任何其他人先前的肯认意见。

（2）总检察长或其他人的先前肯认意见，可在备忘录中记载，并且，在这种情况下，记录肯认意见的备忘录，应被法庭接受并作为明证。

（3）本条第（1）款所要求的肯认，要求诉讼程序在启动或推进之前，应获得肯认人授予的许可或签发的证明文书。

第 25 条　提交指控文书的时间

（1）提交有关第 4 类犯罪的指控文书，没有时间限制

（2）有关第 3 类犯罪的指控文书——

（a）如果制定法为此犯罪规定的最高刑罚为 3 年以下监禁刑，那么指控文书的提交时间应在犯罪事实发生后 5 年之内。超过此时限后，在获得副检察长批准的情况下，仍然可以提交指控公文书；或

（b）针对其他的第 3 类犯罪，指控文书可以随时提交。

（3）有关第 1 类或第 2 类犯罪的指控文书——

（a）如果制定法为此犯罪的刑罚幅度作出下述规定时，那么指控文书应在犯罪事实发生后 6 个月内提交——

（i）3 个月以下监禁刑；或

（ii）不适用监禁刑，而是处以 7500 新西兰元以下的罚款；或

（b）如果制定法为此犯罪的刑罚幅度作出下述规定时，那么指控文书应在犯罪事实发生后 12 个月内提交——

（i）3 个月以上，6 个月以下的监禁刑；或

（ii）不适用监禁刑，而是处以 7500 新西兰元以上，20000 新西兰元以下的罚款；或

（c）针对其他的第 1 类或第 2 类犯罪，指控文书的提交时间应在犯罪事实发生后 5 年之内。超过此时限后，在获得副检察长批准的情况下，仍然可以提交指控文书。

（4）如果指控所涉及的犯罪是持续性的第 1 类或第 2 类犯罪，那么提交指控时限，依据最初的犯罪行为所可能被处以罚款的最高数额予以确定（或者，如果法律并未为最初的犯罪行为规定独立的罚款额度，那么按照为犯罪行为每一天或每一起所规定的罚款额度确定时限），无须考虑因持续性犯罪行为后续活动所引发的罚款数额。

（5）针对法人犯罪，确定提交指控文书的时间限制时，无须考虑针对法人组织所适用的刑罚幅度。而是假设同一犯罪系由自然人实施，按照自然人犯罪所适用的刑罚幅度，确定指控文书的提交时限。

（6）就本条所规定的提交指控文书时限，如果其他制定法针对特定犯罪行为作出不同的规定，遵循其他制定法。

第 26 条　自诉

（1）如果有意愿提起自诉者试图提交指控文书，事务官可——

（a）接受其所提交的指控文书；或

（b）将此事宜提交地区法院法官作出决定。提交审查的内容包括请求启动诉讼程序者所提交的正式陈述，以及这些陈述中所提及的证物。这些证物将会是提起自诉者在审判程序中将要申请出示的证据，或也可能是用于证明启动审判程序的合理性的部分证据。

（2）事务官应将正式陈述以及依据本条第（1）款第（b）项所提交的证据，提交给地区法院法官。地区法院法官应据此决定是否接受指控文书的提交。

（3）法官可签发一项拒绝接受指控文书的决定，如果该法官判定——

（a）私诉指控者依据本条第（1）款第（b）项所提交的证据不足以论证启动审判程序的合理性；或

（b）建议启动的刑事追诉是一种程序滥用。

（4）如果法官认为依据本法第（2）款决定拒绝接受指控文书，那么事务官应——

（a）通知提出私诉指控者，其所提交的指控文书未被法庭接受；并且

（b）保留一份指控文书的副本。

（5）本条不限制事务官拒绝接受不符合形式要求的指控文书的权力。

第 27 条　事务官收集与整理指控信息的权力

本法不限制事务官采取合理的方式，对一项或多项指控文书中的信息，进行收集与整理——

（a）使得这些信息按照本法所授权或要求的方式予以获得或使用；或

（b）出于为诉讼程序保留永久法庭记录的目的；或

（c）出于任何其他行政便利因素的考量。

第五编　一般规定

第一章　诉讼的进行

第七节　变更起诉

第 133 条　起诉变更

（1）在裁决或决定送达之前，法庭可以在诉讼的任何阶段对起诉［包括第 16 条第（2）款所要求详列的任何细节］进行变更。

（2）变更可以基于法庭自己的动议作出或者基于检察官或被告人的申请作出。

第 134 条　起诉在审判前变更的程序

（1）本条适用于法庭在庭审前变更起诉。

（2）依照本条和第 135 条，任何审前决定和在诉讼中作出的裁决，在其仍然有效的范围内适用。

（3）如果被告人在起诉变更前进入起诉答辩程序——

（a）法庭可以要求被告人对已变更的起诉答辩，经过所有必要的修正，第三编第一章的规定予以适用；并且

（b）第三编第三章不适用于已变更的起诉，除非法院作出另外的指示。

（4）依据第（3）款第（b）项，法庭可以——

（a）指示所有或任何第 54 条至第 57 条的要求适用；或者

（b）作出任何其他关于诉讼管理的指示。

（5）如果起诉由一个罪名变更为另一个罪名且被变更的罪名是第 3 类犯罪，被告人可以根据第 50 条作出选择。

（6）如果起诉由一个罪名变更为另一个罪名且被变更的罪名是第 2 类或第 3 类犯罪，那么，依照第 135 条——

（a）如果检察官认为代替后的罪名是协议犯罪，地区法院法官可以依据第 67 条提出建议且高等法院法官必须依据第 68 条决定审判法院的级别；并且

（b）在任何其他情况下，被告人或检察官可以根据第 70 条提出将诉讼转移至高等法院的申请。

第 135 条　起诉在依照第 68 条或第 70 条作出指令后变更的程序

（1）如果针对第 2 类或第 3 类犯罪的起诉在庭审前被变更为针对另一罪

名，并且确定审判法院层级的指令在相关起诉变更前已依照第68条或第70条作出时，本条适用。

（2）如果依照第68条或第70条作出的指令是审判将在地区法院进行——

（a）如果检察官认为起诉的罪名（已变更）是协议犯罪，法庭可以（但不是被要求）将起诉归入应当被适用的第67条和第68条；

（b）在任何其他情况下，被告人或检察官可以根据第70条提出将诉讼转移至高等法院的申请。

（3）如果依照第68条或第70条作出的指令是审判将在高等法院进行，高等法院法官——

（a）基于他（她）自己的动机，或基于检察官或被告人的申请，可以复议审判是否要在地区法院或高等法院举行；并且

（b）可以指示审判在地区法院举行而无须依照第67条向地区法院法官寻求新的建议，如果这样做不会过分拖延诉讼或者违背司法公正的利益。

第136条　起诉在审理期间变更的程序

（1）虽有第21条和第133条，在审判期间起诉可以由一个罪名替换为另一个罪名，只要——

（a）证据和起诉之间出现不一致；并且

（b）变更可以使起诉与证据相符。

（2）如果法院认为被告人不会或并没有因变更而误导或损害其辩护，则该起诉必须依照第（1）款规定进行变更。

（3）如果法院认为被告人因（依据第133条作出）在审判期间对起诉所作的任何变更而导致其辩护受到误导或损害，则第（4）款适用。

（4）如果法院认为被告人被误导或损害的影响可以通过暂停或延期审判予以消除，法院可以作出变更并且——

（a）推迟审判；或者

（b）延期审判并且解散陪审团。

第十节　起诉的撤回与驳回

第146条　起诉的撤回

（1）经法庭许可，检察官可以在审判前撤回起诉。

（2）依据本条撤回的起诉不得成为对同一事实的任何其他诉讼程序的障碍。

附录：

《世界各国刑事诉讼法》分解资料丛书
翻译与审校人员

翻译人员 （按姓氏笔画为序）

卞建林	孔冠颖	王 丹	王 舸	王贞会
王迎龙	王玮玮	王绍佳	兰 哲	叶 萌
白 冰	白思敏	刘 昂	刘 莹	刘为军
刘亚男	刘在航	刘建波	刘林呐	刘缘艺
孙 扬	孙 璐	孙天瞳	孙长永	安 宁
师晓敏	朱昕怡	许慧君	齐 济	齐赟赟
余 婧	吴小娟	吴宏耀	宋英辉	宋浚沙
宋维彬	张 艺	张 辰	张泽涛	张 珂
张 龚	张 晶	张 鹤	张 璐	张天仪
张佳华	张鸿绪	张瀚文	李 伟	李 响
李 晶	李 辞	李红丽	李依苇	李学军
李庚强	杨 依	杨宇冠	汪沸丝	肖沛权
辛金霞	迟 颖	邵 聪	陆而启	陈 岩
陈开元	陈永生	周 凡	周 楠	周蕴菁
季奕鸿	季美君	岳礼玲	林 静	林艺芳
罗 宇	罗结珍	罗海敏	苑 冬	苑 宁
苗思雨	金玄卿	侯宇翔	段君尚	赵 路
赵九之	赵京剑	赵珊珊	赵海智	赵新兰
倪 润	徐 磊	徐美君	赵海峰	桂梦美
殷晓超	袁晓岩	郭 晶	栗 峥	郭志媛
都 郁	顾永忠	高 通	郭锴源	高 鑫

黄　风	黄宝伟	黄晓敏	曾　莉	曾元君
程　雷	程明珠	蒋　毅	谢　澍	谢刚炬
褚　宁	裴　炜	潘　灯	潘　侠	霍艳丽
魏　武	魏晓娜			

审校人员　（按姓氏笔画为序）

Elio de la Cal　　Lisy Alina Jorge Mendez

Luis Felipe Borja　　孔祥承　　巴尔克娜·伊奈斯

王绍佳	白思敏	邝金玲	刘计划	刘清波
孙致祥	孙钰岫	朱昕怡	许静文	严文君
何　丹	何锦荣	初殿清	吴宏耀	宋振策
张瀚文	李　伟	李本森	李依苇	李学军
李婧宜	陈子楠	周　凡	岳礼玲	林宝红
罗　颖	郑志展	郑鼎基	金哲楠	胡家伟
徐美君	袁木松	钱钊强	顾永忠	曹俊雅
曾　莉	董　杨	蒋　毅	谢　凯	潘　灯
黎彩玲	戴　昀			

图书在版编目（CIP）数据

刑事起诉制度：外国刑事诉讼法有关规定／孙谦主编.
—北京：中国检察出版社，2017.9
《世界各国刑事诉讼法》分解资料丛书）
ISBN 978 – 7 – 5102 – 1899 – 6

Ⅰ.①刑…　Ⅱ.①孙…　Ⅲ.①刑事诉讼 – 司法制度 – 研究
Ⅳ.①D915.31

中国版本图书馆 CIP 数据核字（2017）第 110652 号

刑事起诉制度

外国刑事诉讼法有关规定

孙　谦　主编

出版发行：中国检察出版社

社　　址：北京市石景山区香山南路 109 号（100144）

网　　址：中国检察出版社（www.zgjccbs.com）

编辑电话：(010)86423706

发行电话：(010)86423726　86423727　86423728
　　　　　(010)86423730　68650016

经　　销：新华书店

印　　刷：保定市中画美凯印刷有限公司

开　　本：710 mm × 960 mm　16 开

印　　张：32.25　插页 4

字　　数：593 千字

版　　次：2017 年 9 月第一版　2017 年 9 月第一次印刷

书　　号：ISBN 978 – 7 – 5102 – 1899 – 6

定　　价：78.00 元